개정증보판

음식윤리

음식에 대한 윤리적 성찰

개정증보판

음식윤리

음식에 대한 윤리적 성찰

변순용 편

어문학사

개정증보판 서문

이 책의 1판이 출판된 지 벌써 7년이 흘러갔다. 음식에 대한 관심의 양적·질적 수준이 대중문화의 차원에서 많이 달라지기도 했고, 양적으로 줄어드는 느낌도 있지만, 여전히 음식과 식사의 문제는 우리의 삶에 중요한 의미를 가질 수밖에 없다. 기존의 글에 새로운 글을 덧붙여 2판을 준비하였다.

먼저, 4부 2장은 초기불교의 음식에 대한 관점과 그 윤리적 성격을 분석하여 도덕교육적 의미를 탐구한 글이다. 초기불교는 세상의 기원을 음식과 결부시키고 있는데, 음식으로 인하여 분별과 차별, 탐욕과 갈애, 거짓말과 악행이 발생하였다고 본다. 또한 먹는 음식에 더하여 접촉·의도·의식으로 구분하여 설명하고 '음식으로 음식을 통제하는' 독특한 윤리관을 보여준다. 초기불교의 음식관에서 찾을 수 있는 윤리성은, 첫째, 음식을 연기의 출발로 중시한다는 것이다. 음식을 출발로 연기의 고리가 시작되어 무명(無明)으로까지 이르기 때문에 번뇌를 소멸하여 해탈하기 위한 수행에서 음식에 대한 제어가 중요한 과제로 등장한다. 둘째, 음식의 맛과 양에 대한 제어를 통하여 탐욕을 절제하는 노력을 기울여 인간다운 먹음이 되고자 끊

임없이 노력하였고, 이는 오늘날 자본주의 음식생활에 시사해 주는 바가 크다. 셋째, 합리적 중도주의 태도로, 생존을 위한 음식의 필요성을 수용하면서도 탐닉하거나 끌려다니지 않는 절제된 자세를 강조였으며 이러한 음식 수용의 자세는 대승불교에 이르러 시대와 문화에 따라 불교 정신을 유지하면서 문화에 적합하게 수용하여 왔다. 음식을 중시하여 음식에 대한 엄격한 절제와 제어를 강조한 윤리적 자세는 오늘날 자본주의 음식생활의 문제점을 해결하기 위해 새겨 보아야 할 것이라고 저자는 주장하고 있다.

5부 3장은 초등예비교사의 음식윤리에 대한 인지도 및 인식조사에 대한 글이다. 이 글에서 저자는 식생활 교육도 건강의 차원에서 왜 먹는가와 무엇을 어떻게 먹는가에 대한 교육뿐만 아니라 환경적, 사회적, 도덕적 문제를 포함하여 윤리적 차원에서 무엇을 어떻게 먹는가에 대한 교육이 필요하다고 강조한다. 미래세대의 주역이 될 초등학생들을 가르치는 초등 예비교사들의 음식윤리에 대한 인지도 및 음식윤리 교육에 대한 관심은 그래서 매우 중요할 것으로 보고, 이에 대한 실태조사를 담고 있다.

5부 4장과 5장은 비만과 관련된 주제를 담고 있다. 비만의 문제를 각각 사회윤리적 관점과 개인윤리적 관점에서 조망하고 있는데, 특히 4장은 비만에 대한 비윤리적 인식의 문제점, 비만에 대한 사회적 책임, 비만에 반대할 수 있는 인간의 기본권, 건강권, 행복추구권, 그리고 비만하지 않을 교육을 받을 권리의 차원에서 비만의 문제를

바라보기 등을 다루고 있다. 5장에서는 비만의 유형을 자기 절제 부족 비만형, 사회구조적 비만 유형, 생리적 비만 유형 등으로 구분하고, 개인윤리적 차원에서 건강이라는 몸의 덕의 차원에서, 공동체의 사회적 손실의 차원에서, 생태적 지속가능성의 차원에서 비만을 줄이기 위한 윤리적 차원의 동기부여의 가능성을 주장하고 있다. 4장과 5장 모두 비만에 대한 윤리교육의 필요성을 강조하고 있다는 점에서 비만윤리교육의 중요성을 보여주고 있다는 점에서 의미가 있다.

음식은 하나의 생명을 죽여서 하나의 생명을 살리는 것이며, 음식을 먹음으로써 인간은 생태계의 순환에 참여하게 되는 것이다. 밥맛이 있어야 살맛도 나고 밥심이 있어야 세상의 힘든 일들도 겪어낼 수 있는 힘이 생기는 것이다. 어머니의 밥상에서 느껴지는 정의 맛과 힘들 때 같이 먹던 한솥밥 식구들로 인해 살아갈 수 있는 힘과 동기도 생기는 것이다.

이번 증보판에 추가된 원고의 출처는 아래와 같다:

장승희(2018), 「초기불교 음식관의 윤리성과 도덕교육적 함의」, 『환경철학』 제28집, pp. 5~34.

이경애(2021), 「초등예비교사의 음식윤리에 대한 인지도 및 인식 조사」, 『실과교육연구』, Vol. 27, No. 1, pp. 137~160.

배소현, 변순용(2021), 「비만의 사회윤리와 비만윤리 교육 방안에 대한 연구」, 『초등도덕교육』, 72호, pp. 53~74.

박인보, 변순용(2020), 「비만의 개인윤리적 문제에 관한 연구」, 『초등도덕교육』 75호, pp. 79~100.

앞으로도 이 책은 음식윤리와 관련된 연구나 논문들을 모아서 지속적으로 증보판을 내고자 할 것이다.

2022년 2월 15일

사향골에서

변순용

서문

그동안 음식에 대한 다양한 사회문제들이 제기되면서 음식과 식사에 대한 여러 담론이 나타나고 있다. 단순히 먹고 사는 차원에서의 문제가 아니라 음식과 우리 삶의 관계에 대한 다학문적인 관심이 생겨나면서 음식인류학, 음식인문학 관련 서적들이 시장에 봇물 터지듯이 쏟아지고 있다. 이러한 책들과는 달리 이 책은 윤리학의 관점에서, 특히 실천윤리적인 관점에서 음식 관련 문제들을 살펴본 결과물들을 모은 것이다.

현대 사회에서 음식에 대한 관심은 점점 높아지고 있는데, 이에 대한 배경을 생각해보면, 첫 번째로 음식의 안전성 문제를 떠올리게 된다. 광우병 파동, 멜라민mellamine 파동 등을 통해 우리는 주변에서 너무나 쉽게 접하게 되는 먹거리들의 안전성 문제가 심각하다는 것을 깨달았다. 물론 이러한 파동은 불량 만두소 사건과 비슷하게 시간이 지나면 금방 그 우려가 사라지기도 하겠지만, 여전히 유사 사건 등을 통해 우리의 불안은 점점 각인되고 강화되어 가고 있다.

두 번째는 한국 사회 전체가 초등학생부터 노년층까지 다이어트와 건강염려증에 빠져 있다는 것을 생각해볼 수 있다. 살을 빼야 한

다는 거의 강박증 수준의 압박, 몸짱과 식스팩에 대한 거의 유사종교적인 광신과 부러움, 비만에 대한 두려움을 가지고 있다. 이미 비만은 현대의 대표적인 질병으로 인식되고 있으며 이에 대한 사회적 비용 또한 점점 높아지고 있다.

세 번째는 좋은 음식에 대한 갈망이다. 현대 사회에서는 맛집 관련 블로그나 인터넷 카페를 검색해보는 것이 일상화되었고, 로컬푸드나 유기농 음식을 찾게 되었으며, 식당밥과 집밥을 구분한다. 잘 먹는다는 것이 비싼 먹거리만을 찾는다고 해서 되는 것은 아닐 테니 말이다. 슬로푸드운동이나 로컬푸드운동이 효율성과 경제성만을 고려하던 우리의 입맛에 대한 경고로 다가왔으며, 이제는 정말 "잘" 먹어야 한다는 생각이 강조되고 있다.

이러한 배경적 요인들을 통해 음식에 대한 관심이 고조되고 있는 현상을 어느 정도는 이해해볼 수 있다고 생각한다. 이 책에서는 최근 한국사회에서 논란이 되고 있는 음식 관련 문제들에 대한 윤리적, 윤리학적 담론들을 소개하고 있다. 이 책의 내용을 간단히 제시하면 다음과 같다.

먹을거리의 인간학적, 윤리적 의미를 다루는 제1부의 1장에서는 먹을거리의 안전성에서부터 출발하여 음식문제의 윤리적 측면이 분석되고 있다. 미국산 소고기의 안전성, 중국에서 수입된 우유 관련 식품에서 나온 멜라민 파동을 계기로 이젠 우리가 먹을거리의 안전

성에 대한 근본적인 문제 제기를 하지 않을 수 없게 되었다. 먹을거리의 안전성 문제는 현대 사회에서 매우 중요한 문제로 대두하고 있으며, 국가 간의 갈등까지 야기할 수 있는 가능성을 가지고 있다. '먹을거리'와 '먹는다'의 문제는 개인적인 차원의 문제이면서도, 국가적인 차원에서의 섭식장애나 국민의 영양 상태에 대한 관심에서 볼 때 사회적, 국가적으로도 중요한 문제다. 그뿐만 아니라 이러한 문제는 생명윤리, 생태윤리의 차원에서도 매우 중요한 문제이기도 하다. 이 장에서는 먹을거리와 먹는 행위의 문제에서 먹는 행위를 생물학적이면서도 본능적인 성격을 갖지만, 이에 못지않게 이성적인 행위면서 동시에 도덕적인 판단의 대상이 되는 행위로 규정한다. 그래서 쾌락의 측면에서, 자연의 순환법칙 측면에서, 문화적 측면에서, 윤리적 측면에서 인간학적 의미를 추출하였다. 그리고 먹을거리의 선택 문제에서 더 이상 산업적이고 경제적인 논리보다 생태적 효율성의 중요성을 제기하고 있다. 그래서 이 장을 통해 저자는 먹을거리 문제에는 경제적이며 산업적인 효율성에 대한 관심과 생태윤리, 생명윤리, 동물윤리적인 관심들이 얽혀 있다고 주장한다. 또한 먹을거리의 공급, 유통, 소비 과정에서 제기되는 문제를 해결하기 위하여 미국에서 진행되는 로컬푸드와 대도시 공동구매클럽, 채식주의와 비건Vegan, 인도적 사육방법, 가족형 농장, 여러 종류의 신뢰할 만한 인증제도, 슬로푸드slow food, 초유기농beyond organic, 근거리 소비주의locavores 등과 같은 새로운 대안적인 생산, 유통, 소비 형태들의 특징과 문제점들을 살펴보았다.

2장에서 저자는 로컬푸드에 나타난 음식의 윤리적 의미를 밝히고 있다. 이제는 먹거리 선택이 단순히 개인의 취향이나 식성에 따른 것이 아니라 윤리적 선택이어야 함을 밝히고, 로컬푸드운동과 관련된 다양한 논의들을 중심으로 세계 식량체계와 지역 식량체계라는 분석 틀을 통해 글로벌푸드와 로컬푸드의 장단점을 살펴보았으며, 구체적인 로컬푸드운동으로는 농민시장과 공동체 지원농업, 그리고 학교급식의 문제를 살펴보았다. 이를 통해 음식과 인간, 자연의 관계에서 생명부정과 생명긍정의 관계를 통해 규정되는 음식을 먹어야 하며, 생명을 살리는 음식과 그렇지 못한 음식의 구분은 인간의 기본적인 먹을 권리에 대한 존중에 근거하고 있다는 로컬푸드의 윤리적 의미를 찾아보았다. 그래서 먹거리의 자연화와 맥락화, 먹을거리 생산자와 소비자의 인식전환을 통해 새로운 먹거리 공동체 형성의 필요성을 제시하고 있다.

3장에서 저자는 현대 한국사회에서 음식윤리의 의미와 필요성을 지속 가능한 식사의 윤리적 의미를 통해 도출해보고자 하였다. 그래서 한편으로는 현대인의 식탁에서 중요한 역할을 하고 있는 유기농 음식과 유전자 변형 식품의 문제를 중심으로, 다른 한편으로는 음식 정의운동과 관련된 음식의 문제를 중점적으로 살펴보았다. 정크푸드와 패스트푸드(고칼로리 저영양분 음식), 프랑켄푸드Frankenfoods로 대변되는 나쁜 음식malbouffe은 음식으로부터 맛, 건강 그리고 문화적, 지역적 정체성을 박탈해버린다. 실제로 우리가 무엇을 어떻게 먹느냐의 문제는 우리의 삶과 직접 연결되어 있으면서도, 그 당연함으로

인해 그것이 가지는 의미와 중요성을 망각하고 지내기 마련이다. 따라서 음식 영역이 고도로 산업화됨에 따라 탈맥락화, 탈자연화되고 있는 우리의 먹거리에 대한 진지한 고려와 이에 대응할 수 있는 새로운 음식윤리의 개발이 필요하다. 그리고 자연화된, 지역화된, 그리고 신선한 먹거리 접근권은 우리에게 반드시 필요한 기본적인 권리로 인식되어야 하며 음식복지에 대한 사회적 관심이 제기되어야 한다고 주장한다.

음식윤리에 대한 논의를 주로 다루는 제2부 1장에서는 음식에 대한 사회적 관심이 커지면서 다양한 학문적 접근이 이뤄지고 있고, 음식과 직간접적으로 관련된 문제들의 윤리적인 성격이 부각되면서 음식윤리에 대한 연구들이 진행되고 있는데, 이러한 시대적, 상황적 맥락에서 음식윤리의 의미를 살펴보고, 음식 관련 이슈들을 중심으로 음식윤리의 내용체계를 구성해보고자 한다. 저자는 음식의 정신적 측면, 문화적 측면을 고려하면서 음식윤리는 무엇을 먹어야 하는가의 물음과 어떻게 먹어야 하는가라는 물음에 대한 답을 추구하면서 결국 좋은 음식과 식사에 대해서 묻고자 하는 것이라고 정의하고 있다. 기존의 다른 실천윤리 분야와 마찬가지로 다양한 사회적 이슈들에 대한 담론들이 먼저 형성되고 그다음에 이에 대한 학문적 담론이 구성되기 마련인데, 음식윤리 분야도 이와 마찬가지로 다양한 음식윤리적 이슈들에 대한 담론을 음식윤리의 내용 영역으로 가지게 된다. 그래서 이 연구에서는 음식의 안전성, 로컬푸드, 슬로푸드, 유전자 변형 내지 재조합 식품의 건전성, 음식정의, 비만과 다이어트

등의 문제를 살펴보았고, 이러한 논의들을 범주화하는 방법을 제시하였다. 음식윤리는 음식 내지 식사와 직간접적으로 관련된 현상적인 문제들에 대한 윤리학적 분석을 토대로 좋은 음식이 무엇이고 어떻게 먹어야 하는지에 대한 당위적인 음식 및 식사 규범을 도출해내고 이를 정당화하는 작업이다. 음식과 식사의 책임은 그것을 생산, 분배, 소비하는 과정에 참여하는 사람들에게 음식의 안전성, 건강성, 윤리성을 요청하는 것이다. 그리고 이러한 안전성, 건강성, 윤리성은 생태적 지속 가능성을 토대로 하여 강조되어야 한다.

2장에서 저자는 최근 대두되고 있는 음식윤리와 산업형 농업의 문제를 다룬다. 이를 위해 첫째, 음식윤리의 기원과 특징을 살펴본다. 둘째, 현대 식량체계의 근간이 되는 산업형 농업을 개괄할 것이다. 그래서 산업형 농업체계가 어떻게 음식의 생산, 유통, 소비 과정에서 작동되는지를 살펴볼 것이다. 셋째, 경제적 효율성을 추구하는 산업형 농업이 갖고 있는 문제점을 생태적 측면, 동물복지적 측면, 인간사회적 측면으로 나누어 분석할 것이다. 넷째, 산업형 농업에 대한 대안으로 제기되는 유기농업의 가능성과 한계를 살펴볼 것이다. 이를 통해 음식문제와 관련해 우리가 추구해야 할 방향은 무엇인지 모색할 것이다. 음식문제는 식량주권과 같은 정치적 문제, 세계화와 자유무역 같은 경제학적인 문제와 연결되어 있다. 또 음식 문제에는 다양한 가치들이 개입되어 있다. 효율성, 동물복지, 지속 가능성, 인간의 건강, 사회적 연대성 같은 가치들이 함축되어 있어서 이들 가치들에 대한 해명 없이는 제대로 된 접근이 불가능하

다. 이런 점에서 합리성을 넘어 합당성 차원의 고려가 필요하다. 즉 효율성을 추구하는 시장과 신자유주의, 포디즘에 대한 제어가 요구된다.

음식윤리의 주요 쟁점과 그 실천의 문제를 다루고 있는 3장은 먹는 행위 그 자체가 많은 윤리적 쟁점들을 만들어 낸다는 인식에서부터 출발한다. 특히 식량증산과 경제적 효율이라는 미명하에 도입된 산업형 영농은 풍요로운 먹을거리 생산이라는 결과를 가져왔지만 해결한 만큼의 또 다른 많은 문제들을 제기한다. 이를테면 우리가 아무 생각 없이 먹을거리를 생산하고, 유통하고, 소비하고, 가공·조리하고, 폐기하는 행위는 우리 자신은 물론 도덕 공동체의 다른 구성원들에게 건강하고, 생태적·사회적인 차원에서 긍정적으로든 부정적으로든 상당한 영향을 미치고 있다. 따라서 이 장에서는 이와 관련한 음식윤리의 몇 가지 주요 쟁점과 그 실천의 문제점을 살펴보고자 한다. 그러기 위해서 먼저 우리가 먹는 것이 왜 윤리적 문제가 되고 무엇이 윤리적 문제인지를 알아야 한다. 그러고 나서 음식과 관련된 윤리적 실천의 목표로서의 지속 가능성과 그 실천 문제를 음식윤리의 몇 가지 주요 쟁점들인 공장식 사육과 채식주의 그리고 유기농업과 같은 생산 및 소비와 관련된 쟁점들을 통해 비판적으로 검토한다. 그리고 끝으로는 그 실천 문제들을 해결하기 위한 가능성을 환경 덕 윤리의 논의를 중심으로 모색해 본다.

채식주의의 문제를 다루고 있는 3부 1장에서는 채식주의의 근거

가 주로 분석되고 있다. 육식을 거부하면서 윤리적 채식주의에 대한 체계적인 철학적 옹호론을 펼치고 있는 사람들은 대부분 공리주의 이론이나 의무론적인 도덕적 권리론을 근거로 삼는다. 특히 싱어는 공리주의를 무기로 삼고서 현대적 의미에서의 동물윤리를 개척한 선구적 인물이며, 또한 육식의 비윤리성을 고발하면서 이전의 식습관을 포기하고 몸소 채식을 실행하고 있는 실천적 이론가라는 점에서 각별한 의미를 가진다. 그러나 채식주의를 옹호하는 싱어의 논변은 기본적으로 선호공리주의와 동물의 감응력에 근거해서 옹호되고 있는데, 이에 대해서는 동물권리론, 환경주의, 여성주의 등의 진영에서 적지 않은 도전과 비판이 제기되어 왔다. 그런데 이들의 대응은 주로 싱어의 주장이 함축하거나 초래하게 되는 결과에 초점을 두고서 이루어졌다. 이 글은 이와 달리 선호공리주의와 감응력에 기초한 싱어의 육식의 비윤리성 및 윤리적 채식주의 옹호 논증의 이론적 토대 자체가 견고하지 못하다는 것을 보이려고 시도한다.

위의 주장에 대하여 윤리적 채식주의를 다루는 2장에서는 감응력이 도덕적 기준이 될 수 있는가, 모든 동물이 고통을 느낄 수 있는가, 싱어의 주장이 실천적 지침이 될 수 있는가에 초점을 맞추어 앞장의 비판을 검토한다.

3장에서 저자는 레간의 동물권리론이 싱어의 '동물의 고통' 논변과 마찬가지로 단순히 '동물의 권리'에만 근거해서는 육식의 비도덕성은 물론 윤리적 채식주의 또한 정당화하기 어렵다는 점을 보이려

고 시도한다. 레간은 권리 주체의 범위와 경계를 인간에서 동물에까지 확대시켜 놓았지만, 이 역시 인간의 언어에 기초한 동물중심주의라는 종차별주의적 한계를 극복하지 못했다. 우리가 진정한 의미에서 종차별주의를 종식시키려면 식물 또한 그것이 가진 고유한 특성에 입각해서 이해할 수 있어야 한다. 동물처럼 인간과 유사한 '어떤 특정한' 속성을 가진다는 것만으로 그 존재를 도덕적 고려의 대상에 포함시키면서, 식물처럼 인간과 유사한 '또 다른 어떤' 속성을 가진 존재를 도덕적 고려에서 배제한다면, 이는 온전한 의미에서 종차별주의의 종식이 아니다. 결국 레간의 논변은 육식의 비도덕성이든 채식의 정당성이든 그 어느 쪽에서도 성공적이지 못했다. 이는 육식과 채식의 도덕적 차이를 온전히 규명하지 못한 당연한 귀결이다.

한국의 음식윤리적 논의와 음식윤리교육을 다루고 있는 4부에서 1장은 조선의 역대 왕들의 감선減膳을 다루고 있다. 감선은 조선왕조에서 중요시된 의례적 관행의 하나다. 그 사상적 배경은 중국 한왕조의 동중서에서 유래하는 '천인감응론'이며, 이에 따르면 군주는 가뭄이나 홍수 등 자연재해가 발생했을 때 이를 잘못된 정치에 대한 하늘의 경고 및 견책으로 받아들이고 반성하는 자세를 보여야 한다. 여기에 『시경』, 『대대례』 등의 가뭄이 들었을 때는 군주의 식사를 줄인다는 규정 근거가 더해져, 전통 한국에서는 오래전부터 감선을 실시해 왔으며 유교적 정치사상이 지배적이 된 조선왕조에서는 그 횟수와 수준이 특별했다. 감선은 고도의 정치성을 띤 상징적 행위였다. 우선 그것은 지배집단이 피지배집단에서 "확산적 지지"를 이끌

어내는 의례의 하나로 기능했으며, 따라서 조선왕조의 체제 수호에 기여했다. 또한 지배집단의 한 축으로서 신료 집단이 유교적 요구에 충실한 군주상을 봄으로써 그를 인정하고 신임하도록 하는 군주 리더십의 한 방편이기도 했다. 그리고 드물게는 군주가 신료 집단을 압박하고 그들이 마치 "부모를 잘못 모신 불효자들"처럼 송구한 태도로 군주의 우위를 인정하지 않을 수 없도록 만드는 비상수단으로도 활용되었다. 감선은 태종부터 시작하여 순종까지 이어졌으며, 조선왕조 519년 동안 341회 행해졌다. 조선 전기의 문치주의적 정치체제 수립 과정에서 감선은 문치주의의 성쇠에 비례하여 부침하였으나, 16세기 말에는 감선을 한낱 형식에 지나지 않는 것으로 보는 경향이 늘었다. 하지만 이후에도 왕에게 유교적 모범을 요구하는 신료 집단의 입장과, 감선에서 왕권의 중요성을 인식시키려는 왕의 입장이 맞물려 감선은 꾸준히 행해졌다. 조선 후기에 접어들 때는 한때 왕권 강화의 수단으로 활용되기도 하였다. 하지만 이후 감선은 급속히 형식화되었으며, 그 사상적 배경인 천인감응설이 많은 지식인들의 흥미에서 벗어나면서 감선의 정치적 효과 또한 대부분 상실된 채 의례적 전통으로 이어지다가 조선왕조 멸망에 이르렀다.

2장은 인간의 '먹음' 행위에 대한 윤리적 논의를 바탕으로, 도덕·윤리 교과에서의 음식윤리교육에 대해 탐구한 것이다. 인간의 '먹음' 행위는 생존을 위한 필수조건으로 본능적 욕구와 관련된 주관적·개인적인 것으로 그 자체는 무윤리적인 것이지만, 문화로서 음식은 정치적·경제적·종교적 영향과 역사적 변화 발전을 거쳐 오늘에 이르

렀다. 영양학의 기본철학은 “자기가 먹은 음식이 자기가 된다”는 것이다. 인간이 먹는 음식이 인간의 본질을 규정하고 인류문명의 미래마저 결정할 수 있다는 점에서 인간의 ‘먹음’ 행위는 윤리적 방향성을 지니지 않을 수 없다. 오늘날 먹는 것은 어느 시대보다 풍요로워져서 하나의 즐거움이 되었지만, 이로 인해 심각한 문제들이 발생하면서 윤리적 성찰이 요구되고 있다. 먹는 문제는 개인의 기호 차원을 넘어 건강 및 생존과 관련될 뿐 아니라 자본주의, 환경오염 등 정치·경제 영역과도 관련되는 구조적·제도적으로 복잡한 사회윤리 문제라는 데서 위기의식은 더 커지고 있다. 이러한 문제의식에서 출발하여 저자는 인간의 음식생활에 대하여 윤리적 논의를 진행하고 있다. 우선, 문화상대주의와 어떤 관계에서 음식윤리 논의가 이루어져야 하는지 탐구하였고, 나아가 개인적 측면과 사회적 측면에서 오늘날 음식생활에서 드러나는 윤리적 문제를 분석하고, 윤리적 원리와 덕목에서 해결책을 찾아보았다. 이를 바탕으로 도덕 교과에서 음식윤리교육이 필요한 이유, 교육과정의 음식윤리 내용, 교육현장에서 적용 가능한 교육 방법을 찾아보았다. 도덕·윤리 교과의 음식윤리교육은 인지적·정의적·행동적으로 통합된 ‘에코지능Ecological Intelligence’을 바탕으로 윤리적 소비자, 민주시민을 육성하여 미래사회의 발전적 변화를 모색하는 기틀을 마련한다는 점에서 중요한 의미를 지닌다.

끝으로 3장은 초등학교의 실과·도덕과의 통합적 접근에 의해 초등학교 음식윤리교육 방안을 탐색한 글이다. 미래세대인 초등학생

이 먹는 음식은 그들의 몸과 마음을 형성하기 때문에 음식생활은 무엇보다 중요하고 소홀할 수 없는 부분이다. 초등학생은 자신의 가치 선택과 결정을 할 수 있는 단계로 나아가는 시기로, 무엇을 먹어야 할지, 먹지 말아야 할지, 어떻게 먹어야 할지에 대해 기성세대의 영향을 받기는 하지만, 스스로 알고 생각하고 선택할 수 있도록 음식윤리교육이 필요하다. 초등학교 교육과정의 음식윤리교육은 실과에서는 음식생활 내용이, 도덕에서는 가치·덕목 교육이 이루어지고 있다. 그러나 학교 현장에서 체계적·효율적인 교육의 실시는 쉽지 않은 상황이다. 특히 2009 개정 교육과정 이후 두 교과는 시수가 축소되면서 교육내용이 질적으로 약화될 위기에 처해 있다. 이에 음식윤리교육에서 전략적 통합이 필요하다고 판단, 실과의 음식생활교육에 도덕의 가치·덕목을 추가하여 음식윤리교육 내용을 추출하여 통합적 수업모형과 음식 명상 방법을 제시해 보았다. 음식윤리교육은 궁극적으로 에코지능, 윤리적 소비, 민주시민교육과 연계되어야 한다는 점에서 도덕적 실천을 강조하지 않을 수 없는 영역이다.

이 책에 실린 글들의 출처는 아래와 같다.

[1부] ――――――――――

변순용, 「먹을거리의 인간학적, 윤리적 의미에 대한 연구」, 『범한철학』, 53권 2호, 2009, pp. 339~361.

변순용, 「로컬푸드에 나타난 음식의 윤리적 의미에 대한 연구」, 『윤리연구』, 94호, 2014, pp. 135~153.

변순용, 「지속 가능한 식사의 윤리적 의미에 대한 연구」, 『환경철학』, 17호, 2014, pp. 67~86.

[2부] ————————————

변순용, 「음식윤리의 내용체계 연구」, 『초등도덕교육』, 47호, 2015, pp. 141~162.

김명식, 「음식윤리와 산업형 농업」, 『범한철학』 74집, 2014, pp. 441~468.

김완구, 「음식윤리의 주요 쟁점과 그 실천의 문제」, 『환경철학』, 2014, pp. 1~34.

[3부] ————————————

맹주만, 「피터 싱어와 윤리적 채식주의」, 『철학탐구』, 22집, 2007, pp. 5~30.

최훈, 「맹주만 교수는 피터 싱어의 윤리적 채식주의를 성공적으로 비판했는가?」, 『철학탐구』, 25집, 2009, pp. 195~214.

맹주만, 「톰 레간과 윤리적 채식주의」, 『근대철학』, 4권 1호, 2009, pp. 1~23.

[4부] ————————————

함규진, 「조선 역대 왕들의 감선: 그 정치적 함의」, 『한국학연구』, 34집, 2010, pp. 247~273.

장승희, 「음식생활에 대한 윤리적 논의와 음식윤리교육」, 『윤리교육연구』, 31집, 2013, pp. 321~348.

장승희, 「초등학교 음식윤리교육 방안」, 『윤리교육연구』, 36집, 2015, pp. 129~151.

끝으로, 이 책의 기획의도에 적극적으로 동의해주시고 열심히 연구하신 성과물을 기꺼이 제공해주신 김명식, 김완구, 맹주만, 최훈,

함규진, 장승희 교수님께 감사드리고, 이 책의 출판과 편집에 물심양면으로 지원해주신 어문학사 윤석전 사장님과 직원분들께도 이 자리를 빌려 심심한 감사를 드린다. 그리고 앞으로 이 분야의 새로운 연구들이 축적되면 개정 증보판도 기획할 예정이다.

2015년 6월 3일

사향골에서

변순용

| 차례 |

3부 채식주의의 논쟁

4부 동양적 음식윤리

5부 음식윤리교육

1부

음식의 윤리적 의미

1. 먹을거리의 인간학적, 윤리적 의미
2. 로컬푸드에 나타난 음식의 윤리적 의미
3. 지속 가능한 식사의 윤리적 의미

1. 먹을거리의 인간학적, 윤리적 의미

변순용(서울교육대학교)

"자연 전체는 '먹다'라는 동사의 수동태와 능동태 활용에 불과하다."

— W. R. Inge —

"만약 자양분이 빠져나간 만큼 자양분을 공급하지 않으면 생명은 생기를 잃을 것이다. 그리고 이 자양분을 앗아가 버리면 생명은 파괴되고 만다."

— Leonardo da Vinci —

1. 들어가는 말

미국산 소고기의 안전성, 중국에서 수입된 여러 식품에서 나온 멜라민 관련 파동을 계기로 이젠 먹을거리에 대한 근본적인 문제를 제

기하지 않을 수 없게 되었다. 먹을거리의 안정성 문제가 현대 사회에서 매우 중요한 문제로 대두하고 있으며, 국가 간의 갈등까지 야기할 수 있는 가능성을 가지고 있다. 인류 역사상 음식에 대한 욕망은 인간 사회의 역사를 움직이는 중요한 동인(動因)이었다. 고대사회의 밀이나 향신료를 둘러싼 무역과 국가 간의 전쟁을 고려해 볼 때, 또는 "음식이 상업의 영역을 확대시켰고, 침략전쟁을 초래하였으며, 제국주의 형성에 대단한 역할을 하였고, 신세계의 발견을 촉진시켰다(손경희 역, 2006: p. 426)"는 것을 고려해 볼 때, 먹을거리의 문제는 단순히 먹을거리만의 문제가 아님을 알 수 있다. 음식 없이는 인류도 사회도 존재하지 않았을 것이다.

'먹을거리'와 '먹는다'의 문제는 개인적인 차원의 문제이면서도, 국가적인 차원에서의 섭식장애나 국민의 영양 상태에 대한 관심에서 볼 때 사회적, 국가적으로도 중요한 문제다. 그뿐만 아니라 이러한 문제는 생명윤리, 생태윤리의 차원에서도 매우 중요한 문제이기도 하다. 인간뿐만 아니라 지구 상의 모든 생명체는 무언가를 먹어야만 한다. 이것은 자연의 법칙이면서 동시에 자연의 필연성이다. 슈바이처A. Schweitzer는 생존을 위한 생명의 부정이 자연의 '폭력'임에도 불구하고, 그 자연적 폭력에 휘둘릴 수밖에 없는 인간에게 생명에 대한 무한한 책임을 주장하였다.

먹을거리와 관련된 문제는 최근 한국 사회뿐만 아니라 세계적으로 제기되고 있다. 우리나라에서 특히 중국산 먹을거리에 대한 우려는 현재 한국의 식자재 공급의 상당 부분을 중국산이 차지하고 있어 매우 심각한 문제를 초래하고 있다.

특히 산업화된 공장식 목축업에 의해 공급되는 육식에 대한 도덕적 고려로 연결되는 동물윤리의 문제가 본격적으로 제기되고 있다. 그뿐만 아니라 현대사회에서 생산되는 먹을거리에 대한 근본적인 불신으로 인해 유기농 먹을거리와 로컬푸드운동[1], 슬로푸드운동[2], 대도시 공동구매클럽[3] 등의 새로운 경향이 생겨나고 있다. 먹을거리의 문제는 동물윤리의 문제뿐만 아니라 생태윤리, 생명윤리와도 매우 밀접한 관계를 갖고 있다. 생태윤리와 관련된 문제의 예로는 공장식 목축업으로 인해 배설물 처리 및 메탄가스 증가, 항생제 남용 등을 들 수 있고, 특히 동물사료로 주로 사용되는 옥수수의 증식을 위해 점점 늘어나고 있는 단일작물재배의 토양 파괴 문제 또한 매우

---

1 관련 사이트로는 www.localharvest.com, www.locavores.com을 들 수 있다. 여기서는 자기 집에서 100마일(약 160km) 이내에서 생산된 먹을거리를 소비할 것을 권장하고 있다. 일본에서는 로컬푸드운동을 받아들여 지산지소(地産地消)운동을 시작하였으며, 농민과 소비자의 90%가 이에 대해 알고 있다. 일본 농림수산성은 2002년 '식(食)'과 '농(農)'의 재생 플랜, 2004년부터는 식육추진기본계획(食肉推進基本計劃)을 추진하면서 본격적으로 도입되었다. 지산지소운동의 장점으로는 우선, 신선한 계절의 미각을 맛볼 수 있으며, 둘째, 생산자의 얼굴을 알 수 있어 안심할 수 있고, 셋째, 지역 기반의 농업을 지킬 수 있고, 끝으로 수송 거리가 짧아 에너지 소비량과 이산화탄소 배출량을 줄일 수 있어 환경에 이롭다는 것이다. 우리나라에서도 이를테면 경북 의성 농민회는 2007년 2월부터 대구 지역 초등학교 급식에 쓸 친환경 농산물을 직접 판매하고 있는데, 이는 한국에서 시작되는 로컬푸드운동의 좋은 예가 될 것이다(「한겨레 21」, 2008년 10월 24일 자 참조).

2 슬로푸드운동은 1986년 이탈리아 로마에 맥도날드 지점이 생긴 것에 반대해 이탈리아의 언론인, 운동가 등 62명이 시작했으며, 현재 전 세계에 10만여 명의 회원을 가진 모임으로 성장했다. 이 운동의 모토는 "좋고, 깨끗하고 공정한(good, clean and fair) 먹거리"다.

3 대도시 공동구매클럽은 보통은 대도시에 사는 여러 가족들의 그룹인데, 그들은 한 달에 한두 번씩 대량 주문을 한다. 보통은 클럽을 주도한 사람이 조직하며 외곽의 생산자와 연결하는 형태의 구매 방법이 활성화되고 있다.

심각해지고 있는 실정이다.[4] 대량생산과 공급이라는 경제적인 논리에 의해 인간의 밥상에 오르는 많은 가금류의 안전성 및 동물 권리 침해 문제에 대한 반성의 요구가 점점 일어나고 있다.

우리는 습관적으로 하루에 세끼를 먹고 산다. 먹기 위해 사느냐, 살기 위해 먹느냐는 농담에서처럼 때로는 그것이 혼동될 정도다. 나는 매일 학교 앞에 있는 여러 식당 중에서 그날의 날씨에 따라, 기분에 따라, 동행자에 따라, 주머니 사정에 따라 먹을 것에 대한 선택을 고민하게 된다. 때론 먹는 것이 귀찮게 여겨져 건너뛰거나, 건너뛴 한 끼는 영원히 돌아오지 않는다는 생각에 한 끼 때우거나, 아니면 정말 반가운 친구와의 정겨운 식사가 즐겁기도 하다. 사실 '오늘 뭘 먹을까?'라는 물음은 우리가 식사 때마다 하는 고민이다. "음식을 선택하고 먹는 행위는 바로 우리가 자의식을 구현하고 또 경험하는 가장 근본적인 과정이 된다. …… 자아와 주변 세계에 대한 의식이 형성되기 위한 자각의 가장 기본적인 경험은 바로 먹는 행위를 통해 이루어진다(김용환 역, 2006: p. 203)"고 할 수 있다.

먹는 것도 인간의 행위에 포함되기 때문에, 우리는 먹는 행위에 대한 도덕적인 숙고를 해야 하며, 이 연구는 이러한 숙고의 시도다. 나는 이 연구에서 '우리는 먹는다.'라는 말에서 생략된 것이 지닌 의미를 생각해보고자 한다.

---

4 이와 더불어 "세계자원연구소에 따르면, 지나치게 많은 목초지가 조성되는 것이 전 세계 토지 황폐화의 가장 큰 단일 원인이다. 이 토지 황폐화는 대체로 미국이나 오스트레일리아 등지의 소와 양의 목초지로 사용되는 반(半)건조지대에서 발생한다(함규진 역, 2008: p. 334)."

2. 먹는 행위의 인간학적 의미

먹는 행위는 인간의 본능적인 식욕과 관련이 있다. 먹는 행위가 인간에게 즐거움을 준다는 것은 분명한 사실이다. 물론 보통 음식이 종교나 도덕의 영역에서 절제되어야 하고 줄여야 하는 것으로 여겨져 왔지만, 음식 없이는 인류도 존재하지 않는다. 먹는 행위의 즐거움에 대한 근거를 브리야사바랭은 다음과 같이 설명하고 있다:

> "첫째, 절제 있게 섭취했을 때 피로를 동반하지 않는 유일한 쾌락이기 때문에,
>
> 둘째, 연령과 조건을 불문하고 언제나 가능하기 때문에,
>
> 셋째, 적어도 하루에 한 번은 필연적으로 돌아오며, 하루에 두세 번 불편 없이 반복될 수 있기 때문에,
>
> 넷째, 다른 모든 쾌락들과 섞일 수 있으며, 심지어 다른 쾌락의 부재를 달래줄 수 있기 때문에,
>
> 다섯째, 먹는 즐거움이 수용하는 인상들은 더욱 지속적인 동시에 더욱 우리의 의지에 달려 있기 때문에,
>
> 끝으로, 본능적 의식에서 나오는 정의할 수 없는 특별한 행복을 느끼기 때문에(홍서연 역, 2004: pp. 69~70)."

미각은 우리에게 많은 쾌락을 주는 감각이라고 주장한다. 또한 그는 "도덕적 관점에서 미식은 조물주의 질서에 대한 암묵적인 인종(忍從)이다. 조물주는 우리로 하여금 살기 위해 먹도록 명령하였

으며, 식욕으로써 그것을 권고하고 맛으로써 지원하며 쾌락으로써 보상한다(홍서연 역: p. 196)."고 주장한다.[5] 분명히 먹을거리 자체가 주는 즐거움과 그것을 먹는 행위의 즐거움은 인간이 포기할 수 없는 부분이다.

먹는 행위는 생물학적이면서도 본능적인 성격을 갖지만, 이성적인 행위면서도 도덕적인 판단의 대상이 되는 행위다. 인간은 자연에서, 그리고 사회에서 먹을 수 있는 것과 먹을 수 없는 것을 구별해야 하고, 먹을 수 있는 것에서 다시 먹어도 되는 것, 먹어야만 하는 것 그리고 먹어서는 안 되는 것을 구별해 내야 한다. 잡식동물들은 자연이 차려놓은 많은 먹을거리 중에서 어떤 것을 먹어야 하는지를 알아내기 위해서 뇌의 많은 공간과 시간을 할애해야 한다. 인간은 그래서 먹을거리에 대해 끊임없는 고민을 하게 된다. 자연 속에서 먹을 수 있는 것과 먹을 수 없는 것 사이에서 고민하던 인간은 이제 슈퍼마켓에 진열된 그 수많은 먹을거리 중에서 어느 것을 택하느냐는 고민에 빠지게 된다. 이 고민 속에서 새로운 먹을거리에 대한 추구neophilia와 안전한 먹을거리에 대한 의존neophobia은 갈등하게 된다. 또한 우리는 좋은 먹을거리와 나쁜 먹을거리의 구분을, 즉 먹을거리에 대한 가치판단을 은연중에 하고 있다. 아이가 피자나 햄버거와 같은 패스트푸드를 김치나 떡보다 좋아한다면 부모는 고민에 빠

5 보통 미식법으로 번역되는 gastronomie는 어원상 위(胃)를 뜻하는 희랍어인 gaster와 법칙을 뜻하는 nomos로 이루어진 단어다. 따라서 gastronomie는 먹는 것에 대한 규칙이나 그에 대한 이론이라는 것이 본래적인 의미일 것이다.

진다.

먹는 행위를 통해 인간은 자연의 순환에 참가하게 된다. 자연으로부터 영양분을 흡수하는 신진대사작용을 통해 인간은 자연과 소통하게 되는 것이다. 먹는 행위는 자연의 법칙에 속하는 행위다. 따라서 먹는 행위는 인간이 인간 밖의 환경과 상호작용을 하면서 인간 외적인 것을 자기화하는 과정이다. 먹는 행위의 동기가 되는 식욕은 인간과 세계를 연결해주는 통로며, 인간은 식욕을 통해 삶을 이끌어 나갈 수 있는 힘과 자극을 얻을 수 있다. 절망이나 실의에 빠진 사람에게서는 식욕을 찾아볼 수 없으며, 먹는 행위는 인간이 세계 속에 살아 있다는 가장 직접적인 증거다.

먹는 행위는 생물학적인 행위면서 동시에 문화적 행위다. 우리는 문화권마다 다양한 먹을거리와 그에 대한 조리법을 가지고 있다. 나라마다 지역마다 음식문화가 있으며, 또 금기시되는 먹을거리가 존재한다. 예컨대 유대교와 이슬람교에서는 돼지고기가 금기 식품이었다. 더운 기후에서 돼지고기는 위험한 식품이었으므로, 식사에 관한 계율이 만들어졌을 당시에 이러한 점이 고려되었을 것이다(손경희 역, 2006 : p. 93 참조).

사람들은 다른 사람들이 어떤 특정 음식을 먹는다는 것 때문에 비난하거나 야만시하기도 한다. 예를 들면 미국에서 발효된 양배추를 잘 먹는 독일인은 사우어크라우트Sauerkraut, 볶은 콩을 잘 먹는 멕시코인은 빈Bean이라고 비하되는 경우가 있다. 영국인들은 프랑스인들이 개구리 다리를 먹는 관습을 이유로 그들을 개구리frog라고 부르기도 한다(김정희 역, 2005: p. 29 참조). 그러다 보니 문화적 차이로 인한

오해와 편견이 발생하기도 한다. "음식에 대한 자기 민족 중심적인 태도는 단순한 고정관념을 넘어서 다른 문화나 종교와 결부된 특정 음식에 대한 거부로 확대될 수 있으며(김용환 역, 2006: 62)", 심지어 다른 문화나 종교에 대한 거부감으로도 확대될 수 있다.

그러나 이와 반대로 고유한 음식문화를 통해 우리는 동질감과 연대감을 형성하게 된다. "실제로 몇몇 문화권의 '적'에 해당하는 단어를 풀어보면 글자 그대로 '입맛이 다른 사람'을 뜻하기도 한다(정미나 역, 2005: p. 113)." "누군가와 먹고 마시는 것은 사회적 공동체의 상징이며 확인이기도 한 동시에 상호의무 수락의 상징이며 확인이기도 하다(Freud, 1918: p. 174)." 그래서 좋은 일이 있을 때 어느 나라, 어느 문화권에서도 축제가 벌어지며, 모든 잔치에는 항상 음식과 여흥이 수반된다. 소문난 잔치에 먹을 것이 없다면 그것은 좋은 잔치가 아닐 것이다. 또한 다른 나라, 다른 문화, 다른 식습관으로의 오랜 여행길 끝에 먹게 된 우리 음식에 대한 강렬한 욕구는 아마 누구라도 한 번쯤은 경험했을 것이다. 원래 동료companion란 '빵을 함께 나누어 먹는 사람'이라는 뜻에서 유래한다(Farb & Armelagos, 1980: p. 4 참조).

먹는 행위는 분명 배고픔의 충족이라는 본능적인 성격을 갖지만, 정신적인 측면과의 관련성도 강하다. 우리는 어떤 목적을 위해 때로는 단식하기도 하고 절제하기도 한다. 아무리 배가 고파도 먹어서는 안 되는 것이라면 우리는 그것을 거부한다. 또한 우리는 배가 터지도록 먹을 수 있다. 아마도 지구 상에 소화제의 도움을 받으면서까지 먹는 존재는 인간뿐일 것이다. 어느 문화권에서나 폭식, 탐식, 대식과 같은 용어들은 항상 식욕에 근거한 비도덕적인 현상들로 간

주되어 왔다. 일반적으로 먹는 행위는 정신의 작용을 통해 제어되어야 하는 성격을 가진다. 아리스토텔레스는 절제와 무절제에 대한 부분에서 먹는 행위와 같은 자연적 욕망에 관하여 다음과 같이 말하고 있다:

> "자연적 욕망의 경우에 잘못하는 사람은 거의 없고, 잘못을 한다 하더라도 한쪽 방향으로만, 즉 지나친 쪽으로만 잘못할 뿐이다. 사실 어떤 것이든 더 이상 먹고 마실 수 없을 때까지 먹고 마시는 것은 양에 있어 자연에 따르는 것을 넘어서는 것이다. 자연적 욕망이란 결핍된 것을 다시 채우는 것이니까. 이런 이유로 사람들은 그들이 마땅한 것을 넘어 자신들의 배를 채운다고 생각해서 그들을 폭식가暴食家라고 부르는 것이다. 지나칠 정도로 노예적인 사람이 이런 사람이 된다(1118b)."[6]

여기서 그는 자연적 욕망에서 나온 행위에 대해서 절제할 것을 요청하고 있는 것이다. 특히 먹는 양과 관련해서 마땅한 것을 넘어서 먹는 폭식을 경계하고 있다. 공자 역시 먹을거리와 먹는 행위에 대하여 자세하게 설명하고 있다:

6 이 부분에 대한 번역은 『니코마코스 윤리학』(이창우 외 역, 이제이북스, 2006)을 참조하였음.

"밥은 정한 것을 싫어하지 않으시며, 회는 가늘게 썬 것을 싫어하지 않으셨다.

밥이 상하여 쉰 것과 생선이 상하고 고기가 부패한 것을 먹지 않으셨으며, 빛깔이 나쁜 것을 먹지 않으시고, 냄새가 나쁜 것을 먹지 않으셨으며, 요리가 잘못된 것을 먹지 않으시고, 때가 아닌 것을 먹지 않으셨다.

자른 것이 바르지 않으면 먹지 않으시고, 간장을 얻지 못하면 먹지 않으셨다.

고기가 비록 많으나 밥 기운을 이기게 하지 않으시며, 술은 일정한 양이 없으셨는데, 어지러운 지경에 이르지 않게 하셨다.

시장에서 산 술과 포를 먹지 않으셨다.

생강을 먹는 것을 거두지 않으셨다.

많이 잡수시지 않으셨다(論語, 鄕黨)."[7]

논어의 설명에서도 주로 '싫어하지 않음(不厭)' 내지 '먹지 않음(不食)'과 같은 소극적인 표현을 사용하는 점을 본다면, 먹는 것에 대한 절제 내지 이성적인 통제의 중요성을 엿볼 수 있을 것이다. 한국의 경우에서도 빙허각 이씨가 1809년 집필한 조선시대 최고의 한글판 가정백과사전이자 조리서라고 할 수 있는 『규합총서閨閤叢書』에서 음식을 대하는 사대부들의 태도 중에서 "마음에 과하고 탐내는 것을 막아 법을 삼으라(정혜경, 2007: p. 160)"고 강조한다.

---

7 이 부분에 대한 번역은 『논어집주』(성백효 역, 전통문화연구회)를 참조하였음.

> "마음을 다스리고 성을 길러야 하니, 먼저 세 가지와 또 한 가지를 막을 것이니, 좋은 음식은 탐을 내고, 맛없는 음식은 찡그리고, 종일 먹어도 음식이 그 생겨난 바를 알지 못하니 어리석으며 덕 있는 선비는 배불리 먹을 타령을 말아 허물이 없게 하라(정혜경, 2007: p. 160)."

음식은 노동과 사유의 집약체이기도 하다. 인류가 언제부터 어떻게 해서 요리를 하게 되었는지에 대해서는 여러 가정들이 있겠지만, 분명한 것은 인간의 문화는 요리와 함께 시작되었다 해도 과언이 아닐 것이다. 그래서 인류학자인 칼턴 쿤은 "요리법의 도입은 원초적 동물 상태의 사람을 보다 완전한 인간으로 만드는데 결정적 요인이 되었다(손경희 역, 2006: p. 48)"고 말하고 있다.

먹어야 할 것의 선택은 바로 어떻게 먹어야 하는가에 대한 물음으로 이어진다. 예컨대 식당에서 불가피하게 혼자 먹어야 하는 경우를 생각해보자. 일본에는 혼자 먹는 사람을 위한 식당도 있다고 하지만, 식당에서 혼자 먹는 것을 즐거워하는 경우는 많지 않을 것이다. 원래 음식은 같이 먹는 것이고 그래서 나누어 먹는 것이고, 음식에는 그래서 자연스럽게 이야기가 덧붙여진다. 음식에는 음식을 하는 사람의 관심과 애정이 담겨 있기 때문에 익명의 다수를 위해 만들어진 밖에서 사 먹는 상품으로서의 음식과 집에서 정성껏 마련된 음식은 결코 비교하기 어려울 것이다.

3. 먹을거리 선택의 문제

건강을 위하여 혹은 동물의 권리보호를 위해 육식보다는 채식을 하자는 목소리가 점점 더 커지고 있다. 특히 동물윤리를 주장하는 사람 중에 육식의 비윤리성을 주장하는 이들도 있다. 인도적이고 유기농적인 방법으로 생산된 고기만을 먹으려 하거나 동물성 음식 자체를 먹지 않으려는 사람들이 점점 늘고 있다. 싱어P. Singer는 공장식 농업의 잔인함을 다음과 같이 제시하고 있다:

> "암퇘지들은 일생의 대부분을 몸을 돌릴 여유도 없는 칸막이에 갇혀 지내야 한다. 닭들은 또 어떤가? 아주 부자연스러운 밀집 상태로 살며, 몸은 너무나 빨리 자라고, 잔인한 방식으로 운송되고 도살된다. 그리고 낙농장의 젖소들은 주기적으로 임신을 당하고는 낳는 즉시 새끼를 빼앗겨버린다. 그리고 고기소들은 황량하고 살풍경한 사육장에 감금되어 살아간다(함규진 역, 2008: p. 339)."

그는 현대의 육류생산체제에 의해 발생하는 동물들의 막대한 고통이 공장식 농장에서 생산된 육류가 사라질 경우 느끼게 될 식욕의 불만보다 훨씬 크다고 주장한다(함규진 역, 2008: p. 345 참조). 그는 동물윤리와 관련된 학자들의 주장을 인용하면서 비건vegan과 채식주의자의 논리를 정당화하고 있다. 그에게 우리의 장바구니에 있는 육류는 곧 동물 학대에 동참하는 것으로 여겨진다(함규진 역, 2008: p. 392 참조).

그러나 그의 반反육식주의가 얼마나 설득력을 가질 수 있는지에 대해서는 의문이 생긴다.

그러나 여기서 왜 현대에 와서 육식에 대한 이러한 거부감이 생겨났는지를 살펴볼 필요가 있을 것이다. 이러한 물음에 대해 불리엣Richard W. Bulliet은 매우 설득력 있는 설명을 하고 있다. 그는 인간과 동물의 관계를 사육domestication이라는 측면에서 분석하고 있다. 그는 인류의 역사를 거시적으로 전기 사육시대predomesticity, 사육시대domesticity, 후기 사육시대postdomesticity로 구분하고 각 시대의 유형적인 특징을 밝혀내면서, 사육화의 기원에 대한 여러 가지 추론적인 설명을 제시하고 있다. 특히 그는 사육화의 기원에 대해서는 우리가 알고 있던 통설의 문제점을 제시하고(동물의 자연선택이나 인간의 선택적이며 의도적인 교배에 의해 사육되었다는 주장), 사육화가 시작된 이유를 종교적인 행사, 특히 희생제의로부터 찾고 있다. 그가 구분한 전기 사육시대는 인간과 동물의 경계가 모호해서 동물이 사냥 대상인 동시에 숭배 대상이 되었던 시기며, 사육시대는 인간의 이해관계에 따라 동물이 철저히 대상화되었던 시기고, 후기 사육시대는 그러한 대상화가 상품화로 그 극을 이루며, 인간과 동물의 격리가 산업화의 과정을 통해 진행되면서도 전기 사육시대적인 정서가 다시 생기는 시기라고 분석하고 있다.

사육시대에는 인간과 동물의 접촉이 빈번하였고, 동물의 교미 장면이나 도살 장면은 그 시대 사람들에게 새로운 사실이나 충격적인 사건이 되지 않았다. 그러나 동물들과 격리된 삶을 사는 후기 사육시대의 현대인들이 사육동물을 접하게 되는 상황은 애완용 동물을

기르거나 아니면 슈퍼마켓에서 볼 수 있는 것처럼 깨끗해 보이는 용기에 담긴 고깃덩어리거나 패스트푸드점에서 보게 되는 프라이드치킨을 보는 경우가 대부분이다. 최근에 공장식 농장factory farming에서 벌어지는 가축의 도살 장면이 현대인들에게는 매우 충격적으로 다가오는 이유를 그는 다음과 같이 설명한다. 우리는 프라이드치킨이나 비닐로 포장된 소고기를 보면서 그것이 어떻게 거기에 그렇게 있게 되었는지를 망각하고 있다는 것이다. 또한 우리 아이들이 보는 텔레비전의 만화 영화나 이야기책을 보면 동물들은 대체로 의인화되어 나온다. 그래서 미국에서 상영된 「꼬마 돼지 베이브BABE, 1995」라는 영화에서 주인공인 돼지가 도살 직전에 두려워하는 것을 보고 나서 고기를 먹지 않겠다고 말하는 아이들이 나오게 되는 것이다(임옥희 역, 2008: pp. 28~9, 39, 56~9 참조).

나는 어렸을 적 언제부터인가 대학 시절까지 육식을 하지 않았다. 그렇지만 내가 의식적인 채식주의자였던 것도 아니었다. 내가 육식을 하지 못했던 것은 어린 시절 어머니 손에 이끌려 갔던 동네 재래시장에서 닭을 도살하는 장면을 보게 되었고, 그 장면이 너무나 생생하게 기억에 남아 육식을 하지 못했던 것이다. 현대인들의 이러한 정서적인 반향이 후기 사육시대의 주요한 특징이 된다. 최근에 동물의 권리나 복지, 혹은 고통에 대한 관심은 현대인들의 이러한 정서적인 반향과 무관하지 않을 것이다. 미국산 소고기 수입에 대한 사회적 논쟁이 벌어질 무렵, 한국산 소고기의 안정성을 강조하는 광고에 한우의 안전성을 강조하는 문구와 함께 푸른 목장을 배경으로 순진하게 서 있는 송아지의 모습을 찍은 사진이 게재된 것을 본 적

이 있다. 여기서 느껴지는 아이러니가 바로 불리엣이 주장한 후기 사육시대의 정서적 반응일 것이다. 이러한 정서적 반응이 현대인의 식탁에서 점점 비건과 채식주의자들의 주장이 힘을 얻게 되는 중요한 요인 중 하나일 것이다.[8]

폴랜Michael Pollan은 현대인의 식탁을 구성하는 먹을거리를 산업적 음식사슬, 전원적 음식사슬, 수렵 및 채집 음식사슬로 구분하고, 실제로 그 사슬을 식탁에서부터 역추적하면서 현대인의 음식 문제를 진단하고 있다.[9] 잡식동물의 딜레마는 초식동물이나 육식동물과는 달리 인간은 먹을 것이 정해지지 않았기 때문에 먹어야 한다는 자연적인 필연성과 먹는 것에 대한 불안으로 인해 생기는 딜레마다.

> "무엇을 먹을까 하는 문제는 모든 잡식동물을 괴롭혀왔다. 자연이 제공하는 모든 것을 먹을 수 있을 때는, 무엇을 먹을까 결정하는 일이 필연적으로 불안을 일으킨다. 눈앞에 놓여 있는 먹을거리가 병을 일으키거나 목숨을 앗아갈 가능성이 있을 때는 특히 더 그렇다(조윤정 역 2007: p. 17)."

8 이러한 현상에 대해 음식인류학자인 래퍼포트(L. Rappoport)는 식재료의 탈자연화(denaturalization)의 개념으로 설명한다: "일반적으로 식재료가 먹이사슬에서 더 높은 위치에 있을수록, 그것을 탈자연화하는 절차는 더욱 복잡해진다. 이것은 소비자의 편의와 위생뿐만 아니라 심리적 측면까지 고려해서 그런 것이기도 하다. 식재료의 탈자연화는 소비자에게 긍정적인 심리적 효과를 가져다줄 수 있다. 식재료가 먹이사슬을 따라 올라가서 우리 자신과 가까워질수록, 그것을 죽이는 데 따르는 죄책감을 완화시킬 필요성이 더 중대한다(김용환 역, 2006: p. 158)."

9 폴랜은 음식사슬을 "태양광선으로부터 칼로리를 합성할 수 있는 식물로부터 그런 능력이 없는 종들에게로 칼로리를 전달하는 시스템"으로 정의하고 있다(조윤정 역, 2007: p. 22).

먹을 것이 정해져 있는 동물의 경우에는 먹을 것의 선택에서 고민의 여지가 별로 없을 것이다. 그래서 잡식동물의 뇌 용량이 그렇지 않은 종류의 뇌 용량보다 큰 이유가 여기에 있다는 것이다.

> "초식 동물이나 육식 동물에게 식사문제는 매우 간단하다. 코알라는 무엇을 먹을지 걱정하지 않는다. …… 코알라의 음식 취향은 유전자에 내재되어 있다. 하지만 인간이나 쥐 같은 잡식동물들은 자연이 차려 놓은 많은 먹을거리 가운데 어떤 것이 안전한지 알아내기 위해 뇌의 많은 공간과 시간을 할애해야 한다(조윤정 역, 2007: p. 18)."

결코 간단치 않은 먹을거리의 선택으로 인해 인류는 수많은 고민을 해왔으며, 배고픔을 해결하기 위해 시간과 노력을 경주해 왔다. 이러한 노력은 산업화와 더불어 과학화된 농업으로 가능해진 식품생산과정의 대량화를 통해 식품공급의 혁명을 찾았던 것이다. 이것은 더 많은 식품을 더 저렴한 가격으로, 그리고 공급이 가능한 한 사회적 조건에 맞는 다양한 식품에 대한 요구로 나타났다. 19세기에 괴혈병(비타민 C의 결핍으로 생기는 병)과 구루병(비타민 D의 결핍으로 일어나는 뼈의 병)이 시대적인 질병이었다면, 20세기는 아마도 과잉영양, 과식으로 인한 비만이 시대적인 질병일 것이다(손경희 역, 2006: p. 432 참조).

폴랜은 현대사회의 가장 대표적인 먹을거리와 관련된 산업적 음식사슬을 추적하는 과정에서 일반적으로 미국의 슈퍼마켓에는 약

4만 5천 가지의 물품이 있는데, 그중 4분의 1 이상에 옥수수가 들어 있음을 알게 되었다. 식품뿐만 아니라 치약, 화장품, 일회용 기저귀, 쓰레기봉투, 표백제, 숯, 성냥, 배터리, 잡지 표지의 광택제 등뿐만 아니라 슈퍼마켓 건물의 벽판과 이음재, 리놀륨과 유리섬유와 접착제 등의 제조에 옥수수가 관련되어 있다. 식용, 사료용, 산업용 옥수수의 재배가 그 당시의 정치적·사회적·경제적 상황에 맞춰 증가하였으며, 특히 사료용 옥수수는 현대 미국의 목축산업에서 공장식 농장의 구성에 매우 중요한 역할을 하게 되었다. 시장경제에서 가장 중요한 기준이 되는 효율성을 제고하기 위해 만들어진 공장식 농장은 집중적인 가축 사육시설CAFO: concentrated animal feeding operations로 대표되는데, 싱어가『동물해방』이라는 책에서 가축사육의 잔인함을 생생하게 묘사했던 가축사육시설이다. 폴랜이 분석한 산업적 음식사슬의 문제는 크게 두 가지로 요약될 수 있는데, 첫째는 초식동물의 사료가 풀이 아니라 옥수수와 기타 영양 보충제와 각종 호르몬, 그리고 항생제라는 것이고, 둘째는 사육시설의 비위생성, 비자연성과 사육행위의 잔인함이다. 물론 이외에도 옥수수 재배의 증가가 가져오는 생태학적 손실의 문제, 고기의 생산과 소비에 드는 에너지 비효율성 등에 대해서도 설득력 있는 논지를 피력하고 있다. 싱어의 분석에 의하면 1파운드의 닭고기를 위해서는 3파운드의 곡물이, 1파운드의 돼지고기를 위해서는 6파운드의 곡물이, 1파운드의 소고기를 위해서는 13파운드의 곡물이 필요하다(함규진 역, 2008: p. 326 참조).

전원적 음식사슬을 추적하면서 폴랜은 현대인들이 선호하는 유기농 문제를 산업유기농 문제와 초유기농beyond organic 문제로 구분하고

있다. 이것은 대량생산체제를 가지며 장거리 유통 가능성을 지닌 산업유기농을 변질된 유기농으로 볼 것인지, 아니면 유기농의 시장적 응화로 볼 것인지의 문제다. 산업화된 유기농을 비판하면서 진정한 유기농이라고 주장하는 소규모 근거리 유통체계를 지향하는 초유기농의 경우 로컬푸드운동이나 대도시 공동구매클럽을 통해 대안을 모색하고 있다. 다양하게 쓰이고 있는 유기농의 진정한 의미를 찾는 과정에서 근본적으로 유기농식료품이 다른 식료품에 비해 비싸야 하는 아이러니를 느끼게 된다.

그의 논의에서 먹을거리의 문제는 결국 농업과 축산업이 경제적인 논리로 산업화되어 가는 현상에서 파생되는 문제이며, 경제적 효율성과 생태적 효율성의 갈등 문제로 여겨진다. 이제 이 분야에서 강조되었던 경제적 효율성을 추구하면서 발생하게 되는 문제들이 이젠 역으로 생태적 효율성의 중요성을 부각시키고 있는 시점이다. 미국산 소고기의 안정성에 대해서는 미국 내에서도 많은 논란이 있으며, 더구나 그것을 수입하고자 하는 우리나라에서 국민들 사이의 불안이 제기되는 것은 당연하다고 생각한다. 그러나 미국산 소고기의 안정성 못지않게 중요하게 생각해야 할 것이 있다. 그것은 우리가 좋아하는 한국산 소고기가 곡물사료나 항생제, 잔인한 사육 및 도살행위로부터 과연 안전하냐는 것이다. 즉 지속 가능한 사육에 대한 물음을 우리 자신에게 먼저 돌려보아야 할 것이다. 따라서 생물학적, 생태학적 안정성을 위해서는 가공과정이 적을수록 더 좋은 먹을거리며, 우리가 먹는 것이 어디에서 어떤 과정을 통해 내 앞에 놓이게 되었는지에 대해서 관심을 가져야 한다.

4. 먹을거리와 관련된 윤리적 문제들

랭과 헤즈먼은 지난 200년간의 식품 산업화, 화학, 운송, 농업 기술의 발전을 통해 기존의 지역별 소규모 생산시스템에서 집약적 생산과 대량 유통 시스템으로 먹을거리의 공급시스템이 변화했다고 주장한다(박중곤 역, 2006: p. 37 참조). 한마디로 식품 생산, 가공, 유통에서의 획기적인 발전은 인간에게 과거 그 어느 시절보다 풍요로운 먹을거리를 제공하고 있다는 것에서 긍정적인 측면을 볼 수 있지만, 그 이면에는 인간의 건강과 생태계에 커다란 부담을 가져오고 있다는 부정적인 측면도 발생하고 있다. 예를 들면 "석유 부족, 기상변화, 노동의 효율성 문제, 수자원 고갈, 오염, 동물 보호 및 식물과 동물의 품종개량(박중곤 역, 2006: 58)" 등의 문제뿐만 아니라, 미국에서는 연간 300,000명이 비만[10]으로 사망하고 있다는 보고가 있다(박중곤 역, 2006: 59 참조). 먹을거리에 대한 윤리적인 문제들을 살펴보기 위해서 먼저 식품분야에서 제기되고 있는 식품의 미래에 대한 주요 질문들을 살펴볼 필요가 있다. 랭과 헤즈먼은 이를 다음과 같이 제시한다(박중곤 역, 2006: p. 64):

- 누가 먹고 무엇을 먹는가?

10 2000년에 WHO는 약 3억 명이 비만, 7억 5천 명이 과체중이라고 경고했으며, 국제비만연구협회는 현재 약 17억에 이르는 사람이 비만이거나 과체중 상태에 있다고 집계하고 있다(박중곤 역, 2006: p. 81 참조).

- 누가 식품이용을 조절하는가?
- 식품이 어떻게 재배되고 가공되는가?
- 식품이 어떻게 거래되고 유통되는가?
- 식품 공급이 어떻게 규제되는가?
- 누가 그리고 무엇이 식품정책을 만드는가?
- 식품이 사회와 환경에 미치는 영향을 어떻게 해결해야 하는가?

이 질문들에 근거해서 먹을거리와 관련된 다양한 윤리 문제들을 우선 먹을거리 생산에서의 지속적인 생산 가능성(혹은 먹을거리 생산의 생태적 지속성) 문제, 푸드마일(식품 이동거리)의 증가 문제, 먹을거리의 분배정의의 문제, 식품민주주의와 식품규제의 갈등 문제, 인간의 건강과 생태계의 건강 문제로 크게 구분해 볼 수 있을 것이다. 사실 식품의 미래에 대한 이러한 질문들과 질문들의 전제에서 윤리적인 고려는 필수적이다. 현대인들의 먹을거리는 현대인의 건강 개념과 직결되어 있기 때문에, 영양, 건강, 사회, 생태계라는 네 가지 요소 사이에서 먹을거리에 대한 윤리적인 문제를 고려해 보아야 한다.

싱어P. Singer와 메이슨J. Mason은 먹을거리에 대한 윤리The Ethics of What We Eat 문제를 구체적으로 세 유형의 가족을 예를 들어 설명하고 있다.[11] 전형적인 마트 쇼핑과 육가공식품 애호 가족, 유기농 식품과 해산물을 주로 먹는 양심적 잡식주의 가족, 완전 채식주의 가족의

---

11 함규진 역(2008), P. Singer & J. Mason, 『죽음의 밥상』, 산책자.

집에서 그들이 선택한 먹을거리를 추적하면서, 먹을거리의 윤리문제를 구체적으로 대량사육 시스템의 문제, 광고와 각종 품질보증제도를 이용한 식품업자와 대형마트의 장난과 거짓, 지역 생산 음식의 진실, 공정무역상표가 붙은 제품의 이면, 윤리적 소비 내지 지속 가능성의 가능성과 사회적 책임, 외식과 가정식의 경제학, 유전자 조작 식품의 문제, 비만의 윤리적 문제, 육식주의의 문제 등을 제시하고 있다.

우리가 먹을거리를 선택하는 현대적인 기준은 맛, 가격, 편리함이다. 여기에 건강에 대한 기여도가 점차 강조되고 있는 실정이다. 그러나 싱어와 메이슨은 여기에서 보다 중요한 기준에 동물의 고통과 생태적 지속 가능성을 포함시켜야 한다고 주장한다. 그들은 식생활의 윤리적인 문제를 제기하면서 윤리적인 식품소비를 해야 한다고 주장한다. 시장에서 먹을거리를 구입하는 행위가 이제는 정치적, 경제적, 윤리적 의미를 지니는 행위가 된다는 것이다. 예컨대, 보다 많은 사람들이 유기농 식품을 사게 된다면, 이것이 공장식 농업이나 이를 후원하는 정부, 경제적 효율성만을 중시하는 생산자들에게 중요한 압력으로 작용하게 된다는 것이다.

싱어와 메이슨이 설명하는 '가축사육시설CAFO'에서는 동물의 고통에 대한 고려는 전혀 없으며, 단지 수익성과 효율성만이 강조되고 있는 실정이다. 그들은 닭, 돼지, 소들의 인지 능력과 정서 능력을 입증하는 자료를 제시하고 있으며, 이들이 고통받는다는 것을 극명하게 드러내고자 한다. 더구나 소의 사육과정에서 이미 90년대 말에 유럽의 광우병 사태로 인해 전 유럽에서 금지된 동물사료가 아직

도 미국에서 허용되고 있다는 사실은 매우 충격적이다. 그뿐만 아니라 곡물사료의 경우에도 심한 경우 소가 '사육장위확장증'에 걸려 질식사할 수 있을 뿐만 아니라 사육장의 소의 수명도 과거에 비해 많이 단축되었다는 사실이다.

현재 시장에서 사용되는 각종 인증제도의 경우에도 실상과 매우 다르며, 소비자들의 선택을 기만하게 유도하는 경우들이 빈번하게 발생하고 있을 뿐만 아니라, 지역경제를 살리며 환경 및 에너지의 문제를 줄이는 로컬푸드운동이 지역이기주의로 흐를 수 있는 문제점과 공정무역을 위한 여러 노력들의 성과들도 제시하고 있다. 또한 육식용 고기 생산이 갖는 물과 에너지의 비효율성을 들어 육식의 문제점을 지적한다.

싱어와 메이슨은 먹을거리에 대한 윤리적인 고려사항을 다음과 같이 결론적으로 제시한다: "첫째, 우리는 우리가 먹는 음식이 어떻게 만들어졌는지 알 권리가 있으며(투명성), 둘째, 식품생산의 비용을 다른 쪽에 전가하지 말아야 한다. 셋째, 중요하지 않은 이유로 동물에게 고통을 주는 것은 잘못이다(인도주의), 넷째, 노동자들은 타당한 임금과 작업조건을 보장받아야 한다(사회적 책임), 끝으로 생명과 건강의 유지는 다른 욕망보다 정당하다(필요성)(함규진 역, 2008: pp. 379~381 참조)."

싱어와 메이슨은 공장식 농장에서 사육·도살된 육류의 윤리적, 생태적 문제를 제기하면서 이에 대해 매우 강도 높게 비판한다. 육식보다는 채식의 필요성을 강조하면서도 우리가 먹을거리를 선택하는 데 있어서 적어도 그것이 나와 남들에게, 또 생태계에 어떤 영향

을 미치는지에 대해서 생각해 보기를 권고한다.

끝으로 식품과 생태계의 건강을 위한 먹을거리에 대한 윤리적인 지침을 제시한 랭과 헤즈먼의 논의를 소개하고자 한다. 이들은 현대인에게 다음과 같은 지침을 주장한다(박중곤 역, 2006: p. 320):

- 간단히 먹어라.
- 에너지로 소비하는 양 이상은 먹지 말라.
- 각 개인에게 필요한 만큼만 공급하도록 장려하라.
- 육류를 가급적 절제하고 채소를 기반으로 한 식생활을 하라.
- 다양성을 높이 사라. 농토와 식단의 생물학적 다양성을 장려하는 식으로 먹어라.
- 영양과 환경을 위해 먹어라. 화석 연료에 대해 생각하라. 에너지는 곧 석유다.
- 매주 20~30종의 식품을 섭취하라.
- 제철 음식을 먹어라.
- 근접성의 원리에 따라 먹어라. 가능한 한 거주지에서 생산되는 것을 섭취하라.
- 지역 생산자를 지원하라. 식품은 노동의 대가다.
- 외부 비용 전체에 대해 지불하라. 그렇지 않으면 다른 사람이 해야 한다.
- 탄산음료 대신 물을 마셔라.
- 너무 과민하지 않되 숨겨진 식품 원료에 대해 알아라.
- 음식을 짧게 즐기며 장기간의 영향에 대해 생각하라.

이러한 지침은 지금까지 논의되어 온 것들을 나열해 놓아 체계적이지는 못하지만, 이 지침이 현대사회에서 식생활에 대한 중요한 고려 요소들을 포함하고 있는 것은 분명하다.

5. 나오는 말 : 무엇을 그리고 어떻게 먹어야 하는가?

지금까지 살펴본 내용을 통해 이제 우리는 먹을거리의 선택에 대해 심각한 고민을 하게 된다. 폴랜, 싱어와 메이슨의 논의를 통해 살펴본 현대식 축산업의 문제점은 불리엣의 분석에 의해 보면, 사람과 동물의 격리로 인해 사람들에게 큰 충격으로 다가온다. 폴랜은 인도적인 사육방식을, 싱어와 메이슨은 육식보다는 채식을 강조하는 해결책을 우리에게 제시하고 있다. 물론 싱어와 메이슨은 동물의 고통에 대한 도덕적 민감성을 육식에 대한 거부의 중요한 근거로 제시하고 있다. 그러나 현대식 축산업의 문제가 있기 때문에 경제적인 효율성을 추구하는 잔인한 사육방법에 의해 제공된 육류를 선택하는 것을 거부해야 한다는 주장은, 특히 불리엣이 지적한 후기 사육시대의 특징을 고려해 본다면, 설득력 있게 다가올 것이며 현대인들의 정서적인 동조를 끌어낼 수 있을 것이다. 그러나 그렇다고 해서 육식 자체가 문제라는 견해는 일반적인 지지를 받기 어려울 것이다. 육식은 채식 못지않게 인류의 오랜 습관이며, 인간은 누구나 자기가 먹을 것에 대한 선택의 자유와 미각의 자유를 갖고 있기 때문이다.

폴랜이나 싱어의 고발처럼 현대식 목축산업의 실상과 그로부터

우리가 체감할 수 있는 동물의 고통 문제는 분명히 해결되어야 할 것이다. 그것이 인간을 위해서든, 동물을 위해서든 간에 말이다. 그러나 동물 그것도 고등동물의 고통에만 민감해야 할까? 쾌락과 고통의 감수능력을 비교적 고등동물에게로 한정하는 데에는 많은 철학적, 윤리적 문제가 드러난다. 하등동물이나 식물에게 고통의 감수능력이 없다는 것을 어떻게 입증할 수 있는가? 싱어는 야생 무지개 송어에 대한 실험 결과를 소개하면서 물고기도 고통을 느낄 수 있음을 말하고 있다. 이제 나무의 고통, 숲의 고통에 대해서도 그것이 인간의 고통과 다른 차원이라 할지라도, 고통이라는 단어 대신에 다른 단어를 선택한다 하더라도, 모든 생명체는 나름의 고통을 가지고 있지 않을까? 슈바이처는 생명체의 살려는 의지에 대한 경외Ehrfurcht를 가져야 한다고 주장한다. 모든 생명체는 동등하다는 동등성이라는 도덕적 원칙과 그럼에도 불구하고 자연의 불가피한 생명체들 간의 차등성의 원칙, 생명체들 간의 사랑의 원칙이라는 삼협화음으로 연주되는 생명 경외를 슈바이처는 주장한다. 그는 인간이 살기 위해 어찌할 수 없는 다른 생명체 훼손이라는 자연법칙의 저항할 수 없는 폭력에 대해 인간은 살아 있는 모든 것에 대한 책임을 져야 한다고 응답한다. 동물윤리에서 주장되는 종의 정의Artgerechtigkeit에서 벗어나 버린 정당하지 못한 고통의 문제를 인도적인 사육, 지속 가능한 사육으로 완화시킬 수 있지 않을까?

이 연구를 통해 먹을거리의 문제에는 경제적이며 산업적인 효율성에 대한 관심과 생태윤리, 생명윤리, 동물윤리적인 관심들이 얽혀 있음을 알게 된다. 먹을거리의 공급, 유통과 소비 과정에서 제기

되는 문제를 해결하기 위하여 미국에서 진행되는 로컬푸드와 대도시 공동구매클럽, 채식주의와 비건Vegan, 인도적 사육방법, 가족형 농장, 여러 종류의 신뢰할 만한 인증제도, 슬로푸드, 초유기농beyond organic, 근거리 소비주의locavores 등과 같은 새로운 대안적인 생산, 유통, 소비의 형태들의 특징과 문제점들이 제시되고 있다.

우리 사회에서는 먹을거리에 대한 불감증이 만연해, 아니 어떻게 보면 너무나 쉽게 믿어서, 혹은 너무 바빠서 생각해 보려 하지 않기에, 특정 먹을거리가 문제가 있다고 알려지기 전까지 우리가 시장에서 사는 먹을거리를 애써 의심하지 않는다. 소비자들은 먹을거리에 대한 어떤 문제가 나오면 그 먹을거리에 대해 너무나 분명하게 등을 돌린다. 중국산이 한국산이나 북한산으로 너무 쉽게 둔갑해 버리고, 먹을거리의 안전성에 대한 검사기준이나 인증제도의 객관성과 실효성이 확립되지 않은 상태에서 과연 어디서 먹을거리에 대한 정보를 얻을 수 있을까?

먹을거리에 대한 윤리 문제를 생각해 볼 때, 우리가 과연 먹을거리의 선택에 얼마만큼의 시간과 노력을 들여야 하는가? 현대의 바쁜 삶 속에서 이제는 우리가 선택하는 먹을거리에 대해 더 많은 시간과 돈을 들여야 한다는 게 너무 무리한 요구처럼 받아들여지기도 하지만, 이제는 먹을거리가 우리 앞에 오게 되는 경로와 그 방법에 대해 물어보고, 그 먹을거리의 이야기에 귀를 기울이고자 하는 의지가 요청된다. 왜냐하면 '잘 산다는 것Well-being'은 '잘 먹는다는 것Well-eating'과 직결되어 있기 때문이다. 이제는 우리가 우리의 먹을거리에 대한 심각한 고민을 해야 할 때다. "내가 이 음식을 먹을 때, 먹지 않

을 때와 어떤 차이가 있을까? 나의 먹을거리 선택은 나와 남들에게 어떤 영향을 끼칠까(함규진 역, 2008: 395)?" 구달J. Goodall은 우리가 사 먹는 것들에 대한 윤리적인 선택을 강조하면서, 실제로 이러한 예로 유기농 식품의 경우를 들고 있다. 그래서 우리가 먹을거리에 대한 윤리적인 선택을 한다면 먹을거리가 길러지고 준비되는 과정을 총체적으로 변화시킬 수 있다고 주장한다.

여기서 더 나아가 먹을거리의 선택은 인간뿐만 아니라 지구 생태계에도 큰 영향을 미칠 것이다. 인간의 건강과 생태학적 건강 개념의 결합이 요청되고 있으며, 지속 가능한 식사sustainable eating or sustainable table[12]에 대한 주장이 생겨난다. 지속 가능한 식사가 이뤄지지 않는다면 인간의 지속 가능성도 보장받기 어려울 것이라고 판단되기 때문이다.

---

12 관련 사이트로는 www.sustainabletable.org를 들 수 있는데, 여기서는 지속 가능한 식사의 의미와 이를 둘러싼 문제들, 그리고 지속 가능한 식사를 위한 여러 행동지침에 대한 유용한 정보를 제공하고 있다.

참고문헌

김용환 역, L. Rappoport, 『음식의 심리학』, 인북스, 2006.

김은영 역, J. Goodall, 『희망의 밥상』, 사이언스북스, 2006.

김정희 역, C. M. Counihan, 『음식과 몸의 인류학』, 갈무리, 2005.

박중곤 역, T. Lang & M. Heasman, 『식품전쟁』, 아리, 2006.

성백효 역, 『논어집주』, 전통문화연구회, 1996.

손경희 역, 『음식의 역사』, 우물이 있는 집, 2006.

이창우 외 역, Aristotle, 『니코마코스 윤리학』, 이제이북스, 2006.

임옥희 역, R. W. Bulliet, 『사육과 육식』, 알마, 2008.

정미나 역, S. L. Allen, 『악마의 정원에서』, 생각의 나무, 2005.

정혜경, 『한국음식 오디세이』, 생각의 나무, 2007.

조윤정 역, M. Pollan, 『잡식동물의 딜레마』, 다른세상, 2007.

함규진 역, P. Singer & J. Mason, 『죽음의 밥상』, 산책자, 2008.

홍서연 역, J. A. Brillat-Savarin, 『미식예찬』, 르네상스, 2004.

Farb, P. & Armelagos, G. : *Consuming Passions: The Anthropology of eating*, N.Y., 1980.

Freud, S. : *Totem and Taboo*, N.Y., 1918.

Schweitzer, A. : *Kultur und Ethik*, Muenchen. 1923.

2. 로컬푸드에 나타난 음식의 윤리적 의미

변순용(서울교육대학교)

1. 들어가는 말 : 음식윤리의 필요성

지금 한국 사회에서 먹거리의 문제는 매우 심각하게 제기되고 있으며, 패스트푸드, 정크푸드, 프랑켄푸드 등의 말에서 볼 수 있는 것처럼 우리가 무엇을 먹느냐의 문제와 어떻게 먹느냐의 문제는 우리 삶과 매우 밀접한 관계를 가질 수밖에 없다. "먹거리와 먹는다의 문제는 개인적인 차원의 문제이면서도, 국가적인 차원에서의 섭식장애나 국민의 영양 상태에 대한 관심에서 볼 때 사회적, 국가적으로도 중요한 문제다. 그뿐만 아니라 이러한 문제는 생명윤리, 생태윤

리의 차원에서도 매우 중요한 문제이기도 하다(변순용, 2009: p. 340)." 이와 함께 먹거리의 문제는 환경, 문화, 사회적으로 매우 중요한 문제를 제기하고 있음을 우리는 알 수 있다.

먹거리와 환경의 문제와 관련해서 이제는 육식이 비도덕적이라는 주장을 제기하는 학자들도 생겨나고, 먹거리의 선택이 이제는 개인의 취향과 기호에 따른 단순한 문제가 아니라 정치적, 사회적, 경제적 의미를 갖는 선택적 행위라는 것이 강조되고 있다. "먹거리에 대한 윤리적인 선택(변순용, 2009: p. 359)", 그리고 "내가 이 음식을 먹을 때, 먹지 않을 때와 어떤 차이가 있을까? 나의 먹거리 선택은 남들에게 어떤 영향을 끼칠까(함규진 역, 2008: p. 395)?"를 생각해보면 음식윤리meal or food ethics에 대한 논의의 필요성이 제기되고 있음을 알 수 있다. 인간은 먹는 행위를 통해 자연의 순환과정에 참여하게 된다. "자연으로부터 영양분을 흡수하는 신진대사 작용을 통해 인간은 자연과 소통하게 되는 것이다. 먹는 행위는 자연의 법칙에 속하는 행위다. 따라서 먹는 행위는 인간이 인간 밖의 환경과 상호작용하면서 인간 외적인 것을 자기화하는 과정이다(변순용, 2009: p. 344)." 이제 먹는 행위는 더 이상 본능적인 행위에 그치는 것이 아니라 윤리적인 음식ethical food에 대한 논의들이 있어야 할 것이다. 이미 우리는 좋은 먹거리와 나쁜 먹거리에 대한 가치판단을 하고 있는데, 이것이 그전에는 개개인의 건강과 관련해서 논의되던 것이 이제는 개개인의 수준을 넘어서 환경과 사회 차원으로 확장되어가는 추세다. 그 대표적인 예가 될 수 있는 것이 음식정의food justice와 공정한 음식just food에

관한 논의일 것이다.[1]

김석신과 신승환은 음식윤리를 세 가지 관점으로, 즉 음식을 먹고 마시는 개인의 관점, 음식과 관련된 사회적 문제, 그리고 음식 재료와 음식을 조리하는 과정에서 생기는 윤리적 문제의 관점으로 제안하고 있다(김석신 외, 2011:, pp. 65~68 참조). 물론 이렇게 구분해보는 것도 의미가 있겠지만, 이럴 경우 중첩되거나 첫 번째와 두 번째와는 달리 세 번째의 경우가 애매해지는 문제가 발생할 것이다. 그래서 이보다는 먹거리의 생산, 유통 및 분배, 소비의 측면으로 구분해서 살펴보는 것이 보다 분명할 것으로 생각된다.

그런데 현대의 먹거리는 전통사회의 먹거리와 비교했을 때 뚜렷이 구분되는 특징을 갖고 있음을 알 수 있다. 우선, 현대의 먹거리는 대부분이 가까운 지역에서 생산된 것이 아니다. "전통 사회에서는 식재료의 대부분을 지역에서 생산했다. 약 150년 전 서양에서는 먹거리의 95%가 그 지역 교회 첨탑에서 내려다볼 수 있는 반경에서 생산된 것이었다. …… 오늘날 식탁에 오르는 대부분의 농산물은 수천 킬로미터, 심지어는 수만 킬로미터 떨어진 곳에서 생산된 것이

---

1 공정한 음식이란 용어가 사용된 것은 1994년 뉴욕의 "Just Food"라는 단체가 처음 설립되면서부터이고, 음식이 정의와 연결된 것은 도시환경정책연구소(The Urban & Environmental Policy Institute, UEPI) 내에 있는 음식안전위원회(The Community Food Security Project)가 2002년에 '음식-정의센터(The Center for Food & Justice, CFJ)'로 개명하면서부터다(Gottlieb & Joshi, 2010: p. 7 참조). 대체로 음식정의는 두 가지 방식으로 전개되고 있다. 첫째는, 먹거리가 생산, 수송, 소비되는 장소, 품목, 방법의 이점과 위험들이 공정하게 다뤄지는지를 확인하는 것이고, 둘째는 음식정의가 무엇이고 어떻게 실현되어야 하는지를 고려해보는 것이다(Gottlieb & Joshi, 2010: p. 6 참조).

다. 그리고 대부분의 소비자들은 그 농산물들이 어떤 과정을 거쳐 생산되었는지, 얼마나 먼 곳에서 왔는지 알지 못한다(김종덕, 2009: pp. 18~19)."[2] 이처럼 우리의 먹거리들은 탈지역화, 탈맥락화되고 있으며, 이것은 먹거리의 생산자와 소비자를 소외시켜버리는 결과를 가져오고 있다. 물론 이외에도 탈 자연화[3], 먹거리의 인스턴트화 등을 현대 먹거리의 중요한 특징으로 언급하기도 하지만, 여기서는 로컬푸드에 초점을 맞추기 위해 이에 대한 논의는 생략하고자 한다.

로컬푸드를 강조하는 로컬푸드운동은 지역에서 생산된 먹거리를 지역에서 소비하자는 운동이다. 예를 들면 "자기 집에서 100마일(약 160km)[4] 이내에서 생산된 먹거리를 소비할 것을 권장하고 있다. 일본에서는 로컬푸드운동을 받아들여 지산지소地産地消운동을 시작하였으며, 농민과 소비자의 90%가 이에 대해 알고 있다. 일본 농림수산성은 2002년에는 식食과 농農의 재생 플랜, 2004년에는 식육추진기본계획을 추진하면서 로컬푸드운동을 본격적으로 받아들였다. 지산지소운동의 장점으로는 우선 신선한 계절의 미각을 맛볼 수 있으며,

---

2 예컨대 우리나라에서 소비되고 있는 칠레산 포도는 약 20,480km, 미국 캘리포니아산 오렌지는 9,604km를 이동한 것이 된다.

3 여기서 탈자연화는 먹거리들의 탈지역화, 탈맥락화뿐만 아니라 현대의 먹거리가 자연의 속도가 아니라 인위적인 속도로 빠르게 생산되고 있으며, 계절의 영향으로부터도 벗어나고 있다는 의미에서의 탈자연화다. 예를 들면 육류의 생산기간이 단축되고, 제철이 아닌 먹거리들이 늘어나고, 유전자 변형 작물들이 나타나게 된다.

4 외국의 경우 로컬푸드의 지역적인 의미는 거리상으로 30마일에서 250마일까지를 로컬푸드로 간주한다(홍경완 외, 2010: p. 4742). 이것은 북미의 100마일 다이어트 운동의 경우이며, 뉴욕의 그린마켓의 경우 반경 200마일(약 321km)을 말한다.

둘째, 생산자의 얼굴을 알 수 있어 안심할 수 있고, 셋째, 지역 기반의 농업을 지킬 수 있고, 끝으로 수송 거리가 짧아 에너지 소비량과 이산화탄소 배출량을 줄일 수 있어 환경에 이롭다는 것이다. 우리나라에서도 이를테면 경북 의성 농민회는 2007년 2월부터 대구 지역 초등학교 급식에 쓸 친환경 농산물을 직접 판매하고 있는데, 이것은 한국에서 시작되는 로컬푸드운동의 좋은 예가 될 것이다(변순용, 2009: p. 341 참조)." 홍경완은 로컬푸드에 대한 전문가들의 인식조사를 통해 합의적 개념을 "50~100km 이내에 있는 지역생활권역이나 인근생활권역에서 생산·가공·유통되는 안전하고 신선한 친환경 먹거리로써 그 재배방법이 유기농법과 같거나 친환경 비료를 사용하는 것으로 공신력 있는 기관의 인증마크를 획득한 것(홍경완 외, 2010: p. 4750)"으로 도출해내고 있다. 이러한 로컬푸드운동을 통해 안심하고 먹을 수 있는 식품안전food safety, 소비자들의 먹거리에 관한 결정권을 보장하는 식품시민권food citizenship, 농민들에게 돌아가는 실질 소득을 높이는 푸드달러food dollar를 확보할 수 있다는 것이다.

2. 세계식량체계와 글로벌푸드

일반적으로 식품 체인food chain은 식품과 관련된 요소를 일직선상으로 나열하고, 식량 경제는 지나치게 경제적인 측면만을 부각시킨다는 비판을 받는 데 비해 식품체계food system는 식량의 생산, 가공, 유통, 분배 등을 모두 포괄하는 체계를 지칭하는 용어로서 사용되기

시작하였다(김종덕, 2009: p. 55 참조). 그래서 탠슬리와 월스리G. Tansley & T. Worsley는 식품체계를 "씨앗에서 식탁에 도달하는 다양한 식품 경로를 구성하면서 '어떻게, 왜, 그리고 무엇을 먹어야 하는가'에 영향을 미치는 모든 행위와 관계들의 집합(Gottlieb & Joshi, 2010: p. 5)"이라고 정의하고 있다.

세계식량체계는 지금까지 대체로 3단계를 거치면서 전개되어 왔는데, 첫 번째 단계는 농업 자본주의의 발생과 산업혁명을 바탕으로 영국이 패권을 쥐고 있던 시기로, 이 시기에는 식민지 국가들로부터의 값싼 농산물의 수입을 통해 유럽 국가들이 발전했던 시기다. 두 번째 단계는 2차 세계대전 이후 미국이 패권을 잡으면서 대량 생산과 소비의 포드 주의 농업방식이 미국에 의해 전파되던 시기, 세 번째는 1980년 이후 미국주도의 흐름이 약화되면서 초국가적 농식품 복합체들이 세계 시장에 대한 지배력을 강화하는 시기로 구분되고 있다(송원규 외, 2012: pp. 300~301 참조).

김종덕은 전통식량체계와 세계식량체계를 비교한 비어스워스와 케일의 논의를 제시하면서(표 1 참조), 세계식량체계의 특징을 다음과 같이 설명하고 있다.

> "첫째, 생산과 관련하여 농업에 종사하는 인구의 비율이 낮고, 생산이 고도로 전문화되고, 규모의 경제를 특징으로 한다. 둘째, 지역시장이 아니라 세계시장을 위해 대규모로 식량 생산이 이루어진다. 따라서 지역의 특성에 관계없이 경쟁과 효율성을 위해 필요한 생산이 이루어진다. 따라서 그 지역의

> 기후나 환경, 토양 등에 맞는, 그 지역에서 오랫동안 전해 내려오던 작물이 생산되는 것이 아니라 경제적으로 이윤이 많이 남는 작물이 재배되는 것이다. 생산자는 자신이 생산한 먹거리를 누가 먹을지 모르는 채로 식량을 생산한다. 특정인이 아닌 불특정 다수를 위한 생산이다. 셋째, 생산자는 생산물 대부분을 소비자에게 직접 판매하는 것이 아니라 유통업체에 판매한다. 경쟁과 효율성을 중시하는 산업형 농업의 확산 때문에 영농에 종자, 농기계, 농약, 비료 등에 대한 수요가 많아져, 이를 공급하는 농기업 등이 중요한 역할을 하고 있다. 또 많은 생산물이 가공되어 공급되므로 식품 산업 등의 발전이 이루어진다. 유통과 관련해서는 유통이 지역이 아니라 국제적 수준에서 이루어진다. 그러면서 먹거리의 이동 거리 또한 길어진다. 더 많은 이윤이 보장된다면, 장거리라고 하더라도 그러한 시장을 이용하기 때문이다(김종덕, 2009: pp. 58~59)."

이러한 세계식량체계에서 수혜자는 곡물메이저, 농기업, 식품산업이고, 피해자는 생산자와 소비자다(김종덕, 2009: pp. 66~67 참조). 생산자와 소비자를 식품체계에서 소외시키는 세계식량체계는 우선 농산물의 장거리 이동과 이를 위한 자원의 낭비를 가져오며, 환경에도 부정적인 영향을 미치고, 지역농업과 지역 음식뿐만 아니라 농촌 지역에 부정적인 영향을 준다고 비판받는다(김종덕, 2009: pp. 86~89 참조).

그뿐만 아니라 세계식량체계는 먹거리의 안전food safety과 보장food security의 이중적 위기를 가져오는 먹거리 위험사회를 조장한다는 비

〈표 1〉 전통식량체계와 세계식량체계의 비교(Beardsworth & Keil, 1997 : p. 33 참조)

	전통식량체계	세계식량체계
생산	• 소규모/제한적 • 지역에서 생산 • 농업종사 인구 비율이 높음	• 대규모의 전문화/산업화 • 탈지방화, 세계화 • 소수 인구가 식량 생산을 담당
유통	• 지역 내 친족, 다른 사회 망이 교환지배	• 국제적/세계적 수준 • 돈과 시장이 접근을 좌우
소비	• 수확과 계절이 풍요와 결핍을 결정 • 선택 제한, 이용 가능과 지위에 좌우 • 사회 내 집단 간 영양 불평등	• 계절과 무관하게 식량 이용 가능 • 지불 능력이 있는 사람은 선택 가능 • 사회 내 집단 간의 영양 불평등

판도 제기된다. "현대의 먹거리 소비자는 자신이 통제할 수 없고 알 수도 없는 방식으로 생산된 상품화된 먹거리를 구매한다(이해진, 2012: p. 44)." 이와 함께 세계식량체계와 연계되어 먹거리의 탈정치화에 대한 논의가 제기된다. 먹거리의 탈정치화는 "먹거리 자체를 정치적인 논의 대상에서 제외시키고, 먹거리가 정치적인 관심사가 되지 않도록 미리 예방하는 것이다(김종덕, 2009: pp. 90~91)." 이를 통해 다국적 기업이나 식품산업이 생산자와 소비자를 계속 식품체계에서 소외시키는 구조를 재생산해낼 수 있기 때문이라는 것이다. "소비자와 생산자의 단절은 소비자가 생산자에게 영향력을 행사하지 못하게 하고, 소비자가 생산자에게 생산품에 대해 피드백을 하지 못하게 한다. 또한 소비자가 생산자와 인간관계를 맺으면서 식품 구매 활동을 하지 못하게 한다. 따라서 소비자와 농민 간에 신뢰관계를 형성할

수 있는 기회를 가로막고, 소비자와 생산자가 먹거리 공동체를 이룰 수 있는 가능성을 막는다(김종덕, 2009: p. 93)." 여기서 먹거리 공동체의 의미는 매우 중요하다. 먹거리 공동체에서 그 주요 구성원들이 소외되고, 탈지역화, 탈자연화된 먹거리들이 우리의 밥상을 구성하고 있다는 것을 인식하는 것이 음식윤리의 차원에서 매우 중요한 인식의 전환이 될 것이다.

3. 지역식량체계와 로컬푸드

지역식량체계는 "생산자가 지역 소비자를 위해 먹거리를 생산하고, 소비자는 지역에서 생산된 먹거리를 구입하는 식량체계(김종덕, 2009: p. 138)"를 말한다. 헨드릭슨M. K. Henderickson은 지역식량체계가 공동체 구성원의 욕구를 중시하고, 관계에 근거하며, 특정 시점과 지역의 사람들을 대상으로 하고, 참여에 근거하며, 건강 지향적이고, 공동체 구성원들의 음식 접근권을 중시하며, 지역사회의 경제 발전에 기여한다고 주장한다(김종덕, 2009: p. 139 참조).

이러한 지역식량체계의 특징을 김종덕은 다음과 같이 제시하고 있다. 우선 지역식량체계에서는 지역의 특성이 반영된 먹거리들이 생산되고 판매되며, 둘째, 세계식량체계에서는 소외되었던 먹거리의 생산자와 소비자가 다시 식량체계의 중요한 주체로 회복되며, 셋째, 생산자와 소비자 간의 물리적 거리physical distance, 사회적 거리

social distance,[5] 그리고 자연적 거리natural distance[6]가 매우 짧아진다(김종덕, 2009: pp. 138~139 참조).

지금까지 세계적으로 보급된 지역식량체계의 유형으로는 농민시장farmer's market, 공동체지원농업Community Supported Agriculture, CSA, 농장학교연결프로그램Farm to School Program, FTS 등이 있다. 농민시장은 농산물 직거래의 형태를 취하며, 여러 나라에서 안전한 먹거리에 대한 관심이 높아지면서 이러한 형태로 생산자와 소비자의 만남의 장이 벌어지고 있다. 마치 우리나라의 오일장과 같이 농민이 자신이 생산한 농산물을 직접 판매하는 장터를 뜻한다. 미국의 경우 1994년에 1,755개에서 2011년 7,174개로 매년 그 수가 크게 증가하고 있음을 알 수 있다. 국내의 경우에도 농축산물의 유통비용률(유통비용/최종가격)은 평균 40~45% 수준으로 알려져 있는데, 이를 고려할 경우 이와 같은 직거래 방식의 장터가 갖는 장점은 가격뿐만은 아닐 것이다. 한국은 주로 지역단위에서 비영리단체 또는 지자체가 주도하는 양상으로 나타난다. 1994년 시작된 강원도 원주의 농업인 새벽시장이 효시에 가깝다. 당초 원주시 농업경영인회가 원주천 둔치에 직거래 장터를 개설한 것이다. 2009년에는 원주시가 '원주시 농업인 새벽시장 개설 및 운영에 관한 조례'를 제정했다. "원주 농민시장의 연매출액은 2007년 51억 원, 2008년 61억 원, 2009년에는 총 22만 명이

5 물리적 거리는 푸드마일리지(food mileage)를, 사회적 거리는 생산물이 생산자에서 중간상인을 거쳐 소비자에 이르는 거리를 말한다.

6 "자연적 거리가 줄어들게 되면서 자연의 원리에 순응하는 순환적인 농업을 만들어 갈 수 있다(김철규, 2011: p. 116)."

시장을 방문했으며, 총 매출액은 75억 원 정도로 추정(김철규, 2011: p. 121)"될 정도로 성공적이다.[7]

공동체지원농업은 소비자가 생산자와 계약을 해서 계약 기간 동안 농산물을 배달받는 시스템이다. 이것은 "1960년대 중산 일본의 주부들이 수입농산물 증대, 개발에 따른 농지 감소, 농가 인구의 도시 전입 등에 따른 먹거리의 문제점을 인식하고, 농가와 직접 제휴하여 가족을 위한 안전한 농산물을 마련하려는 시도에서 비롯되었다(김종덕, 2009: p. 173)." 이것이 유럽을 거쳐 미국에까지 확산되어[8], 미국의 경우 761개였던 CSA가 2010년에는 약 1,400~2,500여 개 정도로 급증하였다. 우리나라의 경우에는 지역에서 생산된 다품종 소량의 제철 농산물을 회원 소비자에게 직접 배송하는 방식으로 이뤄지고 있다. 전국여성농민회총연합의 '언니네 텃밭', 충북 오창 농협의 '자연이랑', 전남 남평 농협의 '드강푸른물', '흙살림 꾸러미' 등이 대표적이다.[9] 그러나 우리나라의 경우는 강한 형태의 CSA보다는 약한 형태의 CSA를 띄고 있다(정은정 외, 2010: p. 5 참조).

지역식량체계에서 중요한 역할을 하는 것은 바로 학교급식이다. 농장–학교연결프로그램은 지역에서 생산된 농산물을 그 지역에 소재한 학교의 급식 식자재로 공급하는 사업이다. 왜냐하면 학교급식

7 이외에도 서천의 마서장터, 청주 - 청원 농민시장 등이 있다.

8 미국의 CSA는 일본의 영향을 받은 것이 아니라 1920년대의 호주의 철학자인 스타이너(R. Steiner)의 사상에 근거를 둔 잔 반 튜인(Jan Van Tuin)에 의해 시작되었다는 이견도 있음.

9 http://www.pressian.com/news/article.html?no=115328 참조.

이 시장 효율성의 차원에서 제공될 경우, 경제적 이윤 논리와 아이들의 건강권 사이에 갈등이 생길 수밖에 없기 때문이다(Simon, 2006: p. 222 참조). 그래서 세계 여러 나라에서 학교급식의 공공성에 대한 인식의 필요성에 대한 요청이 생기고 있는 것이다. "예컨대 이탈리아의 학교급식교육 프로그램 '우리를 살찌우는 문화'는 아이들을 지역음식에 대한 '미래의 소비자'이자 가족들에게 건강한 식습관을 전달하는 '영향력 있는 전달자'로 키워내고 있다(김홍주, 2013: p. 93)." 미국은 연방정부와 주정부, 그리고 비영리단체 등이 연계해 FTSFarm to School 학교 급식 프로그램을 운영하고 있다. 학생들에게 지역에서 생산한 안전한 먹거리를 제공하고, 지역농민들에게는 판로 확대의 기회를 제공하는 것이다. "2013년 3월 기준, 50개 주의 1만 2,429개 학교가 FTS 프로그램에 참여하고 있으며, 약 1,300만 달러의 지역 농산물이 거래되는 시장규모다."[10] 우리나라는 역시 주로 지자체가 이를 주도하고 있다. 가장 대표적인 예로 전남 나주시를 들 수 있는데, 나주시에서는 2003년 7월 우리나라 최초로 학교급식조례를 제정해 시행하고 있다. '국산농산물 소비 촉진'과 '아이들의 건강권'을 목적으로 하는 이 조례는 우리 농산물 및 친환경 우수 농산물만을 학교급식에 이용할 수 있도록 법제도적 근거를 만들고 그에 따른 재정적 지원을 하자는 게 골자다.

---

10 http://www.pressian.com/news/article.html?no=115328 참조.

4. 먹거리 자체에 대한 인식의 전환 : 먹거리의 자연화

지금까지의 논의를 통해 세계식량체계를 대변해주는 글로벌푸드와 지역식량체계를 대변해주는 로컬푸드의 대립이 마치 선악의 대립처럼 명확해 보여도, 분명 글로벌푸드의 장점도 있을 것이다. 로컬푸드 역시 문제점이 없는 것은 아니다. 로컬의 함정에 대한 논의에서처럼 로컬푸드가 최선의 해결책이 되지 못하는 경우도 있다. "미국의 애리조나 같은 건조한 지역에서는 지역화된 먹거리가 운송에 드는 연료 사용량을 줄여주겠지만, 동시에 엄청난 양의 물을 사용할 수 밖에 없게 됨으로써 다른 측면에서 생태 파괴를 가져올 수 있다고 지적한다. 영국 데번 주의 집약적으로 관리되는 농장에서 질소비료를 다량 투입하여 생산한 '로컬'우유를 판매하는 '로컬'농민의 사례도 생태 파괴적 모습을 보여주었다(김홍주, 2010: pp. 94~95)."

현실은 글로벌푸드나 로컬푸드 중 양자택일을 해야 하는 경우는 아닐 것이다. 그러나 이러한 글로벌푸드가 우리의 식탁의 주류가 되다 보니 문제가 생기는 것이다. 마치 집밥과 식당밥의 차이처럼 말이다. "음식에는 음식을 하는 사람의 관심과 애정이 담겨 있기 때문에 익명의 다수를 위해 만들어진 밖에서 사 먹는 상품으로서의 음식과 집에서 정성껏 마련된 음식은 결코 비교되기 어려울 것이다(변순용, 2009: p. 347)." 아무리 집밥이 좋다 하더라도 식당밥을 없앨 수 없는 것처럼, 로컬푸드와 글로벌푸드는 이제 더 이상 어느 한쪽만을 고집할 수는 없겠지만, 글로벌푸드가 우리 밥상의 주류가 되는 것은 분명 문제가 될 것이다.

글로벌푸드와 로컬푸드의 특징을 비교하면 아래와 같다(김종덕, 2009: p. 251).

글로벌푸드	로컬푸드
제철과 관계없이 생산된다.	제철에 생산된다.
세계시장을 위해 생산된다.	지역 소비자를 위해 생산된다.
대규모 영농으로 생산된다.	소규모 영농으로 생산된다.
생산자가 소비자를 모른다.	생산자가 소비자를 안다.
수송 거리가 길다.	수송 거리가 짧다.
포장을 많이 한다.	포장을 적게 한다.
가공을 많이 한다.	가공을 적게 한다.
표준화되어 있다.	표준화가 덜 되어 있다.

이 두 유형의 먹거리를 비교해보면 현대로 올수록 먹거리들이 탈자연화되고 있음을 알 수 있다. 니체가 현대 문명의 문제를 극복하기 위하여 주장한 인간의 자연화die Vernatuerlichung des Menschen와 자연의 탈인간화die Entmenschlichung der Natur를 고려해본다면 먹거리의 자연화에 대한 요청을 이해할 수 있을 것이다(변순용, 2010: p. 251 참조). 균일성, 기계화, 예측 가능성, 교환 가능성, 규모의 경제를 중시하는 산업의 논리에 의해 먹거리가 탈자연화되어 가고 있는 것이다. 먹거리의 자연화는 인간의 자연화와 연결될 수밖에 없을 것이다.

그뿐만 아니라 "현대인들의 먹거리는 현대인의 건강개념과 직결되어 있기 때문에, 영양, 건강, 사회, 생태계라는 네 가지 요소 사이

에서 먹거리에 대한 윤리적인 문제를 고려해보아야 한다(변순용, 2009: p. 354)." 랭과 헤즈먼은 먹거리에 대한 지침을 아래와 같이 주장한다(박중곤 역, 2006: p. 320 참조).

- 간단히 먹어라.
- 에너지로 소비하는 양 이상은 먹지 말라.
- 개인에게 필요한 만큼만 공급하도록 장려하라.
- 육류를 가급적 절제하고 채식 중심의 식생활을 하라.
- 다양성을 높이 사라. 토지와 식단의 생물학적 다양성을 장려하는 방식으로 먹어라.
- 영양과 환경을 위해 먹어라. 화석 연료에 대해 생각하라.
- 매주 2, 30여 종의 식품을 섭취하라.
- 제철 음식을 먹어라.
- 근접성의 원리에 따라 먹어라. 가능한 한 거주지에서 생산되는 것을 섭취하라.
- 지역 생산지를 지원하라.
- 외부 비용 전체에 대해 지불하라.
- 탄산음료 대신 물을 마셔라.
- 너무 과민하지 않되 숨겨진 식품 원료에 대해 알아라.
- 음식을 짧게 즐기며 장기간의 영향에 대해 생각하라.

여기서 먹거리의 자연화라는 것은 먹거리의 지역화를 통해 먹거리의 맥락을 유지하고 그러한 맥락에 대한 인식 속에서 소비자가 먹

거리를 선택하고 섭취해야 한다는 것을 의미한다. 먹거리가 탈자연화되는 것은 먹거리의 시간적, 공간적, 유전적 맥락의 상실을 의미한다. 먹거리의 자연화는 먹거리 생산에 적용되던 산업적 시스템을 다시 생물학적 시스템으로 전환하는 것이다. 산업 시스템에서 대부분의 효율은 단순화를 통해 성취되며, 농업에서의 효율은 대개 하나의 가축이나 단일 작물의 재배로 나타나기 마련이다(조윤정 역, 2007: p. 273 참조). 이와 달리 생물학적 시스템에서는 "정의상 단순화와 완전히 반대되는 복잡성과 상호 의존성에서 비롯된다(조윤정 역, 2007: p. 273)." 먹거리의 이러한 자연화를 통해 익명적인 먹거리로부터 벗어나 얼굴이 드러난 음식을 섭취할 수 있을 것이다.

5. 먹거리 생산자의 인식의 전환 : 새로운 도시 - 농촌 관계의 형성

산업화의 영향은 도시지역에만 큰 변화를 일으킨 것이 아니었다. 농촌지역에서도 전통적인 가족농의 형태를 기업농의 형태로 바꾸어 놓았고, 농작물 못지않게 축산물의 경우에도 공장식 목축업factory farming의 개념이 도입되어 농촌 지역 전체가 하나의 거대한 식량 공장이 되어버렸다.

> "기존의 생물학적 제약에서 해방되자 농장은 이제 산업 원리에 따라 관리되었다. 원료(화학비료)를 넣고 옥수수를 산출하는 공장과 똑같아진 것이다. 농장은 더 이상 다양한 종을 유

지하면서 토양의 생산력을 기르고 보존할 필요가 없어졌다. 합성 비료가 단일 재배의 길을 열어주었다. 농부들은 공장처럼 규모의 경제와 기계적 효율을 도입했다. 농업의 발전이 인간이 최초로 경험한 자연 상태로부터의 타락이라면, 화학 비료의 발견은 두 번째 타락일 것이다. 질소를 고정시키는 방법 덕분에 음식사슬은 생물학 논리에서 벗어나 산업 논리를 수용할 수 있었다. 오직 태양에서 나온 음식을 먹던 인간은 이제 석유를 들이마시기 시작했다(조윤정 역, 2007: pp. 66~67)."

경제적 효율성과 공장 수준의 합리성에 의해 생산이 이뤄지다 보니까 자연스럽게 이러한 생산 활동은 환경에 점점 치명적인 부담을 줄 수밖에 없다. 전우용은 도시와 농촌의 관계에 대한 흥미로운 분석을 제공하고 있다.

"성벽은 성안과 성 밖을 구분 짓는 공간적 경계선이었을 뿐 아니라, 그 안의 사람들과 그 밖의 사람들에 대한 차별을 정당화해주는 정치적 · 사회적 · 문화적 경계선이기도 했다. 석탄도시(산업도시)가 출현하기 전까지, '도시는 농촌이라는 거대한 바다 위에 떠 있는 작은 섬'(루이스 멈퍼드)일 뿐이었다. 도시는 자신의 생존과 확장을 위해 농촌을 수탈해야 했다. 도시가 농촌에 공급할 수 있는 물자는 사실상 아무것도 없었다. 도시는 생산 기능을 갖추지 않았을 뿐 아니라 설령 갖춘 곳이 있었다 할지라도 그 생산물들은 대부분 도시 안에서 소비되어

버렸다. 도시는 농촌으로부터 생산물과 사람을 지속적으로 공급받지 않고서는 살아남을 수 없었다. 도시와 농촌의 관계는 언제나 일방적이었고, 도시는 농촌을 수탈함으로써만 문명을 생산하고 이를 성벽 '안쪽'에 집적할 수 있었다(전우용, 2008: pp. 24~25)."

물론 농촌-도시의 관계를 이렇게 보는 것이 일면적인 측면도 있겠지만, 산업화 이후 농촌지역은 도시지역 못지않은 거센 변화의 물결에 흔들려왔으며, 그 변화 속에서 살아남기 위해 노력해왔다. 그것이 바로 산업농으로의 전환인데, 이러한 전환 속에서 정작 먹거리의 생산자인 농민들은 세계식량체계 안에서 생산의 주역임에도 불구하고 소외되는 문제점을 안게 된다. "세계식량체계에서 생산자인 농민은 종자부터 영농투입재, 금융, 수확물 가공 및 판매에 이르기까지 농기업과 식품 산업 등에 의존하기 때문에 독자적인 행위자가 될 수 없다. 세계 식량체계에서 가족농들은 농기업이 공급하는 제품이나 서비스에 의존하면서 독립성과 자율성을 잃는다(김종덕, 2009: p. 67)."

로컬푸드는 이러한 문제점을 극복하는 중요한 시도다. 농촌과 도시를 상생의 관계로 재설정할 수 있는 좋은 계기로서 작동하며, 세계식량체계에서 생산자와 소비자의 소외 문제를 해결할 수 있는 좋은 방법이 될 것이다.

6. 먹거리 소비자의 인식의 전환 : 먹거리 생산에 대한 직간접적 참여

현대 사회에서 먹거리 소비자들이 먹거리를 선택하는 기준은 맛, 가격, 편리함, 건강에 대한 기여도뿐만 아니라 이제는 동물의 고통과 생태적 지속 가능성을 포함한 환경까지 포함한다. 윤리적인 식품 소비에 대한 관심이 제기되고, 이제는 "시장에서 먹거리를 구입하는 행위가 정치적, 경제적, 윤리적 의미를 지니는 행위가 된다는 것이다. 예컨대 보다 많은 사람들이 유기농 식품을 사게 된다면, 이것이 공장식 농업이나 이를 후원하는 정부, 경제적 효율성만을 중시하는 생산자들에게 중요한 압력으로 작용하게 된다는 것이다(변순용, 2009: p. 355)." 그래서 먹거리에 대한 윤리적인 선택은 결과적으로는 먹거리의 생산에 직간접적으로 영향을 미친다. 그래서 소비자의 의식의 중요성이 제기된다.

먹거리에 대한 소비자의 의식 전환의 좋은 예가 바로 슬로푸드slow food운동이다. "맥도날드가 1986년에 이탈리아 로마에 진출하자 이에 반대하여 '식사, 미각의 즐거움, 전통음식의 보존' 등의 기치를 내걸고 시작된 이 운동은 1989년에 파리에서 선언문이 발표되면서 국제 운동이 되었다(김홍주, 2004: p. 88)." 이후 슬로푸드운동은 슬로시티slow city, 슬로라이프slow life 운동으로 확산되고 있다. 이 운동은 미식가를 위한 부유한 자들을 위한 것이 아니라 느리게 만들어진 음식과 자연스러운 생명의 리듬에 대한 존중의 정신을 담고 있다. "슬로푸드는 우리의 식문화 유산을 형성하는 역사적, 미적, 사회적 가치

를 보존합니다. 이는 모든 사회적 집단의 역사와 문화는 공동의 네트워크 상호적 교류와 상통함을 알기 때문입니다. 식사는 농경적 행위이며, 충분한 정보를 가진 분별력 있는 소비자들은 '공동생산자'가 됩니다. 그들에게 음식은 좋고good, 깨끗하며clean, 공정해야fair 합니다."[11]

이와 함께 패스트푸드에 가장 민감한 어린이와 청소년을 대상으로 프랑스는 1971년부터 어린이 미각교육Food & Taste Education을 시행하다가 1983년부터는 전국적으로 확대했고, 이탈리아의 경우도 1998년부터 학교 내 텃밭을 키우는 등의 미각교육을 실시하고 있다. 우리나라의 경우에도 2011년부터 남양주 슬로푸드문화원에서 미취학 어린이부터 고등학생까지 미각체험교실을 운영하고 있다.[12]

슬로푸드와 미각교육을 통해 먹거리 소비자들의 의식 변화를 알 수 있을 것이다. 그러나 이들의 관심이 직접적으로 개인의 건강문제에 대한 관심에서 비롯되겠지만, 이들의 관심은 개인의 수준을 넘어서 지역사회와 환경의 차원으로까지 확장되고 있음을 알 수 있다. 우선 소비자들은 지역에서 생산된 먹거리의 구매자일 뿐만 아니라 지역 먹거리의 생산과 유통과정에 능동적으로 참여하게 된다. 물론 이러한 변화에는 광우병 파동, AI 파동 등과 같은 먹거리의 안전성food safety 문제가 작용했을 것이다. "2008년 멜라민과 미국산 쇠고기 사태를 겪으면서 지역에서 생산된 안전한 먹거리에 대한 관심이 높

11 http://www.slowfoodkorea.kr/hp/about_1.php

12 http://www.slowfoodkorea.kr/hp/about_2b.php 참조.

아졌다. 시민들의 웰빙과 건강에 대한 관심이 로컬푸드를 발전시킬 수 있는 사회적 여건을 만들어주고 있는 것이다(김철규, 2011: p. 113).” 그러나 안전성의 문제를 넘어서 이제는 먹거리의 윤리성food ethics 문제에 대한 논의로 나아가야 할 것이다.

7. 나오는 말 : 윤리적 음식의 중요성

요즘 아이들은 겨울철에 딸기를 먹고 싶어 하던 노모의 소원을 들어주기 위해 고생하던 어느 효자의 이야기를 이해하지 못할 것이다. 왜냐하면 요즘 아이들은 겨울철에도 딸기를 슈퍼마켓에서 얼마든지 살 수 있음을 알기 때문이다. 어릴 적 식탁에 후식으로 등장하는 과일이 달라지는 것을 보면서 계절의 변화를 느꼈던 우리의 감각이 이제는 더 이상 작용하지 않는다. 그래서 김종덕은 ‘참먹거리true food’의 개념을 주장하면서, 지역에서 생산되어 누가 어떻게 생산했는지를 소비자가 아는 먹거리, 제철 먹거리, 생산자가 소비자를 생각하면서 생산한 먹거리, 소비자의 건강 증진 및 기쁨과 만족을 주는 먹거리, 지속적인 농업을 가능하게 하는 먹거리, 규격화되고 획일화된 음식이 아니라 다양성에 기반을 둔 먹거리라고 열거하고 있다(김종덕, 2009: p. 25 참조). 여기서 참먹거리는 좋은 먹거리일 것이다. 이에 대해 나쁜 음식malbouffe으로 대변되는 정크푸드와 패스트푸드, 프랑켄푸드는 음식으로부터 맛, 건강 그리고 사회적, 문화적 정체성을 박탈해버린다.

실제로 참먹거리에 해당되는 로컬푸드는 장소적인 의미에만 국한되는 것은 아니다. 로컬푸드에는 시간과 공간적 규정이 함께 담겨 있다. 우리가 시장에서, 식탁에서 접하는 음식들이 제철에 그리고 가까운 지역에서 생산된 것을 선택하여 먹는다는 것은 이제 단순히 개인의 식성이나 기호에 따른 행위가 아니다. 좋은 행위와 나쁜 행위를 구분하듯이 우리는 좋은 음식과 나쁜 음식을 구분하며, 무엇을 먹어야 하느냐의 선택과 어떻게 먹어야 하느냐의 선택이 가지는 의미를 개인의 차원을 넘어서 사회와 자연의 차원에서 숙고해보아야 한다. 음식은 생명을 죽여서 생명을 살리는 것이다. 이를 통해 자연의 순환이 진행되고, 생명부정과 생명긍정의 끊임없는 교차가 일어나는 것이다.

음식과 인간, 자연의 관계에서 생명부정과 생명긍정의 관계를 통해 규정되는 음식을 먹어야 한다. 생명을 살리는 음식과 그렇지 못한 음식의 구분은 인간의 기본적인 먹을 권리에 대한 존중에 근거하는 것이다. "로컬푸드체계의 핵심은 생산자와 소비자 사이의 면대면 접촉을 기반으로 한 농산물의 직접적인 거래에 있다(김철규, 2011: p. 115)." 결론적으로 먹거리의 자연화와 맥락화를 통한 먹거리 자체에 대한 인식의 전환과, 먹거리 생산자와 소비자의 인식 전환을 통해 먹거리의 생산자와 소비자 사이의 신뢰에 바탕을 둔 새로운 먹거리공동체food community 형성이 요청되는 것이다.

참고문헌

김석신 외, 『잃어버린 밥상 잊어버린 윤리』, 북마루지, 2011.

김종덕, 『먹거리 위기와 로컬푸드』, 이후, 2009.

김홍주, 「학교급식과 로컬푸드」, 『농촌사회』, 23권 1호, 2010, pp. 87~139.

김홍주, 「슬로푸드운동과 대안식품체제의 모색」, 『농촌사회』, 14권 1호, 2004, pp. 85~118.

김철규, 「한국 로컬푸드운동의 현황과 과제」, 『한국사회』, 12권 1호, 2011, pp. 111~133.

박중곤 역, T. Lang & M. Heasman, 『식품전쟁』, 아리, 2006.

변순용, 「생명의 생태학적 의미에 대한 연구」, 『범한철학』, 제56집, 2010, pp. 235~255.

변순용, 「먹거리의 인간학적, 윤리적 의미에 대한 연구,」『범한철학』, 제53집, 2009, pp. 339~361.

송원규 외, 「세계농식품체계의 역사적 전개와 먹거리 위기」, 『농촌사회』, 22권 1호, 2012, pp. 265~310.

이해진, 「소비자에서 먹거리 시민으로」, 『경제와 사회』, 96호, 2012, pp. 43~76.

전우용, 『서울은 깊다』, 돌베개, 2008.

정은정 외, 「한국의 CSA와 전여농 우리 텃밭 사업」, 한국농촌사회학회 심포지엄 발표원고, 2010.

조윤정 역, M. Pollan, 『잡식동물의 딜레마』, 다른세상, 2007.

함규진 역, P. Singer & J. Mason, 『죽음의 밥상』, 산책자, 2008.

홍경완 외, 「로컬푸드에 대한 전문가 인식 조사」, 『한국산학기술학회논문지』, 11권 12호, 2010, pp. 4742~4751.

Beardsworth, A. & Keil, T. : *Sociology on the Menu*, Routledge, 1997.

Gottlieb, R. & Joshi, A: *Food Justice*, Massachusetts Institute of Technology, 2010.

Pojman, Paul: *Food Ethics*, Wadsworth, 2012.

Simon, M. : Appetite for Profit: *How the Food Industry Undermines our Health and How to Fight Back*, National Books, 2006.

3. 지속 가능한 식사의 윤리적 의미

변순용(서울교육대학교)

1. 서론

지속 가능성sustainability은 지속 가능한 개발sustainable development의 개념이 제시된 이후 지속 가능한 경영, 지속 가능한 사회, 지속 가능한 생산뿐만 아니라 지속 가능한 디자인 등에 이르기까지 제시된 매우 다양한 양태 중의 하나로서 지속 가능한 식사라는 개념이 등장하게 되었다. 따라서 지속 가능한 식사라는 개념에서의 지속 가능성은 식사 내지 음식과 관련하여 논의해야 할 것이다. 지속 가능한 식사는 지속 가능하지 않을 것 같은 식사에 대한 우려의 인식에서부

터 시작되었을 것이다. 식량은 늘 부족하기 마련이었고, 산업혁명의 영향이 식품생산에 이르러, 식량의 생산 및 보관에서 가히 혁명적인 변화가 생겨났다. 그리고 식량의 양적인 측면의 문제가 해결되고 있는 상황에서 식량의 질적인 측면에서 사람들의 요구에 본질적인 변화가 생겨나게 되었다.

> "20세기 중반부터 산업화의 방법과 기계들이 농업에 본격적으로 도입되면서, 음식의 생산 그리고 농업의 생산에서 기존보다 4배 이상의 생산성의 증가를 가져온 녹색혁명Green Revolution은 음식과 식사의 견해에 변화를 가져왔고, 이러한 변화들은 사회적, 환경적인 변화를 초래하였으며, 토지의 적절한 활용, 환경적 재해, 여성, 기아 그리고 무역정책에 대한 영향, 그리고 동물에 대한 윤리적 대우 등과 문제를 제기하였다(Pojman, 2012: p. 1)."

리스A. Rees는 1940년대를 산업농industrial agriculture의 등장 시기라고 주장한다. 그는 인공화학비료의 사용을 산업농의 중요한 지표로 활용하는데, 인공화학비료의 사용이 1950년대부터 시작하여 1980년대에 가장 많이 사용되었고, 이후에도 상당한 양의 인공화학비료가 농업분야에서 사용되고 있다고 주장한다(Rees, 2006: p. 4 참조). 녹색혁명은 한편으로는 다량의 인공화학비료와 살충제의 활용을 통해, 그리고 다른 한편으로는 관개시설의 확장을 통해 산업농의 방식이 개도국에 도입되어 본격적으로 확산되면서 나타난 것이다.

그렇지만 녹색혁명의 어두운 그림자들이 나타나게 되었고, 이에 대한 경고의 메시지들이 제기되었다. 예를 들면 존 로빈슨처럼 인간의 육식에 대한 욕구를 충족해주기 위한 축산업의 확대가 일부 지역이 아닌 전 세계를 위협하고 더 나아가 우리 후손들의 건강과 생명을 위협하고 있다고 주장한다. 그는 육식이 인간의 건강뿐만 아니라 세계를 망치고 있다고 한다. 사실 식탁의 문제는 우리의 건강과 직결되며, 이러한 건강은 인생을 의미 있게 향유할 수 있는 매우 중요한 전제조건이 된다. 음식과 식탁의 문제는 개인윤리적인 차원 못지않게 사회윤리적인 차원 역시 매우 중요한 의미를 가진다. 인간의 음식 섭취행위는 성행위와 더불어 인간의 가장 기본적인 존재 지속의 욕구와 직결된다. 그렇기 때문에 음식의 생산 및 소비와 관련된 문제는 사실 인간의 모든 행위와 관련될 수밖에 없다. 먹을거리의 획득과 분배과정에서 권력이 발생하고, 정의justice의 문제가 발생하고, 경제적·사회적 관계들이 형성된다.

최근에 음식에 대한 다양한 접근과 관심들이 생겨나고 있다. 이러한 관심의 스펙트럼은 우선 생존의 측면에서 보다 나은 생존을 위한 건강이라는 측면에서부터 다양한 인문학적 관심, 그리고 생태윤리적인 관심까지 매우 다양하다.

심지어 죄책감과 수치심에 대한 연구에서도 음식의 문제는 다양한 논의를 가져온다. 예컨대,

> "음식을 섭취하는 행위는 단순히 삶을 보존하기 위해 어쩔 수 없이 반복하게 되는 기계적 습관에 불과해졌으며, 이 원초

적이며 시원에서부터 영원한 미래에 이르기까지 반복되는 행위의 의미에 대해 아무도 묻지 않게 되었다. 과거에 음식의 섭취는 자동적으로 단순히 미각을 만족시키기 위한 육체의 욕구에 따르기 위한 것으로만 간주되지 않았다. 음식의 섭취는 자기보존의 행위이자 동시에 자연의 긍정이며 진정한 향유의 행위이기 때문이다. 나아가 음식의 섭취는 자연의 육화, 신체화의 과정이며 또한 선물로서 타 생명체의 필연적인 죽음을 통해서만 실현되는 존재의 연속적 사건이다(임홍빈, 2013: p. 40)."

여기서 음식의 섭취는 자기 보존의 행위면서 동시에 진정한 향유의 행위라는 주장은 음식윤리[1]의 필요성과 의미를 설명해주고 있다. 따라서 이 연구에서는 음식윤리의 중요한 내용 요소로서 지속 가능한 식사의 문제를 다뤄보고자 하며, 그러기 위해서 현대인의 식탁에서 매우 중요한 역할을 하고 있는 유기농 음식과 유전자 조작 식품의 문제를 중심으로 살펴보고자 한다. 이를 통해 무엇이 지속 가능한 식사인지를 이해할 수 있을 것이다.

1 음식윤리에 대한 연구들이 많지는 않지만, 김석신과 신승환은 음식윤리를 "인간의 생존에서 가장 중요한 조건 가운데 하나인 음식과 음식에 관한 모든 것을 중심으로 인간이 가지는 올바르고 타당한 관계 맺음에 관한 이론(김석신 외, 2011: pp. 38~9)"으로 정의하고 있다.

2. 유기농 음식과 지속 가능한 식사의 관계

일반적으로 우리의 밥상에 오르는 음식을 구분하는 기준은 매우 다양한데, 이 중에서 우리의 밥상에 오르는 음식은 인공첨가물이 들어 있지 않고 재래음식보다 덜 가공된 자연음식natural food, 음식가공이 거의 안 되었거나 전무한 생음식raw food, 살충제나 인공비료, 유전자 조작, 성장호르몬, 항생제 등을 사용하지 않고 재배하거나 키운 유기농 음식organic food으로 나눌 수 있다.

일반적으로 유기농 음식의 생산 철학은 종의 다양성, 생태적 균형, 지속 가능성, 식물의 자연수정, 자연적인 병충해 관리, 토양의 통합성을 원칙으로 삼는다. 유기농업은 1995년 미국의 국가유기농기준위원회U.S Department of Agriculture National Organic Standards Board에 의하면 다음과 같이 정의된다. 유기농업은 "생물의 다양성, 생물학적 순환 그리고 토양의 생물학적 활동을 촉진하고 향상시키는 생태적인 생산운영시스템(ecological production-management system that promotes and enhances biodiversity, biological cycles, and soil biological activity)"이다. 유기농은 토양 생물과 인간의 상호의존적인 공동체의 건강과 생산성을 최적화하는 것을 목적으로 하는데, 화학제품의 사용을 줄이거나 사용하지 않음으로써 보다 깨끗한 공기, 물 그리고 토양을 유지하면서 보다 영양이 풍부하고 양질의 음식을 생산한다고 주장한다. 그래서 일반적으로 지속 가능한 농업은 대체로 유기농업과 연결되

기 마련이다.[2] 지속 가능한 식사 역시 유기농 음식과 연결되는 것처럼 말이다.

그럼에도 불구하고 유기농업과 지속 가능한 농업의 차이가 주장되기도 한다.[3] 첫째, 유기농 음식이 대규모의 산업농에 의해서도 제공될 수 있으며, 유기농으로 인정되지 않는 농가에서도 농가의 생산성을 유지시킬 수 있는 방법으로 유기농 식품을 생산할 수 있다는 것이다. 예를 들어 유기농 축산농가라 하더라도 대규모 축사에서 가축을 키우지만 유기농 인증의 최소요건만 충족시키는 경우도 있으며, 소규모의 비유기농 축산농가에서도 유기농의 지침하에 농가에서 발생하는 모든 쓰레기를 리사이클링함으로써 자기충족적인 방식으로 운영되기도 한다. 미국의 경우 모든 유기농은 매년 미 농무부에 의해서 유기농으로 자격 인증을 받아야 하지만, 유기농 방식을 사용하는 일반농가는 이러한 공식적인 자격 인증을 받을 필요는 없다. 그래서 유기농업은 실제적인 자격 인증이지만 지속 가능한 농업은 농업의 철학 내지 생산방식이라는 것이다.

둘째, 동물복지의 측면에서 유기농은 가축들이 실외로 접근할 수 있도록 해야 한다. 그러나 실제로는 가축을 감금하고 시멘트로 된 테라스로 연결되는 문을 통해 유기농 인증을 받는 경우도 있다. 최근에 미 농무부에서 반감금시설semi-confinement로도 유기농으로 인

---

2 지속 가능한 식사에 대한 논의는 90년대까지는 주로 지속 가능한 생산 내지 농업의 문제로 언급되어 왔다(Mepham 1996: p. 35 참조). 그러나 2000년대로 들어서면서 생산뿐만 아니라 유통 및 소비의 차원으로까지 확대되고 있다.

3 http://www.sustainabletable.org/253/organic-agriculture 참조.

정된 농가의 경우, 가축들은 차단된 창을 통해 "외부에 접근"할 수 있는 것으로 인정되었다는 것이다. 보다 지속 가능한 체계가 되려면 가축들은 쪼거나 풀을 뜯거나 땅을 파는 것과 같은 본능적인 행위들을 할 수 있어야 한다. 지속 가능한 방법을 사용하는 농가에서도 나쁜 날씨에는 가축을 축사에 머물게 하겠지만, 가축들이 자유롭게 돌아다닐 수 있는 공간을 제공할 것이다.

셋째, 유기농 인증 가축에게는 어떤 항생제도 사용될 수 없지만, 지속 가능성을 추구하는 농가의 경우 항생제에 대한 법적인 제한이 없다. 지속 가능한 생산방식을 사용하는 많은 농가에서도 항생제를 사용하지는 않지만, 가축들이 병들 경우 항생제를 사용할 수도 있을 것이다. 이런 농가에서 항생제를 사용해서 생산된 것들은 그 항생제의 안전성이 입증된 후에야 소비될 수 있을 것이다. 물론 인공호르몬의 사용은 유기농에서뿐만 아니라 지속 가능한 농가에서도 엄격히 사용되지는 않는다.

끝으로, 유기농은 대규모로 생산될 수 있는 반면에 지속 가능한 식품은 지역에 근거한 소규모 농가에서 생산된다는 점에서도 차이가 난다. 이와 함께 유기농은 푸드마일이 길 수 있지만 지속 가능한 식품은 비교적 근거리에서 생산, 소비되는 경향이 강하다. 그래서 실제로 대형화되고 산업화된 유기농은 더 이상 유기농이 아니라는 비판도 제기되고 있다.

그리고 유기농 음식에 대한 근본적인 우려를 제기하는 의견도 있다. 이 우려의 근거는 유기농 음식의 생산과정에서 어떤 것이 들어가는지에 대해서는 알기 어렵다는 것이다. 예컨대 전통적인 자연 퇴

비를 사용할 경우 여기에 작용할 수 있는 요소들을 우리가 전부 알 수는 없다는 것이다. 이런 인식에 근거하여 유기농 음식의 위험성에 대해서 주장하는 의견도 있다.

3. 유전자 변형 내지 재조합 식품(GMOs)의 윤리적 문제

(1) GMOs의 현황

일반적으로 유전공학은 현대 과학의 최첨단을 이끌고 있는 분야임에도 불구하고, 이 분야의 연구에 대하여 긍정적인 기대와 동시에 우려가 제기되고 있다. 음식 분야에서도 유전자 변형, 유전자 조작, 유전자 재조합 등으로 GMOsgenetically modified organisms를 해석하고 있다. 1995년에 미국에서 판매된 칼진사의 플레버세이버라는 이름의 토마토는 세계 최초로 시판된 유전자 변형식품이다. 일반적으로 GMO는 유전적 형질(DNA)이 자연적으로는 일어나지 않는 방법으로 변형된 생물 내지 식품으로 정의되는데, 한국의 식품의약품안전처에서는 GMO를 "생물체의 유전자 중 유용한 유전자를 취하여 그 유전자를 가지고 있지 않은 생물체에 삽입하여 유용한 성질을 나타나게 한 것이다. 이와 같은 유전자 재조합 기술을 활용하여 재배·육성된 농산물, 수산물, 미생물 및 이를 원료로 하여 제조·가공한 식품(건강기능식품 포함) 중 정부가 안정성을 평가하여 입증된 경우에

만 식품으로 사용할 수 있으며, 이를 유전자 재조합 식품이라 한다"[4] 고 규정하고 있다.

GMOs에 대한 기대는 대체로 질병에 강하거나 가뭄에 저항성을 갖는 식물, 영양 측면에서 향상된 작물, 성장 특성이 증가된 어류, 제약 산업에서 중요한 백신과 같은 단백질을 생산하는 동식물과 관련되어 제기되고 있다. 그러나 의료업계의 신약개발 분야를 제외하고는(물론 이 분야의 개발에 대한 우려가 전혀 없는 것은 아니다), 대체로 일반의 인식은 긍정적이지 않다. 아마도 변형이나 조작이라는 용어 자체가 가져오는 부정적인 느낌들 때문에 재조합이라는 용어를 선택하기도 한다. "유전자 조작 식품을 생산하는 기업들은 전적으로 '바이오테크'라는 단어를 선호하며, '유전자 변형 물질genetically modified organisms', 곧 GMOs처럼 '정서적으로 부담을 주는 라벨'보다는 자사를 미국인에게 '생명공학' 산업체로 알리기 위해 수천만 달러를 쏟아부어 왔다(안의정 역, 2012: pp. 383~384)."

현재 국제시장에서 볼 수 있는 모든 유전자 재조합 농작물은 3개의 기본 형질, 즉 병충해 저항성, 바이러스 감염 저항성, 특정 제초제에 대한 내성 중 하나를 사용하여 만들어진다(다음의 <표 1> 참조).

---

4 http://www.mfds.go.kr/gmo/index.do?nMenuCode=2 참조.

〈표 1〉 유전자 재조합 농작물의 형질과 인가 현황[5]

작물	형질	인가되고 있는 국가 및 지역
옥수수	해충 저항성	아르헨티나, 캐나다, 남아프리카, 미국, EU
면화	제초제 내성	아르헨티나, 캐나다, 미국, EU
콩	제초제 내성	아르헨티나, 캐나다, 남아프리카, 미국, EU(가공용만)
유채	제초제 내성	캐나다, 미국
치커리	제초제 내성	EU
호박	바이러스 감염 저항성	캐나다, 미국
감자	해충 저항성/제초제 내성	캐나다, 미국

현재 GMOs 재배량은 전 세계적으로 급속하게 증가하고 있는데, 2010년 기준 전 세계에서 1억 4,800만 헥타르에 달하고, 주요 품목들은 콩, 옥수수, 유채, 면화, 사탕무 등이다. 2010년을 기준으로 GMOs를 허용하는 나라는 59개국이고, GMOs를 재배하고, 수출, 수입하는 나라는 29개국이며, 우리나라와 같이 직접 재배는 하지 않고 수입만 하는 나라가 30개국으로 파악되고 있다. 2013년 2월 현재 우리나라에서는 콩, 옥수수, 유채, 면화, 사탕무의 5개 농산물 87개 품목과 식품첨가물 16개 품목이 안전성 평가에서 안전성이 입증되어 식품으로 승인되어 수입되고 있다.

현재 영국에서는 유전자 변형 작물을 이용한 식품들에 라벨을 부착하도록 하는 규정을 시행 중이고, 테스코를 포함한 대부분의 대

5 http://www.who.int/foodsafety/publications/biotech/20questions/en/ 참조.

형마트 체인에서는 유전자 변형 식품을 취급하지 않겠다고 공약하고 있다. 그러나 미국의 경우는 콩을 재배하는 농경지의 절반 이상, 옥수수 농경지의 1/3 이상에서 유전자 변형 작물을 재배하고 있고, 콩과 옥수수를 식품 처리 과정에서 널리 사용하며, 유전자 변형 식품에 대한 표시[6]를 따로 하지 않기 때문에 소비자는 자신이 유전자 변형 식품을 먹는 줄도 모르는 채 먹게 되는 문제가 심각하게 제기되고 있다(안의정 역, 2012: p. 453 참조). 실제로 유럽에서는 1999년 7개의 대형 식품 체인점(Tesco, Safeway, Iceland, Marks & Spencer, the Coop, Waitrose)들이 유전자 변형 식품에 대한 취급 거부를 공약하였다. 그런데도 불구하고 우리나라에서는 GMOs 식품에 대한 표시제도가 너무 약하다는 지적도 있다.

> "우리나라는 2001년 3월부터 유전자재조합 농산물을 원료로 한 가공식품 등에 대한 표시제를 실시해 오다 지난 2008년 10월 당시 식약청이 GMO 표시 확대 개정안을 입안, 예고한 바 있다. 하지만 찬반이 엇갈리면서 아직까지 합의에 이르지 못하고 있다. 22일 관련 업계에 따르면 우리나라 GMO 표시제도는 식품위생법의 하위법령인 유전자 재조합 식품 등의 표시기준에 따라 식용으로 승인된 품목을 원재료로 제조 · 가공한 식품에 GMO임을 의무적으로 표시하도록 하고 있다. 농산물은 식약처가 수입 승인한 모든 GM 농산물(콩, 옥

---

6 예를 들면 'GMO-free', 'GE Free' 라벨을 들 수 있다.

수수, 유채, 면화, 사탕무)이 표시대상이고 GMO와 구분해 관리되는 농산물은 구분유통증명서 또는 정부증명서로 대체하기 때문에 표시를 하지 않아도 된다. 또 GM 농산물을 사용했어도 최종제품에 유전자재조합 DNA 또는 외래단백질이 남아 있지 않은 제품인 간장, 식용유, 당류, 주류 등은 표시를 하지 않아도 된다. 이에 비해 GMO 표시제 확대안은 원료 함량에 관계없이 GM 농산물로 만든 모든 가공식품 등은 GMO 표시를 하는 쪽으로 방향을 잡고 있다. 그동안 소비자단체 등에서는 가공식품의 원료에 GM 농산물이 사용되고 있는데도 표시가 되지 않아 문제라고 지적해 왔다. 업계에서는 우리나라처럼 곡물(옥수수, 콩 등)의 수입의존도가 절대적인 상황에서는 GMO 표시제 강화가 부정적인 영향을 미칠 수 있다고 주장하고 있다. 현재 GMO 표시제를 관리하는 나라는 우리나라를 포함해 유럽연합(EU), 일본, 호주, 뉴질랜드 등 전 세계 50여 개국이다. 이들 국가는 과학적 검사법을 이용하는 방법과 '구분유통증명서' 또는 '생산국 정부가 인정하는 증명서'를 통해 확인하는 사회적 검증 두 가지를 병행해 운영하고 있다."[7]

---

7 이에 대해서는 아래 사이트를 참조:
http://www.fnnews.com/view?ra=Sent0901m_View&corp=fnnews&arcid=201311230100243470013048&cDateYear=2013&cDateMonth=11&cDateDay=22

리스는 유전자 변형 작물에 대한 거짓말을 다음과 같이 제시하고 있다(Rees, 2006, pp. 45~58).

첫째, 유전공학은 자연의 과정과 동일하다.

둘째, 유전공학은 매우 정확하고 정교하다.

셋째, 유전자 변형 작물은 적절하게 검증받았다.

넷째, 유전자 변형 작물은 적절하게 관리되고 있다.

다섯째, 유전자 변형 작물은 안전하다.

여섯째, 유전자 변형 작물은 기아문제를 해결하는 데 도움을 줄 것이다.

일곱째, 유전자 변형 작물은 농부들의 수입을 증가시켜줄 것이다.

여덟째, 유전자 변형 작물은 높은 생산량을 산출할 것이다.

아홉째, 유전자 변형 작물은 살충제(농약)의 사용을 줄일 것이다.

열 번째, 유전자 변형 작물은 널리 재배되면서 성공할 것이다.

열한 번째, 유전자 변형 작물은 환경에 도움을 줄 것이다.

열두 번째, 유전자 변형 작물은 농부들이 불모지를 활용하게 해줄 것이다.

열세 번째, 유전자 변형 쌀은 비타민 결핍을 해결할 것이다.

열네 번째, 유전자 변형 감자는 단백질 결핍을 해결할 것이다.

그러나 이 논문에서는 유전자 변형 작물의 문제점을 식량의 증산 및 기아문제의 해결, 안전성 문제, 생태계에 미치는 영향의 측면에

서 종합적으로 살펴보고자 한다.

(2) 식량의 증산 및 기아문제의 해결

유전자 변형 곡물을 지지하는 중요한 근거가 바로 식량의 증산 효과와 기아문제의 해결이다. 윌슨M. Wilson은 1997년에 "2050년에 108억의 사람들을 먹여 살리기 위해서는 1,500만 평방 마일의 처녀림, 황무지 그리고 불모지를 농약 의존적인 경작지로 바꿔야 한다. 유전자 변형 작물은 다음 50년 동안 추가로 50억 명을 먹여 살리기 위해서 미래의 환경문제를 해결하는 매우 중요한 열쇠를 쥐고 있다(Rees, 2006: p. 55)."고 말하였다.

그러나 이에 대해서 전혀 반대의 근거를 주장하는 입장도 있다. "미국의 곡물 생산량 중에서 1/4이 유전자 변형 곡물이지만, 그들의 제품이 기아 확산의 흐름을 되돌릴 만한 영향을 미친 바는 전혀 없다(안의정 역, 2012: p. 396)." "위스콘신대학 농학과의 에드 오플링거 교수는 지난 25년 동안 종류별로 콩 생산량을 비교 분석해 왔다. 1999년 미국 콩 종류의 80%를 재배하는 12개 주의 콩 산출량을 분석한 그는 유전자 변형 콩의 산출량이 전통 종에 비해 4% 적다는 사실을 밝혀냈다. 다른 과학자들은 몬샌토의 형질 변경 콩(유전자 변형 콩 중 경작지 단위면적당 세계 최고의 품종)들과 같은 조건에서 자란 전통 종들을 비교한 결과, 유전자 변형 콩들의 생산량이 10%나 적다는 사실을 밝혀냈다. 그뿐만 아니라 네브래스카대학 연구팀도 2000년 유전자 변형 콩이 전통 종에 비해 산출량이 6%~11% 적다는 것을 밝혀냈다(안의정 역, 2012: pp. 397~398)." 미 농무부(USDA)의 보고에 의하면,

GMOs가 생산량을 늘리지 않으며, 실제로는 감소한다고 한다. 이외에도 아르헨티나에서도 유전자 변형 콩이 대체로 5~6%가량 생산량의 감소를 가져온다고 보고하고 있다(Rees, 2006: p. 51 참조). 이러한 결과보고들을 보면 유전자 변형 곡물이 식물생산의 양적 증가를 가져온다는 주장은 잘못된 것으로 판명된다.

(3) 안정성의 문제

GMO의 안정성에 대해서는 과학자들 사이에서도 찬반이 극명하게 대립되고 있다. 대체로 관련 업계에서는 안정성을 강조하고 있지만, 이에 대한 심각한 문제를 제기하는 경우도 있다. 몇 가지 사례를 통해 살펴보면 다음과 같다. 안정성에 대해 심각한 우려를 제기하는 쪽은 토양 박테리아인 클레브시엘라 플란티쿨라Klebsiella planticula에 유전공학 기술을 적용한 사례는 GMOs의 위험성을 드러내는 대표적인 사례이고, 이와 정반대되는 사례로는 영국의 환경운동가였던 라이너스Mark Lynas를 들 수 있다. 그는 GMO 반대운동을 하다가 기후 변화와 관련해 연구하면서 찬성 쪽으로 입장을 바꾼 것으로 유명한데, 그가 2013년 6월에 열린 한 세미나에서 GMOs는 안전하다고 말하면서 다음과 같이 인터뷰하였다.

> "GMO 작물은 대기업에만 유용하다는 얘기도 있지만 사실이 아니다. 전 세계의 공공 부분 학술 기관들이 실제 이 분야에 많은 투자를 하고 있다. 불행하게도 이들이 개발하는 작물의 대부분은 정작 필요로 하는 농민들의 손에 닿지 못한다.

유럽의 경우처럼 규제 시스템이 완전히 망가졌거나 규제 당국의 요구대로 수천 장의 서류를 모두 준비하려면 수천만 달러의 비용의 소요되기 때문이다. GMO 작물에 대한 과도한 규제가 오히려 대기업들만 생명공학 작물을 시장에 내놓을 수 있도록 만들었다는 사실은 아이러니하다. 몬산토에 반대한다고 말하는 사람들은 아무도 몬산토가 시장에서 차지하는 지위에 도전할 수 없게끔 만드는 장본인인 셈이다. 아직까지 GMO 식품을 먹고 해를 입었다는 사람은 없다. 하지만 유기농 식품을 먹고 해를 입은 경우는 있다. 그 예가 2011년 독일에서 발생한 유기농 콩나물의 병원성 대장균(E-coli) 오염이다. 이 대장균으로 50명이 사망했고, 3,000명 이상이 심각한 증상을 겪었다. 이는 유기농 콩 재배 시 사용한 거름인 박테리아 잔류물 때문으로 추정된다. 얼마 전 러시아에서 소행성 충돌 사건이 발생해 많은 사람들이 다쳤다. GMO 식품을 먹고 해를 먹을 확률은 소행성에 치어 사고가 날 확률보다 훨씬 적다."[8]

이러다 보니 실제로 문제가 있다고 알려진 사례가 특별한 문제가 없는 것으로 밝혀지는 경우도 있다. 실제로, 2007년 3월 인도의 뉴스전문채널 NDTV는 인도의 남동부에 있는 안드라프라데시(Andra Pradesh)주에서 유전자 변형 목화밭에 방목된 가축(양, 염소)이 사망했다고 보도하였다. 인도 규제기관인 유전공학승인위원회GEAC : Genetic

---

8 http://weekly2.cnbnews.com/category/read.html?bcode=14988 참조.

Engineering Approval Committee는 동 문제와 관련하여 유전자 변형 목화의 안전성을 검토하였으며, "어떠한 분석으로도 인도 안드라프라데시 지역의 양, 염소의 죽음은 유전자 변형 목화가 원인이라고 결론지을 수 없다"고 발표하였다. 또한, 양이나 염소의 죽음을 부른 원인으로 유전자 변형 목화보다는 잔류 농약, 질산염 과다 등에 있음이 거론되었다. 지난 15년간 전 세계 수백만 헥타르에서 유전자 변형 목화가 재배되었으나 인간이나 가축의 건강에 위해를 미친 사례는 없었다.[9] 그러나 이것이 바로 GMOs의 무해성을 입증하고 있다고 보기는 어려울 것이다.

로빈스는 유전학자인 스즈키의 말을 다음과 같이 인용하고 있다: "유전학에는 엄청난 의미들이 포함되어 있다. 인간의 삶을 풍요롭게 하고 삶의 질을 높인다는 약속으로 가득 차 있으면서도, 한편으로는 그에 못지않게 파괴적이고 전례가 없는 고통을 안겨줄 수 있는 잠재성도 포함되어 있다(안의정 역, 2012: p. 410)."

(4) 생태계에 미치는 영향

대체로 GMOs를 반대하는 주요 근거는 GMO가 다른 종 및 생태계에 미칠 부정적 영향이다. 이에 대하여 GMOs 찬성 입장은 모든 농업활동이 생태계에 어느 정도의 위험 요인이 된다는 것이다. 오히

9 이에 대해서는 아래 사이트 참조:
http://www.mfds.go.kr/gmo/index.do?nMenuCode=56&page=1&page=1&mode=view&boardSeq=68101 참조.

려 GMOs가 화학비료나 제초제의 사용을 22% 정도 줄일 수 있다는 몬샌토사의 주장에도 불구하고 오히려 살충제 사용을 증가시키고 있다는 것이다. 유전자 변형 작물이 상용화된 지 8년이 지난 2003년에 벤브룩 박사Dr. C. Benbrook는 주요 유전자 변형 작물이 살충제의 사용에 미치는 영향에 대한 포괄적인 연구를 하였다. 1996년 이후 미국에서 유전자 변형 옥수수, 콩 그리고 면화가 5,500만 에이커에서 경작되었는데, 이 기간 동안 사용된 살충제가 22,700톤의 증가를 보였다고 한다(Rees, 2006: p. 53 참조). 실제적으로 아르헨티나의 경우 GMOs의 도입 이후 기존의 열 배 이상의 살충제가 사용되고 있다는 주장도 제기되고 있다(Rees, 2006: p. 55 참조).

또한 "형질 변경된 유기체를 환경과 인간의 먹이연쇄에 끌어들이는 것에서 파생될 수 있는 재앙적 손실이나 비극(안의정 역, 2012: p. 408)"에 대한 우려는 유전자 변형 작물에 대한 근본적인 우려다. 20여 년간 유전공학 실험을 해온 분자생물학자인 존 페이건은 다음과 같이 이러한 위험성을 생생하게 언급하고 있다.

> "유전공학자들은 실험관 안에서는 유전인자들을 매우 정밀하게 베고 접합할 수 있다. 하지만 그 인자들을 살아 있는 유기체에 집어넣는 과정은 극도로 부정확하고, 정밀하지 못할 뿐만 아니라 통제 불가능한 것이다. 그러한 조작으로 그 유기체의 기능을 손상시키는 변종이 출현할 수 있다. 일단 유기체로 들어간 인자는 예상하지 못한 부작용을 일으킨다. 변종과 부작용들은 유전자 변형 식품에는 독성과 알레르겐이 들어가

게 하고, 영양가를 떨어뜨린다(안의정 역, 2012: p. 414)."

그리고 유전자 변형 작물에 의한 감염 내지 유전적 오염의 사례들에 대한 우려 또한 제기되고 있다. 예컨대 "유전자 조작 옥수수를 한 줄만 심어도 주변 몇 십 킬로미터 안에 있는 일반 옥수수를 유전자 조작 종자가 오염시킨다. 유전자 조작을 하지 않는 농산물을 유기농으로 키우더라도 아무도 모르는 사이에 유전자 조작 종자를 받게 되는 것이다(김석신 외, 2010: p. 140)." 실제로 퍼시 슈마이저의 판례[10]가 이러한 경우에 해당한다. 그리고 항생제에 대한 내성을 가진 슈퍼박테리아처럼, 유전자 조작 식물에 의해 우연히 수분되어 제초제에 대한 내성을 가진 슈퍼잡초Superweed에 대한 논란 등이 유전자 변형 작물들이 생태계에 미치는 부정적인 영향으로 언급되고 있다.

4. 공정한 음식 운동(just food or food justice movement)

공정한 음식이란 용어가 사용된 것은 1994년 뉴욕의 "Just Food"라는 단체가 처음 설립되면서부터이고, 음식이 정의와 연결된 것은 도시환경정책연구소The Urban & Environmental Policy Institute, UEPI 내에

---

10 퍼시 슈마이저는 자신의 경작지에 몬샌토사의 라운드업 레디(RR) 캐놀라종과 유전적으로 유사한 작물을 재배한 이유로 특허권 침해로 고소되었다. 그러나 슈마이저는 역소송을 통해 무단침입, 작물 오염, 명예훼손 혐의로 캐나다 달러로 1,000만 달러의 손해배상을 요구한 사례임(안의정 역, 2012: pp.438~440 참조).

있는 음식안전위원회The Community Food Security Project가 2002년에 '음식-정의센터The Center for Food & Justice, CFJ'로 개명하면서부터다(Gottlieb & Joshi, 2010: p. 7 참조). 대체로 음식정의는 두 가지 방식으로 전개되고 있다. 첫째는, 먹을거리가 생산, 수송, 소비되는 장소, 품목, 방법의 이점과 위험들이 공정하게 다뤄지는지를 확인하는 것이고, 둘째는 음식정의가 무엇이고 어떻게 실현되어야 하는지를 고려해보는 것이다(Gottlieb & Joshi, 2010: p. 6 참조). 음식정의운동은 먹을거리의 전 과정에 걸쳐 발생하는 불평등, 불공정의 문제를 지적하고 이를 시정하려는 모든 운동의 총체라고 정의 내릴 수 있을 것이다.

먹거리의 생산부문에서 볼 때, 먹거리 생산과정에서 불평등한 대우를 받는 이주민 노동자들의 문제는 미국 내에서 1960년대부터 최근까지도 계속 제기되고 있는 문제다. 그뿐만 아니라 먹거리 생산과정에서 특히 육류 생산에서 제기되는 동물윤리적 측면의 문제들도 음식정의운동과 밀접하게 관련되고 있다. 여기서도 역시 전통적인 가족농에서 산업농으로 전환되면서 육류를 생산하는 것도 대규모 공장식 농업으로 변해가면서 동물 학대, 육류의 안전성 문제가 제기되고 있다.

이와 함께 유통 및 소비 부문에서 음식정의운동의 배경이 된 것은 대도시 내의 음식접근food access에 대한 새로운 인식이다. 이것은 1992년 폭동이 일어났던 미국의 L.A.에서부터 시작되었다. 폭동 후 살 수 있는 신선한 먹거리의 부족과 일자리 상실이 중요한 문제로 부각되었고, 이를 해결하기 위해 주정부는 폭동 지역에 슈퍼마켓이 들어서게 될 것이라고 약속했지만, 대부분이 실패하게 되었다. 15년

후 이 지역의 일부 사람들이 음식환경에 대한 조사(Project CAFE: Community Action on Food Environment)를 통해 지역사회의 먹거리 평가(community food assessment)를 하게 되었고, 그 지역의 1,273개의 음식 관련 시설 중에서 패스트푸드 식당이 29.6%, 편의점 내지 주점이 21.6%였고, 단지 2%만이 제대로 갖춘 먹거리 판매장이었다. 결국 이 지역에서 구매할 수 있는 먹거리들이 건강에 좋지 않았고, 훨씬 비쌌다는 것이다. 그래서 걸어서 갈 만한 거리에 신선한 먹거리들을 구매할 수 있는 먹거리 시장의 부재를 뜻하는 음식격차(grocery gap)라는 용어까지 등장하게 되었다(Gottlieb & Joshi, 2010: pp. 39~41 참조). 신선한 먹거리를 구매할 수 있는 기회가 구조적으로 차단되거나 어렵게 되어있는 사실을 깨닫게 된 것이다. 제대로 된 먹거리 시장의 부재 내지 패스트푸드 식당의 범람 등으로 판정되는 신선한 먹거리의 접근성 문제에 대한 연구들의 성과를 보면, 대부분의 대도시나 시골 지역에서 이러한 음식 격차가 발생하고 있음을 알 수 있다. "음식정의의 관점에서 이러한 연구결과들에서 주목할 것은 연구결과의 이중적인 성격이다. 신선한 먹거리에 대한 접근 제한이나 부재는 인종, 민족 그리고 수입에 따라 발생하는 건강 측면에서의 격차와 연결되어 있다. 이와 동시에 계층과 인종 간의 체계적인 산출이 신선한 먹거리에 대한 접근 제한과 패스트푸드상점의 범람에 의해 확인되고 특징지어진다. 따라서 신선한 먹거리에 대한 접근의 결여는 평등의 차이 그리고 체계의 실패로 간주될 수 있고, 이러한 문제는 음식산업 자체의 문제로 언급될 수 있을 것이다(Gottlieb & Joshi, 2010: pp. 42~43)." 그래서 최근에는 도시원예urban horticulture를 통해 먹거리의 지

역화를 추구하는 경향이 생겨나기도 한다.

저소득층 주민들이 사는 지역에서 신선한 먹거리들을 구매할 수 있는 가게들이 사라진 주된 이유 중 하나가 바로 대형슈퍼마켓의 등장이다. 미국에서는 주로 1960년대부터 이들 대형슈퍼마켓이 등장하게 되었고, 이것은 음식소비의 형태를 바꾼 주요한 변수가 되었다. 대규모의 대형주차장을 가지고 시 외곽에 위치한 대형마트들은 자기네 브랜드를 단 상품들을 개발하면서 먹거리의 생산과정에도 중요한 영향을 미치기 시작하였다. 월마트Wal-Mart, 테스코Tesco, 까르푸Carrefour와 같은 대형마트들은 독자적인 먹거리 생산 체인을 가지게 되었고, 먹거리의 생산과정에도 영향권을 갖게 된 것이다. 한국에서도 이마트나 홈플러스, 롯데마트같은 대형마트의 등장이 주변 소형마트들의 상권을 위협한다는 이유로 대형마트가 들어설 지역의 소규모 상가들이 반발하는 사례들이 빈번하게 일어나고 있다. 결국 이러한 대형마트의 등장은 신선한 먹거리의 접근권을 제한하는 부작용을 가져오게 된다. “먹거리가 어디에서 어떻게 그리고 어떤 먹거리가 판매되는지, 시내에 그리고 저소득층 주민들이 사는 지역에 대형마트가 들어서지 않는 것, 먹거리 부족food desert과 저질 먹거리 선택의 상관관계, 그리고 먹거리 산업에 종사하는 노동자들의 노동 조건들이 음식정의의 주요 관심사다. 신선한 먹거리들을 주변에서 구매할 수 없거나 패스트푸드점들이 즐비한다면 소비자들은 신선한 먹거리를 매일 먹지 못할 것이다. 어떤 먹거리들이 어디에서 판매되는지에 대한 관심은 음식정의의 중요한 문제가 된다(Gottlieb & Joshi, 2010: p. 58).” 대체로 음식정의를 옹호하는 사람들에게 이 대형

마트는 딜레마를 제공한다. 대형마트가 주로 도시 외곽에 들어서면서 저소득층 주민들이 사는 지역에서 신선하고 건강에 좋은 먹거리를 접할 수 있는 기회를 제한하고, 또한 이들이 대형마트에서 구매할 수 있는 먹거리는 대체로 낮은 가격의 건강에 좋지 않은 먹거리라는 점이 문제가 된다. 그렇다 하더라도 이마저 없다면 저소득층의 먹거리들은 대부분 패스트푸드로 몰릴 수밖에 없다. 실제로 고칼로리 음식(고칼로리지만 영양분이 적은)이 과일이나 채소 같은 저칼로리 음식보다 비용이 높지 않다. 비싸야 할 정크푸드들이 싼 이유 중 하나는 패스트푸드 산업에 종사하는 노동자들의 저임금이다.

그래서 이미 미국에서도 소득과 비만의 상관관계에 대한 연구들이 이뤄지면서, 비만에 대한 사회적 비용을 고려해본다면, 저소득층 주민들에게 신선한 양질의 먹거리를 제공해야 할 필요성과 사회적 의무가 제기되는 것이다. 더구나 이러한 대형마트와 패스트푸드 체인들이 글로벌화되면서 이들이 식품생산 및 유통, 분배체계에 미치는 영향이 커졌으며, 식품의 규격화, 신속화, 대량화를 초래하고 있다.

음식정의운동은 주류 음식체계에 대한 대안을 찾아보고, 사회적 변화를 추구하는 세력이 되고 있다. 음식정의는 생산자, 노동자, 유통업자, 소비자, 지역사회 모두를 위한 음식정의를 요청하는 것이다. 물론 이외에도 음식정책이나 음식산업에서 제기되는 불평등, 불공정의 문제들은 매우 많지만, 이 논문에서는 생산과 유통, 소비의 측면에서 제기되는 문제들 중심으로 다루었다. 음식에 대한 규제와 관련하여 음식민주주의food democracy에 대한 요청이 제기되고 있는

점을 고려해보면, 음식정의는 음식의 전 과정에 걸쳐 발생하는 부정의의 문제를 다루고 있다는 것을 알 수 있다.

5. 나오는 말

값싸고 무한정한 에너지를 제공해줄 것이라고 믿었던 원자력이 독성이 강해 폐기할 수 없는 방사선 쓰레기를 가져온다는 것을 깨달은 것처럼, 음식 분야에서도 이와 유사한 문제점들이 제기되고 있다. 편리함과 신속함으로 대변되는 현대화된 음식들이 가져오는 부작용은 방사선 쓰레기 못지않은 많은 사회적인 문제를 산출하고 있다.

나쁜 음식malbouffe으로 대변되는 정크푸드와 패스트푸드(고칼로리 저영양분), 프랑켄푸드Frankenfoods는 음식으로부터 맛, 건강 그리고 문화적, 지역적 정체성을 박탈해버린다. 실제로 우리가 무엇을 어떻게 먹느냐의 문제는 우리의 삶과 직접 연결되어 있으면서도, 마치 공기가 중요함에도 불구하고 그것의 중요성을 위기 상황에서야 깨닫게 되는 것처럼, 그 당연성으로 인해 그것이 가지는 의미와 중요성을 망각하고 지내기 마련이다. 따라서 음식영역의 고도 산업화로 인해 탈맥락화, 탈자연화되고 있는 우리의 먹거리에 대한 진지한 고려와 이에 대응할 수 있는 새로운 음식 루트 개발이 필요하다(변순용, 2014: pp. 145~146 참조). 자연화, 지역화된, 그리고 신선한 먹거리 접근권local, fresh food access은 우리에게 반드시 필요한 기본적인 권리이면

서 사회에서 보장되어야 할 권리라는 인식하에 기본권으로서 음식 복지food welfare를 주장해야 할 것이다.

참고문헌

김석신 외, 『잃어버린 밥상 잊어버린 윤리』, 북마루지, 2011.

변순용, 「로컬푸드의 윤리적 의미에 대한 연구」, 『윤리연구』, 94호, 2014, pp. 135~153.

변순용, 「먹을거리의 인간학적, 윤리적 의미에 대한 연구」, 『범한철학』, 53/2호, 2009, pp. 339~361.

안의정 역, J. Robbins, 『존 로빈스의 음식혁명』, 시공사, 2012.

임홍빈, 『수치심과 죄책감』, 바다출판사, 2013.

Allhoff, F. & Monroe, D. (ed.): *Food & Philosophy*, Blackwell Publishing Ltd, 2007.

Gottlieb, R. & Joshi, A: *Food Justice*, Massachusetts Institute of Technology, 2010.

Mepham, B. (ed.): *Food Ethics*, Routledge, 1996.

Pojman, Paul: *Food Ethics*, Wadsworth, 2012.

Rees, Andy: *Genetically Modified Food - A Short Guide for the Confused*, London, Pluto Press, 2006.

2부

음식윤리에 대한 논의

1. 음식윤리의 내용체계 연구

2. 음식윤리와 산업형 농업

3 음식윤리의 주요 쟁점과 그 실천의 문제

1. 음식윤리의 내용체계 연구

변순용(서울교육대학교)

1. 들어가는 말

최근 전 세계적으로 음식과 관련된 다양한 문제들이 제기되면서 음식에 대한 여러 관심이 나타나고 있다. 이를 반영하듯이 우리나라에서도 기존의 음식을 만드는 과정을 보여주는 전형적인 텔레비전 방송에서 탈피하여 음식과 예능 분야를 결합한 프로그램과 같이 다양한 장르의 방송[1]을 선보이고 있으며, 사람들의 관심을 끌고 있다.

---

1 음식 관련 프로그램은 예를 들면, 연예인들이 농촌이나 어촌에서 하루 세끼의 식사를 준비

그뿐만 아니라 수준 높은 음식 관련 다큐멘터리를 통해 대중의 음식에 대한 관심을 맛집을 찾거나 소개하는 수준에서 음식에 대한 근본적인 문제에 초점을 맞추는 보다 높은 수준으로 이끌고 있다. 이러한 것들을 고려해보면 음식에 대한 일반 대중의 관심이 높아지고 있으며, 양적인 증가 못지않게 질적인 변화를 보이기 시작했다고 여겨진다.

이러한 사회적인 관심의 변화와 더불어 다양한 학문 분야에서 음식의 문제를 직간접적으로 다루고 있다. 대체로 음식 분야는 여성 분야 내지 가사 분야로 인식되어 불과 십여 년 전만 해도 음식의 안전성에 대한 관심이 대부분이었다. 그러나 최근에는 영양학이나 식품 관련 학문에서뿐만 아니라 인문학에서도 음식인문학이라는 용어까지 나올 정도로 음식에 대한 관심이 나타나고 있음을 알 수 있다.

그뿐만 아니라 로컬푸드local food운동, 슬로푸드slow food운동, 음식정의food justice운동, 푸드마일제로foodmile zero운동 등과 같이 음식 관련 이슈들이 본격적으로 제기되면서 음식의 생산, 소비, 유통 및 분배와 관련된 사회운동들이 나타나기 시작했고, 음식윤리라는 용어가 이제는 더 이상 낯설지 않게 다가오기 시작했다. 그리고 동물윤리 내지 동물복지의 근거를 제시하면서 이제는 육식이 비윤리적이라고 주장하고, 또한 음식과 관련되어 비만에 대한 사회적 비용 문

하는 과정을 다루는 예능프로그램이나 자기 집의 냉장고를 가져와 그 안의 식재료를 이용하여 요리사들이 요리하면서 경합한다든지, 각 지역을 대표하는 요리사들이 자기가 살고 있는 지역의 식재료를 이용하여 요리 경합을 벌이는 프로그램 등으로 다양화되고 있다.

제를 들어 건강한 식사와 먹거리 문제의 중요성이 강조되기도 한다. 실제로 음식윤리에 대한 관심은 고등학교 교육과정에서 공식적으로 다뤄지고 있으며, 고등학교 선택교과인 생활과 윤리에 음식윤리에 대한 부분이 들어 있다.[2] "먹거리에 대한 윤리적인 선택(변순용, 2009: p. 359)"의 필요성, 그리고 "내가 이 음식을 먹을 때, 먹지 않을 때와 어떤 차이가 있을까? 나의 먹거리 선택은 남들에게 어떤 영향을 미칠까?(Singer, 함규진 역, 2008: p. 395)"와 같은 물음들에 대한 요청들이 음식윤리의 필요성을 보여주고 있다.

이러한 시대적·상황적 맥락에서 이제는 음식윤리에 대한 개념 정의 및 내용체계화의 필요성이 제기되고 있으므로, 이 연구에서는 지금까지의 논의들을 바탕으로 해서 음식윤리의 정의, 음식윤리적 이슈들의 범주화, 그리고 이를 통한 음식윤리의 내용체계화를 시도해 보고자 한다. 이러한 시도는 음식윤리교육[3]의 내용체계에 대한 담론의 기초로도 작용할 수 있을 것이다.

---

2 고등학교 선택교과인 생활과 윤리의 5단원 '음식 문화와 윤리적 문제'에서 음식의 윤리적 의미, 건전한 음식문화, 음식과 관련된 윤리적 문제, 그리고 윤리적 소비를 중심으로 음식과 윤리의 관련성이 제시되고 있다.

3 음식윤리교육의 필요성 및 방법에 대해서는 장승희, 「음식생활에 대한 윤리적 논의와 음식윤리교육」, 『윤리교육연구』, 제31집(한국윤리교육학회, 2013), pp. 321~348 참조.

2. 음식의 윤리적 성격과 음식윤리의 정의

먹는다는 것은 인간의 본능적 행위면서도 정신적인 작용이 가미되어 있는 인간의 행위다. 먹는 행위를 통해 인간은 자연과 연결되어 있으며, 자연과 생태적 내지 유기적 관계를 맺는다.

"먹는 행위를 통해 인간은 자연의 순환에 참가하게 된다. 자연으로부터 영양분을 흡수하는 신진대사작용을 통해 인간은 자연과 소통하게 되는 것이다. 먹는 행위는 자연의 법칙에 속하는 행위다. 따라서 먹는 행위는 인간이 인간 밖의 환경과 상호작용을 하면서 인간 외적인 것을 자기화하는 과정이다. 먹는 행위의 동기가 되는 식욕은 인간과 세계를 연결해주는 통로이며, 인간은 식욕을 통해 삶을 이끌어 나갈 수 있는 힘과 자극을 얻을 수 있다. [중략] 먹는 행위는 인간이 세계 속에서 살아 있다는 가장 직접적인 증거다(변순용, 2009: p. 344)."

물론 인간만이 먹는 행위를 하는 것은 아니지만, 인간과 인간이 아닌 생명체의 먹는 행위에는 중요한 차이가 있다. 그래서 사바랭은 "먹는 즐거움은 인간과 동물에게 공통적이다. 그것은 단지 허기와 허기를 만족시킬 수단만을 전제한다. 식사의 쾌락은 인류에게 특유하다. 그것은 음식의 조리와 장소의 선택, 회식자들의 참석을 위해 사전적인 주의를 전제한다(Brillat-Savarin, 홍서연 역, 2004: p. 237)."고 말하면서 '먹는다'와 '식사한다'를 구분하고 있다.

하이데거가 인간의 죽음을 다른 생명체의 죽음과 본질적으로 다르다고 보는 것처럼, 인간의 먹는 행위 역시 인간 이외의 생명체가

먹는 행위와는 본질적으로 다른 성격을 가진다. "먹는 행위는 생물학적이면서도 본능적인 성격을 갖지만, 이성적인 행위면서도 도덕적인 판단의 대상이 되는 행위다(변순용, 2009: p. 343)." 그래서 먹는 행위와 관련하여 아리스토텔레스와 공자의 예를 들어 음식과 절제의 본질적 관련성이 주장되기도 한다(변순용, 2009: pp. 345~6 참조).

음식의 문화적 관련성 또한 매우 중요하다. 음식의 생산과 공급과정에서는 주어진 상태에서의 선택이겠지만 일단 주어진 범위 내에서는 능동적인 선택의 가능성이 높아진다.

"음식과 관련된 사람들의 행위는 일반적으로 각각의 과정을 거칠 때마다 문화적 선택을 하지 않을 수 없다. 즉 음식 재료로 무엇을 선택하는가, 어떻게 원료를 확보하는가, 무슨 음식을 어떻게 조리하는가, 어떤 조리 과정을 거쳐 음식을 완성하는가, 누가 어떤 상황에서 어떻게 마시고 먹는가, 그리고 어떤 음식을 어떻게 소화, 배설하는가 등의 문제에는 언제나 '선택'이라는 조건이 따라붙는다(주영하, 2011: p. 28)."

이러한 선택 과정에서 자연과 문화의 상호작용을 볼 수 있다.

"1939년 식사 예절의 역사에 대한 위대한 저술을 내놓은 엘리아스Nobert Elias는 중세에서 현대에 이르기까지 식사 예절의 진화를 추적함으로써, 서구문명의 출현 과정을 구명한 바 있다. 그는 시대가 흐르면서 어떻게 식사 예절이 복잡해졌고 또 어떤 과정을 거쳐 귀족에서 대중으로 확산되었는지를 기술했다. 나아가 그는 수세기에 걸쳐 나타난 소위 문명화 과정이 식탁에서 급하게 움켜잡거나, 통째로 삼키거나, 뱉거나, 후루룩 마시는 본능적 행동들을 점차 억제하고, 또

인위적으로 습득한 기술과 절제된 행동 양식을 선호하는 방향으로 전개되었다고 보았다. 도덕적 의미를 지닌 식사예절의 역사가 높은 유아 의자에 앉아서 음식물을 움켜쥐거나 통째로 입에 넣거나 질질 흘리면서 혼자 힘으로 먹기 시작하는 유아의 생애 변천과 상당한 유사점을 가진다는 사실은 주목받을 만하다(Rappoport, 김용환 역, 2003: p. 61)."

음식문화는 개인[4]뿐만 아니라 지역, 더 나아가 국가 내지 민족적 정체성과도 밀접한 관련을 가지고 있기 마련이다. 음식과 식사의 과정에서 동질감과 연대감을 형성하게 된다. 물론 음식과 식사의 차이로 인해서 오해와 편견이 발생하는 경우도 있겠지만, 이 또한 음식의 문화적 정체성의 반증에 해당할 것이다.

이외에도 음식의 정신적 성격을 파악하기 위해 금식과 다이어트, 그리고 역으로 비만 등의 문제를 고려해볼 수 있다. "우리는 어떤 목적을 위해 때로는 단식하기도 하고 절제하기도 한다. 아무리 배가 고파도 먹어서는 안 되는 것이라면 우리는 그것을 거부한다(변순용, 2009: p. 345)." 그리고 이 지구 상에서 의도적으로 다이어트를 할 수 있고 하는 종으로서는 인간이 유일할 것이다. 음식에 정신적인 작용이 불가피한 것이라면 음식의 윤리성에 대한 논의도 가능할 것이다. 물론 폭식과 탐식에 대해서는 대체로 거의 모든 문화권에서 비도덕

---

4 "음식을 선택하고 먹는 행위는 바로 우리가 자의식을 구현하고 또 경험하는 가장 근본적인 과정이 된다. [중략] 자아와 주변 세계에 대한 의식이 형성되기 위한 자각의 가장 기본적인 경험은 바로 먹는 행위를 통해 이루어진다(Rappoport, 김용환 역, 2006: p. 203)."

적인 것으로 간주되는데[5], 비만이 도덕적인 것과 어떤 관련이 있는지에 대해서도 살펴보아야 할 것이다. 비만의 선천적 요인과 후천적 요인을 분리해야 할 것이며, 분명 비만이 게으름과 나태의 결과라면 비만에 대한 도덕적인 판단이 가능하겠지만, 그렇지 않은 경우에는 도덕적인 판단과 무관한 것으로 보아야 한다. 그럼에도 불구하고 비만이 현대 사회의 대표적인 질병으로 나타나고, 비만에 대한 사회적 비용의 증가는 비만에 대한 현대인들의 전반적인 숙고가 요청된다고 하겠다.

최근에 윤리적 소비에 대한 관심과 더불어 윤리적 음식ethical food이나 공정한 음식fair food, 또는 윤리적 음식 소비에 대한 논의도 가능하다. 김석신은 음식윤리를 "음식에 대한 윤리적 고려이며, 음식과 관련이 있는 농축어민, 식품기업이나 식당의 종사자, 음식 관련 공무원, 음식 소비자 등, 모든 음식 관련 전문인에게 적용(김석신, 2012: p. 159)"되는 것이라고 정의하면서 음식윤리의 내용을 음식으로부터 발생하는 모든 윤리적 문제를 해결하기 위한 원리와 이를 위한 도덕적 품성을 제안하고 있다(김석신, 2012: p. 159 참조). 그리고 음식윤리의 현대적 원리로 생명존중의 원리, 정의의 원리, 환경보전의 원리, 안전성 최우선의 원리를 제시하면서 원칙주의적 입장을 제시하고 있

---

5 초대 교황으로 불리우는 그레고리(Gregory the Great)는 다섯 가지 탐식의 유형을 들어 일반 신도들에게 경계하고 있는데, 그것은 급하게 먹는 것(praepropere), 게걸스레 먹는 것(ardenter), 많이 먹는 것(nimis), 까다롭게 먹는 것(studiose), 호화롭게 먹는 것(laute)이다. 폭식과 탐식의 종교적 의미에 대해서는 "음식, 죄, 그리고 그리스도인의 삶,"(신원하, 『성경과 신화』 제52권, 2009) pp. 257~281 참조.

다(김석신 외, 2011: pp. 93~7 참조). 김석신의 음식윤리 정의를 살펴보면, 그는 우선 음식윤리를 음식윤리의 원리나 관련된 도덕적 품성 내지 자질을 제시하고 이러한 것을 포괄하여 음식윤리라고 정의하고 있다. 그 역시 음식 자체에 대한 논의와 음식을 먹는 행위에 대한 논의를 구분할 필요성을 인정하고 있지만(김석신, 2014: p. 191 참조), 이 두 부분이 상당히 연계되어 있거나 중첩되어 있음을 알 수 있다.

음식윤리food or meal ethic는 음식과 직간접적으로 관련된 문제의 윤리적인 성격을 다루는 것이고, 결국 좋은 음식의 생산, 유통, 분배, 소비와 관련된 문제를 다루는 것이어야 한다. 그래서 보다 엄밀히 말하자면 음식의 윤리food ethics와 식사의 윤리meal ethics를 구분해야 할 필요성도 제기된다. 전자가 무엇을 먹을 것인가 내지 무엇을 먹어야 하는가what should we eat?의 물음에 대한 답이라면 후자는 어떻게 먹어야 하는가How we should eat?라는 물음에 대한 답이라고 해야 할 것이다. 물론 후자에는 식사 예절이 포함되겠지만 여기서는 이보다는 넓은 의미로 사용된 것이다. 예를 들어 식사의 공동체성[6]이라든지 윤리적인 식사의 문제라든지 좋은 식사의 의미, 폭식과 금식, 그리고 다이어트의 의미 등등이 포함될 것이다. 그렇지만 이 논문에서는 아직까지는 음식윤리와 식사윤리를 구분할 정도의 연구물이 충분하지 않으므로 일단은 음식과 식사의 윤리를 모두 포괄하는 의미에서

6 이에 대한 연구로는 Oh SY, Lee H. , A thought on Korean food culture and collectivity, Korean J. Food Culture, 19: 5(2004), pp. 556~565; Oh SY., Food sharing characteristics in modern Korean society, Korean J. Food Culture, 20: 6(2005), pp. 683~687 참조.

음식윤리를 사용하고자 한다.

그리고 음식윤리적인 문제들이 다양하게 제시되고 있는데, 이러한 문제들을 구분하는 범주화의 작업이 요청된다. 이에 대한 자세한 논의는 다음절에서 음식윤리의 이슈들을 살펴보고 나서, 4절의 내용 체계 부분에서 집중적으로 다루고자 한다.

3. 음식윤리의 이슈들

음식윤리와 같은 응용 내지 실천윤리의 분야들은 대체로 초기에는 이슈 중심으로 담론이 형성되다가 이러한 담론이 어느 정도 축적된 후에는 고유한 대상을 가지는 실천윤리 영역으로 자리 잡게 된다. 이와 같은 전형적인 예가 바로 생명윤리학bioethics이다. 유전공학의 발전과 그로 인한 보조생식술의 발전으로 새로운 유형의 문제들이 생겨나면서 쟁점들에 대한 담론이 형성되고 이를 체계화하려는 시도들이 이뤄졌고, 이를 토대로 기존의 의료윤리나 간호윤리를 모두 포괄하는 생명윤리라는 실천윤리 분야가 자리를 잡게 되었다. 이처럼 음식윤리적인 이슈들이 사회적 관심과 더불어 이론적 연구의 대상이 되면서 다양한 실천적, 학술적 담론을 구성하게 된다면 음식윤리는 실천윤리의 한 분야로서 자리매김할 수 있을 것이다. 그래서 이 절에서는 그동안 다뤄졌던 음식윤리적 주요 쟁점들을 소개할 것이며, 이 절은 다음 절에서 다룰 음식윤리의 내용체계를 구성하는 전 단계 작업이 될 것이다.

물론 음식윤리적인 이슈들은 매우 다양하겠지만 여기서는 이론적인 담론의 형성과 그 중요성에서 선별하여 음식의 안전성, 로컬푸드, 슬로푸드, 유전자 변형 내지 재조합 식품, 음식정의, 비만과 다이어트의 문제를 중심으로 살펴보고자 한다.

우선 음식의 안전성 혹은 식품안전food safety에 대한 문제가 가장 먼저 제기된다. 2004년 불량 만두소 파동[7], 2008년 중국산 유제품 멜라민 오염사건, 2008년 미국산 소고기의 안전성 문제로 촉발된 촛불시위, 광우병(BSE 내지 vCJD)을 둘러싼 의혹들을 보면 우리가 먹는 먹거리의 안전성 문제가 매우 심각하다는 것을 알 수 있다. 2014년에는 '대장균 시리얼'이나 '세균 웨하스' 등의 불량식품 사고가 여전히 우리 주변에서 일어나고 있다. 더구나 이 경우에는 문제가 되는 제품을 다시 재가공해서 시장에 유통시키거나 문제가 있음을 알면서도 시장에 방치하므로 우리나라의 식품안전에 대한 의식이 매우 심각하다는 것을 보여주고 있다. 대체로 이러한 식품안전 사고에 대하여 국가마다 대체로 강력한 제재 조치를 취하고 있다. 그럼에도 불구하고 끊임없이 이러한 사고가 일어나고 있음을 알 수 있는데, 이는 보다 강력한 제재 조치도 필요하겠지만, 식품안전에 대한 의식의 강조가 소비자 측면에서뿐만 아니라 생산자 측면에서도, 법적인 차원에서뿐만 아니라 교육적 차원에서도 다양하게 이뤄져야 할 필요성을 보여주는 것이기도 하다.

---

7 이 사건에 대해서는 "불량 만두소 사건에 대한 음식윤리적 접근,"(김석신, 『한국식생활문화학회지』 26: 5(2011)), pp. 437~444 참조.

로컬푸드운동은 로컬푸드와 글로벌푸드의 관계에 대한 이해에서부터 출발한다. 이것은 푸드마일리지에 대한 인식[8]이 제기되면서, 비교적 근거리에서 생산된 먹거리를 그 지역에서 소비하자는 운동이다. 로컬푸드운동의 예를 들면 캐나다의 경우에는 밴쿠버의 앨리사와 제임스가 주창한 100마일(약 161km) 다이어트운동, 미국의 경우에는 농민시장Farmer's Market, 공동체지원농업Community Supported Agriculture: CSA, 농장학교 연결프로그램Farm to School Program, FTS, 일본의 경우에는 지산지소地産地消운동 등 매우 다양한 형태로 전개되고 있다. 우리나라의 경우에는 "1994년 시작된 강원도 원주의 농업인 새벽시장이 효시에 가깝다. 당초 원주시 농업경영인회가 원주천 둔치에 직거래 장터를 개설한 것이다. 2009년에는 원주시가 '원주시 농업인 새벽시장 개설 및 운영에 관한 조례'를 제정했다. 원주 농민시장의 연매출액은 2007년 51억 원, 2008년 61억 원, 2009년에는 총 22만 명이 시장을 방문했으며, 총매출액은 75억 원 정도로 추정(김철규, 2011: p. 121 참조)될 정도로 성공적이다(변순용, 2014A: p. 142)."[9] 공동체 지원농업의 경우에도 우리나라는 "지역에서 생산된 다품종 소량의 제철

---

8 푸드마일(리지)는 1991년 영국의 환경운동가인 Tim Lang이 창안한 것으로 알려졌는데, 1994년 영국의 시민단체인 SAFE Alliance에서 푸드마일에 대한 보고서를 발간하면서 널리 알려진 용어다. 이것은 먹을거리가 생산지에서 소비지까지 이동하게 되는 거리를 계산한다. 국립환경과학원의 발표에 의하면, 2010년 우리나라 1인당 푸드마일리지는 7,085 t·km/인으로 일본(5,484 t·km/인), 영국(2,337 t·km/인), 프랑스(739 t·km/인)에 비해 매우 높으며, 매년 증가 추세에 있다고 한다: http://www.nier.go.kr/NIER/EgovMovePageMain.do?linkPage=nier-nf-03&nId=13148&Command=READ 참조.

9 이외에도 서천의 마서장터, 청주-청원 농민시장 등이 있다.

농산물을 회원소비자에게 직접 배송하는 방식으로 이뤄지고 있다. 전국여성농민회총연합의 '언니네 텃밭', 충북 오창 농협의 '자연이랑', 전남 남평 농협의 '드강푸른물', '흙살림 꾸러미' 등이 대표적이다.[10] 이러한 지역식량체계의 특징을 김종덕은 다음과 같이 제시하고 있다. 우선 지역식량체계에서는 지역의 특성이 반영된 먹거리들이 생산되고 판매되며, 둘째, 세계식량체계에서는 소외되었던 먹거리의 생산자와 소비자가 다시 식량체계의 중요한 주체로 회복되며, 셋째, 생산자와 소비자간의 물리적 거리physical distance, 사회적 거리social distance[11], 그리고 자연적 거리natural distance가 매우 짧아진다(김종덕, 2009, pp. 138~139 참조).

그런데 로컬푸드에는 장소적인 의미만 포함되어서는 안 되며, 시간과 공간적 규정이 함께 담겨야 한다. "우리가 시장에서, 식탁에서 접하는 음식들이 제철에 그리고 가까운 지역에서 생산된 것을 선택하여 먹는다는 것은 이제 단순히 개인의 식성이나 기호에 따른 행위가 아니다. 좋은 행위와 나쁜 행위를 구분하듯이 우리는 좋은 음식과 나쁜 음식을 구분하며, 무엇을 먹어야 하느냐의 선택과 어떻게 먹어야 하느냐의 선택이 가지는 의미를 개인의 차원을 넘어서 사회와 자연의 차원에서 숙고해 보아야 한다. 음식은 생명을 죽여서 생명을 살리는 것이다. 이를 통해 자연의 순환이 진행되고, 생명부정

---

10 http://www.pressian.com/news/article.html?no=115328 참조.

11 물리적 거리는 푸드마일리지(food mileage)를, 사회적 거리는 생산물이 생산자에서 중간상인을 거쳐 소비자에게 이르는 거리를 말한다.

과 생명긍정의 끊임없는 교차가 일어나는 것이다. 음식과 인간, 자연의 관계에서 생명부정과 생명긍정의 관계를 통해 규정되는 음식을 먹어야 한다. 생명을 살리는 음식과 그렇지 못한 음식의 구분은 인간의 기본적인 먹을 권리에 대한 존중에 근거하는 것이다(변순용, 2014A: p. 150)."

슬로푸드운동[12]은 "맥도날드가 1986년에 이탈리아 로마에 진출하자 이에 반대하여 '식사, 미각의 즐거움, 전통음식 보존' 등의 기치를 내걸고 시작되었는데, 1989년에 파리에서 선언문이 발표되면서 국제 운동이 되었다(김홍주, 2004: p. 88)." 이후 슬로푸드운동은 슬로시티slow city, 슬로라이프slow life 운동으로 확산되고 있다. 이 운동은 미식가를 위한 부유한 자들을 위한 것이 아니라 느리게 만들어진 음식과 자연스러운 생명 리듬에 대한 존중의 정신을 담고 있다. "슬로푸드는 우리의 식문화 유산을 형성하는 역사적, 미적, 사회적 가치를 보존합니다. 이는 모든 사회적 집단의 역사와 문화는 공동의 네트워크 상호적 교류와 상통함을 알기 때문입니다. 식사는 농경적 행위며, 충분한 정보를 가진 분별력 있는 소비자들은 '공동 생산자'가 됩니다. 그들에게 음식은 좋고good, 깨끗하며clean, 공정해야fair 합니다."[13] 물론 슬로푸드와 로컬푸드가 일정 부분 겹치기도 하지만 그 취지와 의미를 살펴 볼 때 슬로푸드를 로컬푸드의 한 유형이라고 보기는 어려울 것이다.

---

12 슬로푸드운동에 대한 부분은 변순용(2014A), pp. 148~9에서 재인용하였음.

13 http://www.slowfoodkorea.kr/hp/about_1.php

프랑켄슈타인Frankenstein과 음식Food를 합쳐서 만든 프랑켄푸드Frankenfood라는 말은 유전자 변형 내지 재조합 식품(GMOs)[14]의 문제점에 대한 경각심을 불러일으키기 위해서 환경단체들이 사용하는 용어다. 그렇지만 여전히 유전자공학기술이 식량 위기를 해결할 수 있는 신의 기술인지 아니면 생태계를 파괴할 금단의 기술인지에 대한 논란이 지속되고 있다. "현재 GMOs 재배량은 전 세계적으로 급속하게 증가하고 있는데, 2010년 기준 전 세계에서 1억 4,800만 헥타르에 달하고, 주요 품목들은 콩, 옥수수, 유채, 면화, 사탕무 등이다. 2010년 기준하여 GMOs를 허용하는 나라는 59개국이고, GMOs를 재배하고, 수출, 수입하는 나라는 29개국이며, 우리나라와 같이 직접 재배는 하지 않고 수입만 하는 나라가 30개국으로 파악되고 있다. 2013년 2월 현재 우리나라에서는 콩, 옥수수, 유채, 면화, 사탕무의 5개 농산물 87개 품목과 식품첨가물 16개 품목이 안전성 평가에서 안전성이 입증되어 식품으로 승인되어 수입(변순용, 2014B: p. 74)" 되고 있는 실정이다.

"현재 영국에서는 유전자 변형 작물을 이용한 식품들에 라벨을 부착하도록 하는 규정을 시행 중이고, 테스코를 포함한 대부분의 대형마트 체인에서는 유전자 변형 식품을 취급하지 않겠다고 공약하

14 한국의 식품의약품안전처에서 규정한 GMOs의 정의를 보면 다음과 같다: "생물체의 유전자 중 유용한 유전자를 취하여 그 유전자를 가지고 있지 않은 생물체에 삽입하여 유용한 성질을 나타나게 한 것이다. 이와 같은 유전자재조합기술을 활용하여 재배, 육성된 농산물, 수산물, 미생물 및 이를 원료로 하여 제조, 가공한 식품(건강기능식품 포함) 중 정부가 안정성을 평가하여 입증된 경우에만 식품으로 사용할 수 있으며, 이를 유전자 재조합 식품이라 한다.": http://www.mfds.go.kr/gmo/index.do?nMenuCode=2 참조.

고 있다. 그러나 미국의 경우는 콩을 재배하는 농경지의 절반 이상, 옥수수 농경지의 1/3 이상에서 유전자 변형 작물을 재배하고 있고, 콩과 옥수수를 식품 처리 과정에서 널리 사용하며, 유전자 변형 식품에 대한 표시[15]를 따로 하지 않기 때문에 소비자는 자신이 유전자 변형 식품을 먹는 줄도 모르는 채 먹게 되는 문제가 심각하게 제기되고 있다(안의정 역, 2012: p. 453 참조). 실제로 유럽에서는 1999년 7개의 대형 식품 체인점(Tesco, Safeway, Iceland, Marks & Spencer, the Coop, Waitrose)들이 유전자 변형 식품에 대한 취급 거부를 공약하였다. 그런데도 불구하고 우리나라에서는 GMOs식품에 대한 표시제도가 너무 약하다는 지적도 있다(변순용, 2014B: p. 74)."

음식정의운동[16]에서 공정한 음식이란 용어는 1994년 뉴욕의 "Just Food"라는 단체가 처음 설립되면서 사용되었고, 음식이 정의와 연결된 것은 도시환경정책연구소The Urban & Environmental Policy Institute, UEPI 내에 있는 음식안전위원회The Community Food Security Project가 2002년에 '음식-정의센터The Center for Food & Justice, CFJ'로 개명하면서부터다(Gottlieb & Joshi, 2010: p. 7 참조). 대체로 음식정의는 두 가지 방식으로 전개되고 있다. 첫째는, 먹을거리가 생산, 수송, 소비되는 장소, 품목, 방법의 이점과 위험들이 공정하게 다뤄지는지를 확인하는 것이고, 둘째는 음식정의가 무엇이고 어떻게 실현되어야 하는지를 고려해보는 것이다(Gottlieb & Joshi, 2010: p. 6 참조). 이를 정리해보면,

---

15 예를 들면 'GMO-free', 'GE Free' 라벨을 들 수 있다.

16 이 부분은 변순용(2014 B), pp. 80~84의 부분을 요약한 것임.

음식정의운동은 먹을거리의 전 과정에 걸쳐 발생하는 불평등, 불공정의 문제를 지적하고 이를 시정하려는 모든 운동들의 총체라고 규정된다. 먹거리의 생산부문에서는 노동자의 처우 문제, 육류의 생산과정에서 발행하는 동물윤리적인 문제, 육류의 안전성 문제 등이 제기되고, 유통 및 소비 부문에서는 신선한 먹거리 접근권의 제한, 대형 유통 시스템이 가진 식품의 규격화, 신속화, 대량화를 가져왔지만 그에 대한 부작용 등으로 인해 음식 부정의의 문제들이 발생한다. 이러한 음식정의운동에 대하여 위컬은 이 운동이 음식안전food safety의 문제에서 음식정의food justice 문제로 확장되면서 글로벌체계에 대한 시민들의 저항을 의미하는 시민운동 성격을 가진다고 주장한다(Werkerle, 2004: pp. 378~379 참조).

한국사회는 남녀노소를 불문하고 모두 비만과 다이어트 강박증에 시달리고 있다. 먹거리가 부족하던 시대에는 어느 정도의 비만이 부와 후덕함의 상징이었다면, 현대 사회에서는 오히려 그 반대가 되고 있다. 미국은 이미 2003년부터 비만과의 전쟁을 선언하고, 영국은 2006년에 피트니스 장관Minister of Fitness이란 직책을 만들 정도로 비만의 문제가 심각해지고 있으며, 비만을 현대의 대표 질병으로 간주하고 있다. 우리나라 역시 비만 인구는 전체의 31.8%에 달하며, 소아비만의 경우 최근 3년간 2배로 증가하고 있다.[17] 2010년 학교급별 비만 현황을 보면 초·중·고교생 중 남학생들은 16%, 여학생들은

17 http://www.yonhapnews.co.kr/it/2013/05/23/2402000000AKR20130523199400017.HTML 참조.

11~14% 정도가 비만으로 파악되고 있으며, 이는 과거보다 지속적으로 증가 추세에 있는 것으로 나온다.[18] 이러한 외형적 비만에다 심리적 비만까지 합쳐진다면 비만으로 인해 심리적 고통을 받는 사람들의 수는 더 많을 것이다. 그러나 아마도 비만으로 인한 질병 가능성이 높아진다는 것만으로는 현대 사회에서 공공의 적으로 간주되고 있는 비만 현상을 설명하기에는 부족할 것이다. 자신의 체중에 대한 체중만족도를 보면 대부분의 사람들이 다이어트의 필요성을 느낀다고 응답하고 있으며, 비만의 문제와는 반대로 거식증 내지 식욕과다증의 문제로 인한 식사(식이 내지 섭식)장애로 고통받는 사람들이 늘어나고 있다.[19] 비만 문제와 직결되어 있는 다이어트 역시 다양한 방법들이 소개되고 있지만, 다이어트의 심리적·생리적 부작용 또한 매우 심각한 편이다. 폭식과 금식은 역사적, 사회적, 문화적, 종교적 맥락을 가지기 때문에 신중한 도덕적 판단을 해야 한다. 따라서 비만과 다이어트 역시 이러한 맥락에서 고려되고 판단되어야 한다.

---

18 http://www.yonhapnews.co.kr/society/2011/06/08/0701000000AKR20110608062500004.HTML 참조.

19 거식증이나 폭식증과 같은 섭식장애로 인해 남성보다 여성이 훨씬 더 많으며, 2012년의 경우 건강보험심사평가원의 섭식장애 진료통계에 의하면, 연령별로는 20대 환자가 23.9%, 70대 이상이 17.4%, 30대 16.2%, 40대가 12.3%를 차지하였고, 남성의 경우는 70대 이상이, 여성의 경우에는 2, 30대 여성이 주로 섭식장애를 겪은 것으로 나온다. 전체 연령대에서 보면 여성환자의 비중이 남성환자에 비해 4배 정도 많은 것으로 발표되었다: http://www.yonhapnews.co.kr/it/2013/05/23/2402000000AKR20130523199400017.HTML 참조.

4. 음식윤리의 내용체계

앞 절에서 다룬 음식윤리적 이슈들을 통해 음식문제가 이제는 더 이상 섭생이나 영양 내지 신진대사적 측면의 문제가 아니라 인간의 삶과 본질적으로 관련된 철학적, 윤리적인 문제이면서도 정치적인 성격을 가지고 있음을 알 수 있다. 메팜Mepham도 음식문제는 의학, 농학, 식품학뿐만 아니라 철학, 경제학, 사회학, 인간학의 관심을 요청하고 있다고 보고 있다(Mepham, 1996: p. xiv 참조). 이 절에서는 음식윤리의 내용 영역들을 범주화하는 작업을 하고자 한다.

음식윤리의 내용 영역을 구성하기 위해서 우선 메팜의 연구를 살펴볼 필요가 있다. 메팜은 음식윤리의 윤리학적 기초로 공리주의, 의무론 그리고 정의론을 바탕으로 행복, 자율성 그리고 정의를 그 핵심개념으로 제시하면서, 아래의 표와 같이 음식윤리의 영역을 분석하고 있다(Mepham, 2000: pp. 610~612 참조).

〈표 1〉 음식윤리의 윤리적 매트릭스

	행복	자율성	정의
대상 유기체의 개체적 관점	동물복지	행동의 자유	내재적 가치
공급(생산)자의 관점	적정수입과 근무조건	채택의 자유	공정무역과 공정거래
소비자의 관점	식품안전	소비자 선택	음식의 보편적 구매 가능성
동·식물군의 관점	식물의 보호	생태다양성 보존	생물군의 지속 가능성

메팜의 이러한 매트릭스가 현재 음식윤리적 담론들을 모두 포괄할 수는 없겠지만, 음식윤리적인 주제를 윤리학의 이론적 근거를 통해 핵심개념과 연계시키고 있다는 점에서는 의미가 있다.

그래서 "음식윤리를 세 가지 관점으로, 즉 음식을 먹고 마시는 개인의 관점, 음식과 관련된 사회적 문제, 그리고 음식 재료와 음식을 조리하는 과정에서 생기는 윤리적 문제의 관점(변순용, 2014A: p. 137)"으로 나누는 경우도 있지만, 이렇게 구분하는 경우에는 중첩되거나 첫 번째와 두 번째와는 달리 세 번째의 경우가 앞의 두 경우와 관련하여 애매해지거나 중복되는 문제가 발생할 수 있다(변순용, 2014A: p. 137). 그래서 음식윤리의 다양한 내용들을 먹거리의 생산, 유통 및 분배, 그리고 소비의 차원으로 구분해보는 방법도 가능하다(변순용, 2014A: p. 137). 기존의 음식윤리 관련 연구에서는 대체로 음식의 소비 문제에만 집중되는 경향이 있다고 비판하면서 음식의 생산, 유통, 소비의 측면에 대한 균형 잡힌 시각이 필요하다는 주장도 제기된다(김명식, 2014: p. 463 참조).

그렇다고 해서 이러한 방법이 마치 음식사슬food chain에 대한 기존의 연구처럼 하자는 것은 아니다. 예를 들어 헤스터먼도 먹을거리 체계라는 측면에서 음식윤리의 문제에 접근하는데, "먹을거리 시스템을 하나의 작물이 농사를 짓는 현장에서부터 식탁에 이르는 과정, 이른바 생산에서 가공 유통 소비되는 과정을 추적하면서 여기에서 발생하는 윤리적인 쟁점들을 검토한다(김완구, 2014: p. 8)." 대체로 음식윤리와 관련된 저술들을 보면 이러한 방식으로 음식사슬을 추적하거나 역추적하면서 음식 관련 문제들을 분석하는 경우가 매우 많

다.[20] 그러나 이러한 분석은 대체로 사례나 현상 중심의 기술이나 분석 위주로 이뤄지고 있다. 그래서 먼저 음식윤리의 내용들을 제시해 보고, 이를 먹거리의 생산, 유통 및 분배 그리고 소비의 차원으로 구분해서 살펴보는 것이 보다 합리적일 것이다.

음식윤리적 쟁점이나 문제들을 우선 일괄해서 살펴볼 필요가 있다. 대체로 실천윤리 분야들은 먼저 관련된 이슈들이 제기되고 이에 대한 논의 과정에서 다양한 관점과 연구들이 나타나기 때문에, 음식윤리의 내용체계를 구성하기 위해서는 이러한 방법이 필요하다. 아래 그림은 최근 10여 년 동안 제기되었던 음식과 관련된 이슈들을 정리한 것이다.

그림 1 - 음식윤리의 주제들

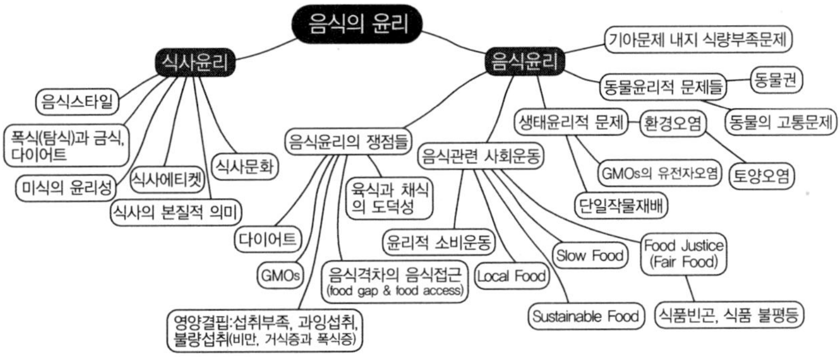

20 대표적으로는 『잡식동물의 딜레마』(M. Pollan, 조윤정 역, 다른세상, 2007), 『죽음의 밥상』(P. Singer & J. Mason, 함규진 역, 산책자, 2008) 등이 있음.

이러한 범주화의 시도 역시 한계가 나타난다. 예컨대 음식정의운동은 생산, 유통 및 분배, 소비의 차원에 모두 해당하는 경우들이 나타난다. 그럼에도 불구하고 음식정의운동의 내부를 들여다보면 세부 주제가 생산에 초점을 두고 있는지, 유통 및 분배나 소비에 중점을 두고 있는지에 따라 음식정의운동은 여러 양상으로 나타나고 있음을 알 수 있다. 이러한 범주들보다 상위의 범주는 위의 그림에 나온 것처럼 먹거리 자체에 대한 문제와 먹는 행위에 대한 문제, 즉 무엇을 먹을 것인가와 관련된 문제와 어떻게 먹을 것인가와 관련된 문제로 나눠보는 방법일 것이다.

5. 나오는 말

최근에 우리나라에서 음식과 관련된 문제들이 제기되고, 이에 대한 사회적인 관심들이 제기되면서 음식에 대한 철학적, 윤리학적 숙고의 필요성이 높아지고 있다. 음식 분야에서 음식의 안전성 food safety, 지속 가능한 농업 내지 생산 혹은 식사sustainable agriculture, production & tabel, 슬로푸드운동, 로컬푸드운동, 음식정의운동 등은 음식에 대한 다학문적인 관심사를 보여주고 있다. 이와 더불어 food desert, food mile, food dollar, grocery gap, junkfood & fastfood, frankenfood 등의 새로운 용어들의 등장도 음식에 대한 사회적, 영양학적, 철학적 관심들을 보여주고 있다. 여기서 더 나아가 음식에

대한 기본권, 좋은 먹을거리에 대한 접근권, 그리고 음식복지food welfare에 대한 문제 제기도 이뤄지고 있다. 이런 다양한 논의들의 기초가 되는 것이 바로 음식과 윤리의 관계다.

이 연구에서는 음식의 윤리적 측면을 살펴보고 음식윤리의 정의를 내려보고, 지금까지 제기되었던 다양한 음식윤리적 이슈들을 분석하면서 음식과 관련된 다양한 내용들을 음식윤리적 관점에서 범주화해 보고자 하였다. 물론 음식윤리적인 문제들이 산발적으로 다양하게 제기되는 과정을 거치면서 음식윤리의 내용들이 체계화되어 정리되겠지만, 지금까지의 논의들을 정리해 볼 필요가 있다. 결론적으로 음식윤리는 음식 내지 식사와 직간접적으로 관련된 현상적인 문제들에 대한 윤리학적 분석을 토대로 좋은 음식이 무엇이고 어떻게 먹어야 하는지에 대한 당위적인 음식 및 식사 규범을 도출해내고 이를 정당화하는 작업이다. 음식과 식사의 책임은 그것을 생산, 분배, 소비하는 과정에 참여하는 사람들에게 음식의 안전성, 건강성, 윤리성을 요청하는 것이다. 그리고 이러한 안전성, 건강성, 윤리성은 생태적 지속 가능성을 토대로 하여 강조되어야 한다.

참고문헌

김명식, 「음식윤리와 산업형 농업」, 『범한철학』 74집, 2014, pp. 441~468.

김석신, 「불량 만두소 사건에 대한 음식윤리적 접근」, 『한국식생활문화학회지』, 26: 5, 2011, pp. 437~444.

김석신, 「한국 음식 속담에 대한 음식 윤리적 접근」, 『한국식생활문화학회지』, 27: 2, 2012, pp. 157~171.

김석신, 「미니컵 젤리 사건의 국가배상판결에 대한 음식 윤리적 관점에서의 분석」, 『법과 사회』, 46호, 2014, pp. 175~191.

김석신 외, 『잃어버린 밥상 잊어버린 윤리』, 북마루지, 2011.

김완구, 「음식윤리의 주요 쟁점과 그 실천의 문제」, 『환경철학』, 18집, 2014, pp. 1~34.

김용환 역, Rappoport, L. 『음식의 심리학』, 인북스, 2006.

김종덕, 『먹거리 위기와 로컬푸드』, 이후, 2009.

김철규, 「한국 로컬푸드운동의 현황과 과제」, 『한국사회』, 12권 1호, 2011, pp. 111~133.

김홍주, 「슬로푸드운동과 대안식품체제의 모색」, 『농촌사회』, 14권 1호, 2004, pp. 85~118.

변순용, 「먹을거리의 인간학적, 윤리적 의미에 대한 연구」, 『범한철학』, 53호, 2009, pp. 339~361.

변순용, 「로컬푸드에 나타난 음식의 윤리적 의미에 대한 연구」, 『윤리연구』, 94호, 2014A, pp. 135~153.

변순용, 「지속 가능한 식사의 윤리적 의미에 대한 연구」, 『환경철학』, 17집, 2014B, pp. 67~86.

신원하, 「음식, 죄, 그리고 그리스도인의 삶」, 『성경과 신화』, 52권, 2009, pp. 257~281.

안의정 역, Robbins, J., 『존 로빈스의 음식혁명』, 시공사, 2012.

장승희, 「음식생활에 대한 윤리적 논의와 음식윤리교육」, 『윤리교육연구』, 제31집(한국윤리교육학회), pp. 321~348, 2013.

주영하, 『음식인문학』, 휴머니스트, 2011.

조윤정 역, Pollan, M., 『잡식동물의 딜레마』, 다른세상, 2007.

함규진 역, Singer, P. & J. Mason, 『죽음의 밥상』, 산책자, 2008.

홍서연 역, Brillat-Savarin, J.A., 『미식예찬』, 르네상스, 2004.

Gottlieb, R. & Joshi, A.: *Food Justice*, Massachusetts Institute of Technology, 2010.

Mepham, B. (ed.), *Food Ethics, Routledge*, London & N.Y., 1996.

Mepham, B. "The Role of Food Ethics in Food Policy", *Proceeding of the Nutrition Society*, 59, pp. 609~618, 2000.

Oh SY, Lee H., "A thought on Korean food culture and collectivity", *Korean J. Food Culture*, 19: 5, 2004, pp. 556~565.

Oh SY., "Food sharing characteristics in modern Korean society", *Korean J. Food Culture*, 20: 6, 2005, pp. 683~687.

Werkerle, G. R., “Food Justice Movements”, *Journal of Planning Education and Research*, vol. 23, No. 4, 2004, pp. 378~386.

http://www.nier.go.kr/NIER/EgovMovePageMain.do?linkPage=nier-nf-03&nId=13148&Command=READ

http://www.pressian.com/news/article.html?no=115328

http://www.yonhapnews.co.kr/it/2013/05/23/2402000000AKR20130523199400017.HTML

2. 음식윤리와 산업형 농업

김명식(진주교육대학교)

1. 서론

우리는 몇 해 전부터 광우병, 구제역, 조류독감으로 살아 있는 많은 생명들이 생매장당하는 것을 보면서 마음속으로 불편함을 느껴왔다. 가축들이 집단 조밀사육으로 인해 살아 있는 내내 겪어야 했던 고통도 모자라 비극적인 죽음을 맞았기 때문이다. 공장식 사육은 비단 동물에게만 문제가 되는 것이 아니다. 전염병을 방지하기 위해 뿌려지는 항생제는 우리 인간의 건강에도 심각한 위험이 되고 있다. 동시에 공장식 축산은 생태계의 지속 가능성과 기후 변화에도 부정

적인 영향을 주고 있다. 동물에게 사료로 제공되는 옥수수를 생산하기 위해 지구의 허파라는 아마존이 개발되고, 지구의 평균 온도가 상승하고 있기 때문이다. 한편 농산물의 지속적인 증산에도 불구하고 아직도 전 세계에서 8억 명 이상이 기아에 시달리고 있다. 여기서 세계식량체계에 대한 반성과 아울러 그것에 대한 윤리적 성찰을 할 필요가 있다.

이 글은 최근 대두되고 있는 음식윤리와 산업형 농업의 문제를 다룰 것이다. 이를 위해 첫째, 음식윤리의 기원과 특징을 살펴본다. 그다음 현대 식량체계의 근간이 되는 산업형 농업을 개괄할 것이다. 그래서 산업형 농업체계가 어떻게 음식의 생산, 유통, 소비 과정에서 작동되는지를 살펴볼 것이다. 그다음 경제적 효율성을 추구하는 산업형 농업이 가진 문제점을 생태적 측면, 동물복지적 측면, 인간사회적 측면으로 나누어 분석할 것이다. 그리고 산업형 농업에 대한 대안으로 제기되는 유기농업의 가능성과 한계를 살펴볼 것이다. 이를 통해 음식문제와 관련해 우리가 추구해야 할 방향은 무엇인지 모색할 것이다.

실로 음식윤리는 다양한 가치들이 충돌하고 있는 전형적인 주제다. 효율성, 경제성, 지속 가능성, 동물의 복지, 인간의 건강, 사회적 연대성 등이 연루된 매우 복잡한 문제인 것이다. 이것은 가치와 관련된 점에서 윤리학적인 접근이 요구된다. 동시에 이것은 식량주권과 같은 정치 사회적 주제, 세계화와 자유무역 같은 경제와 관련된 주제와도 연결되어 있어서 사회학, 정치학, 경제학적 접근을 요구한다. 이글은 이런 사회과학의 연구 토대 위에서 윤리학적 접근을 시

도할 것이다.

2. 음식윤리의 기원과 특징

음식윤리food ethics에 대한 관심은 그전부터 있었다. 하지만 그것에 대한 본격적인 논의는 2008년 식량 위기가 발생하면서 시작된다. 식량 위기에 직면해 전 세계적으로 식량 및 농업체계 전반에 대한 논의가 사회학, 경제학, 생태학, 농학 등 학문분과에서 시작되고, 이 와중에 철학자들도 음식에 대한 본격적인 관심을 갖게 된다. 식량 위기가 발생한 것은 이상기후로 인한 가뭄과 홍수로 중국과 러시아의 밀 생산량이 급감한 것이 직접적인 원인이었다. 하지만 중국, 인도 등이 경제성장으로 식습관이 변화해 식량, 특히 육류제품과 유제품 수요가 급증한 것도 중요한 원인이다. 그 이외에 바이오 연료 붐이 일어나면서 옥수수 사탕수수 등 곡물이 연료로 사용되어 곡물의 수요가 증대한 것도 중요한 원인이다. 이런 점에서 식량 문제는 이상기후, 에너지 문제, 제3세계의 경제성장 등과 밀접한 연관성이 있다.[1]

음식에 대한 철학적 윤리학적 연구는 오히려 늦은 감이 있다. 인간의 삶에서 음식만큼 중요한 것은 없기 때문이다. 통상 우리는 의식주衣食住를 삶의 기본 요소로 간주한다. 그런데 음식은 의류와 주

---

1 에너지기후정책연구소, 『밥상의 전환』, pp. 64~65 참고.

거보다 훨씬 더 중요하다. 왜냐하면 특정 지역, 가령 기후가 온화한 지역에서는 옷 없이도 살 수 있고, 또 특별한 주거 기구 없이도 살 수 있겠지만, 먹을 것이 없으면 단 며칠도 버틸 수 없기 때문이다. 음식은 빼놓을 수 없는 가장 중요한 삶의 전제인 것이다.

이런 점에서 데카르트의 유명한 명제, "생각한다. 고로 존재한다."보다 "먹는다. 고로 존재한다."가 인간의 삶에서 더 핵심적인 전제라고 생각한다. 생각 없이도 살 수는 있겠지만 먹는 것 없이는 살 수 없다는 것, 그리고 생각하고 있는 나의 존재도 직관적으로 자명하지만, 먹어야 사는 나의 존재도 직관적으로 자명하기 때문이다. 이런 점에서 음식에 대한 논의의 중요성은 아무리 강조해도 지나치지 않을 것 같다.

음식을 통해 우리는 동물, 자연, 그리고 사회와 관계를 맺는다. 나와 동물에 대한 관계는 음식에 대한 나의 의식을 통해 해명될 수 있다. 개를 음식으로 보느냐 아니면 반려동물로 보느냐 하는 것은 나와 개의 관계를 규정한다. 그리고 공장식 축산을 통해 생산된 저렴한 고기를 선호할 것인가 아니면 비싸더라도 자유로운 상태에서 방목된 고기를 선호할 것인가, 아니면 아예 동물을 음식의 범주에서 제외하고 오로지 채식만을 할 것인가를 통해 우리는 동물에 대한 우리의 의식을 확인할 수 있다. 이는 사회와의 관계도 마찬가지다. 제3세계의 기아를 먼 나라 이야기가 아닌 나의 문제로 고민할 것인가, 아니면 우리나라의 결식아동 문제만을 고민할 것인가, 아니면 오로지 나의 심미적 식단만을 고민할 것인가에서 우리는 그 사람이 갖고 있는 '사회적 연대성'의 기준을 확인할 수 있을 것이다. 이렇듯 음

식은 사람이 어떤 삶을 살고 있는가를 해명해주는 중요한 기준이 될 것이다.

그럼에도 불구하고 철학에서 음식에 대한 논의는 거의 찾을 수 없었다. 『음식철학』이란 책을 편집한 미국의 학자 카플란David Kaplan은 그 원인으로 대부분의 철학자들은 남자인 반면, 음식은 전통적으로 여성의 일이라고 여겨져 왔기 때문이라고 주장한다. 남성 철학자들은 음식을 철학이 다루어야 할 고상한 것이 아니라 '천박한 감각'과 관련된 주제라고 생각해 의도적으로 회피했다고 지적한다. 그 외에 음식에 대한 논의는 개념적 차원의 분석을 넘어 경제학, 생태학, 문화와 관련된 것이라 개념적 접근에 천착하는 철학자들이 다루기가 까다로웠다는 점도 한몫했다고 지적한다.[2]

음식윤리가 다루는 대상과 쟁점은 매우 다양하다. 가령 동물 고기를 둘러싼 채식주의 대 육식, 그리고 공장식 축산 대 유기농 축산 논쟁, GMO 동물생명공학의 안전성을 둘러싼 사전예방의 원칙과 실질적 동등의 원칙과 소비자 주권의 원칙 논쟁, 그리고 세계 기아의 원인과 해법을 둘러싼 다양한 논의들, 그리고 공정무역과 윤리적 소비에 대한 논의들, 로컬푸드와 슬로푸드를 둘러싼 다양한 논의들이 그것이다. 그리고 음식윤리와 관련된 쟁점을 논의하는 것은 철학이나 윤리학에서 해왔던 개념적 접근 이외에 매우 다차원적인 논의를 요구하는 것 같다. 그것들은 경제적 효율성, 지속 가능성, 동물복지, 사회적 연대성을 둘러싼 사회적, 경제적, 정치적, 생태학적 논의를

---

2 David Kaplan, "Introduction", The Philosophy of Food, p. 2.

요구하고 있다.

음식윤리는 농업과 관련이 깊다. 음식을 생산하는 것이 농업이기 때문이다. 그래서 음식윤리는 농업윤리로 불리기도 한다. 농업윤리는 음식의 생산, 목축, 가공과 관련된 주제를 다루지만 여기에는 섬유, 연료를 위한 곡물 재배 문제까지 포함된다. 기계와 화학비료를 사용해 단일작물을 집중적으로 생산하는 산업형 영농은 생산력이 높지만 토양 침식, 생명 다양성 손실, 수질 오염과 관련된 환경문제를 양산하면서 과연 미래에도 지속 가능한가의 문제를 던지고 있다. 그리고 산업형 축산은 동물의 복지와 관련된 도덕적 문제를 야기하고 있고, 농부 및 소비자에게 안전과 위험 문제를 야기하고 있다. 반면 산업형 농업의 옹호자들은 이것을 대치하는 재래식 또는 대안 영농으로는 현재의 식량 수요를 만족시킬 수 없으며, 따라서 실천적, 도덕적으로 방어될 수 없다고 주장한다.[3] 이 글에서는 이 문제를 집중적으로 다룰 것이다.

3. 현대 음식체계의 특징

음식에 대한 윤리학적, 철학적 논의를 위해서는 먼저 현대 농업체계에 대한 구조적인 이해가 요구된다. 우리가 소비하는 곡식과 가축은 산업화 시대 이전과는 상당히 다른 형태로 생산, 유통, 소비되고

---

3 Kaplan, 앞의 책, pp. 12~13.

있다. 이를 위해서는 현대 농업의 생산방식에 대한 분석이 선행되어야 한다. 환경사회학과 농업사회학 분야에서 이에 대한 논의가 비교적 활발하다. 여기서는 이 분야의 논의성과에 기초해 산업형 농업의 특징을 살펴보겠다.[4]

(1) 음식의 생산 : 산업형 농업

첫째, 현대 농업은 산업형 농업industrial agriculture이다. 산업형 농업은 전통적인 농업경영 방식인 소농경영과 대비된다. 전통적인 방식의 소농경영에서는 가족 단위가 중심이 되어 자신들이 먹을 주식과 부식을 생산하고, 소비하고 남은 것을 판매하게 된다. 즉 교환 또는 이윤을 목적으로 하는 생산이 아닌 것이다. 반면 산업형 영농은 애초부터 판매 목적으로 곡물을 경작한다. 그리고 이윤을 극대화하기 위해 가장 효율적인 방식으로 곡물을 경작하게 된다. 이것은 규모의 경제를 도모해 대규모 토지를 경작하고, 인건비를 절감하기 위해 소수의 인원으로 기계를 사용해 경작하는 방식을 택한다.

이런 기계화 경작을 위해서는 단일작물을 집중적으로 재배하는 단작재배monoculture가 요구된다. 단작재배는 경작지에서 단일품종을 재배하는 것으로, 같은 경작지에 여러 다른 작물과 품종을 사이짓기하는 것과 대비되는 재배 방식이다. 이런 단작재배 과정에는 사람의 노동력 대신 기계와 비료, 농약이 다량 투입된다.

산업형 농업의 특징 중 하나는 그것이 자연적인 방식이 아니라 탈

---

4 김종덕, 『먹을거리 위기와 로컬푸드』, pp. 18~100.

자연적인 방식으로 이루어진다는 것이다. 과학기술의 발전으로 현재 산업농업이 행하는 경작 방식은 과거의 전통적인 경작방식과 매우 다르다. 가령 비닐하우스와 난방을 활용한 시설영농을 통해 딸기, 수박, 참외, 멜론, 토마토 등은 제철음식이 아닌 사철음식으로 변모하고 있다. 이들의 종자는 애초부터 생명공학기술이 적용된 유전자 조작을 통해 만들어지고, 성장호르몬 투여를 통해 빠르게 성장한다. 이들의 출생과 성장 과정 전체에 탈자연화와 자연의 속도를 거스르는 속도화가 전개되고 있다.

동물복지와 관련해 논란이 되는 공장식 축산factory farming도 이런 산업형 농업이 축산 분야에 적용된 것이라고 할 수 있다. 공장식 축산은 최소 비용으로 최대의 고기를 생산하기 위해 제한된 공간의 축사에 동물들을 가둬놓고 마치 공산품을 찍어내듯이 고기를 생산하는 방식이다. 사육동물은 자연 상태에서 목초를 먹는 것이 아니라 산업형 영농을 통해 재배된 옥수수와 콩 등을 배합한 인공 사료를 먹는다. 사육 과정에서 동물이 느끼는 고통은 심각하며, 제한된 공간에서 사육되기 때문에 광우병, 구제역, 조류독감 등 각종 질병에 취약하다. 이것은 고기를 먹는 인간에게 식품 안전의 문제를 야기하고 있는 것이다.

이윤을 극대화하고 노동 생산성을 극대화하기 위해 모든 생산과정을 표준화, 합리화하는 것은 포드 주의의 기본 원리다. 이런 효율성을 추구하는 데에 있어서 동물도 예외가 될 수 없다. 동물 또한 최대한의 고기를 생산하기 위해 치밀하게 짜인 자동화된 생산 공정의 일부분일 수밖에 없다.

(2) 음식의 유통 : 세계화와 자유무역

대량생산의 산업형 농업은 그에 걸맞은 유통 및 소비 방식을 요구한다. 만일 대량소비 시장이 없다면 대량생산 자체가 불가능할 것이다. 대량생산의 산업형 농업이 가능하게 현재 식품시장은 거대화되고, 세계화되는 경향을 보인다.

2008년 세계 식품시장의 규모는 8조 달러를 넘는 것으로 추정된다. 세계 GDP의 6%를 차지하고 있고, 세계 인구의 41%가량이 직접적이든 간접적이든 농업으로 생계를 유지한다. 이렇듯 세계식량 경제의 규모가 커지고 전 세계로 확산된 배경에는 관련 기술의 발전이 뒷받침되어 있다. 항공기, 대형선박과 같은 운송수단의 발전, 그리고 냉동 및 냉장 수단의 발전, 그리고 약품 처리로 인한 저장기술의 발전으로 인해 식품의 보관 및 운송이 용이해졌기 때문이다.[5]

대량생산과 대량소비에 따라 자본의 집중과 집적이 이루어지고, 이에 따라 세계식품시장에서 대형 다국적 식품 곡물메이저의 영향력이 확대되고 있다. 이들은 종자 개발, 판매, 보관, 운송의 대부분을 통제하는데, 이들 7대 곡물메이저(카길, ADM, 콘아그리, 콘티넨털, 드레퓌스, 붕게, 앙드레다)는 현재 세계 곡물 교역량의 80%를 점유하고 있다. 이 초국적 기업들은 종자나 농약을 판매하는 농업 투입재 부분부터 시작해, 농식품의 교역 및 가공 부분, 그리고 더 나아가 식품의 유통 및 소매를 총괄하면서 영향력을 행사한다.[6] 이들은 식량 경제

5 Jennifer Clapp, 정서진 역, 『식량의 제국』, pp. 6~29.

6 Clapp, 앞의 책, pp. 124~125.

의 규정과 운영, 규범에 영향력을 행사하고 있고, 가격을 정할 수 있는 가격 결정력까지 보유하고 있다. 실제로 카길의 연간보고서에는 "농부의 밭에 심은 하나의 씨앗에서부터 지구 반 바퀴를 돌아 저녁 식탁에 오르기까지, 카길은 전 세계의 요구를 충족하기 위해 아이디어를 결합한다."고 언급한다. 그래서 '종자와 비료–농업자문서비스–농민과의 계약–곡물 구매 및 판매–대형곡물 창고, 저장–가축사료 생산–가축사육 계약–쇠고기 가공–포장육–수송'에 이르기까지 전 과정을 수직적으로 통합하고 있다.[7]

이 과정에서 많은 국가들의 식량자급률과 곡물자급률이 하락하고 있고 식량주권이 위협받는 상황이 연출되고 있다. 그리고 전통적인 농업경영에 종사하던 소농들은 몰락하고, 이들의 지역공동체가 파괴되는 현상이 벌어진다. 음식윤리에서 중요한 테마 중 하나인 로컬푸드운동은 이에 대한 반발로 이해할 수 있다.

이런 문제점에도 불구하고, 현재의 세계식량체제는 굳건히 버티면서 오히려 그 영역을 확장하는데, 이것을 이론적으로 뒷받침하는 것은 비교우위론에 입각한 자유무역이론이다. 비교우위론은 만일 모든 나라가 자기 나라에 가장 적합한 상품과 용역을 생산하고 그것을 거래한다면 산출물은 최대로 많아질 것이고 결국 모든 나라가 이익을 볼 것이라고 주장한다. 예를 들어 어떤 나라는 다른 나라보다 저렴한 비용으로 똑같은 상품을 생산할 수 있다. 기후 조건이 더 좋을 수 있고, 또는 더 좋은 노동력을 보유할 수 있기 때문이다. 비교

7 Clapp. 앞의 책, pp. 136~137.

우위이론을 신봉하는 자유무역론자들은 모든 경제활동이 시장의 자유로운 힘에 따라야 한다고 믿는다. 모든 나라가 자국에 유리한 제품과 용역을 생산할 때 세계 경제가 발전하고, 자유무역을 제약하는 제한이나 왜곡이 없을 때 모든 사람이 이익을 얻는다고 가정한다.[8]

(3) 음식의 소비

음식의 생산과 유통 방식이 변화한 것처럼 음식의 소비양식도 변화하고 있다. 음식은 산업사회에 맞게 표준화되고, 속도화되고, 서구화되고 있다. 사람들은 표준화된 방식으로 생산된 패스트푸드를 서구식으로 인테리어된 공간에서 소비한다. 이 과정에서 아토피, 비만, 당뇨 등의 질병 문제가 심각해지고 있다. 음식은 획일화되고, 지역의 고유한 음식문화는 사라지고 있다. 이탈리아에서 시작된 슬로푸드운동이나 영국과 일본에서 시작된 로컬푸드운동은 이것에 대한 반발이라고 할 수 있다.

프렌치프라이, 샌드위치, 도넛, 피자, 라면 등 패스트푸드는 많지

---

8 자유무역이론에 대한 강력한 비판이 우리나라의 경제학자 장하준에 의해 제기된다. 비판의 골자는 무역과 관련된 모든 이들이 발전한다는 자유무역이론은 실제 현실에 부합하지 않는다는 것이다. 역사를 살펴보면 산업국가와 농업국가의 격차는 시간이 갈수록 좁혀지기보다는 오히려 더 넓어져 갔다. 장하준에 따르면 1960년에서 1980년 사이에 보호무역과 국가 개입을 추구했던 개발도상국의 경제는 약 3% 성장했지만 자유무역정책을 수행했던 1980년에서 2000년 사이에는 그 절반인 1.5%밖에 성장하지 못했다. 이 기간 중 한국, 타이완, 인도네시아, 중국 같은 일부 아시아 국가들만 경제성장을 달성할 수 있었는데, 그것은 이들이 정통의 자유무역 정책을 따른 것이 아니라 무역규제를 광범위하게 활용했기 때문에 가능한 것이었다. 장하준, 『나쁜 사마리아인들』, pp. 52~53. Litvinoff 외, 『공정무역: 인간의 얼굴을 한 시장경제』 pp. 18~20, p. 229.

만 맥도날드 햄버거만큼 산업사회를 대표하는 패스트푸드는 없는 것 같다. 햄버거hamburger는 쇠고기를 간 것을 그릴이나 직화로 구워 채소와 함께 빵 사이에 끼워 먹는 음식이다. 취향에 따라 양상추, 토마토, 양파, 치즈, 피클 등을 끼워 넣고 토마토케첩, 마요네즈, 머스터드 소스를 바르기도 한다. 그리고 맥도날드 햄버거 옆에는 코카콜라와 감자튀김이 곁들여진다.

맥도날드 햄버거의 특징은 고도로 표준화되어 있다는 것이다. 전 세계에 매장이 있는 맥도날드 햄버거는 어디를 가도 매장 형태, 메뉴, 그리고 맛이 동일하다. 햄버거의 생산과정은 고도로 표준화되어 있다. 이런 표준화로 인해 햄버거는 일정한 수준의 품질과 맛을 유지하고, 가격 또한 저렴해진다. 그래서 소고기가 재료임에도 불구하고 햄버거는 부유층뿐만 아니라 노동자를 포함해 모든 계층이 즐길 수 있게 되었다. 가격이 저렴해진 것은 햄버거의 생산과정도 그러하지만, 햄버거 재료인 소고기 또한 산업형 축산을 통해 표준화된 방식으로 생산되어 저렴한 가격으로 제공된다는 것, 그리고 소가 먹는 사료인 옥수수 또한 산업형 영농을 통해 표준화되고 저렴한 가격으로 제공되기 때문이다. '옥수수–소고기–햄버거'로 이어지는 곡물, 가축, 식품으로의 일련의 과정은 산업화 시대에 농산물들이 어떻게 생산되고 소비되는지를 생생히 보여준다.

또 햄버거는 속도화를 상징하는 음식이다. 햄버거의 어원은 '함부르크 스테이크hamburg steak'로 독일 함부르크에서 애용되는 음식이 독일 선원들을 통해 뉴욕에 전파되었다고 한다. 하지만 이것은 러시아 타타르 인들이 즐겼다는 타르타르 스테이크steak tartare에 기원을

두는데, 더 그 기원을 소급해 들어가면 칭기즈칸의 몽골제국 기마병들이 애용하던 육포에서 유래했다고 한다.[9] 현재 맥도날드는 바람처럼 나타났다가 바람처럼 사라진다는 몽골제국 기마병들이 상징하는 속도를 차에서 내리지 않은 상태에서 곧바로 음식을 받아가는 '드라이브 인drive-in 점포'로 재현하고 있다.

맥도날드 햄버거와 코카콜라는 서구화와 세계화를 상징한다. 전 세계 어디를 가도 맥도날드 햄버거와 코카콜라는 있다. 그렇다 보니 맥도날드 햄버거 가격인 빅맥 지수로 세계의 물가를 평가하기까지 한다. 이 과정에서 지역 고유의 음식은 소멸되고 음식은 빠르게 서구화되고 있다. 맥도날드와 코카콜라를 제국주의 침략의 첨병이라고 부를 정도다.

이와 관련해 일각에서는 '음식 스타일'의 대표성 문제를 제기한다.[10] 즉 음식의 생산, 관리, 연구, 그리고 시장에서 모든 음식 스타일이 동등하게 대표되는 것이 아니라 서구의 헤게모니 아래 특정 음식 스타일만 대표되고 있다는 것이다. 각 문화권마다 다양한 음식이 존재한다. 그리고 문화권마다 음식은 다양하게 정의되어야 한다. 모슬렘이 생각한 음식은 힌두나 유대인이 생각하는 음식과 다르고, 이는 서구인이 생각한 음식과도 다르다. 그런데 서구가 헤게모니를 행사하게 되면서 음식 스타일도 지배하는 현상이 발생한다.

---

9 네이버백과사전, http://terms.naver.com/entry.nhn?docId=1051968&cid=48179&categoryId=48244

10 음식 스타일에 대한 이후의 논의는 Michiel Korthals,"Two Evils in Food Country: Hunger and Lack of Representation", pp. 105~107 참고.

가령 아프리카 잠비아에서 사람들은 평상시에는 주식인 곡물을 먹었지만, 곡물 수확이 부족할 때에는 들에 나는 식물과 애벌레, 곤충을 먹었다. 그렇지만 잠비아에 유럽의 영향력이 확대되면서 이들 식물, 애벌레, 곤충에 대한 전통적인 태도는 변화한다. 아이들은 아프리카인이 아닌 교사들로부터 애벌레는 나쁜 음식이라는 것을 배우면서 점차 이것들을 먹는 것을 주저하게 된다. 교사들과 선교사들은 날개 달린 흰개미를 먹는 것을 야만인의 풍습이라고 비난했다. 여기다가 국제구호재단으로부터 구호음식이 들어오면서 사람들은 이들 식물들과 곤충들을 더 이상 먹지 않는다. 1970년대 잠비아의 독립운동과 함께 서구화에 대한 반성이 일어나고, 이 과정에서 애벌레가 아프리카의 훌륭한 음식이라는 주장이 일어났다. 문화의 고유성에 대한 자각이라고 할 수 있다. 이런 관점에서 보면 어떤 것은 먹을 수 있고, 어떤 것은 먹어서는 안 된다고 하는 것은 과학적 지식과 정보뿐만 아니라 사회적인 메타포에 의존한다. 서구가 장악한 메타포에 의해 아프리카 고유의 음식은 소외되고 대표되지 않는 상황이 발생한 것이다. 여기서 기아의 원인은 자원의 결핍 때문이 아니라 음식주권의 결핍 때문이라는 주장도 나온다. 기존의 음식 스타일에 대한 무시나 거부가 기아를 낳고, 음식 시장에서의 목소리 상실을 결과한다는 것이다.

4. 산업형 농업의 비용들

산업형 농업은 최소의 노동력을 투입하여 최대한의 수확을 산출하는 효율적인 경영을 표방한다. 대량생산을 위해 산업형 농업은 과학기술을 이용하는 한편, 그것에 걸맞은 자유무역 같은 유통체계와 소비체계를 동반하고 있다. 생산자 입장에서는 최소의 노동으로 최대의 이윤을 얻을 수 있고, 소비자 입장에서는 저렴한 가격으로 소비할 수 있으니 최적의 대안일 수도 있다. 이를 통해 우리는 노동시간의 단축과 물질적 풍요라는 달콤한 결실을 향유하고 있다.

하지만 산업형 농업은 다양한 문제를 낳고 있다. 여기서는 그것의 문제점을 자연, 동물, 그리고 사회가 치러야 할 비용으로 나누어 서술할 것이다. 문제는 앞서 생산자가 얻는 이득이나 소비자가 얻는 이득은 시장 기제에 반영되고 있으나, 자연, 동물, 사회가 감당해야 하는 비용들은 시장에 반영되지 않는다는 점이다.

(1) 자연이 감당해야 하는 비용

산업형 농업은 앞서 지적했듯이 기계를 사용하여 단일작물을 무기비료와 농약을 투입하여 경작하는 농업이다. 단작재배는 경작지에서 단일품종을 재배하는 것으로, 같은 경작지에 여러 다른 작물과 품종을 사이짓기하는 전통적인 재배방식과 대비된다. 기계를 사용하고 비료와 농약을 투입하다 보니 단일작물을 재배할 수밖에 없다.

이런 산업형 농업의 첫 번째 문제점은 생명 다양성의 상실이다. 이와 관련해 음식학자 폴랜은 구체적인 보고를 하고 있다. 그에 따

르면, 1920년 미국의 아이오와 농장에서 생산된 작물과 가축은 매우 다양했다. 말, 소, 닭, 돼지, 닭, 양, 오리, 거위, 노새, 양, 칠면조, 벌, 사과, 귀리, 감자, 버찌, 밀, 자두, 포도, 딸기, 배, 복숭아, 보리, 나무딸기, 수박, 구스베리, 단옥수수, 살구, 토마토, 양배추, 팝콘 등 31종에 이른다. 반면 2002년에는 옥수수, 대두, 목초, 소, 말, 양, 돼지, 귀리 등 8종으로 제한된다.[11] 생명 다양성은 생태계의 건강성을 알려주는 지표라는 점에서 이런 현상은 사소한 것이 아니다.

둘째, 산업형 농업은 엄청난 양의 인공비료와 농약을 사용해 생태계를 파괴하고 있다. 산업형 농업은 비료를 외부에서 투입한다. 가령 앞선 아이오와 농장에서 재배되는 옥수수는 인공적으로 제조된 엄청난 양의 질소비료를 사용한다. 1에이커당 100파운드가 소요되는데, 실제로 농부들은 안전장치로 180파운드를 뿌린다고 한다. 흡수되지 않은 인공 질소 일부는 대기 중으로 증발하여 산성비를 만들고, 다른 일부는 아산화질소로 바뀌어 지구 온난화를 일으킨다. 또 여분의 비료 일부는 지하수로 흘러들어 가 지하수를 오염시킨다. 결국 이것은 바다로 들어가 조류를 번성하게 하고, 이런 조류는 물속의 산소를 흡수하여 물고기를 질식시킨다.[12] 또한 외부에서 투입되는 비료와 농약으로, 곤충들과 작은 동물은 사라져 생태계가 가졌던 자연적인 기능도 상실하게 된다. 일례로 토양의 다양성이 상실되면서 물의 정수작용, 토양의 탄소저장, 기후조절, 영양소 재순환 같은

11 Michael Pollan, 『잡식동물분투기: 리얼 푸드를 찾아서』, p. 38.

12 Pollan, 같은 책, p. 47.

생태계의 기능에 적신호가 켜진다. 그리고 사라진 생태계의 기능을 보존하기 위해 인공비료나 농약 같은 외부 투입재의 사용이 더욱 증가하는 악순환이 벌어진다. 미국에서 1950년~1998년 사이 합성비료의 사용은 10배가 증가했고, 살충제와 제초제를 포함한 농약 사용은 1940년대 중반~70년대 중반 사이에 40배나 늘었다고 한다.[13]

셋째, 산업형 농업은 화석연료에 의존하는 농업생산체제다. 트랙터를 움직이는 데에도 디젤이 사용되지만, 화학비료를 만드는 데에도 천연가스가 들어가고, 살충제를 만드는 데에도 화석연료 에너지가 사용된다. 그리고 옥수수를 수확하고 말리고 운반하는 데에도 연료가 필요하다. 이를 모두 더하면 산업 농장에서 1부셸의 옥수수를 재배하는 데는 약 반 갤런의 석유가 필요하다. 1에이커 면적에 옥수수를 재배하는 데 75갤런의 석유가 드는 셈이다. 그래서 산업농장에서 음식 에너지 1칼로리를 생산하는 데에는 약 10칼로리의 화석연료 에너지를 필요로 한다. 요컨대 산업농장은 생산하는 것보다 훨씬 더 많은 에너지를 쓰고 있는 셈이다.[14] 산업형 농업은 태양경제가 아니라 석유경제에 의존하고 있는 것이다. 산업형 농업이 석유에 대한 의존한다는 것은 석유 가격이 오를 때 식량 가격도 오른다는 사실에서도 드러난다.

생명 다양성이 파괴되고, 생태계가 파괴되고 있다. 화석연료가 사용되면서 그만큼 재생 불가능한 에너지 자원은 줄어들고, 지구의 온

13 Clapp, 앞의 책, p. 79.

14 Pollan, 앞의 책, p. 44.

도도 상승하고 있다. 앞으로 백 년 이내에 2.2도에서 최악의 경우 6도까지 지구의 평균온도가 상승한다고 한다. 현재의 산업형 농업이 얼마나 지속 가능한지 의심스러운 것이다.

(2) 동물이 감당해야 하는 비용

최근 수십 년 동안 동물 고기의 생산은 급격히 증대하고 있다. 고기 생산이 증가한 것은 1960년대 녹색혁명과 산업형 영농을 통해 옥수수 등 곡물 생산이 증가한 것과 관련이 깊다. 그래서 풀forage을 먹는 양, 염소 같은 동물의 생산은 별로 변한 것이 없지만, 곡물을 먹는 가금류는 1961년~2001년 사이에 5배 증가했고, 돼지는 2배 증가했다. 이런 고기 생산의 변화는 워낙 급속해 '가축혁명'Livestock Revolution이라고 불릴 정도다.[15] 동물의 대량 사육은 동물들이 소비하는 곡물과 물의 증가, 그리고 이들이 배출하는 분뇨의 증가를 낳았는데 환경에 큰 부담이 되고 있다.

한편 대량 사육과정에서 이들 동물들이 겪는 고통은 엄청나다. 동물이 겪는 고통에 대한 고발은 싱어Peter Singer 등 동물윤리학자들에 의해 집중적으로 행해진 바 있다. 고통의 최소화와 행복의 극대화를 추구하는 공리주의 계열 학자들의 관점에서 보면 사육동물이 겪는 고통의 최소화는 중요한 목표일 수밖에 없다. 최근 많이 개선되긴 했지만 이들 동물, 소 돼지 닭의 사육조건은 여전히 열악하다. 가령 선진국인 독일에서도 산란 닭의 95%는 집단으로 닭장에서 지내며,

---

15 David Fraser. "Animal Ethics and Food Production in the Twenty-First Century", p. 191.

4%는 지푸라기를 깐 바닥에서 사육되고, 트인 공간에서 자라는 놈은 0.9%뿐이라고 한다. 유럽연합 지침은 닭 한 마리에게 신발장 한 개 크기인 450제곱센티미터의 공간을 확보해주도록 규정하지만 실제로는 잘 지켜지지 않는다고 한다.[16]

문제는 이들 동물들이 받는 고통도 중요하지만, 이들 동물들이 자연으로부터 부여받은 본성과는 매우 다른 삶을 살고 있다는 점이다. 이들 사육 동물들의 사육과정은 철저하게 탈자연화되고 있다. 현재의 공장형 축산에서 사육되는 동물들은 자연이 준 본성대로 사는 것이 아니라 인간의 이익과 필요에 따른 효율성의 관점에서 사육된다. 가령 돼지는 본래 무리를 이어 사는 사회적 동물이며, 땅 파기를 좋아하는 동물이다. 하지만 좁은 공간인 스톨에 혼자 갇혀 사는 돼지에게 사회성을 발휘할 수 있는 무리는 없으며, 그가 삶의 대부분을 보내는 공간은 차가운 시멘트 바닥이어서 땅을 파는 행위는 원천적으로 불가능하다. 이들이 느끼는 고통도 문제지만 주어진 삶의 방식을 영위하지 못한다는 것은 그것 때문에 발생하는 고통과는 또 다른 그 무엇을 의미한다.

둘째 이들의 존재방식은 그들 삶의 온전성integrity 관점에서도 문제가 된다. 인간에게 그들은 자기 나름의 삶을 사는 주체가 아니라 인간의 필요에 맞춰 철저하게 개조된 존재다. 원래 산란 닭의 원조는 동남아시아의 레드정글 닭이라고 한다. 이 닭들은 1년에 6~12개의 알을 낳았는데, 1870년에 양계업자들은 80개까지, 1950년에는 120개

16 Carlo Petrini, 『슬로푸드』, p. 266.

를 낳게 했다. 최근에는 두 배 이상으로 늘어나, 1년에 300개까지 낳는다. 닭은 우리 인간에게 알을 제공하기 위한 수단일 뿐인 것이다. 이는 고기를 위해 지나치게 비대해진 돼지나, 우유를 위해 젖이 기형적으로 큰 젖소에게도 해당한다. 삶의 온전성 관점에서 이것이 정당화될 수 있는지는 의문이다. 이들의 수명도 변하고 있다. 닭의 수명은 7년이다. 하지만 현재 닭들의 수명은 3개월에 머무르고 있고, 삼계탕 닭들의 수명은 1달을 넘지 못한다. 과거에 소를 도살하려면 4~5년이 걸렸지만 지금은 14~16개월이면 된다.[17]

셋째, 이들이 먹는 먹이도 효율성의 추구에서 예외가 될 수 없다. 이들의 먹이 또한 자연이 아니라 인간의 필요에 의해 정해진다. 현재 공장식 축산을 통해 길러지는 소들은 풀을 먹는 것이 아니라 사료인 옥수수를 먹는다. 밀집 사육되는 소들을 다 만족시킬 만한 풀도 구하기 어렵겠지만 옥수수를 먹을 경우 소는 빨리 자라기 때문이다. 소가 갖고 있는 반추위는 풀의 소화를 위한 완벽한 기관이지만 옥수수 소화에는 적당하지 않다. 이들 소들이 먹는 사료는 옥수수 낟알 가루, 인근 도살장 소고기 지방에서 나오는 액화지방, 단백질 보충물인 당밀과 요소로 만든 끈적끈적한 갈색 물질, 천연가스에서 만들어진 합성 질소, 액상비타민, 항생물질, 건초, 옥수수의 줄기와 잎이 결합된 사료다. 심지어 과거 영국에서는 소의 잔여 고기 조각을 갈아서 소의 사료에 첨가하곤 했다. 광우병이 발생하면서 이런 관행은 금지되었지만 우지牛脂는 여전히 금지되지 않고 있다. 가금

---

17 Carlo Petrini, 같은 책, pp. 270~271 참고.

류의 털가루와 닭의 오물 등은 소의 먹이로, 닭, 물고기, 돼지의 먹이로 인정되고 있다.[18]

문제는 이들 동물이 감당해야 할 고통과 강요된 삶의 방식은 몇몇 악덕 축산업자들의 탐욕에 의해 발생하는 단지 우연적인 현상이 아니라는 점이다. 이윤을 목표로 하고, 그래서 대량생산을 통해 생산비용을 절감해야 하는 산업형 축산에서 이것은 어떻게 보면 필연적인 과정이다. 효율성을 추구하는 포디즘이 지배하는 축산체제에서 동물들은 마치 자동차 생산공장의 컨베이어벨트 시스템에서 조립되어 생산되는 생산 공정의 한 부품에 불과하다. 이런 체제에서 동물이 갖는 생명으로서의 존엄성을 존중해줄 여지는 없는 것이다. 자본주의와 시장체제에서는 비용이 효과적인 방법이 우선되고 그렇지 못한 방법은 사라지기 마련이다. 현재의 집약적 사육방식도 이런 측면에서 이해된다. 과연 현재의 비용절감적 사육방식을 강요하는 시장체제는 쾌락과 고통을 느끼는 감응력 있는 존재에게, 그리고 자기 나름의 삶을 추구하는 존재에게 적절한 것인가 하는 문제 제기가 나올 수밖에 없다.[19] 이런 문제에 대해 생명의 존엄성을 강조해왔던 생명윤리학과 환경윤리학, 그리고 새롭게 대두되고 있는 음식윤리학은 과연 어떤 대답을 할 것인가?

---

18 Pollan, 앞의 책, pp. 71~72.

19 David Fraser, 앞의 글, p. 203.

(3) 사회가 감당해야 하는 비용

산업형 농업은 자신이 만들어낸 생산물을 소비하기 위해 유통의 세계화를 추구하고 있다. 그리고 이 과정에서 사람들의 입맛은 서구화되고 패스트푸드에 길들여지고 있다. 산업형 농업을 위해 비용을 지불해야 하는 것은 자연과 동물만이 아니다. 우선 조밀 집적 축산에서 발생하는 각종 질병, 즉 구제역, 조류독감, 광우병은 그로 인해 집단 매몰 당하는 당사자인 동물에게 치명적이지만, 인간에게도 다양한 문제를 야기하고 있다. 집단 매몰에 드는 보상비용도 문제지만, 전염병을 방지하게 위해 투여되는 항생제로 인해 발생하는 인간의 건강에 대한 위협이 그것이다. 농약에 오염된 음식을 먹으면서 발생하는 아토피 등의 각종 환경질병, 그리고 대량생산된 고기를 소비하면서 발생하는 비만과 당뇨와 같은 각종 성인병도 우리 인간이 지불해야 할 비용에 들어갈 것이다.

아울러 농산물의 생산과 유통에서 다국적 식품 곡물메이저의 영향력 확대를 눈여겨 볼 필요가 있다. 종자 개발, 판매, 보관, 운송에 이르기까지 실로 7대 곡물메이저는 세계 곡물 교역량의 80%를 점유하고 있다. 이들 다국적 곡물메이저들은 세계 무역 규범과 기준을 형성하는 데에서 주도적인 역할을 담당하면서 자신들에게 유리한 환경을 조성하고 있다. 반면 많은 나라들은 식량을 이들에 의존함으로써 식량주권이 심각하게 훼손되고 있다.

그런 나라들 중 하나가 우리나라다. 우리나라의 식량자급률은

2013년 현재 47.2%, 곡물자급률은 23.1%를 기록하고 있다.[20] 가축들이 소비하는 옥수수의 자급률이 1% 미만으로 대부분을 외국에서 수입하면서, 가축들이 소비하는 것까지 포함하는 곡물자급률이 식량자급률에 비해 현저하게 낮은 것을 눈여겨볼 필요가 있다. 이것은 우리가 외국으로부터 수입되는 사료를 동물에게 먹이는 현재의 공장식 축산방식을 바꿀 경우 곡물자급률이 개선될 수 있음을 보여주기 때문이다.

그런데 산업형 농업을 통해 농산물의 생산은 비약적으로 증가했지만, 아직도 전 세계적으로 8억 명 이상이 기아에 시달리는 현상을 어떻게 설명해야 하는 문제가 발생한다. 몇몇 학자들은 이와 관련해 식량 문제는 녹색혁명이나 산업형 농업으로 생산량을 늘린다고 해서 해결되는 문제는 아니라고 주장한다. 그들에 따르면 중요한 것은 식량의 분배 문제다. 그래서 기아문제는 권력과 자원이 재분배되어야 해결할 수 있는 복잡한 사회 경제적 문제이지, 단순히 기술적 해결책으로 풀리는 문제는 아니라고 비판자들은 본다.

이들은 기아가 만연한 나라에서 농업 관련 상품의 수출량이 수입량보다 많다는 점에 주목한다. 예를 들면 인도는 기아가 만성적인 나라다. 그런데 인도는 전 세계 3대 농업 수출국 가운데 거의 1위를 차지하고 있다. 적어도 2억 명의 인도 국민들이 굶주리는데도 1995년 인도는 2대 주식인 밀 밀가루 6억 2,500만 달러, 쌀 13억 달

20 『세계일보』 2014년 7월 27일 자.

러어치를 수출하였다.[21] 아일랜드의 감자 대기근 사태에서도 유사한 일이 벌어졌다. 1845년에서 49년 사이에 감자 대기근으로 1백만 명 이상이 희생되었고, 또 다른 150만 명은 미국으로 이주해야만 했는데, 그 당시 아일랜드는 식량수출국이었다. 즉 아일랜드 사람들은 최상질의 농업 및 목축 생산물로 생산해 영국에 공급했다. 이들이 자신들의 풍성한 밀과 소고기를 수출하는 동안, 정작 아일랜드의 식량 사정은 점점 악화되어 많은 사람들이 굶어 죽어갔던 것이다.[22]

현재도 이와 유사한 상황이 벌어지고 있다. 제3세계의 좋은 토지는 대부분 수출용 환금작물 생산에 이용되고 있다. 인도에서 렌즈콩과 같은 영양가 높은 작물은 단백질 함량이 낮은 쌀과 밀 같은 환금작물로 대체되었다. 르완다의 경우, 환금작물을 위해 점차 커피에 의존하게 되었다. 그런데 커피 가격은 1980년 중반부터 떨어지기 시작해 1992년 폭락하면서 르완다 경제는 위기에 봉착하게 된다.[23]

그리고 제3세계와 선진국 간의 거래가 반드시 공정한 것만은 아니다. 실제로 미국 소비자들이 엘살바도르에서 생산되는 멜론을 사는 데 지출하는 1달러 중 1센트도 안 되는 돈만 농민들이 가져가고 무역 선적 소매업자들이 88센트를 거둬간다고 한다. 이 모든 것이 자유무역의 기치 아래 벌어지고 있는 것이다. 자유무역, 그리고 비교우위론에 기초한 자유무역이 갖고 있는 문제점에 대한 재검토가

21 Frnces Lappe, 『굶주리는 세계』, p. 26.

22 Lappe, 앞의 책, p. 39.

23 Lappe, 앞의 책, p. 28, p. 47.

필요한 것이다.

또 산업형 농업과 자유무역이 설사 제3세계에 도움이 된다고 하더라도 그것의 수혜자는 일부에 지나지 않는다는 점도 생각할 필요가 있다. 이는 역사적으로 녹색혁명에 대한 평가에서도 잘 드러난다. 또 녹색혁명의 기술은 주로 부유한 지역의 대농들을 위한 것이었다. 대농들만이 농기계를 포함해 전체 농자재 패키지를 구입할 여유가 있었기 때문이다. 일례로 멕시코의 경우, 녹색혁명 기술은 소수의 부농들이 소유한, 이미 관개시설이 갖추어져 있는 대규모 농지가 있는 지역에서만 도입되었다. 녹색혁명은 가난한 소농들이 밀집된 지역은 거의 비껴갔다. 인도의 경우에도 녹색혁명이 도입된 곳은 부농들이 많은 비옥한 펀자브 지역뿐이었다. 녹색혁명은 이런 방식으로 부농과 빈농의 불평등을 심화시켰다. 실제로 많은 소농들은 농자재를 구입하기 위해 높은 이자율로 대출을 받아야 했지만 빚을 갚을 만큼 충분한 수입을 올릴 수 없었고, 결국 부채를 떠안은 소농들은 땅을 팔아야 했다.[24]

5. 대안농업의 가능성

산업형 농업의 문제점을 극복하기 위해 다양한 시도들이 나오고 있다. 유기농업, 로컬푸드, 슬로푸드 운동은 산업형 농업이 지배하

24 Clapp, 앞의 책, pp. 67~68.

는 생산, 유통, 소비를 대체하려는 시도라고 할 수 있다.

산업형 농업이 기계와 화학비료에 의존한다면 유기농업은 인간의 노동과 자연의 순환성에 의존한다. 즉 유기농업은 농업의 자연 순환 기능 증진을 위해 화학적으로 합성된 비료 및 농약의 사용을 피한다. 대신 토양의 성질에서 유래하는 농지의 생산력을 발휘시키면서 농업생산을 통해 발생하는 환경에 대한 부하를 가능한 한 저감시키는 재배관리 방법을 사용한다.[25]

로컬푸드는 세계화와 무역에 기초한 농업이 아니라 지역에 기초한 농업을 강조한다. 로컬푸드는 생산자와 소비자 간의 직거래를 추구한다. 이를 통해 생산자에게 안정성을 보장해주고, 지역농업의 활성화를 도모한다. 그것을 통해 지역의 고용이 증대되고, 지역 경제도 발전한다. 로컬푸드운동은 수송에 따르는 에너지 사용과 환경오염을 최소화한다는 점에서 기후 변화에 적극적으로 대응하는 측면도 있다. 대개의 로컬푸드운동은 유기농 운동을 지향하는 경향이 있다.[26]

슬로푸드는 패스트푸드, 서구형 푸드와 대립되는 개념이라고 할 수 있다. 슬로푸드는 1986년 이탈리아 로마에 맥도날드 햄버거 체인

---

25 아다치 교이치로, 『유기농업으로 세계를 먹여 살린다』, 94쪽. 그리고 최근 일부 대기업에 의해 산업적 유기농업이 시도되고 있다. 산업형 농업이 유기농업에 적용되고 있는 것이다. 이런 점에서 산업형 농업과 유기농업은 정반대의 대립적인 농업경영방식이라고 볼 수 없다는 시각도 있다. 이와 관련해서는 변순용, 『지속 가능한 식사의 윤리적 의미에 대한 연구』, pp. 70~72 참고.

26 홍경완 외, 「로컬푸드의 개념적 이해 연구」, pp. 1187~1189.

점이 진출하는 것에 대한 반대로 시작되었다. 패스트푸드가 상징하는 음식의 속도, 맛의 표준화, 유통방식의 획일화에 맞서 조금 느리고 불편하더라도 전통 음식의 가치와 다양성을 재발견하자는 외침이다.[27] 그것은 음식을 넘어 슬로라이프, 슬로시티운동 등과 연결되는, 삶의 기본방식에 대한 매우 철학적인 메시지를 담고 있다.

유기농업은 그동안 농업의 오랜 관행이었던 사이짓기, 돌려짓기, 섞어짓기, 그리고 동물과 식물 생산의 결합에 의존한다. 사이짓기는 농토에서 여러 작물을 동시에 재배하는 것이다. 곡물을 콩과 식물과 같이 돌려짓고 섞어지으면 화학비료 없이도 토양 비옥도를 유지할 수 있다. 그리고 일년생 작물과 다년생 작물을 섞어 재배하면 토양의 하층을 잘 이용하게 되어 영양분이 흙 밑으로 흘러나가는 것을 방지하는 데 도움이 된다. 종이 다른 식물들은 각각 필요한 것이 다르고 이를 맞춰주어야 할 시기도 다르기 때문에, 사이짓기를 하면 햇빛과 물, 영양물질이 더 잘 활용되면서 총생산량도 늘어나게 된다. 반면 작물을 일렬로 홑짓기하면 토양은 고갈되고 고랑 사이의 토양은 비와 바람으로 침식된다. 사이짓기는 토양의 유기물 함량을 증대시켜 수확량을 늘리게 한다. 또한 유기농업은 공장식 축산을 거부하고 가축을 작물과 같이 같은 농장에서 키운다. 작물과 가축을 같은 농장에서 키우게 되면 유기물을 땅으로 되돌릴 수 있게 된다. 오리나 거위 같은 가축들을 벼농사에 이용하면 제초제를 쓰지 않아

27 박지희 외, 『윤리적 소비』, pp. 187~188.

도 잡초를 줄일 수 있다.[28]

이들 유기농업의 지지자들은 유기농업이 산업형 농업보다 더 생산성이 높다고 주장한다. 이들에 따르면, 유기농업을 하는 소농들의 면적당 산출량이 기계를 사용하는 대농장보다 네 배에서 다섯 배 더 높다. 그 이유는 소농들이 대농들보다 보다 집약적으로 작업하기 때문이다. 콜롬비아의 소농들은 대농들보다 노동력을 20배 더 집약적으로 사용한다. 케냐에서 0.2ha 미만 농장은 면적당 노동력 투입량이 4ha 이상 농장보다 10~20배 더 높고, 그에 따라 수확물의 가치도 10배 더 크다. 소농들은 노동력을 더 많이 사용할 뿐 아니라, 공간을 더욱 효율적으로 이용한다. 농장 규모가 작을수록 다양한 작물들을 경작하여, 그 부산물로 가축이나 물고기를 키우고 그 분뇨를 퇴비로 사용하는 등 생산체계가 통합적이다. 그러한 체계는 대농들이 하는 홑짓기보다 면적당 생산성이 훨씬 더 높다.[29]

2007년 캐서린 바지리 연구팀은 곡물, 서류, 설탕류, 두류, 유지식물, 채소류, 과실류, 육류, 계란 분야를 총괄했을 때 유기농업은 화학비료를 사용하는 관행농업보다 선진국에서 단수비(생산량)가 7.8% 적지만, 개발도상국에서는 80.2% 높아 선진국과 개발도상국을 합한 전체 조사 국가에서는 32.1% 더 높다고 주장한다. 그래서 현재의 농법을 유기농업으로 전환할 경우, 인류는 현재보다 1.321배의 식량을

---

28 Lappe, 앞의 책, p. 138.

29 Lappe, 앞의 책, p. 157.

더 확보할 수 있다고 주장한 바 있다.[30]

하지만 실제로 유기농업이 단위면적당 생산량이 높은지는 더 논의를 해 보아야 할 것 같다. 산업형 영농이 유기농법을 포함한 다른 어떤 농법보다 단위면적당 수확량이 더 많다는 주장이 지배적이기 때문이다. 이런 입장에서 보면 유기농업으로는 현재의 식량 수요를 만족시킬 수 없기 때문에 실천적, 도덕적으로 방어되기 힘들다는 지적이 가능하다.[31] 또 앞서 캐서린 바지리 연구팀의 연구는 통계 처리의 기본을 소홀히 한다는 지적을 유기농업을 지지하는 같은 진영으로부터 받고 있으며, 반대 진영으로부터는 최소한도로 요구되는 과학적 요건을 갖추고 있지 않다는 혹평을 받은 바 있다.[32]

그리고 유기농업은 기계 대신 인간의 노동에 의존한다는 점에 대한 평가도 더 세밀한 논의를 요구한다. 실제로 농사를 지어 본 사람이라면 농사가 얼마나 힘든 일이라는 점을 알 수 있을 것이고, 과연 우리는 기계를 사용하는 산업형 농업이 갖는 노동 효율성을 포기할 수 있는가의 문제에 봉착하는 것이다.

더욱이 인간의 노동에 의존한다는 것은 그만큼 농산물의 가격이 비싸진다는 것을 의미한다. 그래서 인건비가 싼 개발도상국에서는 가능할지 몰라도, 인건비가 비싼 선진국에서 과연 유기농이 가능하

---

30 아다치 교이치로, 『유기농업으로 세계를 먹여 살린다』, p. 12 그리고 pp. 17~20 참고.

31 Kaplan, 앞의 글, p. 13.

32 아다치 교이치로, 앞의 책, pp. 32~41.

냐는 문제가 발생한다. 이것은 그대로 유기농 식품 가격의 문제와 관련된다. 실제로 유기농 식품의 가격은 매우 비싸다. 그래서 유기농업은 지구환경에는 도움이 되겠지만, 식품 가격이 높아 부유한 사람들만 사 먹을 수 있고, 빈곤한 국가나 국민에게는 그림의 떡일 수 있다. 우리나라의 경우에도 유기농산물은 재래농산물보다 가격이 1.3~3.3배(평균 2배)이고, 유기가공식품의 가격은 일반가공식품 가격의 1.1~4.6배(평균 2.7배)다.[33] 실제로 필자는 최근 유기농 계란 하나에 1,000원, 생닭 한 마리에 50,000원으로 가격이 책정된 것을 보았다. 여기서 산업형 농업이 가지고 있는 비용 효과적 측면과 유기농업이 가지고 있는 생태적 측면이 충돌하고 있으며, 그 해법을 어디서 찾아야 하는가의 문제가 발생한다.

6. 결론

지금까지 음식윤리를 간단히 소개하고, 음식의 생산, 유통, 소비 과정에서 산업형 농업체제가 어떻게 작동되는지를 살펴보았다. 이런 작업은 그동안 철학과 윤리학에서는 생소한 것이지만, 철학과 윤리학의 영역을 넓힌다는 측면에서 나름대로 의미가 있다고 생각해 본다.

음식에 대한 논의에서 알 수 있는 것은 문제가 서로 복잡하게 연

---

33 김석신·신승환, 『잃어버린 밥상 잊어버린 윤리』, p. 121.

결되어 있다는 것이다. 그런데 음식윤리에 대한 글들은 대부분 음식의 소비 문제에 집중된다. 하지만 음식의 생산, 유통, 소비 이 세 가지는 서로 밀접히 연관되어 있다. 그리고 음식 문제에는 다양한 가치들이 개입되어 있다. 효율성, 경제성, 동물복지, 지속 가능성, 인간의 건강, 사회적 연대성 같은 가치들이 함축되어 있어서 이것들에 대한 해명 없이는 제대로 된 접근이 불가능하다. 동시에 음식 문제에는 식량주권과 같은 정치적 문제, 세계화와 자유무역 같은 경제학적인 문제와도 연결되어 있다.

다양한 가치들이 서로 충돌하는 만큼 이 문제에 대한 명쾌한 해법은 존재하지 않는 것 같다. 이들 가치들 중 어느 하나만이 절대적 가치라고 주장할 수 없기 때문이다. 많은 환경문제들은 이들 가치들이 충돌하는 딜레마 상황에 놓여 있다. 가치다원주의가 지배적인 현대사회에서 딜레마 상황에 대한 전부 아니면 전무 식의 해법은 옳지 않다고 생각된다. 그리고 딜레마에 대한 해법도 각 나라가 처한 처지에 따라 달라질 수밖에 없다고 생각된다.

가령 동물복지와 지속 가능성(또는 농촌의 쾌적함)은 서로 충돌할 수 있다. 동물복지 차원에서는 동물들이 자유롭게 여기저기 이동할 수 있는 '광역사육extensive farming'이 바람직할 것이다. 하지만 우리나라나 네덜란드처럼 땅이 부족하고 인구가 밀집된 지역에서 광역사육을 무조건 주장할 수는 없을 것 같다.[34] 이는 기아가 극심한 제3세계도 마찬가지다. 국민 대다수가 영양 결핍에 시달리는 사회에서 동물

---

34 Michiel Korthals, "Ethical dilemmas in sustainable agriculture", pp. 814~815.

복지를 위한 시도는 제한적일 수밖에 없기 때문이다. 이 많은 가치들 중에서 가장 근본적인 전제가 되어야 하는 것은 무엇인가 생각해 보았다. 필자가 보았을 때 지속 가능성의 가치는 어떤 경우에도 고려되어야 하지 않을까 생각된다. 인간의 행복도 동물의 복지도 지속 가능하지 않으면 의미가 없기 때문이다.

이 글은 산업형 농업을 분석하면서 그것이 가진 경제성과 효율성은 인정했다. 하지만 그것이 생태적 지속 가능성, 동물복지 측면에서 중요한 결함이 있으며, 그 이외에도 다양한 사회적 문제들을 야기하고 있음을 보였다. 그리고 우리의 시장체제는 이런 문제에 대한 필요한 만큼의 정당한 고려를 하지 못하고 있음을 보였다. 이런 점에서 산업형 농업을 대치하려 하는 것들, 즉 유기농업, 로컬푸드, 슬로푸드, 그리고 이 글에서 다루지는 않았지만 공정무역운동, 윤리적 소비운동이 아직은 대안으로서 미흡하지만 그대도 우리가 계속 모색해야 하는 방향이라고 생각한다.

이런 점에서 합리성rational을 넘어 합당성reasonable 차원의 고려가 필요하다. 즉 효율성과 경제성을 추구하는 시장과 신자유주의, 포디즘에 대한 제어가 요구된다. 합리성의 추구로 인해 근대사회가 발전한 것을 부인할 수는 없지만 합리성의 한계 또한 명확하기 때문이다. 어떤 방식으로 합당성이 합리성을 제어할지에 대해서는 별도의 논의가 필요할 것이다.

참고문헌

김병순 역, Litvinoff, Miles & Madeley, John, 『공정무역: 인간의 얼굴을 한 시장경제』, 모티브, 2007.

김석신·신승환, 『잃어버린 밥상 잊어버린 윤리』, 북마루지, 2010.

김종덕, 『먹을거리 위기와 로컬푸드』, 이후, 2010.

김종덕·이경남 역, Petrini, Carlo, 『슬로푸드』, 나무심는사람, 2003.

박지희·김유진, 『윤리적 소비』, 메디치미디어, 2010.

변순용, 「지속 가능한 식사의 윤리적 의미에 대한 연구」, 『환경철학』 17집, 2014.

에너지기후정책연구소, 『밥상의 전환』, 한티재, 2013.

장하준, 『나쁜 사마리아인들』, 부키, 2007.

정만철 역, 아다치 교이치로, 『유기농업으로 세계를 먹여 살린다』, 다리, 2011.

정서진 역, Clapp, Jennifer, 『식량의 제국』, 이상북스, 2013.

조윤정 역, Pollan, Michael, 『잡식동물분투기: 리얼 푸드를 찾아서』, 다른 세상, 2010.

허남혁 역, Lappe, Frnces, 『굶주리는 세계』, 창비, 2003.

홍경완·김지영·김양숙, 「로컬푸드 개념적 이해 연구」, 대한경영학회 춘계학술발표대회 발표문, 2009.

Fraser, David. "Animal Ethics and Food Production in the Twenty-First Century", David M. Kaplan, *The Philosophy of Food*, University of California Press, 2012.

Kaplan, David M., "Introduction", *The Philosophy of Food*, University of California Press, 2012.

Korthals, Michiel, "Ethical dilemmas in sustainable agriculture", *International Journal of Food Science and Technology* 36, 2001.

Korthals, Michiel, "Ethics and Politics of Food: Toward a Deliberative Perspective", *Journal of Social Philosophy*, vol 39, No 3, 2008.

Korthals, Michiel, "Two Evils in Food Country: Hunger and Lack of Representation", David M. Kaplan(ed), *The Philosophy of Food*, University of California Press, 2012.

Thompson, Paul B., "Nature Politics and the Philosophy of Agriculture", David M. Kaplan, *The Philosophy of Food*, University of California Press, 2012.

3. 음식윤리의 주요 쟁점과 그 실천의 문제

김완구(서강대학교)

1. 머리말

우리가 배를 곯던 시절이 있었다. 굶주림의 상징이던 '보릿고개'라는 말이 사라진 지 그리 오래되지도 않았다. 어린 시절 보리밥이 먹기 싫어 밥투정하던 기억은 너무도 생생하다. 사정이 이러한데 목구멍에 밥이 들어가는 것만으로도 황송하지 무슨 윤리적 먹을거리 선택을 운운하느냐고 반문할 수도 있겠다. 먹을거리가 부족한 상황에서 값싸고 풍요로운 먹을거리는 긴요한 요구가 될 것임이 틀림없다. 이러한 상황에서 식량 증산을 위한 노력은 시급한 일이고 바람

직한 일이었을 것이다. 따라서 오늘날 식량 증산이라는 목표하에 과학영농이 도입되고 게다가 경제적 효율이라는 미명하에 산업형 영농시스템이 도입되었다. 그리고 이는 수십억 명의 사람들에게 전례 없이 풍성한 먹을거리를 제공하게 된다.

물론 먹을거리는 생존 주체로서의 우리가 생명을 유지해 나가는 데 필수적인 것이라서 풍요로운 먹을거리가 주는 이점은 말할 필요도 없을 것이다. 그러나 이를 위해 등장한 산업형 영농은 해결하는 것 이상으로 또 다른 많은 문제를 발생시키는 것으로 보인다. 식량 증산 노력이 오히려 다시 인간의 건강적, 환경적, 사회적 비용을 초래하는 심각한 딜레마에 봉착하고 있다.

먼저 식량증산을 위한 이러한 노력에도 불구하고 20세기 중후반의 먹을거리 대량생산과 풍요의 시대는 끝나고 다시 먹을거리가 부족해지는 시대에 접어들고 있다는 우려가 있다(랭·발링·캐러허, 2012: p. 6). 이를테면 우리나라의 경우 2012년 곡물자급률은 26.6%이고, 쌀 자급률은 83%로 떨어졌으며, 불과 1년 뒤인 2013년도 곡물자급률은 23.1%까지 떨어졌다. 게다가 식량증산을 위해 사용되는 화학비료 및 농약 등은 토양의 파괴와 오염은 물론 먹을거리 오염으로 환경과 건강을 위협한다. 기계화 및 시설재배로 인한 화석연료의 사용은 자원을 고갈시키는 것은 물론 지구온난화의 원인이 되기도 한다. 이는 먹을거리체계가 경제적 효율이라는 미명하에 싼 가격으로 풍요로운 음식을 제공하도록 진화되어 왔다는 점에서 그 원인을 찾을 수 있다. 또한 국가와 대자본이 농업과 먹을거리를 이윤 창출이라는 협소한 산업적 관점에서 바라보아 현재와 같은 상태를 불러왔

다는 진단도 있다. 이렇듯 결국 오늘날 생산과 가공, 유통 그리고 소비로 이루어지는 먹을거리체계는 통제 불능의 상태에 이르러 우리의 생존 기반을 이루는 환경은 물론 건강을 파괴하며 인류의 생존을 지속적이면서도 심각하게 위협하고 있는 실정이다.

이렇듯 우리의 먹는 행위는 단지 식탁 위에서만 벌어지는 행위가 아닌 하나의 체계 속에서 이루어지는 행위다. 그렇다 보니 이러한 상황에서 우리가 아무 생각 없이 먹을거리를 생산하고, 유통하고, 소비하고, 가공·조리하고, 폐기하는 행위는 우리 자신은 물론 우리의 도덕 공동체의 다른 구성원들에게 건강적이고, 생태적이고, 사회적인 차원에서 긍정적으로든 부정적으로든 상당한 영향을 미치고 있는 것이다. 이것은 우리가 먹을거리를 선택해서 먹고 하는 식생활 자체가 다분히 윤리적이고 정치적인 행위일 수 있고, 따라서 중요한 윤리적 주제가 될 수 있다는 것을 의미한다. 따라서 나는 여기에서 먼저 먹을거리들과 관련해서 벌어지는 일들이 왜 윤리적 행위인지에 대해서 검토할 것이다. 그러고 나서 음식윤리가 추구하는 목적이 무엇이어야 하는지를 검토하고 그것의 실천과 관련한 몇 가지 윤리적 쟁점들을 비판적으로 검토하면서 그것들을 해결하기 위한 실천 방안들의 몇 가지 가능성을 모색해 보고자 한다. 왜냐하면 리어 키스Lierre Keith가 말하듯이 우리는 우리의 건강과 생명 그리고 지구 환경을 망치는 악마가 되어서는 안 되기 때문이다.

> 나는 내 생명, 즉 내 몸이 이 땅을 먹어치워 망하게 하는 주체가 아니라, 이 땅을 길러내는 곳이 되기를 원한다. 가학이 발붙일 수 없는 곳, 폭력이 멈추는 곳 말이다. 그리고 생명을 길러내는 과정의 첫걸음인 먹는 행위가, 살상이 아니라 보존의 행위가 되기를 원한다(리어 키스, 2013: p. 17).

2. 윤리적 쟁점으로서의 음식

우리가 거짓말을 하고 도둑질을 하는 것은 비난하거나 응징을 하지만 어떤 음식을 선택해서 어떻게 먹느냐를 두고는 그렇게 하지 않는다. 음식을 가지고 혼나기는 어릴 적 밥을 흘리거나 남길 때 그리고 어쩌다가 밥투정을 할 때 잔소리를 듣는 것이 고작이었다. 먹을 것이 다소 흔해진 오늘날은 그나마 그러한 것들은 문제가 되지도 않는다.

그러나 사회 일각에서는 우리의 먹을거리 문제와 관련해서 이미 깊은 반성이 있었고, 생활협동조합 운동 등을 통한 실천적인 활동이 비교적 오래전부터 활발하게 진행되어 왔다. 그러나 적어도 음식윤리에 대한 학문적 관심은 다소 늦은 듯하고 그 비중 또한 그다지 크지 않아 보인다. 그러나 최근 들어서는 과학기술문명의 발전과 그로 인한 생태적 파멸의 위기를 맞아 환경윤리, 생명윤리 그리고 공학윤리 등에 관한 관심이 고조되면서 음식과 관련한 윤리적 문제도 부각

되기 시작하는 듯하다.

그렇다면 옛날에는 먹는 것과 관련한 윤리적 문제가 없었을까? 물론 먹는 것도 인간의 행위인 이상 윤리적 고려의 대상이었을 것임은 분명하다. 싱어와 메이슨(2008, 2011: p. 15)에 의하면 고대 그리스와 로마에서도 음식에 대한 윤리문제가 섹스에 대한 윤리문제만큼이나 중요시되었다고 한다. 따라서 당시에도 절제와 극기는 식생활의 미덕이었고 전통 유대교, 이슬람교, 힌두교, 불교 윤리 등에서는 무엇을 먹고 무엇을 먹지 말아야 하는 문제가 매우 중요했다고 한다. 그러다가 기독교 시대에는 무엇을 먹을지에 대해서는 관심이 줄어들고 과식을 피하는 것이 주된 윤리문제가 되었다는 것이다. 당연히 먹을 것이 부족한 경우라면 먹을 것을 확보하고 또 그것을 절약하는 것이 윤리적으로 가장 중요했을 것으로 사료된다.

그런데 먹을 것이 다소 넉넉해진 오늘날 우리가 먹는 것이 왜 윤리적 문제가 되고, 먹는 것과 관련하여 무엇이 윤리적 문제가 되는가? 킹은 「잘 먹는다는 것: 음식에 관하여 윤리적으로 생각하기Eating Well : Thinking Ethically About Food」(King, 2007: pp. 177~191)라는 글에서 우리가 무엇을 어떻게 먹느냐는 것이 도덕적으로 문제가 된다는 것을 보여준다. 그는 우리는 일상생활에서 사용하는 상품들이 어떻게 생산되는지에 대해서는 생산자들에게 책임을 지워야 한다고 생각하면서도 우리의 소비 관행들에 대해서는 책임져야 하는 행위들로 생각하지 않고 그냥 보통 우리가 좋아하고 우리에게 익숙한 것 그리고 싸고, 빠르고, 편리한 것을 먹는다는 점을 지적한다. 그러면서 소비는 그것이 식품이든 다른 일용품이든 간에 우리가 윤리적으로 생각할

수 있고 생각해야 하는 활동이고, 소비하기 위한 더 좋은 방식이나 더 나쁜 방식이 있다고 한다. 이를테면 도덕적으로 옹호 가능한 방식과 도덕적으로 문제 있는 방식이 있다는 것이다.

킹에 따르면 우선 먹는다는 것eating well은 물리적physical 의미에서 잘 먹는 것과 심미적aesthetic이고 문화적인 측면에서 잘 먹는 것으로 해석할 수 있다. 이를테면 몸이 요구하는 영양분들을 잘 섭취하고 자신들이 소비하는 음식을 통해 감각들을 만족시키는 것이 그것이다. 그러나 이러한 것들은 그다지 도덕적으로 고려할 만한 사항은 아니다. 그런데 잘 먹는 것의 도덕적 의미는 먹는 것이 관계를 만들어 낸다는 것의 인식과 더불어 등장하기 시작한다는 것이다(King, 2007: p. 178). 우리가 어떻게 먹는가 하는 것은 불가피하게 우리를 다른 사람들, 동물들, 서식지와 토양 그리고 개인의 정체성에 대한 우리의 느낌 등에 연결하게 되는데, 이러한 관계들이 먹는 것을 다른 것들에 대한 것이건 우리 자신에 대한 것이건 도덕적 반성을 위한 유력한 주제들로 만든다는 것이다.

킹은 우리가 먹는 것에 의해 만들어지는 관계들을 몇 가지 언급한다(King, 2007: pp. 178~180). 우선적으로 다른 사람과 식사를 함으로써 만들어지는 관계들이 있을 수 있다. 그리고 우리의 조상들이나 종족 집단과의 관계가 있다. 우리의 식사 습관들은 또한 동물들과 토양들에 대한 관계들을 만들어 낸다. 또한 식물을 이용함으로써 그것들과 관계한다. 그리고 마지막으로 우리가 어떻게 먹는지 하는 것은 우리를 다른 세계의 시민들과 관련시킨다.

밥 한 톨이 우리의 입으로 들어오기까지 70여 명의 손을 거친다는 얘기를 들은 적이 있다. 그러나 종자를 연구, 개발하고 식량을 생산, 가공, 운반, 판매하고, 마지막에는 음식 쓰레기를 처리하는 일에 간접적으로 관여된 사람까지 고려한다면 그 수는 엄청날 것이다. 그뿐만 아니라 밥알은 사실 인간들이 만드는 것이 아니라 흙과 물과 공기와 빛 등이 어우러져 쉼 없는 작업을 통해 만들어 낸 자연의 산물이라는 점을 고려한다면 그 수는 온 우주를 들먹여야 할 정도로 무궁무진할 것이다. 이렇듯 오늘날 먹을거리는 수많은 관계망 혹은 시스템으로 얽혀 있다. 그러나 우리는 도시화가 이루어지고 먹을거리 시스템이 더욱 복잡하고 다양해지면서 이러한 관계망들을 의식하지 않고 살고 있는 경향이 있다. 데자르뎅(DesJardins, 2013: p. 182)은 이를 다음과 같이 경고한 바 있다. 농장을 소유하지 않는 데서 오는 두 가지 정신적인 위험이 있다. 하나는 아침밥이 그저 식료품 가게에서 나온다고 생각하는 위험이고, 다른 하나는 온기가 그저 화덕에서 나온다고 생각하는 위험이다.

인구 대부분이 농촌에 살면서 농업에 종사하던 시절의 먹을거리 체계는 지역에 기반을 두고 있었으나 도시화가 진행되면서 자신의 먹을거리가 어디에서 나왔는지 아는 사람들이 점점 적어진다.[1] 헤스터먼에 의하면 이러한 도시화와 더불어 먹을거리체계는 비대해지는

---

1 1810년에는 미국 인구 93%가 농촌에 살았고 7%만 도시에 살았으며 1900년까지 인구 33%가 추가로 도시로 이주했으며 1950년대는 오직 36%만이 농촌에 거주하게 되었고 1990년에는 전체 인구 4분의 3이 도시 지역에 살고 있다고 한다.

도시 거주민들을 먹여 살리도록 진화할 수밖에 없는데, 이로 인해서 작물 유전학의 진보와 경작, 파종, 수확 기계 기술의 진보 그리고 특정 비율로 합성비료를 만들어 식물재배를 최적화하는 능력의 진보 등은 식량생산의 증가시키는 결과를 가져오는 데 크게 이바지한다는 것이다(헤스터먼, 2013: p. 39).

사정이 이러하다면 이제 먹을거리 문제는 단순히 개인의 생존에만 관련된 문제가 아니다. 오늘날 먹을거리는 살아남기 위한 것을 넘어 혀를 만족시키고 배를 부르게 하는 것인 동시에 사회적인 것이 되어 버렸다(프레이저 & 리마스, 2011: p. 8). 먹을거리 문제는 이제 시스템의 문제로 다루어진다. 프레이저Evan D. G. Fraser와 리마스Andrew Rimas는 『음식의 제국』에서 도시 사회가 식량을 얻기 위해 만들어낸 인간사회를 "식품제국"이라 부르면서, 이 식품제국은 반드시 세 가지 조건이 만족되어야 존재할 수 있다고 한다(프레이저 & 리마스, 2011: pp. 9~10). 첫째 농부는 자신이 먹은 것 이상으로 식량을 생산해야 한다는 것이다. 이를테면 미국에서는 농민 한사람이 총 155명에게 먹을거리를 제공하고 있는 것으로 조사되었다(헤스터먼, 2013: p. 39). 그리고 두 번째로는 이러한 잉여 식량을 구매자에게 운반할 수단이 있어야 한다는 것이다. 그리고 마지막으로는 운송 도중에 식품이 썩어 경제적 가치가 사라지지 않도록 잘 저장할 방법이 필요하다. 이 세 가지 전제가 들어맞을 때 도시의 삶은 풍요로워지는데, 바로 이러한 먹을거리체계가 오늘날 우리가 겪고 있는 음식과 관련한 문제의 씨앗이 된다고 진단한다. 그리고 식량제국은 결국 지속 가능한 한계 이상으로 팽창하다가 파멸한다는 것이다.

그런데 이들에 따르면 식품제국의 이러한 실수는 언뜻 자명해 보이는 세 가지 가정을 받아들이는 데 있다고 한다(프레이저 & 리마스, 2011: pp. 28~31). 첫째는 지구가 비옥하다는 가정이다(프레이저 & 리마스, 2011: p. 28). 따라서 지난 80여 년 동안 인류는 전례 없이 맹위를 떨치며 밭을 갈고 씨를 뿌리고 수확했다. 그러나 이러한 맹위가 언제나 가능한 것은 아니다. 일단 지력을 고갈시키면 그것을 언제나 반드시 다시 회복시킬 수 있는 것 같지가 않다. 안정된 식품제국을 좀먹는 두 번째 가정은 앞으로 날씨가 계속 좋을 것이라고 믿는 것이다(프레이저 & 리마스, 2011: p. 29). 그러나 온실효과로 인해 오늘날 심각해져 가는 지구온난화는 논외로 하더라도 지구의 기후는 역사적으로 볼 때 늘 안정적인 것은 아니었다. 세 번째 실수는 한 가지만 잘하면 된다는 생각이다(프레이저 & 리마스, 2011: p. 30). 즉 현대 식품제국은 한두 가지 작물만을 대량생산하는 시스템으로 되어 있다. 이는 경제적인 효율 면에서는 효과적일지 모르겠지만 생태적으로는 재앙이다.

이러한 세 가지 가정에 영향을 미치는 네 번째 가정은 인간은 값싼 화석연료를 얻는 것을 당연하게 여긴다는 것이다(프레이저 & 리마스, 2011: pp. 30~31). 그런데 이들은 현대 식품제국을 지탱하는 네 가지 중요한 가정 중 하나를 착각하는 것은 실수이지만 이 네 가지를 모두 착각한다면 그것은 실수가 아니라 인류가 부러 무시하는 것이라고 하면서 인류가 식품을 생산하고 유통하고 소비하는 데서 발생하는 진짜 비용은 이러한 잘못된 가정을 버려야 드러난다고 한다.

『페어푸드』의 저자 헤스터먼Oran B. Hesterman도 먹을거리체계라는

측면에서 음식윤리의 문제에 접근한다. 따라서 헤스터먼도 하나의 작물이 농사를 짓는 현장에서부터 식탁에 이르는 과정, 이른바 생산에서 가공·유통·소비되는 과정을 추적하면서 여기에서 발생하는 윤리적인 쟁점들을 검토한다(헤스터먼, 2013: pp. 32~38). 헤스터먼은 먹을거리체계는 토양, 물, 햇빛에서부터 씨앗, 비료 같은 투입분과 트랙터, 파종기, 경작기, 수확기, 나아가 농부가 가지고 있는 지식에 이르기까지 여러 요소로 구성되어 있고, 이러한 구성요소들은 생산과정에서 모두 긴요한 것들이며 만일 우리가 생산만이 아니라 식품의 가공, 유통, 소매, 소비에 이르는 먹을거리체계 전체를 고려한다면 그 구성요소들은 어마어마하게 늘어날 것이라고 한다(헤스터먼, 2013: p. 32). 그런데 바로 우리가 음식 관련해서 이렇게 관계함에 따라 많은 윤리적인 문젯거리들이 만들어지고 있다는 것이다.

킹은 이러한 먹는 것들로 인한 관계나 먹을거리체계를 통해서 생겨나는 윤리적 쟁점들을 몇 가지 소개한다(King, 2007: pp. 178~180). 우선 식사와 관련해서 다른 사람과 함께할 때 파생되는 윤리적 문제는 식사 예절이 있을 수 있고, 식사를 통한 사람들 간의 친밀감과 관련된 문제들이 있을 수 있다. 먹는 것을 통해 동물들, 토양들과 관계를 맺을 때 생겨나는 윤리적 문제는 야생 동물들을 사냥하는 문제나 공장식 사육factory farming을 둘러싸고 벌어지는 여러 가지 문제들이 있을 수 있다. 식물을 이용함으로써 생겨나는 대표적인 문제는 대량의 효율적 생산을 위한 단일작물 재배mono-cropping의 문제다. 이는 농약과 비료의 사용을 수반하고 이는 다시 음식과 토양, 물 등을 오염시킨다. 그리고 식품산업에서의 기업 집중corporate concentration은 가족

농장들family farms을 그리고 소규모 농민들과 그들이 번성해 왔던 공동체들 모두의 전통과 생활을 파괴하고 대치하고 있다(King, 2007: p. 179). 게다가 국가와 국제적인 식품시장은 회사들이 유전공학을 가지고 실험을 하도록 부추기고, 동시에 기계에 의해서 수확될 수 있고, 더 오랫동안 저장될 수 있으며, 소비자들이 보기에 매력적으로 보이는 식품들을 생산하는 씨앗을 선택하도록 장려한다. 이러한 과정들은 필연적으로 우리가 결국에 가서 소비하게 되는 식품의 영양학적이거나 심미적인 특질들을 보존하지 못하게 만든다. 그리고 우리가 먹는 것을 통해 다른 세계의 시민들과 관련됨으로써 파생되는 윤리적 문제는 공정무역, 노동력 착취 등의 문제가 될 것이다.

먹을거리체계를 가지고 문제를 분석하더라도 문제는 마찬가지로 드러난다. 먹을거리의 생산이 이루어지는 곳은 농장과 목장이다. 이러한 생산과정에는 땅을 준비하고 작물과 씨앗을 선택하는 일, 파종과 경작, 퇴비와 비료를 주는 일, 잡초 제거 및 병충해 방제, 작물 수확 등등 수많은 일들이 연관된다(헤스터먼, 2013: p. 33).

식량을 생산하기 위한 이러한 행위들은 마찬가지로 수많은 윤리적 문제들을 만들어 낸다. 유기농이냐 산업농이냐 하는 농사 방식의 문제에서 비롯하여 농민의 생존권 문제, 수자원과 관수로 인한 문제, 화학비료 및 농약의 사용으로 인한 먹을거리 안전, 토양 오염 및 침식의 문제, 대수층 관리 문제, 화석연료 의존으로 인한 기후 변화, 생명 다양성의 축소 문제 그리고 유전자 조작 등과 같은 생태계 관련 문제 등으로 얽혀 있다. 목장도 마찬가지다. 목초지를 마련하기 위해 산림을 훼손하는 문제를 비롯하여 가축들의 배설물 등으로 인

한 수질 오염 그리고 공장식 축산으로 인한 동물 학대는 말 그대로 악명 높다.

그리고 또한 노동자의 불공정한 노동 및 임금여건 등의 여러 사회적 문제 등도 얽혀 있다. 소비의 측면에서 보면 건강, 기아, 빈곤, 먹을거리 접근성의 불평등 문제, 식품 안전 문제, 학교급식 문제, 식품수입 문제 등이 얽혀 있고, 이 밖에 음식물 쓰레기 처리 문제 등 다양한 정치, 경제, 사회, 생태 등의 문제들이 뒤얽혀 있다(헤스터먼, 2013: p. 7). 음식 혹은 우리가 먹는 행위와 관련해서 윤리적인 문제들이 이렇게 다양하게 발생한다면 이제 우리가 할 일은 무엇인가?

3. 음식윤리의 실천 목표

우리가 먹을거리를 통해 다른 것들과 관계하면서 추구하는 혹은 먹을거리체계를 통해서 도달하고자 하는 일은 여러 가지가 주장될 수 있을 것이다. 먼저 떠오르는 것은 아무래도 잘 먹는 것, 그중에서도 우리 모두를 살아갈 수 있게 하는 영양을 공급하는 것이다. 하지만 그 잘 먹는다는 것이 이제는 그저 값싸고 풍요로운 음식을 먹는 것만은 아니다. 앞에서와같이 이러한 목표의 추구는 많은 문제를 만들어 냈다.

그렇다면 이제 우리가 잘 먹는다는 것, 그것도 윤리적으로 잘 먹는다는 것은 지속 가능성sustainability을 성취하는 것이라고 말할 수 있

다(King, 2007: p. 181).[2] 그런데 이러한 음식문제에 있어서 지속 가능성이란 아마도 현재와 미래 세대의 인간들이 먹을거리를 생산하고 선택·소비하는 행태들과 관련될 것이다. 그런데 본래 '지속 가능성'이 제시된 것은 20세기의 전례 없는 환경적인 변화를 인간의 경제적 활동의 누적이고 의도되지 않은 결과로 보는 데서 비롯된다. 이러한 환경의 여러 가지 변화들이 경제적 활동을 지속하기 위해서 필요한 조건들을 훼손하고 있다는 것이다. 따라서 현재의 경제활동 패턴이 "지속 가능하지 않은unsustainable" 것으로 판단된 것이다. 지속 가능성 혹은 지속 가능한 발전이라는 아이디어의 핵심은 "불변하고, 안정된 그리고 장기적인 생산성을 제공하기 위하여 지구 생물권의 능력과 양립 가능한 최고로 생산적이면서도 효율적인 자원들의 이용을 목표로 삼는 것이다(DesJardins, 2013: p. 89)." 그렇다면 지속 가능성은 미래 발전을 손상prejudice시키지 않는 발전으로 정의될 수 있다. 그것은 본래가 환경의 수용 가능한 변형modification으로 간주되는 기준으로 기능하도록 할 의도로 만들어 졌다(Holland, 2001, 2003: p. 400).

음식과 관련한 지속 가능성도 마찬가지 맥락에서 얘기될 수 있다. 우리의 먹을거리체계가 지속적으로 우리 공동체의 다른 구성원들은 물론이고 미래 세대까지 먹여 살리지 못하는 방식으로 망가진다면 그것은 문제가 되는 것이다. 그러나 지속 가능성이란 목표 또한 애매하거나 모호하여 여러 가지로 해석할 수 있고, 그 기준 또한

---

2 킹 이외에도 많은 사람들은 음식윤리 및 정책적 목표로 지속 가능한 먹을거리체계를 이야기한다. 팀 랭·데이비드 발링·마틴 캐러허, 2012: p. 22 그리고 오랜 B. 헤스터먼, 2013: p. 12 참조.

설정하기가 어렵다. 현실적인 실현 가능성 또한 미지수다. 킹은 지속 가능성에 대한 이러한 정의는 아마 너무 좁기도 하고 너무 모호하다고 한다. 즉 그것은 단지 현재와 미래 세대들의 요구 충족만을 가리킨다는 점에서 너무 좁고 그 정의가 요구들로 간주되는 것이 무엇일 수 있는지를 분명하게 표현하지 않기 때문에 모호하다는 것이다(King, 2007: p. 181).

게다가 데자르뎅은 우리가 지속 가능성을 무비판적으로 받아들이는 데 주의해야 할 3가지를 지적한다(DesJardins, 2013: pp. 91~92). 첫째는 지속 가능성이라고 할 때 지속되는 것이 무엇인지가 문제가 될 수 있다는 것이다. 지속 가능성은 종종 "소비의 현재 패턴과 수준을 유지하는 것"을 의미하는 것으로 여겨지는 것은 분명한데, 이러한 의미에서 지속 가능한 삶의 모델을 옹호하는 것은 단순히 현상을 유지하는 것을 의미한다는 것이다. 두 번째 지적하는 것은 환경론을 지지하기 위해 경제적이고 자기 이익에 경도된self–interested 논의들에 지나치게 의존한다는 것이다. 그래서 우리는 부족함scarcity과 과소비 등의 논의를 지나치게 강조하는데, 사실상 우리는 그 대신 영적이고 미학적이고 윤리적인 가치를 강조하는 것에 기초한 접근 방식에 의존할 필요가 있다는 것이다. 또한 부족 논의scarcity argument에 너무 지나치게 의존하는 것은 자연의 일차적인 가치를 자원으로 보는 것을 암시하기 때문에 바람직하지 않다는 것이다. 세 번째로 지속 가능한 발전과 지속 가능한 삶은 지나치게 인간중심주의적이라는 비판이다. 즉 과소비와 인구과잉 등이 자원을 고갈시키고 현재나 미래세대들의 안녕well–being을 위협한다는 근거에서 그것들을 반대

하는 논의를 펼치는 것은 자연 세계 자체에 가해지는 피해를 무시할 수 있다는 것이다.

지속 가능성 개념이 너무 좁고 모호하다고 지적한 킹도 이러한 지속 가능성에 대한 정의가 요구하는 것들은 이론상으로는 지구의 커다란 영역들을 손상시키고, 셀 수 없이 많은 동물들에게 피해를 끼치면서도 충족될 수도 있다고 한다(King, 2007: p. 181). 즉 새로운 기술적인 발전들이 다음 세대들에게 영양적인 요구를 충족시키기 위해 인공적인 음식들을 공급해 줄 수 있는 한, 비옥한 농토들을 파괴하면서 지속 가능하게 행동할 수 있다는 것이다.

계속해서 킹(2007: p. 182)은 이러한 접근 방식에는 수많은 문제가 있을 수 있지만 핵심적으로 지적할 수 있는 것은 이것들이 자원들의 경제적 가치들에만 집중한다는 것이다. 물론 토양과 동물들 그리고 실제로 사람들은 어떤 상황에서 그리고 어떠한 목적을 위해서는 경제적인 가치를 가지고, 그러한 상황들에서는 경제적 유익을 제공하는 경제적인 자원들로 간주될 수도 있지만, 그것들은 동시에 도덕적 맥락에서는 피해를 입을 수 있는 것들이거나 존재들로 간주할 수 있어야 한다는 것이다. 예를 들어 숲과 습지들은 경제적인 가치를 소유하는 자원들로서 기능하지만, 그것들은 또한 비인간 종들의 생존을 위해 필수적인 서식지들이다. 길들여진 동물들 또한 경제적이고 영양적인 유익들을 제공하지만, 그것들은 종종 그 과정에서 심각하게 고통을 받게 된다. 이는 노동자로서 기능하는 인간들의 경제적인 비전을 위해서도 똑같이 얘기될 수 있다. 이렇듯 킹은 지속 가능성에 대한 우리의 시각을 인간의 경제적 이익들에 영향을 미치는 것에

만 제한하는 것은 우리가 동물과 자연 세계에 대해 가지는 관계들의 도덕적 차원moral dimension을 불분명하게 한다는 점을 지적한다.

그래서 킹(2007: p. 182)은 만일 우리가 다른 것들과의 관계를 진지하게 받아들인다면, 지속 가능성에 관하여 생각하는 보다 충실한 방식은 지속 가능한 인간의 행위들을 환경은 물론 타자들 모두의 행복well being에 대한 우리의 영향 측면에서 분명하게 정의하는 것이라고 한다. 그렇다면 지속 가능한 식사 관행들은 확실히 우리의 환경들을 변형시키기는 하겠지만, 그러나 그것들은 환경을 구성하는 유기체들의 진화론적 온전성evolutionary integrity을 보존하는 방식으로 그렇게 해야 한다는 것이다(King, 2007: p. 182). 그뿐만 아니라 지속 가능한 식사 관행들은 생산자들과 노동자들 그리고 다른 소비자들에 대해서도 동등하고 정당한 관계들을 증진하는 것들로 생각되어야 한다는 것이다. 그렇다면 결국 음식 소비자로서 우리의 목표는 공장식 사육, 단작의 화학물질들, 서식지 파괴, 혹은 사막화로 인한 토양의 비옥함 상실에 대한 고통을 필요로 하지 않는 식사 방법을 찾아내는 것이어야 한다.

그런데 킹(2007: p. 183)은 어떤 이들은 여기에서 우리의 식사 관행들에 의해 만들어진 이러한 관계망들을 그렇게 진지하게 받아들이는 것은 실행 불가능unworkable하고 윤리적으로도 과도한excessive 것이라고 반대할지도 모른다는 점을 우려한다. 실제로 그럴 수 있다. 이는 음식과 관련한 여러 윤리적인 쟁점들이 팽팽히 맞서고 있고 완벽한 실천적 대안을 제시하고 있지 못하기 때문이다. 그러면 음식윤리와 관련된 몇 가지 쟁점들을 통해 이러한 점들을 살펴보

도록 하자.

4. 음식윤리 실천상의 문제들

우리의 먹을거리를 두고 윤리적으로 행하는 일은 여러 가지가 있을 수 있다. 농약 및 비료 사용이 문제라면 그것의 사용을 줄이거나 대체하는 방법을 강구하면 될 것이고, 단일작물 재배가 문제가 된다면 농작물의 품종을 다양화하면 될 것이고, 동물의 공장식 사육이 문제가 된다면 동물의 본성을 실현해 주는 다른 농사 방식으로 대치한다든지 하면 될 것이다. 더 나아가서 소비의 차원에서는 윤리적인 먹을거리 소비운동 등의 방법을 선택하면 아주 간단한 일처럼 보인다. 그러나 음식과 관련해 윤리적 쟁점들이 대두하게 되는 것은 체계의 문제이고, 환경 문제들과 같은 복잡하고 광범위한 문제들이 개입되기에 그것을 해결하고 실천 방안을 마련하는 일 또한 쉽지 않다. 해결책과 실천 방안이 마련되어도 실제적인 어려움이 있으며 또 여러 가지 논란이 상존한다. 생산, 유통, 소비 및 처리 등에 관한 음식윤리의 쟁점들이 상당히 여러 가지가 있지만, 여기에서는 몇 가지 주요 쟁점들을 통해 실천상의 문제점들을 살펴보도록 하겠다.

(1) 공장식 사육과 음식윤리 실천의 문제

우리 인간들은 거의 모든 문화권에서 동물들을 애완용, 운송수단, 실험대상, 연구대상, 제례의식, 재정수익, 기초생활 수단으로 이용하고 있다(브라이언트 & 라벨, 2008: p. 95). 그러나 무엇보다도 가장 흔하게 문제가 되는 것은 동물들을 값싸고 풍요로운 먹을거리로 만들기 위해 공장식으로 사육하는 것이다. 그런데 우리가 여러 동물을 식용하지만 현대 미국 식품업을 상징한다고 할 수 있는 것은 닭고기라고 할 수 있다(싱어 & 메이슨, 2008, 2011: p. 39). 오늘날 미국에서 닭고기는 가장 싼 고기며 그 소비량은 70년대 이래로 두 배로 늘어났다고 한다. 공장식 사육 옹호자들은 이렇게 된 것이 자기들의 기술 덕분이라고 자랑한다는데, 싸게 먹고 있다고 생각되는 닭은 사실 비싸고, 그것을 키우는 방식은 잔인하기까지 하다. 닭은 경제적 효율로 경제적 가치를 극대화하기 위해 최소한의 시간 내에 최소한의 비용으로 최대한의 고기를 제공하도록 그 자연적 본성을 철저하게 억제당한 채 사육된다. 심지어는 효율을 위해 품종을 개량하여 1950년대의 그 조상들보다 세 배나 빠르게 성장하도록 만들고, 먹이는 3분의 1밖에 먹지 않아도 되도록 만들어 놓았다(싱어 & 메이슨, 2008, 2011: p. 43).

그러나 이러한 끊임없는 효율성의 추구는 그만한 대가를 치르고 있다. 우선 생명을 가진 닭의 고통이 그것이다. 한 예로 육계의 경우는 근육과 지방의 증가 속도를 뼈의 성장 속도가 따라잡지 못해 닭의 90% 정도가 다리를 절고 26% 정도가 뼈 관련 질환으로 고통을 받고 있다고 한다(싱어·메이슨, 2008, 2011: p. 43). 산란계의 경우는 비좁은 철장 우리에서 사육되며 가장 예민한 부위 중 하나인 부리가 잘

리고, 털갈이를 위해 길게는 2주일씩이나 굶겨지기도 한다. 그리고 알을 낳지 못하는 수평아리들의 경우는 잔인하게 폐기된다.

이는 공장식 사육에서 벌어지는 모습의 일부다. 닭의 탄생에서 죽음에 이르기까지의 잔인한 사육 과정들을 모두 묘사하는 부분은 더 잔악한 행위들에 대한 기술이 많은데, 이러한 글들에는 "독자들에게 불쾌감을 줄 수 있습니다"라는 경고문이 붙을 지경이다(싱어·메이슨, 2008, 2011: p. 43). 도살장에서 벌어지는 일도 잔인하기 그지없다. 닭 도살 라인은 대체로 분당 90마리를 죽이는 속도로 움직이며, 최고 속도로 돌리면 1분에 120마리, 한 시간이면 7,200마리의 닭을 죽일 수 있다. 최저 속도로 돌려도 20년 전보다 2배나 빠른 속도다(싱어·메이슨, 2008, 2011: p. 45). 사정이 이러하다면 닭이 어떻게 죽어 갈지는 보지 않아도 뻔하다. KFC의 "올해의 우수공급업체"로 선정되기도 했던 웨스트버지니아 주 무어필드 도살장에서 찍힌 비디오에는 경제적인 효율과는 거리가 먼 잔인한 행위들이 벌어지고 있었다(싱어·메이슨, 2008, 2011: pp. 47~48). 살아 있는 닭을 벽에다 메치기도 하고 닭들 위에서 펄쩍펄쩍 뛰며 깔아뭉개기도 하고, 살아 있는 닭을 축구공 차듯 뻥뻥 걷어차는 일들이 벌어졌다는 것이다. 이 밖에도 이들이 목격한 일로는 도살장 일꾼들이 닭의 머리를 뜯어내어 그것으로 벽에다가 피로 낙서를 하기도 하고, 살아 있는 닭의 깃털을 뽑아 가짜 눈을 만들기도 했으며, 야구 글러브로 닭의 머리를 죄어 질식시키기도 하고, 닭을 물풍선처럼 힘껏 쥐어짜서 다른 닭들에게 오물을 흩뿌리기도 하는 등의 일이 벌어진다는 것이다. 이것은 분명 노동자들로 하여금 동물의 고통에 대한 감수성을 무디게 만드는 일이

다. 문제는 여기서 그치지 않는다. 저임금·미숙련 노동자들이 지저분하고 피를 봐야 하는 작업을 보통 지독한 고온 속에서 도살라인을 계속해서 돌려야 한다는 압력을 받으며 수행하고 있었고, 한 번 돌릴 때마다 9만 마리의 닭을 죽여야 하는 과제를 달성해야 했는데, 이 사실을 회사들이 외면했다는 것이다. 이는 다시 노동 착취의 문제도 개입된다는 것을 의미한다.

칠면조나 돼지 그리고 소 등의 공장식 축산 관련 윤리적 쟁점 또한 닭의 경우와 특별하게 다르지 않다. 특히 미국에서 식육용으로 길러지는 돼지들은 90%가 콘크리트와 강철로 지은 좁아터진 축사 속에 갇혀 지낸다. 일생에 한 번도 바깥나들이를 할 수 없다. 풀밭을 밟아보지도 못한다. 번식용 암퇘지는 몸을 돌릴 수조차도 없는 우리에서 보다 더 철저하게 갇혀 지내며, 최대한 빨리 단기간 내로 새끼를 낳고 또 낳아야 하기에 대부분 새끼를 밴 상태로 일생을 보낸다. 이렇게 해서 태어난 새끼돼지들 또한 가둔 채로 사육해야 하기에 꼬리가 잘려나가고 송곳니가 잘려나간다. 수퇘지들은 마취도 되지 않은 상태로 거세를 당한다. 그리고 성장한 돼지 한 마리는 사람보다 네 배쯤 더 많은 배설물을 내놓고 이는 정화되지도 않은 채 환경으로 배출되기에 심각한 환경문제를 일으킨다.

현대식 농장의 젖소들 또한 최대한의 우유를 생산하도록 종자를 개량하게 되는데 우유 생산량이 50년 전의 젖소보다 무려 3배에 이른다(싱어·메이슨, 2008, 2011: p. 90). 그런데도 우유 생산을 보다 더 늘리기 위해 유전공학적 성장호르몬의 하나인 BST bovine somatotrophin를 주사한다. 이는 캐나다와 유럽에서는 젖소들의 건강과 복지 때문에

금지되었는데 미국에서는 널리 사용된다. 이러한 결과들로 젖소들에게 막대한 부담이 주어지고, 결국 자연적 수명이 20년인 젖소들은 5년에서 7년 사이에 죽게 된다(싱어·메이슨, 2008, 2011: p. 92).

그런데 값싸고 풍성한 먹을거리 생산이라는 경제적인 효율의 미명하에 벌이고 있는 이러한 일들이 사실은 동물의 도덕적 지위니 권리니 하는 문제를 떠나 경제적으로도 효율적이지 않다는 주장이 있다. 일반식품보다 유기농 식품이 더 비싼 이유는 부분적으로 집약적인 산업형 농업이 숨은 비용을 남에게 전가하며 생산비를 절감했기 때문이라는 것이다(싱어·메이슨, 2008, 2011: p. 54, p. 313). 즉 공장식 사육으로 인해 발생하는 악취, 수질 오염과 같은 비용들이나 위험 등을 환경은 물론 지역주민들이나 노동자, 납품업자들 그리고 납세자인 일반 국민들에게 전가했기 때문이다. 이를테면 파리 떼 때문에 뒤뜰에 나갈 수도 없고, 냄새 때문에 창문도 제대로 열어놓지 못하고 사는 사람들, 지하수 오염으로 생수를 사 먹어야 하는 사람들, 자신들이 뿌리는 농약으로 병들어가는 노동자 등에게 전가하는 것이다. 물론 그 비용이나 위험은 금액으로 환산할 수 없는 생명가치나 환경가치 등 여러 가지다. 한 예를 들자면 2005년 미 상원에서 흔히 조류독감으로 알려진 조류인플루엔자 전염병이 인간에게 번질 가능성, 그리고 수천만, 수억의 생명을 앗아갈 가능성에 대비해 백신 및 여타 약품을 확보하기 위해 80억 달러를 지출하고 결정하는 일 등이 그러한 경우다(싱어·메이슨, 2008, 2011: p. 59). 이러한 비용들을 경제학에서는 '외부효과'라고 하는데, 이는 생산자와 소비자 관계의 외부에 있는 제3자가 비용을 지불하기 때문이다(싱어·메이슨, 2008, 2011: p.

55). 그런데 그나마도 소비자들은 이렇게 잔인한 비윤리적 양계법으로 길러진 치킨이나 계란을 살지 안 살지 선택할 여지가 있지만, 외부효과를 치러야 하는 사람들은 선택의 여지가 없이 그냥 그 부담을 떠안아야 한다.

그런데 이와 같은 공장식 사육의 문제를 해결하기 위해서는 생산의 측면에서는 유기농이니 자연농법을 실천하는 것이 하나의 방안일 수 있겠지만, 주로 소비자인 우리의 차원에서 제시되는 하나의 실천 방안들은 양심적인 잡식주의자conscientious omnivore가 되거나 채식주의자가 되는 것이다. 피터 싱어와 짐 메이슨은 양심적인 잡식주의자라고 할 수 있는 윤리적이고 실용적인 소비자의 사례를 통해 그 특성을 다음과 같이 기술한다(싱어·메이슨, 2008, 2011: pp. 124~137). 이들은 건강문제에 관심이 많고 식습관이 환경에 미치는 영향에 대해서도 고려하고 있다. 이들은 대부분 유기농 식품을 구입하며 가능한 한 인근 농장에 가서 신선한 현지 재배채소를 구입한다. 이들은 고기나 생선을 먹되 일정한 윤리적 기준에 합당한 경우에만 먹는 사람들이다. 이를테면 이들은 어린이를 노예처럼 부려 먹지 않고 수확한 코코아 콩을, 그리고 어떠한 호르몬제, 항생제, 살충제도 처방받지 않고 유기농 사료만 먹인 젖소의 우유를 먹는 등, 그나마 윤리적 고려를 한다. 즉 먹을거리 생산자가 노동 문제에 얼마나 양호한지, 기업 책임은 잘 준수하고 있는지, 동물 복지, 환경에 대해서는 어떠한지 등을 고려하여 먹을거리를 선택하고 소비하려 한다. 하지만 이들은 그래도 싸거나 맛좋고 편리함을 절대적으로 배제하지 못한다. 그렇기에 이들은 먹을거리 선택에서 윤리적 문제와 맛, 편리함, 가격

등등의 조건들을 종합적으로 고려해야 하는 일의 어려움들을 토로한다.

완전한 채식주의자들인 이른바 비건vegan은 육류도, 생선도, 달걀도, 유제품도 아예 먹지 않는다.[3] 이들은 어떠한 동물성 성분이 들어간 음식도 거부한다. 따라서 이들은 음식과 농업에서 발생하는 모든 윤리적인 문제들을 벗어난 듯하다. 마찬가지로 이들이 비건이 되는 이유로는 물론 건강 문제도 있지만 환경 문제나 노동 문제, 기업의 책임, 식품안정성과 같은 다양한 사회적·윤리적 이유도 중요하게 작용한다. 그런데 이들은 먹을거리로 단순한 일반 채소가 아니라 유기농 채소를 주로 선택하기는 하지만 모든 비건들이 유기농을 선호하는 것도 아니다. 또 육식자들이라고 해서 비유기농만을 먹는 것도 아니다. 그러나 비건은 일반인보다 유기농을 더 좋아하고 많이 먹는 경향이 있다고 한다. 이들이 유기농을 선호하는 이유도 채식을 선호하는 이유와 유사하다. 건강과 환경 그리고 노동자들을 위하여 그렇게 한다. 유기농산물과 식품의 가치는 농업노동자들이 농약에 덜 노출되고, 동물들이 더 인도적인 대우를 받으며, 흙이 더 비옥해지고 잘 보전되며, 물에 유출되는 화학비료가 줄어드는 등 환경문제에 긍정적인 효과를 내는 데 있다는 것이다. 물론 비건들은 불확실성 등으로 여러 가지 문제점을 가지고 논란을 불러일으키고 있는 유전자조작 농산물도 배제한다.

---

3 현재 미국에서는 인구의 1%~3%에 해당하는, 즉 200만~600만 명에 달하는 성인 남녀들이 비건에 해당한다고 한다.

그럼에도 비건에게는 몇 가지 문제가 남아 있다. 아이들에게 엄격하게 비건 생활을 하도록 만드는 부모들은 비윤리적이라는 비판이다(싱어·메이슨, 2008, 2011: pp. 314~319). 동물성 음식을 자녀들에게서 빼앗는 일은 아이들에게 회복 불가능한 육체적·정신적 피해를 입힌다는 것이다. 그리고 단백질과 철분 등의 영양분은 어디에서 섭취하느냐는 것도 문제다. 그러나 이에 대해 비건들은 모두 콩이나 완두콩, 렌즈콩 등을 빵, 파스타, 밥 같은 주식에 첨가하는 것으로 충분하다고 한다. 철분은 대두, 호박씨, 말린 살구, 강낭콩, 시금치, 건포도 등이나 어떤 나라들의 주식으로 충분히 보충할 수 있다는 것이다. 그러나 이러한 사실적 쟁점은 여전히 논란거리다.

그러나 무엇보다도 채식주의가 옹호되기 어려운 점은 인간은 본성상 잡식동물이라는 것이다. 따라서 채식주의는 생태학적 사실과도 정합하지 않는다. 이른바 먹는 자와 먹히는 자가 있는 것은 자연 질서의 일부며, 그러한 질서에 따라 행동하는 것은 잘못일 수 없다는 비판이 가능하다. 그러나 이에 대해서 채식주의자들은 '자연 질서에 따르는 윤리이론'은 모든 불평등을 정당화시킨다고 재차 비판한다(싱어·메이슨, 2008, 2011: p. 343). 그리고 그러한 윤리이론의 논리가 타당하다고 하더라도 이것은 채집-수렵 사회에서나 가능한 것이라고 비판할 수 있다. 그리고 그러한 논리는 채식주의를 훼손할 수는 있어도 공장식 사육을 정당화시키지는 못하는 것 같다. 그럼에도 여전히 채식주의는 육식옹호론과 만만치 않은 대결을 벌이고 있다.

20년간이나 정의감, 연민, 그리고 이 세상을 바로잡고자 하는 절박한 갈망이라는 고귀한 이유들로 거의 종교에 가까운 비건 생활을

하던 리어 키스Lierre Keith는 『채식의 배신』이라는 책에서 가장 친환경적이라고 여겨지던 채식주의 식단마저도 공장식 축산과 별다를 것 없이 파괴적이며 지속 불가능하다는 비판을 가한다. 키스는 오늘날 채식의 여부와 상관없이 음식의 다양성이 역사상 그 어떤 때보다도 위험한 수준으로 급감했고, 채식은 그중에서도 가장 위험한 방식으로 영양물질의 다양성을 제한하는 식단이라고 비판하면서 생명에 대한 연민과 개체 간 평등 의식을 온당하게 유지하면서 평화롭게 육식을 받아들이는 생태론적 세계관을 제시한다(키스, 2013: pp. 5~9. 유진규 추천사 참조). 즉 생명은 죽음을 통해서만 가능하고, 우리 몸은 세상이 준 선물이며, 서로를 먹이는 것이야말로 우리가 가진 최고의 자원이라고 말한다. 먹이사슬은 피라미드가 아니라 먹고 먹히는 고리이며 그 고리 어딘가에 인간이 놓여야 한다. 그러나 키스는 이러한 실천은 이제 지식과 행동이 동시에 요구되는데, 고작 개인 차원의 윤리적 소비와 같은 실천으로는 개인의 건강은 몰라도 그와 필연적으로 얽혀 있는 동물복지, 환경 생태, 사회적 정의의 문제 해결이 불가능할 것이라고 하면서 그물처럼 촘촘히 짜인 위계질서와 거대한 권력체계에 대항하고 이를 해체해야 하며 문화와 권력을 재편해야 한다고 주장한다(키스, 2013: p. 21).

어쨌든 공장식 사육이 인간의 건강과 동물의 복지, 그리고 환경에 나쁜 영향을 미치는 것은 분명하고 지속 가능하지 않다는 것이 비교적 분명함에도 실천적 차원에서는 여러 가지 어려움이 있다. 따라서 싱어와 메이슨(2008, 2011: pp. 394~398)은 고기를 먹는 문제가 윤리적인 문제이기는 하지만 광신은 필요 없다고 하면서 유연하고 개방적

인 입장을 취한다. 윤리적으로 먹자고 하는 것이 종교의 엄격한 계율이거나 유태인들의 음식 금기와 같은 것은 아니라는 것이다. 이들은 개인이 규칙을 얼마나 엄격하게 지키는지가 핵심이 아니라 동물 학대를 지지하지 않는 것, 그리고 다른 사람에게도 그렇게 하도록 권유하는 것이 핵심이라고 하면서 규칙이 너무 엄격하여 다른 사람에게 비건vegan이 되는 일이 거의 불가능하다는 인상을 심어 준다면, 오히려 이것은 실패하기 쉽고, 결국 동물복지에 아무런 도움이 되지 않을 수도 있다는 것을 우려한다. 그러면서 윤리적 사고는 상황에 민감할 수 있기에 먹을거리에 관한 의무감을 적절히 조절할 필요가 있다는 점을 강조한다.

그런데 음식과 관련된 윤리적 고려가 이렇듯 논란이 일고 그 실천 또한 개인적 차원에서는 미약하고 어렵다면, 어떤 도덕규범을 확립하기는 더욱 어렵다. 게다가 어떤 행위로 인해 영향을 받는 이해관계를 공정하게 대우해야 하는 것이 윤리의 또 다른 중요한 특징이라면 동물, 환경, 농장주, 소매업자 사이의 이해관계에서 균형을 잡아주는 일 또한 쉽지 않다. 브라이언트와 라벨(2008: p. 113)은 이러한 어려움을 다음과 같이 묘사한다. "웰빙wellbeing, 자율권(선택권), 정의(공정성)와 관련한 다양한 차원에서 당사자들에게 많은 윤리적 딜레마를 제기한다. 농장주에게 웰빙은 만족스러운 수입을 얻을 수 있는가 그리고 자신의 농장이 번창하는지 여부에 좌우될 것이다. 농장주에게 자율성은 자유로운 농장 운영을 통해 주어지며, 그들의 정의는 생산물을 판매할 때 지켜야 하는 공정한 거래 규칙을 통해 실현될 것이다. 동물에게 웰빙은 자신들이 받는 보살핌에 좌우될 것이고,

자율성은 자신들의 타고난 행동방식을 지킬 수 있는 정도에 따라, 정의는 자신의 내재적 가치를 존중받을 수 있는가에 따라 실현될 것이다." 그리고 소비자에 대해서 다음과 같이 말한다(브라이언트·라벨, 2008: p. 113). "소비자의 웰빙, 자율성, 정의를 위해 소매업자를 거쳐 농장주와 동물에게 행사되는 힘들이 윤리적인 문제를 일으킨다. 예를 들어, 소비자에게 베이컨을 좀 더 싼 값에 공급하기 위해서는(소비자의 웰빙과 자율성) 번식용 암퇘지가 새끼돼지들을 깔아뭉개지 않도록 우리에 단단히 묶어 두어야 한다. 하지만 이렇게 하면 돼지의 웰빙과 자율성 그리고 정의의 실현이 침해를 받는다. 물론 소비자는 암퇘지의 복지를 지키기 위해 자신의 자유로운 선택권을 행사해 좀 더 비싼 값의 베이컨을 구입할 수 있다."

이러한 논의들로 미루어 공장식 사육과 관련해 윤리적 실천을 위한 최선의 이유를 찾는 문제가 그리 간단치가 않음을 알 수 있다.

(2) 유기농산물과 실천의 문제

그러면 음식윤리의 실천과 관련해 또 다른 중요한 쟁점이 될 수 있는 유기농산물의 경우는 어떠한가? 유기농과 관련해서도 말끔하게 결정된 것은 없다. 유기농과 관련해서는 우선 단어의 의미가 일정치 않다. '유기농'이라는 말은 1942년에 로데일J. I. Rodale에 의해 시작되었다고 한다(싱어·메이슨, 2008, 2011: p. 281). 초기에는 여러 가지 정의가 난무했고, '유기농 농민'이라는 단어를 제각기 다른 의미로 사용하는 상황이 벌어졌다. '국제유기농업운동연합' 소개서에는 다음과 같이 정의한다. "유기농업이란 식품, 섬유, 목재 등을 환경적·

사회적·경제적으로 건전한 방식으로 생산할 수 있는 농업 시스템이다. 이 시스템에서, 토양의 비옥도는 성공적 생산의 핵심 요소로 간주된다. 식물과 동물, 그리고 경관 등 자연의 산물을 다루면서, 유기농업 농민은 농업과 환경의 모든 면에서 최적의 질質을 달성하는 것을 목표로 한다."

1995년에는 미국의 국가유기농기준위원회U.S Department of Agriculture National Organic Standards Board가 유기농을 "생물의 다양성. 생물학적 순환 그리고 토양의 생물학적 활동을 촉진하고 향상시키는 생태적인 생산운영시스템"이라고 정의한다(변순용, 2014: p. 70). 하지만 이러한 정의들은 상품이 유기적으로 생산되었음을 나타내는 상표의 수준에까지 이르지 못하였기에 상표 속에 구체적으로 나타낼 수 있는 기준이 되지 못해 1990년 미국의회는 농무부에서 법적 강제성이 있는 'USDA 유기농' 기준과 인증 절차를 만들게끔 해서 2002년 유기농업에 종사하는 사람들의 견해를 참작하여 대부분이 납득할 수 있는 기준을 만들게 된다(싱어·메이슨, 2008, 2011: p. 283). 이러한 기준에는 합성비료, 살충제, 제초제의 사용금지 등을 규정한다. 동물들의 경우는 유기농 곡물이나 유기농 사료를 먹여야 하며, 성장호르몬이나 항생제를 먹여서는 안 된다. 그리고 동물들은 밖으로 나갈 수 있어야 하고 유전자 조작 등과 결부되어서도 안 된다는 등을 규정하고 있다.

그런데 이러한 유기농산물을 우리는 건강이나 환경을 위하여 지속 가능한 음식으로 선택해야 한다(싱어·메이슨, 2008, 2011: pp. 284~291). 왜냐하면 유기농은 토질을 보전하고, 생물의 다양성을 높이며, 질소

유실로 인한 오염을 줄이고 관행농법처럼 제초제 등의 농약을 대량으로 사용하지 않기 때문이다. 그리고 더 적은 에너지로도 같은 수확량을 달성하고, 흙 속에 더 많은 산소를 포함시키며 따라서 이산화탄소 방출량을 줄이기 때문이다.

그러나 이에 대해서도 생각해 볼 부분이 있다. 흔히 관행농법은 보통 유기농보다 단위 면적당 수확량이 높은 것으로 알려져 있다. 따라서 우리가 일정량의 식품을 생산하고자 할 때 관행농법을 사용하면 더 적은 땅을 사용해도 된다. 그렇게 해서 남은 땅을 자연녹지로 유지·보전하게 되면 그것은 탄소 배출량을 줄이는 전략일 수도 있다는 것이다. 물론 여기에는 또 실제로 수확량이 많은지에 대한 사실적 쟁점이 존재하기는 한다. 그리고 유기농은 가난한 사람들이 사 먹기에는 너무 비싸다는 반론이 있다. 그러나 앞에서 보았듯이 생산비를 전가하기 때문이라는 답변이 가능할 수 있다(피터 싱어·짐 메이슨, 2008 : pp. 312~313).

또한 지구온난화의 문제와 관련되어 제기되는 문제인데 소들의 트림과 방귀 문제다(피터 싱어·짐 메이슨, 2008 : p. 292). 소들은 방귀를 통해 메탄을 방출하는데 이것은 온실가스로서 이산화탄소보다 20배나 위력을 발휘한다고 한다. 그리고 전체 온실가스 방출 효과의 2.5%에 대한 책임이 있다. 그리고 소들이 전 세계 메탄 방출량의 절반의 책임이 있는데, 소들은 목초나 건초 같은 섬유질이 많은 음식을 먹을 경우 더 많은 메탄을 방출한다는 것이다. 그런데 유기농 방식으로 일정량의 우유를 얻기 위해서는 관행 농법보다 10%의 소가 더 필요하게 된다. 이럴 경우 많아진 소는 더 많은 메탄가스를 방출

한다.

변순용(2014: p. 71)은 유기농이 지속 가능한 식사를 위한 대안이 될 수 있지만 지속 가능한 농업과는 차이가 있다고 주장하기도 한다. 왜냐하면 유기농이라는 것은 대규모 산업농에 의해서 제공될 수 있고, 유기농으로 인정되지 않는 농가에서도 농가의 생산성을 유지할 수 있는 방법으로 유기농 식품을 생산할 수 있기 때문이다. 이러한 경우라면 유기농은 그저 실제적인 자격 인증에 지나지 않은 것이 되고 지속 가능한 농업은 농업의 철학 내지 생산방식이 된다는 것이다.

그리고 변순용(2014: p. 71)에 의하면 유기농과 관련하여 제기되는 근본적인 우려가 있는데, 즉 유기농 음식의 생산 과정에 어떤 것이 들어가는지 알기가 어렵다는 점이다. 이를테면 전통적인 자연퇴비를 사용할 경우, 여기에 작용할 수 있는 요소들을 우리가 전부 알 수는 없다는 것이다. 이러한 식으로 유기농의 위험성이 지적되기도 한다. 이렇듯 지속 가능한 농업 혹은 음식과 관련하여 여러 가지 크고 작은 문제와 논란이 있다. 이 밖에 식량 생산과 관련해 농약 및 비료, 그리고 항생제 등등의 사용과 관련한 문제에 대해서도 아직 논쟁은 끝나지 않았다.

그럼에도 『음식의 정치학Food Politics』의 저자인 매리언 네슬Marion Nestle은 우리가 개인의 건강보다도 유기농을 선택하는 윤리적 이유로 농업노동자들을 농약에 덜 노출시키고, 동물들이 더 인도적인 대우를 받으며, 흙이 더욱 비옥해지고 잘 보전되며, 물에 화학비료의 유출이 덜 일어나고, 다른 환경문제에서도 여러 가지 다른 긍정적인

효과를 내는 데 있다고 주장한다(피터 싱어·짐 메이슨, 2008 : p. 312).

그러나 이러한 것을 안다고 해도 이것이 대체적으로 현실적인 실천에 적용되지 않는 것은 무엇 때문일까? 가령 우리가 도둑질이 나쁘다는 것을 알고 살인이 나쁘다는 것을 알기에 대부분 도둑질과 살인 행위를 하지 않는다. 그리고 만일 그러한 행위를 할 경우 가차 없이 응징을 가한다. 그러나 우리는 공장식 축산이나 관행농법이 바람직하지 않고 여러 가지 문제가 있다는 것을 알면서도 그러한 것을 행하고 그렇게 생산된 농산물들을 거리낌 없이 소비한다. 그리고 일상적으로는 그러한 소비행위들에 대해 비난하지도 응징하지도 않는다. 이것은 이러한 문제가 환경 등의 문제와 연결되면서 복잡하고 광범위하고 간접적이며 장기적이라는 특성을 지니게 되기에 우리 개인과 무관하거나 시급해 보이지 않기 때문일 수도 있고, 또 그러한 행위들을 분명한 도덕규칙이나 규범을 제정해 규제하기가 쉽지 않거나 불가능하기 때문일 수도 있다. 그렇다면 여기에서 이러한 어려움을 벗어나기 위해 다른 가능성을 검토해 볼 필요가 있을 것 같다. 특히 덕의 윤리를 보충함으로써 그러한 실천이 가능한지를 살펴볼 필요가 있다.

5. 환경 덕 윤리를 통한 적절한 실천 가능성 모색

윤리학의 작업은 어떤 해결하기 어려운 문제와 더불어 시작되고 이에 대한 합리적 근거를 지닌 결정을 내리는 것이다. 따라서 어떤 문제에 대한 도덕 판단이 정당성을 얻기 위해서는 우선 해당 판단에 대한 합리적인 근거 내지 이유가 충분히 설명되어야 하는데 환경 및 동물 생명 등이 개입되는 문제들에서는 이러한 근거를 만들어 내기기 그리 쉽지 않다.

음식윤리 관련 글들도 공장식 사육을 통한 식용동물 생산, 동물 학대, 채식 등의 문제들을 다루는 것 외에 인간의 건강과 복지, 생태계의 지속 가능성, 화석연료 의존, 지구온난화, 열대우림 파괴, 토지 황폐화, 습지대 오염, 농촌의 공동화, 불공정 무역, 노예노동, 사회적 형평성 등등의 복잡한 문제를 한데 얽어 두루 고려한다. 그런데 싱어와 메이슨이 지적하듯이 문제가 이렇게 너무 복잡해지면 차라리 다 잊어버리고 우리의 기호에 따라 혹은 주머니 형편에 따라 아무것이나 소비하고 말자는 생각을 가질 수도 있다는 것이다(피터 싱어·짐 메이슨, 2008, 2011: p. 394). 너무 살펴야 할 것이 많아서 질려버리게 된다면, 다시 말해 너무 살필 것이 많고 지켜야 할 것이 많아 고기를 전혀 먹지 않는 철저한 채식주의자(비건)가 되는 것이 거의 불가능하다는 인상을 심어준다면 실천이 이뤄지지 않을 테고 결국 동물에게 전혀 도움이 되지 않는다는 것이다. 이는 음식윤리 실천의 어려움을 보여주는 한 예다.

그리고 동물윤리 혹은 생명윤리와 관련해서 심각하게 제기되는

문제가 있다. 사람들은 물론 거의 모든 생명체들은 생존을 위해 동물이든 식물이든 우리가 존중해야 할 생명을 죽이고 그것을 영양으로 섭취해야 하는데, 어떻게 생명을 존중할 수 있겠느냐는 문제가 바로 그것이다. 그러나 이러한 것은 생명존중 사상을 구체적인 행위를 요구하는 규칙 중심의 윤리로 보기 때문에 생기는 문제다. 분명 생명 외경과 같은 원리는 행위를 위한 규칙으로 받아들이면 그것은 합리적인 자기 이익에 반하는 것이다. 그러나 슈바이처의 생명 외경 사상을 규칙rule으로 제안한 것이 아니라 세계에 대한 근본적인 태도 attitude로서 제안하는 것으로 받아들이면 문제가 해결된다(데자르뎅, 1999: p. 228). 따라서 이는 우리가 어쩔 수 없이 죽이더라도 일말의 책임감을 느끼면서 혹은 채무의식을 느끼면서, 그리고 그러한 상태를 의식하는 상태에서 행해져야 한다는 것을 의미하는 것이다(데자르뎅, 1999: p. 226).

그리고 또한 음식과 관련한 이러한 윤리적 의사결정의 어려움은 음식윤리와 관련된 가치가 다양하다는 데 기인할 수도 있다. 김명식(2014: p. 30)은 이에 대해 이러한 음식윤리와 관련된 가치는 인간의 생존과 건강, 복지 그리고 생태계의 지속 가능성, 사회적 형평성 등이 있을 수 있다고 하면서 이러한 가치의 다원성은 다양한 가치를 담아내는 사회적 의사결정을 필요로 함을 시사한다고 말한다. 그러면서 우리는 하나의 행위 지침을 마련하는 것이 쉽지 않은데 이러한 상황에서는 하나의 확고한 원리에 의해서 모든 것을 일사불란하게 설명하는 연역적인 방법이 아니라 사례별로 적용되는 다양한 가치들을 종합적으로 고려하는 방법을 강구해야 할 필요성을 제기한다.

음식윤리든, 동물윤리든 윤리적 실천과 관련하여 사정이 이러하다면 우리는 여기에서 이러한 실천을 위한 결정을 보완할 어떤 다른 방책 또한 모색해 볼 필요가 있다. '환경 덕 윤리학environmental virtue ethics'을 활발하게 연구하고 있는 샌들러(Sandler, 2005: p. 2)는 환경윤리는 우리가 환경에 대해서 해야 하는 것과 하지 말아야 할 것에 관한 지침을 제공해 주는 행위의 윤리학을 요구할 뿐만 아니라, 우리가 환경에 관하여 지니거나 지니지 말아야 할 태도나 성향이 무엇인지에 관한 지침을 제공하는 성품의 윤리학을 요구한다고 말하면서 환경윤리에 덕의 윤리를 도입할 것을 주장한다.

그는 환경에 관한 공적인 논의들은 거의 전면적으로 법률적인legislative and legal 용어들로 구성되는 경향이 있기에 그것은 환경에 관한 어떤 활동들과 행동들이 적법한지에만 고정되기 쉽다는 것을 지적한다(Sandler, 2005: p. 2). 그러나 실제로 사람들이 어떻게 환경과 상호작용하는지는 대체로 환경에 대한 사람들의 성향에 의해 결정되기에 환경 착취 및 남용을 당연히 여기게 되는 원인은 바로 자연을 단순히 인간의 요구를 만족시키는 무한한 자원으로 생각하는 인간의 태도에서 비롯될 수 있다는 것이다(Sandler, 2005: p. 3). 그렇다면 환경적 실천과 정책들을 결정하는 데 의미 있는 변화를 가져오려면 환경에 대한 우리의 성향들을 실제적으로 전환하는 것이 요구된다는 것이다. 이러한 식으로 샌들러는 적당한 성품은 올바른 행위를 위해 없어서는 안 되는 것이라고 강조한다.

그리고 샌들러는 덕의 윤리의 역할에 대해서 몇 가지 이야기를 하는데, 그중 몇 가지가 음식윤리 혹은 동물윤리의 실천문제들을 어

느 정도 해결하는 대안으로 원용될 수 있을 것으로 생각된다. 먼저 샌들러는 환경적 덕은 정당한 행위를 촉진하는 수단이라고 주장한다(Sandler, 2005: p. 6). 즉 환경적으로 덕 있는 사람은 옳은 것은 인정하고, 동시에 옳은 이유 때문에 그것을 하려는 경향을 가진다는 것이다. 그리고 환경 덕 윤리는 그것이 한 사람을 자연에서의 유익한 경험들과 관계들에 눈뜨게 하기 때문에 그것의 소유자에게 이익이 되게 한다는 것이다(Sandler, 2013: p. 1671). 그리고 덕과 덕이 있는 사람에 대한 실질적인 설명은 사람들이 해야 할 행위와 하지 않아야 할 행위들이 무엇인지에 대한 정보를 준다는 것이다(Sandler, 2005: p. 7). 그리고 환경 덕 윤리학의 또 다른 역할은 성품이 사람들의 행동하는 방식에 관련된다는 사실로부터 나온다(Sandler, 2013: p. 1672). 사람들이 행동하는 방식은 그들이 지각하는 세계가 무엇이고 그들이 세계를 어떻게 지각하고 있는지에 의존하게 되는데, 자연을 사랑하고 존중하는 사람은 특정한 풍경이나 강물의 흐름을 단순히 인간의 욕구와 필요를 만족시키기 위한 자원으로 보지 않고, 인간이 아닌 유기체들이 번성하려고 노력하는 아름다움의 장소와 복잡한 생태학적 과정들의 산물로 본다는 것이다. 이는 결국 환경적 덕은 그 소유자에게 올바른 환경 윤리의 행위 규칙들, 원칙들 혹은 규범들에 따라 행위 하도록 하는 경향을 지니게 한다는 것을 의미한다. 따라서 환경적 덕을 포함하여 덕은 결국 올바른 행위에 도움이 된다는 것이다.

게다가 환경적 덕은 행위를 안내하는 규칙들과 원칙들을 구체적인 상황들에 적용하는 데 필요한 감수성이나 지혜를 제공할 수

도 있다고 한다(Sandler, 2005: p. 6, 2013: p. 1672). 최소한 이러한 감수성은 규칙이나 원칙들이 효력을 발생하는 그러한 상황들에서 그것들이 추천하는 행위 과정은 어떠한 것인지를 결정하기 위해서뿐만 아니라 어떠한 규칙이나 원칙들이 어떠한 상황에 적용될 수 있는지를 결정하기 위해서도 요구되기 때문이다. 그렇기에 이것은 또한 갈등하는 도덕성의 요구들을 판결하거나 다원적인 가치의 원천들과 정당화로부터 발생하는 도덕적 딜레마를 해결하는 데 필수불가결한 것일 수도 있다는 것이다. 그리고 행위를 결정하는 것이 몇몇 한정된 규칙들이나 원칙들에 의해서 결정될 수 있는 것이 아니라면 덕의 일부인 지혜와 감수성은 어떤 상황들에서 환경적으로 올바른 행위를 포함하는 올바른 행위를 결정하거나 확인하는 데 필수 불가결한 것이라는 것을 이야기한다. 이렇듯 덕은 도덕적 딜레마 상황들이나 다양한 규칙들이 갈등할 때 유용하게 역할을 할 수 있는 것으로 얘기된다.

또한 샌들러는 환경 덕 언어는 환경윤리학에 널리 퍼져 있고 필수 불가결한 것이라고 주장한다(Sandler, 2013: p. 1670). 그 이유는 덕과 악덕의 언어는 의무와 결과들의 언어보다 훨씬 더 다양하고 더 미묘한nuanced 뉘앙스가 있기 때문이라는 것이다. 이를테면 정직과 부정직, 동정과 잔인함, 관대함과 인색함, 낙천적임과 비관적임, 용기와 비겁, 절제와 무절제, 존중과 무시, 감사와 배은망덕 등이 그러한 덕과 악덕 용어들인데, 이것은 '그릇된, 허용 가능한, 의무적인 그리고 의무 이상의'와 같은 의무론적이고 결과론적인 윤리학의 범주들보다 품성과 행위에 대해 더 미묘하고 풍부한 평가들을 가

능하게 해준다는 것이다. 그런데 이러한 다양성과 풍부함은 인간과 자연환경과의 관계의 복잡성 때문에 환경윤리학에서 중요하다고 한다.

두말할 필요 없이 환경윤리 문제들은 다양하고 복잡하고 광범위하기로 악명 높다. 따라서 개인과의 연관이 없는, 시공간적으로 멀리 떨어져 있는, 집합적인 행위 문제들인 기후 변화, 오존층 파괴 그리고 오염의 증가와 같은 전 지구적인 쟁점들과 같은 폭넓은 범위의 환경적 쟁점들을 가정한다면, 환경 윤리학은 역동적이고 다양한 평가 개념들의 집합을 필요로 하게 될 텐데 그것은 다시 환경 덕 윤리학이 제공한다는 것이다. 음식윤리도 앞에서 보았듯이 환경문제와 필연적으로 연관될 뿐만 아니라 다양한 문제와 다양한 가치를 포함하고 있다면, 또 먹는 것이 만들어 내는 관계들은 종종 본성상 혼성적인hybrid 것이라는 점을 생각한다면 마찬가지 얘기가 적용된다고 볼 수 있다. 이러한 점에서 덕 윤리는 환경윤리뿐만 아니라 음식윤리에도 적절하게 활용될 여지가 많아 보인다.

6. 맺음말

이제까지 음식윤리가 왜 윤리적인 문제인지, 그리고 음식과 관련해서는 어떠한 윤리적 문제들이 등장할 수 있는지, 그리고 그러한 윤리적 문제들을 둘러싸고 벌어지는 쟁점들이 무엇인지를 살펴보았다. 그리고 나서 그러한 쟁점들과 관련한 윤리적 실천이 과연 가능

할지에 대해서 살피고 덕의 윤리가 과연 그러한 문제들을 해결해 주는 데 보탬이 될 수 있는지 살펴보았다. 그러나 덕 윤리도 윤리적 결정에 필요한 어떤 명확한 규칙이나 원칙을 결여하고 있기 때문에 윤리적인 원칙으로 채택하기가 어렵다는 문제점과 또한 어떤 행동을 해야 하는지에 대한 구체적인 지침을 제공하지 못한다는 전통적인 문제점 외에 아직 해결해야 할 문제는 더 있다.

우선 덕 윤리학이 다른 규범적인 이론들에 의해 지지를 받는 것들보다 더 실행 가능하고 바람직한 대안적인 환경윤리를 마련해 주는지에 대한 관심이 요구된다(Sandler, 2013: p. 1673). 그리고 덕 윤리의 핵심이 성격 특성에 있고 그것이 우리의 행위를 안내한다면 환경과 관련하여 어떠한 성격 특성이 악이고 어떤 성격 특성이 선인지를 일일이 규명하고 그런 덕을 구별하는 작업 등 여러 가지가 필요하다. 그리고 그러한 품성을 왜 함양해야 하는지에 대한 보다 구체적인 논의와 그러한 품성을 어떻게 함양할 것인지에 대한 논의 등이 더 요구된다. 그리고 음식윤리와 관련해서도 마찬가지 얘기가 적용된다.

어쨌든 환경윤리건 음식윤리건 비교적 최근에 새로 등장한 분야들이다. 이러한 분야의 쟁점들은 관습에 의해 해결되지도 않고 전통적인 윤리이론들이나 원칙들에 의해서 금세 해결되지도 않는다. 따라서 새로운 해결책이 요구될 수밖에 없다. 그렇기에 여러 가지 논란에 쉽게 종지부를 찍기가 쉽지 않아 보인다. 그렇다고 고민을 멈출 수도 없다. 고민을 멈추는 순간 우리는 악을 행할 수도 있기 때문이다. 『예루살렘의 아이히만』에서 “무사유가 인간 속에 아마도

존재하는 모든 악을 합친 것보다 더 많은 대 파멸을 가져올 수 있다는 것, 이것이 사실상 예루살렘에서 배울 수 있는 교훈이었다"는 한나 아렌트Hannah Arendt의 말을 음미할 필요가 있어 보인다(한나 아렌트, 2006: p. 392).

그러나 이러한 음식윤리를 이야기하는 사람들이 무엇을 어떻게 먹을지에 대해서 다양한 접근을 하고, 서로 다르거나 심지어는 서로 대립하는 해결책들을 제시하기는 해도 한 가지 공통된 생각을 가지는 것으로 보인다. 즉 이들이 공통으로 얘기하는 것 중 하나는 지구상의 모든 존재와 살아 있는 유기체들은 서로 연결되어 있고, 서로 힘을 합하여 서로 중요하고도 의미 있는 방법으로 움직이고 있다는 것이다(로빈스, 2011, 2013: p. 291). 이를테면 구름, 바다, 산, 식물, 박테리아 그리고 모든 동물이 지구가 움직이는 데서 자기가 맡은 더없이 중요한 일을 하고 있다는 데 생각을 같이 하는 것 같다. 많은 사람들이 한결같이 우리가 생물권biosphere에 의존하는 생물학적 존재라는 사실을 인지하고 지속 가능한 인간의 건강 및 환경, 생태계, 사회 등을 고민하고 있는 것이다. 모든 것이 확실하지 않을 때 때로는 판단 중지가 필요하기도 하겠지만 고민의 과정을 통해 비록 우리가 행위를 하기 위한 완전한 이유를 찾지 못하더라도 최선의 이유는 찾는 것이 필요하다. 다원론적 접근 및 반성적 평형의 방식, 심의적 의사결정 등 다양한 접근을 시도할 필요가 있기도 하다. 더 나아가서는 구체적인 실천을 위한 시민들의 실제적인 운동과 국가 정책적인 차원에서의 노력도 요구된다. 이러한 단편적인 노력들로 세상이 당장 일거에 바뀌지는 않겠지만 이러한 작은 움직임들이 눈에 보이지 않

는 큰 흐름이 되어 음식과 관련한 인류의 문명과 권력을 재편할 수 있는 길이 마련될 수 있지 않을까 생각한다.

참고문헌

김명식, 「산업형 농업시대의 동물윤리」, 『대한철학회 2014년 가을학술대회 자료집』, 2014, pp. 19~32.

김명식 옮김, 데자르뎅 J. R., 『환경윤리』, 자작나무, 1999.

김선욱 옮김, 한나 아렌트, 『예루살렘의 아이히만』, 한길사, 2006·2014.

김희정 옮김, 리어 키스, 『채식의 배신: 불편해도 알아야 할 채식주의의 두 얼굴』, 부키, 2013.

변순용, 「지속 가능한 식사의 윤리적 의미에 대한 연구」, 한국환경철학회 『환경철학』 제17집 여름호, 2014.

안의정 옮김, 존 라빈스, 『음식혁명』, 시공사, 2002.

우석영 옮김, 오랜 B. 헤스터먼, 『페어푸드: 깨어 있는 소비자에서 참여하는 음식시민으로』, 따비, 2013.

유형훈 옮김, 에번 D. G. 프레이저·앤드루 리마스, 『음식의 제국』, 알에이치코리아, 2012.

이원봉 옮김, 존 브라이언트·린다 바곳 라 벨·존 설, 『생명과학의 윤리』, 아카넷, 2008.

충남발전연구원 옮김, 팀 랭·데이비드 발링·마틴 캐러허, 『먹거리정책』, 따비, 2012.

함규진 옮김, 피터 싱어·짐 메이슨, 『죽음의 밥상』, 산책자, 2008·2011.

DesJardins, Joseph R. *Environmental Ethics: An Introduction to Environmental Philosophy*, 5th edition : Wadsworth, 2013.

Holland, Alan. Sustainability in Jamieson, Dale(ed.) *A Companion to Environmental Philosophy*. Blackwell Publishing, 2001·2003.

King, Roger J. Eating Well: Thinking Ethically About Food, in Fritz Allhoff and Dave Monroe(ed.), *Food and Eat, Drink, and Be Merry*. Blackwell Publishing, 2007, pp. 181~182.

Sandler, Ronald. Environmental Virtue Ethics, in Hugh LaFollette(ed.)(2013) *International Encyclopedia of Ethics* . Blackwell Publishing, 2013.

Sandler, Ronald. Introduction: Environmental Virtue Ethics, in Ronald Sandler·Philip Cafaro(ed.) *Environmental Virtue Ethics*. Lanham·Boulder·New York·Oxford: Rowman & Littlefield Publishers, 2005.

3부

채식주의의 논쟁

1. 피터 싱어와 윤리적 채식주의

2. 윤리적 채식주의의 올바른 이해

3. 톰 레간과 윤리적 채식주의

1. 피터 싱어와 윤리적 채식주의

맹주만(중앙대학교)

1. 육식과 채식의 도덕적 차이

리프킨Jeremy Rifkin이 『육식의 종말』(Beyond Beef, 1993)에서 지적하고 있듯이, 서구 문명의 형성은 오늘날에도 중요한 연회가 열릴 때마다 빠지지 않고 식단에 오르는 육류의 상징인 소와 밀접한 관련이 있다. 소는 한때 그 육체에 깃들어 있는 신성함을 칭송하며 경배의 대상이 되기도 했으나 부를 낳는 경제적 생산성이라는 세속적 개념이 자리를 잡으면서 우리의 식욕을 만족시켜주는 육류로서 서구 음식

문화의 중심을 차지해 왔다.[1] 소를 비롯한 동물의 사육과 육식에 기반을 둔 문화적 생활양식과 이로부터 초래되는 전 지구적 환경 위기에서 지구를 구해내기 위해서 리프킨은 육식 중심 음식문화의 종언을 재촉하고 있다. 하지만 이것은 육식을 위해 동물을 이용하는 행위에 대한 도덕적 거부는 아니다. 반면 20세기 후반, 대략 1970년대에 이르러서 본격적인 도덕적 실천으로서 등장한 '동물해방운동'Animal Liberation Movement은 도덕적인 이유에서 모든 육식문화를 비난의 표적으로 삼고 있다. 현재 많은 동물해방론자들 및 윤리적 채식주의자들에게는 동물음식, 즉 육식은 동물실험과 함께 동물 착취의 최대의 원흉이다.

역사적으로 볼 때, 힌두교나 불교와 같이 채식이 음식문화를 주도했던 일부 지역을 제외하면 채식으로만 차려진 식단은 큰 주목을 받지 못했었다. 그렇다고 채식 옹호의 목소리가 오늘에 와서야 비로소 불거진 것은 아니다. 비록 음식문화 주변부에 머물긴 했어도, 채식주의 역사는 인류의 음식문화 역사만큼이나 장구한 전통을 갖고 있다. 육식을 옹호하는 전통적인 논의들은 대체로 동물은 영혼이 없다, 고통을 느끼지 못한다, 이성적 능력이 없다, 도덕적 존재가 아니다, 인간을 위해 존재한다, 자연의 생존법칙이라는 등의 이유들에 의지해 왔다.[2] 반면 인간이 모든 동물과 동족관계에 있다고 주장

---

1 제레미 리프킨, 『육식의 종말』, 신현승 옮김, 시공사, 2002, 1부 소와 서양 문명, 특히 pp. 24~33.

2 Kerry S. Walters and Lisa Portmess (eds.), "introduction", *Ethical Vegetarianism : Pythagoras to Peter Singer*, Albany: State University of New York Press, 1999, p. 2.

했던 고대의 피타고라스Pythagoras로부터 시작해서 육식성carnivorism은 인간을 잔인하게 만든다고 생각했으며, 식용으로 이용되는 동물에게 가해지는 잔혹성에 깊은 동정심을 가졌던 18세기의 맨더빌Bernard Mandeville, 하틀리David Hartley, 골드스미스Oliver Goldsmith는 물론이며, 19세기의 바그너Richard Wagner, 톨스토이Leo Tolstoy, 킹스포드Anna Kingsford 등을 거쳐 솔트Henry S. Salt, 간디Mohandas Gandhi, 슈바이처Albert Schweitzer, 그리고 오늘날 가장 주목받고 있는 실천적 이론가 싱어Peter Singer를 비롯한 동물해방론자들과 동물권리론자들은 육식의 비도덕성을 지적하면서 오랜 관행으로 굳어진 육식습관과 육식문화를 비난하며 채식의 윤리적 정당성을 주장해 왔다.

무엇보다도 정교한 논리로 무장한 현대 채식주의자들은 인간이 자신들의 이익을 위해 동물의 고통을 외면하면서 가혹하고 잔인한 실험이나 사육을 통해 동물을 학대하고 있다고 비난하며, 동물의 고통과 그들에게 자행되고 있는 폭력적 행위가 완전히 종식될 때까지 동물해방운동을 전개할 것을 천명하고 있다. 싱어의 선언적 주장에 의하면, 동물을 위한 "해방 운동은 우리의 [인간중심의] 도덕적 지평의 확장을 그리고 평등이라는 기본적인 도덕적 원칙의 확대 혹은 재해석을 요구한다."[3] 특히 이와 같은 주장이 시사하고 있듯이 전통적으로 인간에게만 적용되어 왔던 평등 원칙의 동물에의 확대 및 적용

---

3 Peter Singer, "All Animals Are Equal.", in Kerry S. Walters and Lisa Portmess (eds.), *Ethical Vegetarianism : Pythagoras to Peter Singer*, p. 165. (Source. *Philosophic Exchange* 1, summer 1974.)

은 식탁에 오를 맛좋은 육류를 위해 공장식 농장에서 고통스럽게 사육되어 대량으로 생산되고 있는 동물음식을 포기하고 채식을 채택하라는 촉구로까지 이어진다. 이렇듯 육식은 우리가 포기해야 하는 비윤리적인 식습관이며, 또 마땅히 추방해야 할 음식문화인가? 반대로 채식은 정말로 윤리적인가? 육식과 채식에는 거부할 수 없는 윤리적 차이가 내재되어 있는가?

육식을 거부하며 윤리적 채식주의에 대한 체계적인 철학적 옹호론을 펼치고 있는 사람들은 대부분 공리주의 이론이나 의무론적인 도덕적 권리론을 근거로 삼는다.[4] 특히 싱어는 공리주의를 무기로 삼고서 "모든 동물은 평등하다."는 선언적 주장을 제기하면서 현대적 의미에서의 동물윤리를 개척한 선구적 인물이며, 또한 육식의 비윤리성을 고발하면서 이전의 식습관을 포기하고 몸소 채식을 실행하고 있는 실천적 이론가라는 점에서 각별한 의미를 가진다. 그러나 다른 한편으로 채식주의를 옹호하는 싱어의 논변은 기본적으로 선호공리주의와 동물의 감응력, 즉 고통 감수 능력에 근거해서 옹호되고 있는데, 이에 대해서는 원칙적으로 싱어의 노선을 지지하는 동일 진영 내부에서만이 아니라 레간, 롤린스Bernard E. Rollin, 사폰치스S. F. Sapontzis 등 동물권리론자들은 물론 환경주의자들, 여성주의자들의

---

4 K. P. George, *Animal, Vegetable, or Woman? : A Feminist Critique of Ethical Vegetarianism*, State University of New York Press, 2000, p. 19. 특히 싱어와 레간(Tom Regan)은 이런 견해를 대표하는 인물들이다. 채식주의가 도덕적 의무라는 주장을, 싱어는 공리주의적 근거에서, 레간은 권리론적 근거에서 정당화하고 있다.

도전과 비판 역시 만만치 않게 제기되어 왔다.[5] 그런데 이들의 도전과 비판은 싱어의 주장이 함축하거나 초래하게 되는 결과에 주로 초점을 두고서 이루어졌다. 이 글은 이와 달리 동물의 도덕적 지위를 옹호하며, 그것이 함의하게 되는 육식의 포기 및 윤리적 채식주의를 떠받치고 있는 싱어의 이론적 토대 자체가 견고하지 못하다고 주장한다.

2. 윤리적 채식주의와 육식의 종언

동물해방론자 싱어에 따르면, 캐비아나 트뤼플뿐만 아니라 쇠고기, 돼지고기, 그리고 닭고기를 먹는 것은 사치다. 다시 말해서 먹지 않아도, 꼭 먹을 필요도 없는 기호품 같은 것들이다.[6] 싱어의 이 같은 생각은 세련되고 정교한 이론으로 무장하고서 동물이 도덕적 존재며, 따라서 도덕적 고려 대상이라고 선언함으로써 이후 동물해방운동의 기폭제가 된 저서 『동물 해방』(Animal Liberation, 1975)에서 이미 구체화되었다. 이 책의 초판 서문에서 싱어는 자신의 저서가 "인간 아닌 동물nonhuman animals에 대한 인간human의 폭정"에 대해 고발하고 이를 종식시키려는 노력을 담고 있다고 역설하고 있다. 특히

---

5 M. A. Warren, *Moral Status. Obligations to Person and Other Living Things*, Oxford University Press, 1997, pp. 71~84.

6 피터 싱어, 『실천 윤리학』, 황경식·김성동 옮김, 철학과현실사, 1997, p. 94, p. 336.

육식의 종식과 우리 모두가 채식주의자가 되어야 할 당위성을 강조하면서, 다른 한편으로 고기를 먹는 이익집단인 인간의 뿌리 깊은 육식 습관이 동물에게 폭정을 가하는 자신의 행위를 객관적으로 성찰하고 반성하기 어렵게 만드는 데서 직면하게 될 동물해방운동의 어려움을 실토하고 있다.[7]

싱어에 의하면, 인간이든 인간 아닌 동물이든 "모든 동물은 평등하다." 『동물 해방』의 제1장의 제목이기도 한 이 선언적 명제에 부제를 달면서 싱어는 자신이 하려는 작업의 목표가 무엇인지를 분명히 하고 있는데, 그는 이렇게 적고 있다: "인간의 평등을 떠받쳐 주는 윤리적 원칙이 동물에 대한 평등한 고려에까지 확장되어야 하는 이유."[8] 싱어가 이처럼 동물에게도 평등한 존재로서의 도덕적 지위를 부여하면서 육식을 반대하는 이유로 제시하고 있는 원칙과 조건은 "이익 평등 고려의 원칙The principle of equal consideration of interests"과 "감응력感應力, sentience"이다.[9] 전자는 평등의 기본 원칙으로서 보편

---

7 Peter Singer, *Animal Liberation*, new revised edition, New York: Avon Books, 1990, 개정판 서문 i~vii쪽. 인용과 번역에 대해서는 피터 싱어의 『동물 해방』(김성한 옮김, 인간사랑, 1999) 참조.

8 Peter Singer, *Animal Liberation*, p. 1.

9 싱어는 sentience를 "고통을 느낄 수 있거나 즐거움 또는 행복을 경험할 수 있는 능력"(the capacity to suffer or experience enjoyment or happiness)이라는 의미로 사용한다고 밝히고 있다. Peter Singer, "All Animals Are Equal.", p. 172. 『실천 윤리학』, p. 84. ; 『동물 해방』에서는 the capacity to suffer and./or experience enjoyment. Peter Singer, *Animal Liberation*, p. 8. 이 감응력의 가장 기본적인 특징은 감수 능력, 즉 느끼는 능력(the capacity to feel)이다. 이에 대해서는 C. Cohen and T. Regan, *The Animal Rights Debate*, Lanham·Boulder·New York·Oxford: Rowman & Littlefield Publishers, INc., 2001, p. 48 참조. 이 글에서

적인 윤리적 관점을 표현하며, 모든 타당한 도덕적 주장들을 도출해 내는 준거가 된다. 또 동물의 도덕적 지위를 포함해서 윤리적 채식주의를 옹호하게 되는 단 하나의 보편타당한 원칙이다. 그리고 후자는 도덕과 비도덕의 경계를 나눌 수 있는 필수조건으로서 이 원칙의 적용 범위를 결정해 준다. 따라서 동물에 대한 도덕적 대우를 포함해서 싱어의 윤리적 채식주의의 대원칙은 모든 감응적 존재의 이익에 대한 평등한 고려다.[10] 이때, 싱어가 강조하듯이, 고려의 평등 또는 평등한 고려equal consideration가 대우의 평등, 즉 동등한 또는 동일한 대우equal or identical treatment를 의미하지는 않는다.[11] 평등한 도덕적 고려가 각자의 처지나 권리 또는 역할과 상관없이 모든 경우에서의 획일적인 균등한 배분 같은 것을 뜻하는 것은 아니기 때문이다. 또 도덕적 지위의 척도로서 감응력의 유무에 의하면, 동물 역시 감응적 sentient 존재, 즉 고통과 즐거움을 느낄 수 있는 감각을 가진 존재이기에 그들의 이익 또한 인간과 마찬가지로 평등하게 고려되어야 한다. 싱어는 같은 맥락에서 자신 있게 "한 존재가 고통을 느낄 경우 그 고통을 고려하기를 거부하는 도덕적 정당화란 있을 수 없다."[12]고 하여 가장 기본적인 도덕적 고려의 기준을 고통(즐거움)의 유무에서 찾고 있다. 이와 같은 자신감은 『동물 해방』의 초판(1975년)이 발간된

sentience는 "감응력", sentient는 "감응적" 혹은 문맥에 따라서 "감응적 존재의"로 번역해 사용한다.

10 M. A. Warren, *Moral Status. Obligations to Person and Other Living Things*, p. 65.

11 Peter Singer, *Animal Liberation*, p. 2.

12 Peter Singer, *Animal Liberation*, p. 8.

후 15년이 지난 개정판(1990) 서문에서 "나는 극복할 수 없는 반론을 접해본 적이 없으며, 이 책이 근거를 두고 있는 단순한 윤리적 논증이 결코 건전하지 못하다는 생각을 하게 만든 것은 없었다."[13]는 말로 표현되고 있다.

전체적으로 보면, 싱어는 선호공리주의적 근거에 기초해서 채식이 도덕적 의무라고 주장한다. 싱어의 입장에서 고통을 느낄 줄 아는 동물을 이용하는 육식이 비도덕적인 음식 습관인 것은 자명하다. 하지만 싱어는 공리주의자로서 무조건적인 절대적 의미에서의 채식주의자는 아니다. 원칙적인 입장에서 다만 동물에게 불필요한 고통을 가하지 않고 얻을 수 있는 육식이란 거의 불가능하며, 따라서 동물 살상을 피할 수 없는 극단적인 경우를 제외하고는 채식이 도덕적 정당성을 갖는 유일한 선택이라고 보는 점에서 싱어는 강경한hard 채식주의자라 할 수 있다. 그렇다면 고통이 과연 인간을 포함한 동물들에 대한 도덕적 고려의 조건이 될 수 있는가? 정당화될 수 있는 고통과 정당화될 수 없는 고통이란 어떤 것인가? 동물과 인간의 고통 혹은 이익을 평등하게 고려한다는 것이 과연 올바른 것이며, 또 가능한 일인가?

---

13 Peter Singer, *Animal Liberation*, p. xi.

3. 이익 평등 고려의 원칙과 감응력

싱어에 의하면, "고통을 느낄 수 있는 능력과 즐거움을 향유할 수 있는 능력은 적어도 이익을 갖기 위한 선행 조건, 즉 이익에 대해서 의미 있는 방식으로 말할 수 있기 전에 충족되어야 하는 조건이다. …… 고통을 느낄 수 있는 능력과 즐거움을 향유할 수 있는 능력은 한 존재자가 이익을 가진다고 말하기 위한 필요충분조건이다."[14] 이에 따르면, 고통을 느끼는 존재들의 이익은 그것이 인간의 이익이든 다른 누구의 이익이든 평등하게 고려되어야 한다. 싱어는 동물들이 어떠한 방식으로도 고통을 느끼지 못한다는 주장을 여러 사실적 실험 결과들을 인용하여 반박하고 있다. 싱어는 "고통은 의식의 상태, 즉 '정신적 사건'이며, 그것은 그 자체로 관찰될 수 없지만, 그럼에도 고통이란 우리가 느끼는 그 무엇이며, 우리는 그것을 다양한 외부적인 징후들로부터 추론할 수 있을 뿐"[15]이듯이, 동물도 고통을 느낀다고 믿을 만한 충분한 분명한 근거로서 행동behavior, 신경체계의 특징, 고통의 진화적 유용성이라는 3가지 기준을 제시한다. 행동의 경우 다른 사람들의 고통을 추정할 수 있는 거의 모든 외적인 몸짓이 다른 종, 특히 포유류와 조류 같이 우리와 가장 가까운 동물에게도 나타나고, 신경체계의 경우에도 인간과 동물이 고통을 느낄 상황에서 유사한 신경학적 반응을 보이며, 그리고 유사한 신경체계를 갖는

---

14 Peter Singer, *Animal Liberation*, pp. 7~8.

15 Peter Singer, *Animal Liberation*, p. 10.

인간과 동물이 유사한 진화과정을 거치면서 고통은 종의 생존 가능성을 높여주는 능력으로서 생물학적 유용성을 가진다는 등의 근거를 들면서 자신의 주장을 뒷받침하는 사실적 논거로 삼고 있다.[16]

이와 함께 싱어는 동물의 도덕적 지위를 거부하는 사람들이 내세우는 인간과 동물의 차이를 정당화하는 논거들 대부분을 물리친다. 예를 들면, 인간을 도덕적 존재로 만들어주는 정의감, 이성이나 합리성, 윤리적 반성 능력, 지능, 언어 사용 등 복잡한 의사소통 능력, 자의식self–consciousness, 자율성autonomy, 인격체, 도구 사용, 추론 능력, 계약 참여나 체결 능력 등을 내세우더라도 인간과 동물에게서 발견할 수 있는 모든 차이는 종류kind의 차이가 아닌 정도degree의 차이에 지나지 않으며, 따라서 동물에 대한 도덕적 고려의 정당성을 반박하려는 어떤 논거도 정당성이 없다고 주장한다.[17]

그런데 싱어를 좇아 동물의 고통에 대한 평등한 도덕적 고려를 받아들이더라도 생명체들 간에는 고통이나 쾌락을 느끼는 방식이나 정도에 분명 차이가 있을 수 있는데 이를 어떻게 단일한 계산법에

---

16 Peter Singer, *Animal Liberation*, pp. 10~12, 235~236. 이에 대한 간략한 요약 설명에 대해서는 김성한, 「피터 싱어의 동물해방론」, 『철학연구』, 제22권, 고려대 철학연구소, 1999, pp. 114~115. 또한 피터 싱어, 『실천 윤리학』, pp. 96~97.

17 피터 싱어, 『실천 윤리학』, pp. 39~40, p. 42, p. 84, pp. 98~100, pp. 105~109, 그리고 특히 제5장 pp. 141~168. 그 밖에 인간만이 고통을 느낀다는 데카르트와 행동심리학자들 및 다른 동물에 대한 연구에 대해서는 K. P. George, *Animal, Vegetable, or Woman? : A Feminist Critique of Ethical Vegetarianism*, p. 22~23, 및 Bernard E. Rollin, *The Unheeded Cry: Animal Consciousness, Animal Pain and Science*, New York: Oxford University Press, 1989.

따라 대소와 경중을 따져야 하는가? 대우의 평등이 아니라 고려의 평등을 주장하는 싱어 역시 고통과 쾌락의 계산에 이익 평등 고려의 원칙을 적용하는 것이 생명의 문제에도 액면 그대로 적용하기는 어렵다는 것을 인정한다. 가령 고통을 충분히 예상할 수 있는 생명체와 그렇지 못한 생명체 사이에는 각자에게 고통이 갖는 의미와 크기가 다를 수 있다. 그런데 싱어는 그렇다고 하더라도 그것은 정도 차이의 문제이지 한 생명체를 특별히 다른 기준을 갖고서 고려해야 하는 이유가 될 수는 없다고 주장한다. 이런 점에서 싱어는 이익 평등 고려의 원칙을 일관되게 고수한다. 이 문제를 풀기 위해서 싱어는 인간을 포함하여 생명을 크게 세 개의 범주로 나누어 접근한다. 통상 우리가 인격체라 부르는 존재인 의식이 있으면서 동시에 자의식을 갖는 존재의 생명, 의식은 있지만 비자의식적인 존재의 생명, 그리고 비의식적nonconscious 존재의 생명이 그것이다. 그러나 생명의 가치에 관한 한 동물들 간에 위계적 서열을 매길 수 있는 원론적인 가능성은 성립한다 하더라도 공리주의자로서 싱어에게 최종적인 도덕적 판단의 기준은 고통과 쾌락으로 환산될 수 있는 이익이다. 즉, 그 존재가 누구이든 동일한 양의 고통은 동일하게 고려해야 한다. 그런데 이익 평등 고려의 원칙에 따를 경우, 원칙적으로 동물을 이용하는 육식은 그것이 가하는 고통보다 얻는 즐거움이 더 클 경우 허용 가능하다. 그럼에도 싱어는 생존을 위한 불가피한 경우를 제외하고는 정당화될 수 없다고 주장한다. 그가 이러한 결론에 도달하는 과정을 검토해보자.

싱어는 자의식을 갖는 고등동물처럼 어떤 동물은 인간과 마찬가

지로 인격체person일 수도 있기 때문에 이러한 동물의 생명에도 특별한 가치나 보호해야 할 특별한 자격이 있음은 분명하다고 본다. 따라서 우리 종족의 생명을 다른 종족의 생명보다 중요시하는 이론은 배격되어야 하는 것은 마땅하다. 다른 종족의 어떤 구성원은 인격체이지만, 반대로 우리 종족의 구성원 중의 어떤 이는 자의식에 결함이 있을 경우에 인격체가 아닐 수 있기에 어떤 종의 구성원이라는 이유만으로 특별대우를 해줄 수는 없기 때문이다. 특히 싱어는 개와 고양이를 비롯해 우리가 살상하려고 하는 존재가 인격체인지 아닌지 실제로 의심이 간다면, 우리는 그 존재에게 "의심의 이득the benefit of the doubt"을 주어야만 한다고 주장한다. 이를테면 사냥꾼이 덤불 속에서 움직이고 있는 것이 사슴인지 사냥꾼인지 확실하지 않다면 쏘지 않는 게 옳다는 논리다. 싱어에 의하면, 이러한 이유들에 근거해서 많은 동물 살생은 비난받아 마땅하다.[18] 반면에 물고기처럼 명백히 인격체는 아니지만 의식적conscious 동물의 경우, 이러한 동물들을 죽이는 것의 옳고 그름은 공리주의적 고려에 달려 있다고 본다. 살생에 대한 공리주의적 접근방식을 제시하는 싱어에게는 죽어가는 과정에서의 고통, 한 동물의 죽음이 그의 동물 가족에게 미치는 영향 등 많은 요소들이 동물이 인격체든 아니든 간에 동물에 대한 많은 살생을 반대해야 하는 이유가 된다.

그러나 싱어는 '동물의 생명을 빼앗는 것은 일반적으로 그릇된 일

---

18 피터 싱어, 『실천 윤리학』, pp. 151~152.

인가?'라는 질문에 대하여 하나의 답이 있을 수 없다고 말한다.[19] 인간 아닌 동물 모두에게 하나의 원칙을 적용하기에는 동물이라는 표현은 너무 다양한 생명 영역들을 포괄하고 있기 때문이다. 하지만 싱어에 의하면, 침팬지, 고릴라, 오랑우탄 등 인격체들에 대한 살상은 비도덕적인 행위며, 따라서 우리가 인간 존재에게 베풀고 있는 살생을 방지하는 완전한 보호조치를 그들에게도 베풀어야 한다. 또 확신의 정도가 각각이지만 고래, 돌고래, 원숭이, 개, 고양이, 돼지, 바다표범, 곰, 소, 양을 포함하여 '의심의 이득'이라는 규칙이 적용되어야 하는 모든 포유동물에 대해서도 같은 요구를 할 수 있다. 또한 심지어 물고기는 물론 갑각류(바닷가재, 게, 새우 등)에도 적용될 수 있다. 그 밖에 이성과 자의식이 없는 동물의 경우 비록 이들의 살생에 반대하는 주장이 좀 약하긴 하지만, 인간이 그런 동물사육과 음식으로 이용하는 과정에서 동물에게 가하는 고통마저 정당화되지는 않는다고 주장한다. 왜냐하면 '대체 가능성 논변the replaceability argument', 즉 한 동물에 대하여 가하는 손해는 다른 동물에게 부여한 이익에 의하여 균형을 이루게 된다는 논리에 따라서 "동물이 즐거운 삶을 살고 있고 고통 없이 죽음을 당하며, 그들의 죽음이 다른 동물에게 고통을 일으키지 않고 한 동물의 죽음이 그렇지 않았더라면 태어나 살 수 없었을 다른 동물의 삶에 의해 대체 가능한 경우에는, 자의식이 없는 동물을 죽이는 것이 그릇되지 않을 수도 있다"[20]고 할 수 있

19 피터 싱어, 『실천 윤리학』, p. 165~168.

20 피터 싱어, 『실천 윤리학』, p. 166.

는데, 그렇다고 이런 관점과 논리가 동물들이 즐거운 삶을 살 수 없게 하는 공장식 농장마저도 정당화할 수는 없기 때문이다. 이와 같은 점들을 전체적으로 고려할 때, 싱어는 우리가 다음과 같은 실천적 태도를 갖기를 희망한다. "실천적인 도덕원칙의 수준에서, 만약 살아남기 위해서 그렇게 해야만 하는 경우가 아니라면, 음식을 얻기 위해 동물을 죽이는 것은 전체적으로 거부하는 것이 더 좋을 것이다. …… 비자의식적인 동물을 포함하여, 동물을 올바르게 고려하는 태도를 진작시키기 위하여, 음식을 얻기 위해 동물을 죽이는 것은 피한다는 단순한 원칙을 가지는 것이 최선일 수 있을 것이다."[21]

상술한 도덕적 이유에 기초하여 싱어는 인간의 이익을 위해 실제로 행해지고 있는 현재의 갖가지 잔인한 동물실험과 동물사육을 고발하면서 『동물 해방』 제4장에서 현대식 동물사육을 통해 생산된 제품들을, 설령 즐겁게 살다가 고통 없이 죽은 동물을 먹는 것이 잘못인지에 대해 확신을 가질 수 없더라도, 사 먹는 것을 중지할 것을 요구하면서 정육점이나 슈퍼마켓에서 구입할 수 있는 고기에 대한 불매운동을 벌여야 하는 것은 피할 수 없는 도덕적 의무라고 주장한다.[22] 싱어의 입장에서는 우리가 채식주의자가 된다는 것은 "더 적은

---

21 피터 싱어, 『실천 윤리학』, pp. 167~168.

22 Peter Singer, *Animal Liberation*, p. 162. 이 점에 있어서 싱어와 유사하게 인간의 도덕의식의 근본적인 변화, 즉 폭력을 통한 다른 동물에 대한 인간의 우월성을 거부할 것을 요구하며, 채식주의를 그 수단으로 인식하여, 식용 동물 산업 제품에 대한 "개인 및 집단 불매운동"의 정당성을 옹호하는 견해에 대해서는 H. Schleifer, "Images of Death and Life: Food Animal Production and the Vegetarian Option", in Peter Singer (ed.), *In Defense of Animals*, New York: Harper & Row, 1985, pp. 62~73.

고통과 환경에 미치는 손실을 줄이면서 더 많은 음식을 산출하는 방법"[23]을 실천하는 도덕적 삶을 선택하는 것과 같다. 또한 "채식주의의 옹호"를 아주 값싸게 고기를 사용하기 위해서 한낱 사물처럼 착취하고 있는 "우리의 동물 이용에 반대하는 하나의 도덕적 항의"로 이해할 때, 그 같은 태도는 가장 큰 힘을 발휘하게 된다고 말한다.[24] 말하자면 싱어의 공리주의적 접근법은 논리적으로는 동물이든 인간이든 최대의 선을 위해 죽어야 할 경우가 허용될 수는 있지만, 우리가 채식을 해야 하는 것은 우리 인간이 육식을 하지 않으면 안 되는 실제적인 필요를 갖고 있지 않으며, 이 같은 육식 편애는 그저 일종의 기호taste에 불과하기 때문이다.[25]

4. 동물의 고통과 육식의 비윤리성

싱어는 도덕적 측면과 사실적 측면 두 방향에서 우리가 채식을 해야 할 강력한 이유가 있다고 주장한다. 도덕적 측면은 상술한 논의를 통해 제시되었듯이 의식적 피조물들에 고통을 초래하는 착취의

---

23 Peter Singer, *Animal Liberation*, p. 159. 이는 제4장 「채식주의자가 되는 것」(Becoming a Vegetarian)의 부제다.

24 Peter Singer, "A Vegetarian Philosophy", in *Writings on an Ethical Life*, New York: HarperCollins, 2000, p. 70. (Source. Peter Singer, *Consuming Passions: Food in the Age of Anxiety*, Manchester, England: Manchester University Press, 1998).

25 K. P. George, *Animal, Vegetable, or Woman? : A Feminist Critique of Ethical Vegetarianism*, p. 29.

비도덕성을 지적하면서 이루어진다. 반면 사실적 측면은 주로 육식을 위한 동물사육이 초래하는 피해와 부작용 그리고 생존을 위한 선택으로서 육식의 불필요성을 강조한다. 이러한 문제들은 굳이 도덕적 이유에서가 아닌 사실적 이유에서 육식을 거부함으로써 해결될 수도 있다. 그러나 싱어의 주장의 핵심은 육식의 비도덕성에 있다. 이미 살펴본 바와 같이 싱어는 도덕적 고려 여부를 결정할 경계의 확실한 기초를 의식적 생명과 비의식적 존재(생명)의 구분, 즉 고통을 느낄 수 있는 감응력의 유무에서 찾고 있다. 그렇다면 채식의 재료인 식물은 고통을 느끼지 못하는가? 싱어에 의하면, 식물에서는 고통을 시사하는 행위를 발견할 수 없다. 특히 식물은 인간 및 동물과 달리 중앙집중적으로 조직된 신경체계를 갖고 있지 않다.[26] 또 그렇다고 하더라도 왜 도덕적 고려의 경계선을 고통이나 즐거움의 유무, 즉 감응력이나 의식의 유무에 그어야 하는가? 싱어가 감응력의 핵심 요소로 채택하는 이익이나 이해관계 이외에도 어떤 존재를 도덕적 고려의 대상으로 간주할 수 있는 기준이나 이유 및 이를 뒷받침해줄 수 있는 속성들은 아주 다양할 수 있다. 예를 들면, 자연적 대상이나 그것이 갖는 어떤 속성들, 생물학적 복잡성이나 존재론적 복잡성, 생태계와 생물권의 전형적인 속성이라 할 수 있는 부분들의 다양성, 부분들의 기능적인 통합성, 조화, 자동조절체계와 같은 속성들은 왜 도덕적 고려의 대상이 되어서는 안 되는가? 이에 대해서 싱어는 당연히 그것들은 감응적 존재가 아니기 때문이라고 답할 것

---

26 피터 싱어, 『실천 윤리학』, p. 97.

이다.

그러면 식물은 정말로 고통을 느낄 수 없는가? 이에 대해서 싱어는 사실적 이유와 논리적 이유 두 가지 방향에서 대응한다. 먼저 사실적 토대와 관련해서 싱어는 식물의 고통 감수 능력 여부에 대한 현재까지의 과학적 실험이 모종의 긍정적인 결과를 얻는 데 실패했다는 이유에서 그 가능성을 물리치고 있으며, 특히 논리적 이유와 관련해서는 설사 식물이 고통을 느낄 수 있다고 가정하더라도 식물이 동물에 비해 고통을 덜 느낄 것이라는 점을 강조하면서 이런 이유에서 육식보다는 채식이 더 바람직하며, 식물이 동물만큼이나 자극에 민감하다sensitive 하더라도 육식을 하는 사람들이 육식을 위해서 채식주의자들보다 최소한 열 배는 더 식물을 파괴한다는 사실을 들면서 채식을 옹호하고 있다.[27]

이처럼 싱어를 비롯해 폭스[28], 프레이[29]처럼 동물을 도덕적 고려의 대상으로 인정하고, 동물을 도덕적 공동체 안에 포함시키는 기준과 근거로 삼고 있는 것은 고통이다. 이와 달리 레간처럼 권리 개념에 기초해서 동물에 삶의 주체subject of life로서의 도덕적 지위를 부여함으로써 싱어보다 더욱 강한 채식주의를 주장하게 되는 견해도 있

---

27 Peter Singer, *Animal Liberation*, pp. 235~236.

28 Michael A. Fox, "Animal Experimentation: A Philosopher's changing views", *Between the Species*, 3 (1987).

29 R. G. Frey, "Moral Standing, the Value of Lives, and Speciesism", *Between the Species*, 4, no. 3 (1988).

다.[30] 하지만 엄밀히 말해서 육식 금지와 채식주의 사이에는 상당한 간극이 존재한다. 왜냐하면 이들에게 육식 금지의 대상인 동물은 도덕적 의미를 갖지만 채식주의의 대상인 식물은 생물학적 의미만을 갖기 때문이다.[31] 필자가 보기에 이 같은 간극과 불일치는 독립적인 기준을 갖고서 식물에 대한 공정한 고려와 평가 자세를 갖고 있지 않다는 것을 보여주는 한 사례로 여겨진다. 그런데 이 같은 문제를 떠나서 왜 싱어는 다른 것이 아닌 고통 혹은 감응력을 채식 옹호의 길로 나아가는 발판으로 삼고 있는가? 그것은 과연 정당한 선택인가? 이와 관련해서 고통 자체에 대한 싱어의 이해를 좀 더 살펴볼 필요가 있다.

우선 싱어가 공리주의자라서 고통과 쾌락을 이익 평등 고려의 원칙의 핵심요소로 삼는 것이 당연하다는 해석은 일단 배제해야 한다. 비록 싱어가 윤리적 주장이 보편적 관점을 지녀야 하며 또 그것이 가능하다고 보면서 이에 가장 합당한 이론이 공리주의적 견해라고 주장하더라도 이것만으로는 설득력이 약하다. 그럴 경우 공리주의에 가해지는 비판들을 고스란히 떠맡을 수 있기 때문이다. 예를 들어 대우의 평등이 아닌 고려의 평등을 주장하더라도 앞서 생명의 가치 비교 문제와 마찬가지로 동물의 경험과 인간의 경험 자체를 과연 동등한 비중을 두고서 평등하게 고려하는 것이 가능한 일인지를

---

30 T. Regan, *The Case for Animal Rights*, Berkeley: University of California Press, 1983.

31 S. F. Sapontzis, *Morals, Reason, and Animals*, Philadelphia: Temple University Press, 1987, pp. 199~201.

여전히 정당하게 물을 수 있다.[32] 이에 대해서 한 가지 유력한 가능성으로서 고통이 인간과 동물에게 각각 어떤 비중을 갖는지를 정확하게 알 수 있을 때라고 대답할 수 있다. 그러나 이를 위해서도 먼저 선행되어야 할 것이 고통에 대한 일반적 정당화다. 앞선 논의에서 싱어는 인간의 고통을 기준으로 삼고 동물 역시 고통을 느낄 수 있음을 주장한 바 있다. 특히 싱어가 들고 있는 근거들, 즉 행동behavior, 신경체계의 특징, 고통의 진화적 유용성 중에서 첫 번째 것은 나머지 두 가지와 구분되는 독립적인 성격을 가진다. 즉, 두 번째와 세 번째는 고통의 생물학적 측면을 문제 삼는다면, 첫 번째는 후자와 무관하지 않으면서도 독립적인 성격을 갖는 윤리적 측면과 관계하기 때문이다.

그런데 싱어는 의식적인 존재를 넘어서까지 윤리를 확장시키는 것을 어려운 과제라고 하면서도 이를 넘어서려는 진지한 태도를 취하는 것 같지는 않아 보인다. 싱어가 들고 있는 인간과 동물의 신경체계의 유사성, 생물학적 차원에서의 고통의 진화적 유용성은 가치판단의 문제가 아니라 사실판단의 문제다. 그것은 한 종이 자신의 - 이때의 그 혹은 그녀는 어떤 선호를 선행적으로 의식하고 있는 주체가 아니다 - 생존을 위한 생물학적 메커니즘의 작동 결과일 수 있다. 다른 한편으로 필자가 보기에 식물 역시 진화의 과정에서 자신의 생존을 위해서 동물에게 고통이 갖는 기능 및 역할과 유사한 어

32 M. Midgley, *Animals and Why They Matter*, Athens: The University of Georgia Press, 1983, p. 90.; C. Cohen and T. Regan, *The Animal Rights Debate*, p. 63.

떤 속성 X를 갖추고 있다고 가정하는 것은 논리적으로 타당하다. 이 경우에 동물의 고통 혹은 이에 해당하는 식물의 그 무엇 X는 한 생명체의 본질을 규정하거나 특징짓는 근본 요소라 보기 어렵다. 따라서 만일 그것(고통과 X)이 가치판단이 배제되어야 하는 하나의 사실적 요소가 아니라 그 자체로 고유하면서도 독립적인 의미를 갖는 어떤 본래적intrinsic 또는 내재적inherent 가치를 가진다는 것을 보일 수 있다면, 오직 그때에만 고통과 X는 가치판단의 근거가 될 수 있을 것이다. 하지만 싱어는 이에 대한 고려는 물론이며, 고통과 X가 양자를 별개의 것으로 보아야 할 어떠한 합당한 이유도 제시하고 있지 않다.

그럼에도 불구하고 싱어는 고통을 본래적 가치를 갖는 가장 근본적인 요소로 상정한 다음, 인간만이 본래적 가치를 갖는 존재라는 주장이 자의적인 것임을 증명함으로써 윤리적 고려의 범위를 감응력을 기준으로 동물에까지 확장할 것을 요구하는 논리를 택하고 있다.[33] 오히려 본래적 가치를 갖는 생명체를 식물을 포함한 모든 살아 있는 생명체에까지 확대하고 있는 '생명 외경'reverence for life을 호소하는 슈바이처Albert Schweitzer[34]나 생명체는 모두 목적론적 생명 중심체teleological center of life이기 때문에 모든 생물은 자체적 선을 가진다고

---

33 피터 싱어, 『실천 윤리학』, pp. 322~324 참조.

34 A. Schweitzer, *The Philosophy of Civilization*, part 2(Civilization and Ethics), trans. John Nash, London: A. & C. Black, 1923, pp. 254~258, 264~265.

보는 폴 테일러Paul Taylor[35]와 같은 이들의 윤리적 견해를 열망, 고양, 기쁨, 공포와 같은 말을 통해 생명체가 마치 선을 '추구한다'는 것처럼 오도하고 있다고, 즉 "그들이 언어를 은유적으로 사용하면서 그들이 말하는 것이 글자 그대로 참인 것처럼 주장하고 있다"고 비판한다.[36] 하지만 이들의 언어가 은유적이라 할지라도 사실적 차원의 고통을 가치적 차원의 의미로 해석하는 순간, 싱어 역시 동일한 비판에서 자유롭지 못하다. 정작 그 자신은 실제적 가능성을 부정하고 있지만, 사폰치스Steve F. Sapontzis가 원칙적인 수준에서 식물도 이해관심을 가진다는 것이 입증되면, 동물해방론자들은 일관성 있게 그 같은 존재의 해방 운동에도 관심을 가져야 한다고 한 지적은 충분히 음미되어야 한다.[37] 이런 점들을 고려할 때, 이와 관련한 문제 해결의 중심에는 발생적 차원이 아닌 가치론적 수준에서 고통이나 쾌락을 한 생명체가 어떻게 혹은 어떤 식으로 받아들이고 있느냐에 대한 보다 독립적인 기준과 절차가 있어야 한다. 다시 말해 공리주의든 싱어든 고통을 도덕적 고려의 토대로 삼으려면 고통 자체를 보다 일반적인 가치론의 차원에서 정당화할 것이 요구된다. 그렇지 않을 경우 싱어 역시 '은유' 이상의 자의적인 선택이라는 비판에서 벗어나기

---

35 P. Taylor, *Respect of Nature*, Princeton, 1986.

36 피터 싱어, 『실천 윤리학』, p. 327.

37 S. F. Sapontzis, *Morals, Reason, and Animals*, p. 74. 사폰치스는 싱어와 레간의 동물윤리의 취약점을 보완, 이를 한 단계 발전시키려고 한다. 하지만 이 저서의 마지막 14장(Plants and Things)에서 그 역시 동물해방론자들처럼 식물과 사물에 관심을 보이고 있지만, 식물의 이해관심과 관련한 도덕적 고려가능성을 진지하게 탐구하지 않은 채 개체론적 동물윤리를 고수하면서 동물해방론과 환경윤리의 접목을 모색하고 있다.

어렵다.

그렇다면 범위를 한정해서 우리는 인간을 포함한 동물의 고통 자체를 어떻게 생각해야 하는가? 고통에서 우리는 어떤 가치를 발견할 수 있는가? 인간은 분명 고통을 싫어한다. 동물의 고통 또한 이렇게 말할 수 있는가? 싱어의 말대로 정도의 차이는 있겠지만 일부 자의식 수준의 지각 능력을 가진 고등동물도 이와 유사한 행동을 취한다는 것은 분명해 보인다. 따라서 인간과 (일부) 동물 모두의 고통 자체에서 가치는 발견된다. 그러나 우리가 싫어하거나 좋아하는 것들 모두가 쾌락주의의 원칙에 부합하는 것은 아니다. 우리가 고통을 싫어한다는 것을 인정할 수 있는 것만큼이나 동물의 고통이 내 아이의 고통보다 훨씬 크더라도 내 아이의 건강한 삶을 위해서 동물을 죽일 수도 있지 않은가? 또 내 아이의 미래를 위해서 동물에게는 즐거움을, 내 아이에게는 고통을 줄 수도 있다. 심지어 우리는 즐거움은 덜 하더라도 그것이 중요하기 때문에 더 큰 고통을 허용하기도 한다. 우리가 이렇게 할 수 있는 결정적인 이유는 우리가 고통을 다른 가치들과 분리시켜서 독립적인 가치로 이해하지 않기 때문이다. 다시 말해 우리가 인간의 고통에서 동물의 고통으로, 그리고 내 아이의 죽음에서 동물의 죽음으로 나아갈 수 있는 결정적인 이유는 우리가 동물의 신체에서 일어나는 고통이라는 사건을 통해서 나 혹은 인간의 고통에 이를 수 없으며, 오로지 나의 신체 혹은 내 아이의 신체에서 일어나는 '고통 사건pain as a event'을 통해서만 동물의 '고통 사건'에 접근할 수 있을 뿐이기 때문이다. 더욱이 이 경우에 인간의 고통 사건에는 인간의 삶에 대한 인지적 및 가치적 이해가 필연적으로 수

반한다. 이 같은 점들은 우리가 근본적으로 '고통 개념'을 온전히 이해하려면 그것에 존재론적 지위를 인정할 수 있는 신경생리학적 상태나 사건으로 볼 수 있느냐 여부와는 별도로 선행적으로 '인간 개념'을 정의하지 않고서는 불충분하다는 것을 함의한다. 레오폴드Aldo Leopold의 저술[38]에서 유래하는 환경윤리로서 동물에 한정된 윤리를 뛰어넘어 생태학적 전체론holism을 지지하는 캘리콧이 고통 자체를 선도 악도 아닌 것으로 보면서 고통의 윤리에 기초해 있는 동물해방 운동을 "세계를 거부하고world—denying" "생명을 혐오하는life—loathing" 철학이라고 반대하는 것도 좋은 한 예가 될 것이다.[39] 인간은 고통 이상의 존재이며, 특히 인간의 윤리는 그 이상의 토대 위에서 정초되어야 한다.

싱어의 고통의 윤리가 힘을 얻을 수 있는 유일한 경우는 아마도 사소한 즐거움을 위해 과도한 고통을 가하거나 감수하는 것마저도 정당화하기는 어렵다는 우리의 상식적 판단이다. 고통의 의미가 무엇이든 인간이든 동물이든 그들이 허용할 수 없는 고통의 한계치가 있다는 점은 부정할 수 없기 때문이다. 따라서 동물의 도덕적 지위를 인정하지 않더라도 사소한 인간의 필요와 심대한 동물의 복지가 충돌할 경우, 후자를 우선적으로 고려해야 할 경우가 성립할 수도 있다. 그러나 이 경우에도 싱어와 같은 공리주의적 정당화는 별 실

---

38 A. Leopold, "The Land Ethic", in *A Sand County Almanac*, Oxford: Oxford University Press, 1949, pp. 201~226.

39 J. Baird Callicott, "Animal Liberation: A Triangular Affair", in *Environmental Ethics* 2, 1980, p. 333 및 pp. 321~334.

효가 없어 보인다. 다시 말해 고통에 대한 발생적 차원 및 의미론적 차원을 갖는 존재의 범위를 설사 동물의 영역으로까지 확대해서 적어도 동물 역시 쾌락을 좋아하고 고통을 싫어하며, 또 그것이 의미하는 바를 지각하는 의식적 경험을 하는 존재로 간주하는 공리주의를 취한다 하더라도, 이로부터 육식의 비윤리성이 결과하는 것은 아니다. 이 점을 살펴보자.

내가 하는 육식은 반드시 동물의 고통을 야기시키는가? 이때의 고통은 어떤 고통인가? 그리고 그 고통은 동물 그 자신과 분리되지 않는 고통과 어떻게 다른가? 싱어나 사폰치스 등 동물해방의 도덕적 정당성을 강변하는 사람들의 지적처럼 동물은 정말로 지구 상에서 가장 광범위하고도 철저하게 착취당하고 있는 집단인지도 모른다. 그렇다고 해도 동물 착취와 육식이 전적으로 양립 불가능한 것만은 아니다. 착취란 이미 부당한 대우를 전제한다. 그리고 부당한 대우란 마땅한 방식으로 대우해야 하는데 그렇게 하지 않고 있다는 것을 의미한다. 따라서 원칙적으로 도덕적 고려의 대상이 아니거나 부당한 대우를 하지 않으면서 이루어진 육식은 동물해방과도 양립 가능하다. 하지만 동물해방론자들의 주장을 따라가게 되면, 현실적으로든 심리적으로든 채식주의는 불가피한 귀결이 되지 않을 수 없다. 사폰치스에 따르면, 동물 착취의 종식이 가져오는 한 가지 실천적 귀결이 채식주의지만, 그것이 곧 동물 상품의 전면적 금식을 의미하는 완전 채식주의veganism 혹은 우유나 계란은 용인하는 락토-오보 채식주의lacto-ovo vegetarianism까지만을 함의하는 것은 아니다. 동물해방의 대상인 동물은 곧 도덕적 지위와 의미를 가진 존재에 국

한되는데, 이에 포함되지 않는 동물이나 비착취적 방식으로 얻어진 동물, 이를테면 즐거운 삶을 살다가 이루어지는 고통 없는 도살, 가령 전혀 예상하지 못하게 순식간에 이루어지는 도살로 만들어 낸 육식 제품이 있을 수도 있기 때문이다. 하지만 앞서 지적했듯이 현재와 같은 기계적인 육류 생산, 그것도 대량 생산 방식으로는 불가능할 뿐만 아니라, 설사 그것이 가능하다 하더라도 그렇게 도살된 동물의 삶의 중단으로 인해서 그 자신의 상실된 여생 및 동물 가족에게 초래되는 고통은 여전히 문제로 남는다. 또 다른 경우로 계란 생산을 생각해 볼 수 있다. 닭은 하루에 하나의 알을 낳는데, 이는 추가적인 고통 없이 생산되는 방식이며, 수확 당시의 계란 내용물의 감응력 문제를 제쳐놓고 생각할 경우, 충분히 가능한 비착취적인 방식으로 얻어진 동물음식이다. 또 나이 들어 자연사한 동물의 이용도, 충분한 공급이나 안정성 혹은 사람의 입맛 등과 같은 고려 사항들을 제쳐놓을 경우에 대안이 될 수 있다. 하지만 동물 착취의 종식이라는 실천적 관심을 고려할 때, 현재와 같이 많은 수요를 충족시켜야 하는 대량 생산 방식이나 육식을 위해 문제의 소지가 없는 동물 이용에 소요되는 비용, 동일한 논리를 인간에게 적용했을 때 갖게 되는 도덕적 혐오감 등을 감안하면 별 실효성이 없어 보인다. 한마디로 이렇게까지 하면서 육식을 해야 할 불가피한 이유는 없다.[40] 이미 지적한 바와 같이 그렇다고 그것이 곧 육식의 비윤리성을 옹호하는 논거가 될 수는 없다. 기껏해야 단지 상황에 따라 달리 적용할

---

40 S. F. Sapontzis, *Morals, Reason, and Animals*, pp. 197~198, 201~207 참조.

수 있는 실천적 지침 이상의 것이 되지 못한다.

또한 고통을 어떻게 이해할 수 있느냐 하는 문제 말고도 채식의 윤리적 정당성을 옹호하는 논거로서 싱어처럼 공리주의의 기본 입장과 원칙을 채택한다고 해도 이로부터 역시 동일한 결론이 나오는 것도 아니다. 그 좋은 예로 프레이의 경우를 들 수 있다. 프레이 역시 싱어와 동일하게 동물의 대우와 채식주의와 같은 실천적 문제들에 공리주의를 적용함에도 불구하고 많은 중요한 사안들에서 싱어와 결론을 달리한다. 특히 싱어는 이미 살펴보았듯이 도덕적 근거에서 채식주의를 옹호하지만, 프레이는 동일한 근거에 호소하고 있으면서도 이에 동의하지 않는다.[41] 이렇게 동일한 도덕철학의 지지자들 사이에서 심각한 불일치가 결과하는 중요한 이유는 그것이 미래 중심적인 결과론적 입장을 취하는 윤리설이라는 데서 찾아볼 수 있다. 레간이 지적하듯이, 공리주의자들에게 결과에 대한 의견 대립은 한 행위의 옳고 그름에 대한 판단의 대립으로 이어진다.[42] 가령, 채식주의의 경우, 싱어는 이익 평등 고려의 원칙에 따라서 육식을 하지 않을 때의 결과가 육식을 할 때의 결과보다 더 낫다고 결론 내리고, 반면 프레이는 채식으로 인한 이득이 우리를 채식주의자가 되게 해야 할 만큼 그리 크지 않기 때문에 싱어와는 다른 결론을 내리고 있다. 이와 같은 도덕적 불일치의 원인은 미래의 결과에 대한 사실

---

41 R. G. Frey,*Rights, Killing, and Suffering: Moral Vegetarianism and Applied Ethics*, Oxford: Clarendon, 1983.; T. Regan, *Defending Animal Rights*, Urbana and Chicago: University of Illinois Press, 2001, p. 14.

42 T. Regan, *Defending Animal Rights*, p. 15.

적 불일치에서 기인한다고 할 수 있다. 이런 점에 비추어볼 때, 고통 개념과 관련된 문제를 넘어서 채식주의를 공리주의적 근거에서 옹호하려는 시도 역시 만만치 않은 난점에 직면할 수 있다. 레간 이외에도 공리주의를 비판하고 있는 클라크에 의하면,[43] 채식주의 문제에 공리주의를 적용하면서 싱어와 프레이가 처해 있는 분명해 보이는 해결되지 않는 난점은 공리주의 이론 일반이 안고 있는 치명적인 약점을 아주 잘 보여주고 있는 사례라고 할 수 있다.

전반적으로 공리주의와 동물의 고통에 기초해서 채식의 윤리적 정당성을 옹호하고 있는 싱어의 논변은 고통이 인간과 동물 각각에 대해서 차지하는 질적 차이를 무시하고 있는 약점을 안고 있으며, 또한 고통의 존재론적 및 의미론적 차원에 대한 불충분한 해명과 논변에 의존하고 있다. 그뿐만 아니라 설사 동물의 고통에 대한 싱어의 입장을 받아들이더라도 현재의 상황을 고려한 총체적인 실천적 지침으로서는 설득력이 있을지 몰라도 개별적 사례들 각각의 경우의 행동지침으로서는 무력한 것이 되기 쉽다. 이를테면 고려되어야 할 개체들 전체의 고통과 쾌락의 산정에 있어서 그 범위에 속하는 것과 속하지 않는 것을 구분하는 문제, 그리고 현재와 같이 육식이 일반적인 식습관인 상황에서 어떤 하나의 행위 선택이 전체에 미치는 영향과 결과에 대한 고려가 현재와 미래, 즉 시간의 추이에 따라 달라질 수 있기 때문에 채식보다는 육식을 하는 것이 옳은 상황

---

43 Stephen S. L. Clark, *The Moral Status of Animals*, Oxford: Clarendon, 1977.; T. Regan, *Defending Animal Rights*, p. 15.

이 상당한 기간 동안 존속되어야 할 수도 있다.

5. 맺음말

싱어의 채식주의 옹호 논변은 동물의 고통(감응력)을 내세워 그들에게 도덕적 지위를 부여하고 이를 통해 육식의 비도덕성에 대한 비판과 채식의 옹호로 진행된다. 하지만 싱어의 채식옹호론은 그 발단에서 있어서 육식의 비도덕성을 주장하면서 이루어진 불가피한 선택인 것처럼 보인다. 하지만 육식 습관을 비판하면서 동물에게 도덕적 지위를 부여하는 시선은 근본적으로 고통 중심의 협소한 인간관에 기대어 인간을 바라보는 시선에서 크게 벗어나 있지 않아 보인다. 고통의 발생적 지위를 고려할 때, 채식의 재료로서 식물의 존재론적 위상 역시 재고의 여지가 있다고 할 수 있다. 그런 점에서 싱어의 채식 옹호 논변은 그 자신이 적용한 바 있는 '의심의 이득'에 저촉될 수 있다. 인간인 우리가 동물을 바라보는 시선이 일정 부분 그것도 한계가 있는 인간 중심적 사고에 의한 것이라면, 우리에게는 식물을 바라볼 수 있는 그와 같은 시선 역시 존재한다고 말할 수 있기 때문이다. 그 단적인 경우가 생명 자체에 대한 가치의식이다. 특히 모든 도덕적 판단에는 가치의식이 수반된다면, 동물에 못지않게 식물의 가치에 대한 의식 또한 없을 수 없다. 그러므로 육식과 채식의 도덕적 차이를 온전히 규명하고, 또 채식주의를 옹호하는 보다 설득력 있는 논변은 육식의 비도덕성을 통해서 간접적으로 이루어지기

보다는 직접적으로 식물의 존재론과 가치론에 대한 고려를 포함한 논변이어야 하며, 이를 위해서는 고통을 포함해서 어떤 존재가 갖게 되는 도덕적 가치와 여타의 가치를 무엇으로 어떻게 구분 짓고 또 그 차이를 어떻게 준별할 것인지에 대한 독립적인 탐구가 있어야 한다. 가치론의 역사에 비추어볼 때, 육식과 채식의 도덕적 차이를 명확하게 입증하는 일은 대부분 실패할지도 모르며, 또 윤리적 채식주의의 채택 혹은 거부를 주장하는 어떤 시도도 그것이 전통적 의미의 일반적인 도덕규칙에는 호소할 수 없는 것이어서 채식주의를 둘러싼 의사결정은 육식 혹은 채식을 성인 남성과 여성, 청소년, 어린이, 노년층 및 그들이 처해 있는 환경적 여건 등 인간들 사이에 존재할 수 있는 실질적인 차이들을 고려하는 "맥락적 판단"에 따르는 것이 가장 현실적인 대안이 될 수도 있다.[44]

---

44 이러한 관점에서 채식주의 문제에 접근하고 있는 시도에 대해서는 K. P. George, *Animal, Vegetable, or Woman? : A Feminist Critique of Ethical Vegetarianism*, p. 3, 10, 특히 ch. 7. 이와 관련한 고찰은 이 논문에 후속하는 필자의 글의 주제가 될 것이다.

참고문헌

김성한, 「피터 싱어의 동물해방론」, 『철학연구』, 제22권, 고려대 철학연구소, 1999.

김성한 옮김, 피터 싱어, 『동물 해방』, 인간사랑, 1999.

김성한·김성호·소병철·이병철 옮김, 피터 싱어 엮음, 『응용윤리』, 철학과현실사, 2005.

신현승 옮김, 제레미 리프킨, 『육식의 종말』, 시공사, 2002.

한면희, 『환경윤리 : 자연의 가치와 인간의 의무』, 철학과현실사, 1997.

황경식·김성동 옮김, 피터 싱어, 『실천 윤리학』, 철학과현실사, 1997.

Callicott, J. Baird, "Animal Liberation: A Triangular Affair", in *Environmental Ethics* 2, 1980.

_____, "Reply to Sapontzis", in *Ethics & Animals* 5, 1984.

Clark, Stephen S. L., *The Moral Status of Animals*, Oxford: Clarendon, 1977.

Cohen, C. and Regan, T., *The Animal Rights Debate*, Lanham·Boulder·New York·Oxford: Rowman & Littlefield Publishers, INc., 2001.

Curtin, D., "Toward an Ecological Ethic of Care", *Hypatia* 6, spring 1991.

Devine, Philip, "The Moral Basis of Vegetarianism", *Philosophy*, vol. 53, 1978.

Elliot, R., *Environmental Ethics*, Oxford University Press, 1995.

Fox, Michael A., “Animal Experimentation: A Philosopher's changing views”, *Between the Species*, 3, 1987.

Frey, R. G., *Interests and Rights: The Case against Animals*, Oxford: Clarendon, 1980.

_____, *Rights, Killing, and Suffering: Moral Vegetarianism and Applied Ethics*, Oxford: Clarendon, 1983.

_____, “Moral Standing, the Value of Lives, and Speciesism”, *Between the Species*, 4, no. 3, 1988.

George, K. P., *Animal, Vegetable, or Woman? : A Feminist Critique of Ethical Vegetarianism*, State University of New York Press, 2000.

Jamieson, D. (ed.), *Singer and his critics*, Oxford: Blackwell, 1999.

Kant, I., *Die Metaphysik der Sitten*, 바이셰델판 VIII권.

Leopold, A. *A Sand County Almanac*, Oxford: Oxford University Press, 1949,

Midgley, M., *Animals and Why They Matter*, Athens: The University of Georgia Press, 1983.

Regan, T., “The Moral Basis of Vegetarianism”, in *The Canadian Journal of Philosophy*, October 1975.

_____, *The Case for Animal Rights*, Berkeley: University of California Press, 1983.

_____, *Defending Animal Rights*, Urbana and Chicago: University of Illinois Press, 2001.

_____, “The Nature and Possibility of an Environmental Ethic”, in *Environmental Ethics* 3, 1981.

_____, “Feinberg on What Sorts of Beings Can Have Rights”, in *The Southern Journal of Philosophy* 14, 1976.

_____, “Utilitarianism, Vegetarianism, and Animal Rights”, *Philosophy and Public Affairs* 9, 1980.

Rollin, Bernard E., *Animal Rights and Human Morality*, New York: Prometheus, 1992.

_____, *The Unheeded Cry: Animal Consciousness*, Animal Pain and Science, New York: Oxford University Press, 1989.

Routley, Richard and Routley, Val, "Against the Inevitability of Human Chauvinism", in K. E. Goodpaster and K. M. Sayre (eds.), *Ethics and Problems of the 21st Century*, Notre Dame and London: Notre Dame University Press, 1979.

Salt, Henry S., *The Humanities of Diet*, Manchester: The Vegetarian Society, 1914.

Sapontzis, S. F., *Morals, Reason, and Animals*, Philadelphia: Temple University Press, 1987.

Schleifer, H., "Images of Death and Life: Food Animal Production and the Vegetarian Option", in Peter Singer (ed.), *In Defense of Animals*, New York: Harper & Row, 1985.

Schweitzer, A., *The Philosophy of Civilization*, trans. John Nash, London: A. & C. Black, 1923.

Singer, Peter, *Animal Liberation*, new revised edition, New York: Avon Books, 1990.

_____, *Practical Ethics*, Cambridge: Cambridge University Press, 2nd ed., 1993.

_____, *Consuming Passions: Food in the Age of Anxiety*, Manchester, England: Manchester University Press, 1998.

_____, *Writings on an Ethical Life*, New York: HarperCollins, 2000.

_____, "All Animals Are Equal.", in *Philosophic Exchange* 1, summer 1974.

_____(ed.), *In Defense of Animals*, New York: Harper & Row, 1985.

Taylor, P., *Respect of Nature*, Princeton, 1986.

Walters, Kerry S. and Portmess, Lisa (eds.), *Ethical Vegetarianism : Pythagoras to Peter Singer*, Albany: State University of New York Press, 1999.

Warren, M. A., *Moral Status. Obligations to Person and Other Living Things*, Oxford University Press, 1997.

2. 윤리적 채식주의의 올바른 이해[1]

최훈(강원대학교)

1

2008년의 광우병 파동은 우리나라 국민의 먹을거리에 대한 관심을 예전보다 높이는 계기가 되었다. 국민들은 검역 주권에 대한 문제 제기와 함께 수입산 쇠고기에 대한 불안감 때문에 광우병 문제에 대해 적극적으로 의견을 개진하였다. 그런데 안전한 먹을거리가 쟁

1 이 논문은「맹주만 교수는 피터 싱어의 윤리적 채식주의를 성공적으로 비판했는가?」라는 제목으로『철학탐구』25집(2009), pp. 195~214에 발표되었다.

점이 되면서 고기를 먹지 않는 것이 하나의 대안이 될 수 있는데도, 그런 움직임은 별로 눈에 띄지 않는다. 채식주의는 모든 고기 또는 일부 고기를 먹지 않는 식생활을 말한다.[2] 미국에서는 2006년의 조사에서 어류를 포함해서 고기를 전혀 먹지 않는 채식주의자들이 전체 인구의 2.3%를 차지한다고 한다.[3] 그러나 우리나라에서는 그런 통계 자체가 없을 정도로 채식주의자는 찾아보기 힘들다. 사회의 그런 추세를 반영하는 것처럼 국내 철학계에서도 채식 또는 동물의 도덕적 지위에 대한 논의는 손에 꼽을 정도다. 그런 점에서 맹주만 교수(이하 맹 교수)의 논문 「피터 싱어와 윤리적 채식주의」[4]는 시의적절하고 의미 있는 토론을 불러올 수 있을 듯하다.

잘 알려져 있다시피, 피터 싱어는 동물 윤리 문제에 공리주의적 입장에서 접근하는 대표적인 학자다. 맹 교수의 지적처럼 그는 "현대적 의미에서의 동물윤리를 개척한 선구적 인물이며, 또한 육식의 비윤리성을 고발하면서 이전의 식습관을 포기하고 몸소 채식을 실행하고 있는 실천적 이론가라는 점에서 각별한 의미를 가진다(p. 234)." 그런데 맹 교수는 이 논문에서 싱어의 이론적 토대 자체가 견고하지 못하다는 것을 보이려고 한다. 그는 이렇게 결론을 내리고 있다.

---

2 채식주의의 종류에 대해서는 최훈(2007), pp. 234~5을 참고하라.

3 Stahler(2006). 어류와 가금류를 제외한 육류를 먹지 않는 사람들은 6.7%이다.

4 맹주만(2008). 이하 본문에서 괄호 속 쪽수는 맹주만(2008)의 쪽수를 가리킨다.

> 전반적으로 공리주의와 동물의 고통에 기초해서 채식의 윤리적 정당성을 옹호하고 있는 싱어의 논변은 ① 고통이 인간과 동물 각각에 대해서 차지하는 질적 차이를 무시하고 있는 약점을 안고 있으며, 또한 ② 고통의 존재론적 및 의미론적 차원에 대한 불충분한 해명과 논변에 의존하고 있다. 뿐만 아니라 ③ 설사 동물의 고통에 대한 싱어의 입장을 받아들이더라도 현재의 상황을 고려한 총체적인 실천적 지침으로서는 설득력이 있을지 몰라도 개별적 사례들 각각의 경우의 행동지침으로서는 무력한 것이 되기 쉽다(p. 252. 번호는 저자가 붙임).

맹 교수는 싱어의 윤리적 채식주의가 가진 이러한 문제점들을 순서대로 지적하는 것은 아니다. 실제로 그 문제들은 서로 엮여 있으므로 하나의 문제점은 곧 다른 것의 문제점이 되기 때문이다. 그러나 나는 맹 교수의 이런 비판에 대해 상당 부분 동의할 수 없다. 나는 이 논문에서 맹 교수의 문제 제기를 ②, ①, ③ 순서대로 검토해 보면서 그의 싱어 비판이 어떤 오해에 기반하고 있는지 살펴보려고 한다. 이 논의가 맹 교수의 논문에 대한 논평에 그치는 것이 아니라, 채식에 대한 철학적·윤리적 성찰의 이해를 넓히고 논의를 촉발시키는 계기가 되었으면 한다.

2

싱어 윤리학에서 가장 중요한 원리는 '이익들에 대한 평등한 고려 원칙'이다. 이것은 "어떤 윤리적 판단을 할 때, 인간은 개인적이고 파당적인 관점을 넘어서서, 영향을 받는 모든 사람들의 이익을 고려해야 한다."[5]는 원칙이다. 그런데 이 이익이라는 것은 사람마다 다 다르기 때문에 일률적으로 규정할 수 없다. 그래서 이 정도면 최소한으로 고려해야 한다는 이익이 제시되어야 하는데, 싱어는 그것을 이렇게 말하고 있다.

> 고통을 피하고, 능력을 개발하고, 먹고 자는 기본적인 욕구를 충족시키고, 다른 사람과 우정과 애정을 즐거이 교환하고, 타인들로부터 불필요한 간섭을 받지 않고 자신의 삶의 계획을 자유로이 추구하는 이익.[6]

이익들에 대한 평등한 고려 원칙을 인간을 넘어선 존재에까지 적용한다면 - 이것이 싱어의 목적이기도 하다 - 이 목록을 동물들에게도 적용할 수 있다. 동물들도 고통을 피하고 어미와 떨어져 지내지 않고 동료와 무리를 이루고 지내며 자연적인 보금자리에서 먹고 자

---

5 싱어(1997), p. 43. 맹 교수도 이 원칙 자체에 대해서는 의심하지 않고 있으므로 자세한 논의는 생략하겠다. 이 원칙에 대한 자세한 논의는 김성한(2007)을 참고하라.

6 싱어(1997), p. 45.

는 기본적인 욕구가 있기 때문이다. 그런 이익은 인간의 것이든 동물의 것이든 똑같이 고려해야 한다.

그렇다면 인간이 됐든 동물이 됐든 이런 이익은 일찍이 벤담이 한 존재에게 동등한 고려의 권리를 부여하려 할 때 염두에 두어야 할 중요한 특징으로 지적한 '고통을 느낄 수 있는 능력'을 전제로 하고 있다.[7] 다시 말해서 이익을 고려한다고 할 때 이익을 가진다는 것의 전제 조건은 "고통이나 즐거움을 향유할 수 있는 능력"[8], 곧 맹 교수의 표현대로 한다면 '감응력sentience'이다. 예컨대 돌은 고통을 느끼지 못하므로 자신이 다루어지는 방식에 대해 아랑곳하지 않을 것이다. 그러므로 돌의 이익을 고려해야 할 도덕적인 이유는 전혀 없다.[9] 그렇지만 감응력을 가진 어떤 동물들 이상의 존재들은 고통을 피하는 이익과 기본적인 먹고 자는 욕구를 충족시키는 이익 등을 가지고 있다(물론 어떤 동물부터 그런 감응력이 있느냐는 맹 교수의 논문에서 그리고 이 논문에서 논란거리다). 그러므로 감응력은 이익을 가진다는 것의 전제 조건일 뿐만 아니라 고통을 느끼지 않을 이익은 다양한 이익 중 최소한의 것이기도 하다. 그래서 싱어는 감응력을 "타인의 이익에 관심을 가질지의 여부를 판가름하는, 우리가 옹호할 수 있는 유일한

---

7 벤담(1789), 18장, 4절 주석 1을 보라.

8 싱어(1999), p. 43. '쾌고 감수 능력'이라고 부를 수도 있다.

9 물론 돌을 함부로 다루어서 그 결과로 인간이나 다른 동물에게 간접적인 피해를 입히느냐는 별개의 문제다. 곧 환경 훼손은 환경 그 자체가 이익을 가지고 있기 때문에 그른 것이 아니라 이익을 갖는 다른 존재들이 환경 훼손으로 인해 이익이 침해되기 때문에 그를 수 있다.

경계가 된다."[10]라고 말하고 있다.

그런데 맹 교수가 "왜 도덕적 고려의 경계선을 고통이나 즐거움의 유무, 즉 감응력이나 의식의 유무에다 그어야 하는가?(p. 244)"라는 질문을 던지는 것을 보면 여기에 동의하지 못하는 듯하다. 이 질문이 그가 싱어는 '고통의 존재론적 및 의미론적 차원에 대한 불충분한 해명과 논변에 의존하고' 있다고 비판하는 점인 것 같다. 우리가 도덕적 고려의 경계선을 그을 때 감응력을 기준으로 삼지 않는다면 정신 능력의 차원에서 감응력보다 더 높은 곳이나 낮은 곳에 긋는 것이 가능하다. 그러나 더 높은 곳, 예를 들어 지능이나 합리성 등과 같은 다른 특징으로 경계를 나눈다면, 그것은 벤담이나 싱어가 강조하는 것처럼, 임의적인 것이 된다. 그것이 경계가 된다면 피부색과 같은 다른 특징을 경계 기준으로 삼아 차별하는 사람을 비난할 수 없기 때문이다.[11] 맹 교수도 이 점을 잘 알고 있을 것이기 때문에 위 질문은 그 기준을 감응력보다 더 낮은 곳에 두면 안 되느냐, 또는 감응력 이외에 감응력보다 낮은 곳에 있는 다른 것들도 기준이 될 수 있지 않느냐는 뜻인 듯하다. 그는 실제로 위 질문에 이어서 다음과 같이 말하고 있다.

> 싱어가 감응력의 핵심 요소로 채택하는 이익이나 이해관계 이외에도 어떤 존재를 도덕적 고려의 대상으로 간주할 수 있

10 싱어(1999), p. 45.

11 싱어(1999), p. 45.

> 는 기준이나 이유 및 이를 뒷받침해줄 수 있는 속성들은 아주 다양할 수 있다. 예를 들면, 자연적 대상이나 그것이 갖는 어떤 속성들, 생물학적 복잡성이나 존재론적 복잡성, 생태계와 생물권의 전형적인 속성이라 할 수 있는 부분들의 다양성, 부분들의 기능적인 통합성, 조화, 자동조절체계와 같은 속성들은 왜 도덕적 고려의 대상이 되어서는 안 되는가?(p. 244)

맹 교수가 언급하는 이런 속성들은 동물들 이외에 식물들 또는 동식물들의 집합에서도 찾을 수 있는 것들이다. 그래서 그는 바로 이어서 "식물은 정말로 고통을 느낄 수 없는가?(p. 244)"라고 묻고 있다. 맹 교수는 정말로 식물이 고통을 느끼고 있다고 생각할까? "필자가 보기에 식물 역시 진화의 과정에서 자신의 생존을 위해서 동물에게 고통이 갖는 기능 및 역할과 유사한 어떤 속성 X를 갖추고 있다고 가정하는 것은 논리적으로 타당하다(p. 246)."라고 말하는 것을 보면 그렇게 생각하는 것 같다. 그러나 그것이 논리적으로 타당할지는 모르지만 실제로는 가능하지 않다. 싱어가 지적하고 있는 것처럼 식물은 동물처럼 중앙 집중적으로 조직된 신경체계를 갖고 있지 않으므로 식물에서는 고통을 발견할 수 없다.[12] 내가 알기로는 사이비 과학을 제외하고는 식물이 고통을 느낀다는 실증적인 주장은 제시되지 않고 있다. 기껏해야 유아들에게 '시계가 운다'라고 말할 때처럼 '꽃이 아파한다'라고, 데넷Daniel Dennett의 용어로 말하면 지향적인 태

12 싱어(1997), p. 97.

도를 부여하는 수준일 뿐이다. 맹 교수는 싱어가 은유적인 것에 불과하다고 비판하는 슈바이처의 '생명 외경' 같은 것들이 "사실적 차원의 고통을 가치적 차원의 의미로 해석하는 순간, 싱어 역시 비판에서 자유롭지 못(p. 247)"할 것이라고 주장한다. 그러나 다시 말하지만 식물의 '사실적 차원의 고통'은 실증된 적이 없다. 그런데도 맹 교수는 정말로 식물은 고통을 느낀다고 믿는 것일까? 더구나 위 인용문은 식물 개체뿐만 아니라 생태계 전체가 도덕적 고려의 대상이 될 수도 있다고 읽힌다. 그러나 글자 그대로 고통을 느끼거나 쾌락을 느끼는 대상은 동물이 됐든 식물이 됐든 개체이지 생태계 전체, 종 전체가 아니다. 비유가 아니라면 생태계가 또는 종이 고통을 느낄 수는 없는 것이다.

맹 교수의 논문에서 동물과 식물의 차이에 대해 언급한 대목은 한두 군데 더 있다.

> 하지만 엄밀히 말해서 육식 금지와 채식주의 사이에는 상당한 간극이 존재한다. 왜냐하면 이들에게 육식 금지의 대상인 동물은 도덕적 의미를 갖지만 채식주의의 대상인 식물은 생물학적 의미만을 갖기 때문이다. 필자가 보기에 이 같은 간극과 불일치는 독립적인 기준을 갖고서 식물에 대한 공정한 고려와 평가의 자세를 갖지 않고 있다는 것을 보여주는 한 사례로 여겨진다(p. 245).

싱어에게서 그런 '상당한 간극'이 분명히 존재한다. 그리고 그런

간극이 존재할 수밖에 없는 명확한 근거 - 고통이 전제되어야만 이익을 가진다는 것 - 가 제시되었다. 고통을 느끼지 못하는 식물은 이익의 고려 대상이 아니고, 그러므로 그 자체로는 도덕적 고려의 대상이 될 수 없다. 그러므로 '공정한 고려와 평가의 자세를 갖지 않고 있다는 것을 보여주는' 사례라는 맹 교수의 비판은 옳지 못하다. 또 맹 교수는 "사폰치스Steve F. Sapontzis가 원칙적인 수준에서 식물도 이해관심을 가진다는 것이 입증되면, 동물해방론자들은 일관성 있게 그 같은 존재의 해방 운동에도 관심을 가져야 한다고 한 지적은 충분히 음미되어야 한다(p. 247)."라고 말하고 있다. 정말로 식물도 이해관심을 가진다는 것이 입증된다면 그럴 것이다. 그러나 다시 말하지만 그것은 입증되지 않았다.

내가 알기로는 감응력이 도덕적 고려의 경계선이라는 데에는 대부분의 학자들이 이의가 없다. 학자들은 그 점은 인정한 다음에 주로 동물이 정말로 고통을 느끼느냐, 인간의 고통을 기준으로 인간 아닌 동물을 평가할 수 있느냐 등의 문제를 논의한다. 내가 보기에도 동물의 윤리적 지위에 대한 의미 있는 논의를 위해서는 '고통의 존재론적 및 의미론적 차원'에 대해 충분한 해명과 논변이 반드시 필요하다. 그러나 고통 자체가 도덕적 고려의 경계선이라는 점은 문제가 없다. 맹 교수는 "왜 싱어는 다른 것이 아닌 고통 혹은 감응력을 채식 옹호의 길로 나아가는 발판으로 삼고 있는가? 그것은 과연 정당한 선택인가?(p. 245)"라고 묻지만, 내가 지금까지 보여준 것처럼 그것은 정당한 선택이다. 그러므로 '고통의 존재론적 및 의미론적 차원에 대한 불충분한 해명과 논변에 의존하고' 있다는 그의 지적은

근거가 없다.

3

그렇다면 '전반적으로 공리주의와 동물의 고통에 기초해서 채식의 윤리적 정당성을 옹호하고 있는 싱어의 논변은 고통이 인간과 동물 각각에 대해서 차지하는 질적 차이를 무시하고 있는 약점을 안고 있다'는 비판으로 넘어가 보자. '고통의 존재론적 및 의미론적 차원에 대한 불충분한 해명과 논변'이라는 비판이 이 부분에서도 관여가 될 것이다.

일단은 맹 교수가 싱어의 주장을 오해한 부분이 몇 군데 있다. 먼저 그는 "동물의 경험과 인간의 경험 자체를 과연 동등한 비중을 두고서 평등하게 고려하는 것이 가능한 일인지를 여전히 정당하게 물을 수 있다(p. 246)."라고 말한다. 그러나 싱어는 이익의 평등한 고려 원칙이 대상을 평등한 대우를 지칭하는 것이 아님을 분명하게 말한다.[13] 다른 상황이 모두 같다면 더 고통이 큰 사람을 적은 사람보다 먼저 고려해야 한다. 인간과 동물의 고통도 '동등한 비중을 두고서 평등하게 고려'하지 않는다. 인간은 자신에게 무엇이 일어나고 있는지를 아주 잘 알고 있고 미래에 대한 두려움도 있으며 주변 사람과의 관계도 고려하기 때문에 물리적으로는 똑같은 양의 고통이라고

---

13 싱어(1997), p. 46.

하더라도 동물보다 훨씬 더 고통을 느낄 것이다. 그러므로 암으로 죽는 인간을 암으로 죽는 다른 동물보다 훨씬 더 고려해야 한다는 것은 당연하다. 그렇다고 해서 이익에 대한 평등한 고려를 인간 아닌 다른 종으로 확장해서는 안 된다는 결론은 따라 나오지 않는다. 싱어의 표현에 따르면 그것은 "우리가 다른 종들 간의 이익을 비교할 때 주의해야만 한다는 것"을 의미할 뿐이다.[14]

다음과 같은 맹 교수의 주장도 살펴보자. "우리가 고통을 싫어한다는 것을 인정할 수 있는 것만큼이나 동물의 고통이 내 아이의 고통보다 훨씬 크더라도 내 아이의 건강한 삶을 위해서 동물을 죽일 수도 있지 않은가?(p. 248)" 이런 상황은 아마도 동물실험을 통해 인간의 생명을 구하는 신약을 개발하는 경우에 해당할 것이다. 싱어도 이 점을 인정할까? 자의식이 없고 대체 가능성이 있는 동물이라면 그 동물의 고통이 내 아이의 고통보다 크다고 할지라도 내 아이의 건강한 삶을 위해서라면 그 동물을 죽일 수도 있다고 볼 것 같다. 그가 "하나 혹은 심지어는 한 다스의 동물이 수천 명의 사람을 가하기 위하여 실험의 고통을 겪어야만 한다면, 나는 그렇게 하는 것이 이익에 대한 평등한 고려와도 일치한다고 생각한다."[15]라고 말하는 것을 보면 그렇다. 싱어는 리건Tom Regan처럼 어떤 상황에서도 희생되어서는 안 되는 절대적인 동물의 권리를 주장하는 학자가 아니기

14 싱어(1997), p. 85. 김성한(2007, pp. 258~260)과 박창길(2008, p. 230)도 종차별주의자들의 싱어 오해에 대해 해명하고 있다.

15 싱어(1997), p. 94.

때문이다. 그러나 이 경우에도 '내 아이의 건강한 삶'을 위한다는 분명하게 예측 가능한 단서 조건이 만족되어야 한다. 애석하게도 많은 동물실험은 화장품 개발처럼 인간의 건강 또는 생명과 상관이 없거나 동물 실험에 의하지 않고서도 충분히 예측 가능한 상황인 경우가 많다. 그런 경우에 인간에게 생기는 이익이라는 것은 확실하지도 않고 있다고 해도 동물의 고통을 상쇄할 만한 것이 되지 않는다.[16]

동물 실험의 경우에는 실험에서 침해되는 동물의 이익과 실험을 통해 얻게 되는 인간의 이익을 비교 계산해야 하는 복잡한 문제가 따른다. 그러나 지금 맹 교수가 다루고 있는 육식은 그 계산이 전혀 어렵지 않다. 동물을 죽여 인간이 먹음으로써 생기는 이익이란 혀에 느끼는 '입맛'밖에 없기 때문이다. 육식에 의해서 생기는 영양이 보충된다는 것은 거짓이거나 있다고 해도 채식에 의해 충분히 대체 가능하다. 그러므로 채식을 논의하는 상황에서는 동물의 고통을 통해

---

16 이 점은 맹 교수도 인정하고 있다. "동물의 도덕적 지위를 인정하지 않더라도 사소한 인간의 필요와 심대한 동물의 복지가 충돌할 경우, 후자를 우선적으로 고려해야 할 경우가 성립할 수도 있다(p. 249)." 한 심사위원은 공리주의자가 주장하는 이익의 예측 가능성은 문제점이 많은데도 불구하고 그것에 근거하여 인간과 동물의 이익을 비교하는 것은 바람직하지 않다고 지적하고 있다. 이익의 예측 또는 계산 가능성은 공리주의를 끊임없이 괴롭히는 문젯거리다. 그러나 필자도 그런 사정을 잘 알고 있으므로 이 논문에서는 확실히 계산할 수 있는 경우에만 한정하고 있다. 동물 실험의 경우 동물에게 오는 고통은 현존하고 확실한 것이지만 인간에게 오는 이익은 예측할 수 있는 가상의 것일 뿐이다. 그럴 때 동물의 이익을 우선하는 것은 당연하다. 심사위원은 인간의 이익은 "의심이 들더라도 일말의 희망을 위해" 동물의 고통보다 더 고려하는 것도 불가능한 것은 아니라고 말한다. 필자는 그 '일말의 희망'이 어느 정도의 희망인가, 그리고 그에 따라 희생되는 동물의 수준이 어느 정도인가에 따라 비교가 달라진다고 생각한다. 아무리 인간의 이익이라고 해도 희망이 거의 보이지 않는데 지푸라기라도 잡는 심정으로 수많은 고등 동물의 고통을 유발하는 것은 종차별주의라는 비난을 받을 만하다.

서 인간에게 오는 이익이란 아주 사소한 것일 뿐이다.

나는 맹 교수의 논문에서 인간과 동물의 고통을 비교하며 의미 있게 논의할 수 있는 부분이 있다고 생각한다. 그것은 "고통에 대한 발생적 차원 및 의미론적 차원을 갖는 존재의 범위를 설사 동물의 영역으로까지 확대해서 적어도 동물 역시 쾌락을 좋아하고 고통을 싫어하며, 또 그것이 의미하는 바를 지각하는 의식적 경험을 하는 존재로 간주(p. 250, 강조는 내가 함)"한다는 표현이다. 맹 교수가 '고통의 존재론적 및 의미론적 차원에 대한 해명과 논변'을 언급하면서 주로 의도한 것은 왜 고통을 도덕적 판단의 기준으로 삼는가, 동물까지 도덕적으로 고려해야 한다면 왜 식물은 배제하느냐는 의문을 던지기 위해서였다. 그러나 내가 앞에서 주장한 것처럼 그런 의문은 그리 타당하지 못하다. 오히려 고통이 도덕적 판단의 기준임을 인정하고, 그렇다면 동물이 정말로 도덕적 고려의 대상이 될 정도로 고통을 느끼는지 묻는 것이 전략적으로 올바르다. 그 과정에서 그의 위 언급은 의미가 있다. 그 점에 대해 생각해 보자.

맹 교수가 설명한 것처럼(p. 246) 싱어는 동물도 역시 고통을 느낄 수 있는 증거로 행동, 신경체제의 특징, 고통의 진화적 유용성을 든다.[17] 이 논변들은 기본적으로 유비 추론이라는 형태를 띤다. 인간과 동물의 행동이 비슷하니까, 또 인간과 동물의 신경체계가 비슷하니까, 인간이 고통을 느끼는 것처럼 동물도 고통을 느낄 것이라고 추론한다. 그리고 진화론은 그렇게 유사한 인간과 동물이 똑같이 고통

---

17 싱어(1999), pp. 47~54을 보라.

을 느낀다고 보는 것이 설명의 간결성을 보인다는 근거에서 유비 추론을 뒷받침해 준다. 그러나 유비 추론은 언제든지 틀릴 수 있는 논증 방법이다. 인간과 동물 사이에는 유사점도 많지만 다른 점도 많다. 가령 고통을 느끼는 데는 대뇌의 전전두엽 피질과 신피질이 중요한 역할을 하는데, 그 부분들은 진화의 역사에서 최근에 발전했기 때문에 영장류를 제외하고는 적거나 없다는 주장이 있다.[18] 그렇다면 다른 동물들이 고통을 느끼는지, 느낀다고 하더라도 우리와 같은 종류의 고통인지 의심해 볼 수 있다. 더구나 싱어의 논변이 맞는다고 하더라도 인간과 그런 유사점을 찾기 힘든 동물들, 곧 인간과 계통발생학적 측면에서 먼 동물들은 고통이 있다고 보기 힘들게 된다.

어느 정도의 동물이 고통을 느끼느냐는 논의는 학자들마다 의견이 다르고 현재도 계속 진행 중이므로 단정적으로 말하기는 어렵다. 그런데 바너G. Varner가 제시한 고통의 여섯 가지 조건은 참고할 만하다. 그것은 유해수용기의 존재, 중추 신경 계통의 존재, 유해수용기가 중추 신경 계통과 연결되어 있는지의 여부, 내인성 아편양제제의 존재, 진통제가 반응에 영향을 끼치는지 여부, 행동 반응이 인간의 반응과 유사한지 여부다. 이 조건에 따르면 포유동물이 이 여섯 가지 조건을 모두 만족하는 것은 아주 분명하고, 조류는 세 번째 조건을 제외한 나머지 조건들을 만족한다. 그래서 바너는 대체로 척추동물과 (오징어와 낙지 같은 두족류를 제외한) 무척추동물이 고통의 유무를

---

18 Nelkin(1986), p. 137, Bermond(1997), p. 130을 보라.

가르는 기준이 된다고 말한다.[19] 물론 논란의 여지가 있지만, 이 조건에 따르면 육식의 대상이 되는 동물들은 대부분 고통을 느끼는 범주에 포함된다고 볼 수 있다.

이런 증거들에도 불구하고 동물은 고통을 느끼는 것이 아니라고 주장하는 학자들이 있다. 그들에 따르면 고통을 느끼기 위해서는 고통을 느끼고 있음을 의식해야 하는데 동물들은 그렇지 못하기 때문에 고통을 못 느낀다고 결론을 내린다. 그 대표적인 학자가 데카르트다. 데카르트는 동물은 기계이며 자동인형automata에 지나지 않는다고 말한 것으로 알려져 있다. 그래서 동물 보호론자들에게는 동물은 아무런 고통도 느끼지 못한다고 생각하게 만들고 동물에 대한 학대를 정당화해 준 원흉 정도로 생각된다. 싱어도 데카르트의 철학에는 인간과 동물의 차이점을 강조한 "기독교를 추종함으로써 나타날 수 있는 최종적이고도 가장 기이한, 그리고 - 동물에게는 - 가장 고통스러운 결과가 담겨 있었다."[20]라고 평가하고 있다. 그러고 나서 이렇게 말한다.

> 〔데카르트에 따르면 동물들〕은 쾌락이나 고통뿐만 아니라 그 무엇도 경험하지 못한다. 그들을 칼로 베면 소리를 질러댈 것이다. 또한 그들은 뜨거운 쇠와의 접촉을 피해 달아나려고 몸부림칠 것이다. 하지만 데카르트에 따르면 이러한 모습들은

19 Varner(1999).

20 싱어(1999), p. 338.

> 그러한 상황에서 동물들이 고통을 느끼고 있음을 보여주는 것이 아니다. 그들은 그저 시계와 같은 원리의 지배를 받을 따름이다. 그리고 그들의 행동이 시계보다 복잡하다면 시계는 인간이 만든 기계임에 반해 동물은 신이 만든 훨씬 복잡한 기계이기 때문이다.[21]

하지만 데카르트가 동물이 아무런 고통도 느끼지 못하는 기계와 같다고 말한 것으로 단정적으로 해석하는 것은 그를 너무 단순한 사상가로 몰고 가는 것이다. 칼로 베면 소리를 질러대는 동물을 보면서도 고통을 느끼고 있음을 보여주는 것이 아니라고 말하는 데에는 뭔가 이유가 있을 것이라고 자비롭게 해석할 필요가 있다. 싱어와 달리 리건은 그런 자비를 보여준다. 그는 데카르트 연구가인 코팅엄 John Cottingham의 말을 빌려 데카르트는 동물이 배고픔이나 두려움 같은 것을 느낀다고 믿었고, 다만 자신들이 의식하고 있다는 것에 대한 생각을 할 수 없다고 주장했을 뿐이라고 말한다.[22] 다시 말해서 데카르트는 동물들이 감각을 가지고 있는 것은 분명하지만 그것에 대한 의식은 가지고 있지 않다고 생각했다는 것이다.[23]

현대에도 고통을 느낀다는 것은 단순히 감각에 그치는 것이 아

---

21 싱어(1999), p. 339.

22 Regan(1983), p. 3.

23 물론 Regan은 동물이 의식을 가지고 있다고 주장한다.

니라 어떤 인지적인 활동이라고 보는 학자들이 있다.[24] 동물이 감각하는 것도 의식이라고 부른다면, 동물과 인간의 의식을 구분해 주는 것은 인간은 의식하고 있다는 것을 의식할 수 있다는 것, 곧 2차 의식이 있다는 것이다. 그 기준에 따르면 많은 동물들은 2차 의식이 없기에 겉보기와 달리 고통을 느끼지 못한다. 그 중 카루더스P. Carruthers는 동물의 고통은 인간의 무의식적인 행동과 비슷하다고 말하고, 정신을 딴 데 쏟으면서 운전하는 행동이나 사물을 인식하지만 시각적인 현상은 경험하지 못하는 맹시 환자를 그 예로 들고 있다.[25] 맹 교수가 말한 '그것이 의미하는 바를 지각하는 의식적 경험을 하는 존재'는 바로 고통을 느낀다고 의식하는, 곧 2차 의식이 있는 존재를 가리킬 것이다. 이 개념을 중심으로 더 심화된 논의가 이어졌으면 흥미로울 것 같은데, 아쉽게도 더 이상의 논의가 없다. 그리고 그가 많은 동물들이 이 범주에서 제외된다고 생각하는지도 알 수 없다.

이런 2차 의식은 도덕적 고려의 기준을 감응력보다는 훨씬 더 높은 곳에 위치시킨다. 그렇지만 지능이나 합리성만큼 임의적인 것처럼 보이지는 않는다. 실제로 리건이나 파인버그Joel Feinberg 같은 동물 권리론자들도 2차 의식으로 해석될 수 있는 도덕적 고려의 기준을 제시했다. 그들은 미래에 대한 갈망을 의식적으로 할 수 있는 존재를 도덕적으로 고려해야 한다고 주장한다. 가령 파인버그는 "언젠가는 분석되어야 할 개념인 이익은 적어도 초보적인 인지적 장치를

24 Nelkin(1986), Tye(2000), Carruthers(1989, 1992)를 보라.

25 Carruthers(1992), p. 172.

전제로 한다. 이익은 믿음 또는 인지적 앎을 전제하는 욕구와 목표로부터 어떤 식으로 생기는 것이다."라고 말한다.[26] 이런 기준을 만족하는 존재는 싱어의 감응력을 만족하는 존재보다 적을 것이다. 감응력은 고통이든 쾌락이든 느끼기만 하면 되지만, 리건과 파인버그에 따르면 그것을 넘어서서 미래를 의식하는 어떤 능력이 있어야 하기 때문이다. 미래를 의식한다는 것은 고통을 그냥 느끼는 것이 아니라 그 고통이 가져올 의미를 생각할 수 있다는 뜻일 수 있다.

동물에게 이런 2차 의식이 있는지 없는지는 논란거리다.[27] 그리고 동물에게 2차 의식이 없다고 하더라도 그것이 1차 의식에 불과한 동물의 고통을 무시해도 된다는 결론을 따라 나오게 하는지는 또 다른 문제다.[28] 가장 결정적으로는 만약 동물에게 2차 의식이 없다고 한다면 인간 중에서도 그런 2차 의식이 없는 존재 - 유아, 식물인간 등 - 를 찾을 수 있다는 사실이다. 2차 의식을 이유로 인간과 동물을 차이를 주장하는 이들이 동물과 유아나 식물인간을 같은 범주로 취급해야 한다는 결론을 받아들이지 않는다면 그것은 종차별주의라는 비판을 벗어날 수 없다.

---

26 Feinberg(1974), p. 52.

27 자세한 논의는 Allen(2004)를 보라. Allen은 2차 의식에 의해 인간과 동물을 구분하는 것을 반대한다. Varner(1998, p. 195)는 미래를 의식적으로 계획하는 능력이 없어도 고통의 의식이 만들어지도록 진화됐다고 주장한다. 고통은 강한 부정적 영향력으로 현재의 조직 손상에 대해 치명적인 정보를 제공해 주며, 이것은 미래에 대한 생각이 없는 유기체에 도움을 줄 수 있다는 것이다. 그렇다면 도덕적 판단의 기준으로 미래에 대한 의식은 불필요하다.

28 Carruthers는 Carruthers(2000)에서 비록 의식을 못하더라도 동물의 고통에 도덕적 의미를 부여해야 한다고 입장을 바꾸었다.

동물도 고통을 느낄 수 있다는 것은 상식이다. 그 상식을 벗어난 데카르트와 같은 주장은, 그렇다고 해서 말도 안 되는 소리로 물리칠 정도로 단순한 주장이 아닌 것은 분명하다. 그러나 동물이 고통을 느낀다는 상식을 뒤집을 부담은 그들에게 있다. 그리고 동물의 행동을 관찰함으로써 동물도 인간처럼 고통을 느끼는 것이 당연하다는 주장은, 앞서 말했듯이 약한 유비 논증일 수 있다. 그러나 동물의 고통이라는 것은 사실 인간의 무의식적 행동과 비슷하다는 카루더스와 같은 학자의 주장도 역시 관찰에 의한 유비 논증이다. 따라서 그 논증만으로는 상식을 뒤엎기에는 부족하다.

4

마지막으로 싱어의 입장이 개별적 사례들 각각의 경우의 행동지침으로서는 무력하다는 맹 교수의 주장을 보자. 그는 이렇게 말한다.

> 이를테면 고려되어야 할 개체들 전체의 고통과 쾌락의 산정에 있어서 그 범위에 속하는 것과 속하지 않는 것을 구분하는 문제, 그리고 현재와 같이 육식이 일반적인 식습관인 상황에서 어떤 하나의 행위 선택이 전체에 미치는 영향과 결과에 대한 고려가 현재와 미래, 즉 시간의 추이에 따라 달라질 수 있기 때문에 채식보다는 육식을 하는 것이 옳은 상황이 상당한 기간 동안 존속되어야 할 수도 있다(pp. 252~253).

싱어는 공리주의적 근거에 의해 채식 문제에 접근하기 때문에 특정 상황의 결과에 대한 고려에 의해서는 채식보다는 육식을 하는 것이 옳은 상황이 분명히 나올 수 있다. 예컨대 그는 고기밖에 없어서 고기를 먹지 않으면 굶어 죽게 되는 에스키모들에게는 육식을 허용한다.[29] 그리고 동물을 자연스러운 환경에서 자라게 하고 아무 고통 없이 도살했다는 것이 분명하고 그 동물이 대체 가능하다면 그 동물의 고기를 먹는 것도 허용할 수 있을 것이다.[30] 한편 앞 절에서도 말한 것처럼 고통의 본질과 적용 범위에 대한 정확한 규명이 이루어지지 않았기 때문에 어떤 동물까지 먹어도 되는지에 대한 판단을 유보할 수도 있다. 그러나 아무리 양보를 한다고 하더라도 육식의 주 대상인 소나 돼지 그리고 닭에게 사육 과정에서 그리고 도살 과정에서 가해지는 고통은 싱어의 저술을 통해서 그리고 그 이후의 동물 운동가들에 의해 널리 알려져 있다.[31] 그리고 도살 과정에서 가해지는 고통이 단순히 무의식적이라고 말하기 위해서는, 앞서 말했듯이 싱어를 비판하는 쪽에 입증의 책임이 있다. 그러나 그런 비판이 나오기 전까지는 고통의 실체를 인정해야 한다. 그리고 육식을 통해서 얻는 이익은 그런 고통에 비해서는 아주 사소한 것이다. 한편 맹 교수의 지적처럼 '현재와 같이 육식이 일반적인 식습관인 상황에서' 육식

---

29 싱어(1997), p. 89.

30 동물을 고통 없이 사육하고 도살하는 경우 육식을 허용하는 주장에 대해서는 Pollan(2002)을 보라. 그리고 대체 가능성 논변에 의한 육식의 허용 가능성에 대해서는 최훈(2007)을 보라.

31 싱어(1999), 3장을 보라.

을 포기할 것을 요구하는 것은 육식과 관련된 여러 종사자들의 이익을 침해하게 될 것이다. 그러나 여전히 그 이익은 현존하는 동물의 고통을 능가하지 못한다. 그 종사자들이 이직할 때까지 육식 금지를 유보할 수 있는 근거는 될 수 있을지 몰라도 채식을 비판하는 근거는 되지 못한다. 이는 마치 노예제를 폐지했을 때 노예 매매 종사자들의 이익을 침해하리라는 염려 때문에 노예제 폐지를 반대하는 것이나 다름없다. 그러므로 백번 양보해도 싱어의 주장은 적어도 소, 돼지, 닭을 대상으로 하는 육식을 반대할 행동적 지침은 분명히 제공해준다.

5

맹 교수도 인용하고 있지만(237쪽), 싱어는 "…… 이제껏 나는 논파하기 힘든 비판을 접해 보지 못하였으며, 이 책이 기초하고 있는 단순한 윤리적 논거의 견고함을 의심하게 만든 논변은 없었다."[32]라고 자신의 논변에 대해 자신감을 보이고 있다. 실제로 싱어의 이론이 됐든 다른 학자의 이론이 됐든 동물 해방의 이론적 토대는 매우 튼튼하다. 싱어는 방금 이 말에 이어서 콜린 맥긴(Colin McGinn)이 자신의 『동물해방』에 대해 "실천이라는 측면에서는 아니더라도 원리적

---

32 싱어(1999), p. 22.

인 측면에서 볼 때 이 책의 윤리적 골자는 '승리한 논의'라고 평가"[33] 했다고 말한다. 실천에 옮기지는 못하더라도 이론에서는 반박하기 힘들다는 고백일 것이다. 이제 적어도 이론의 측면에서는 싱어를 비판하는 쪽의 대답을 기다려야 할 때인 것 같다. 맹 교수의 논문이 거기에 일조한다는 것은 분명하다.

---

33 싱어(1999), p. 22.

참고문헌

김성한, 「종차별주의 옹호 논변에 대한 대응: 이익동등고려의 원칙을 중심으로」, 『철학연구』 79, 2007, pp. 253~274.

김성환 옮김, 피터 싱어, 『동물해방』, 인간사랑, 1999.

맹주만, 「피터 싱어와 윤리적 채식주의」, 『철학탐구』 22, 2008, 231~258.

박창길, 「실험동물에게 윤리가 있는지의 여부: 구명선의 논리와 심의민주주의의 이론을 중심으로」, 『환경철학』 7, 2008, pp. 223~251.

제러미 벤담, 『도덕과 입법의 원리 서설』, 1789.

최훈, 『매사에 공평하라: 벤담과 싱어』, 김영사, 2007.

황경식·김성동 옮김, 피터 싱어, 『실천윤리학』(개정판), 철학과현실사, 1997.

Allen, Colin, "Animal Pain," Nous 38, 2004, pp. 617~643.

Bermond, B., "The Myth of Animal Suffering," in *Animal Consciousness and Animal Ethics*, Marcel Dol et al. (eds.), Van Gorcum Publishers, 1997, pp. 125~30, 135~6.

Carruthers, P., "Brute Experience," *The Journal of Phiosophy*, 86, 1989, pp. 258~269.

Carruthers, P., *The Animal Issue*, Cambridge: Cambridge University Press, 1992.

Carruthers, P., *Phenomenal Consciousness*, Cambridge: Cambridge University Press, 2000.

Feinberg, Joel, "The Rights of Animals and Unborn Generations," Philosophy and

Environmental Crisis, ed. William Blackstone, Jr. (Athens: University of Georgia Press), pp. 43~68, 1974.

Nelkin, Norton, "Pains and Pain Sensations," T*he Journal of Philosophy* 83(3), pp. 129~148, 1997.

Pollan, Michael, "An Animal's Place," *The New York Times*, November 10, 2002.

Regan, Tom, *The Case for Animal Rights*, University of California Press, 1983.

Stahler, Charles, "How Many Adults Are Vegetarian?," *Vegetarian Journal* 2006 Issue 4, 2006.

Tye, M., *Consciousness, Color and Content*. Cambridge: MIT Press, 2000.

Varner, Gary E., "Sentientism," in D. Jamieson, ed., *A Companion to Environmental Philosophy*, Oxford: Blackwell, pp. 192~203, 1998.

Varner, Gary E., "How Facts Matter: On the Language Condition and the Scope of Pain in the Animal Kingdom," *Pain Forum* 8, pp. 84~86, 1999.

3. 톰 레간과 윤리적 채식주의

맹주만(중앙대학교)

1. 피터 싱어와 톰 레간

근대의 철학적 전통과 문화 속에서 극명하게 차별되었던 인간과 동물의 경계가 오늘날처럼 불투명한 적은 없었다. 이 같은 현상은 현대인의 식단 곳곳에서도 감지된다. 동물의 고통과 권리를 얘기하고 육식의 비윤리성을 지적하는 목소리들도 적지 않다. 하지만 동물 보호나 동물 해방을 외치는 것과 육식의 비윤리성이나 채식을 옹호하는 것을 동일 선상에 놓고 재단할 수 있을까? 과거에는 지엽적이면서도 개인적 차원에 머물렀었던 채식주의 문제가 지난 20세기 후

반에 들어서면서부터 중요한 철학적 이슈로 부각되기 시작했다. 이제는 이 문제에 대해서도 다양한 관점과 견해들이 전개되고 있는데, 이 같은 이후의 논의들을 주도한 대표적인 견해로 공리주의 이론과 의무론적 도덕 권리론을 들 수 있다.[1] 이들 견해는 단순히 건강이나 종교적 이유, 혹은 환경에 대한 실천적 관심을 넘어서 직접적으로 육식의 비윤리성을 강조하면서 윤리적 채식주의에 대한 체계적인 철학적 옹호론을 펼쳤는데, 전자에 속하는 대표적 인물이 오늘날의 윤리적 채식주의 논쟁에 불을 지핀 당사자인 싱어Peter Singer라면, 후자로는 레간Tom Regan을 꼽을 수 있다. 채식주의가 도덕적 의무라는 주장을 싱어는 공리주의적 근거에서, 레간은 권리론적 근거에서 정당화하고 있다. 특히 싱어의 작업은 윤리적 채식주의에 대한 최초의 체계적인 철학적 옹호론으로서 적지 않은 주목을 받아 왔다. 하지만 선호공리주의와 동물의 감응력에 기초하고 있는 싱어의 채식 옹호 논변은 그리 성공적이지 못했다. 동물권리론, 환경주의, 여성주의 등의 진영에서도 적지 않은 도전과 비판이 제기되어 왔었다. 그런데 이들의 대응은 주로 싱어의 주장이 함축하거나 초래하게 되는 결과에 초점을 두고서 이루어졌다. 하지만 필자는 그것이 지닌 실천적 호소력에도 불구하고 싱어의 육식 비윤리성 및 윤리적 채식주의 옹호 논증의 심각한 결함은 그 이론적 토대의 허약함에 있다고 주장

---

1 K. P. George, *Animal, Vegetable, or Woman? : A Feminist Critique of Ethical Vegetarianism*, State University of New York Press 2000, p. 19.

한 바 있다.[2] 특히 그의 고통 중심의 논변은 육식의 비윤리성을 통한 간접적 증명이라는 점에서 약점을 안고 있는데, 그것이 좀 더 설득력을 지니려면, 고통의 존재론을 포함한 식물의 가치에 대한 직접적인 고려와 평가가 제시되어야 한다.

다른 한편으로 채식 옹호 논변을 포함해 싱어의 동물해방론 전반에 걸쳐 광범한 비판을 해온 동물권리론자들의 입장은 어떤가? 싱어의 동물해방론과 함께 레간의 동물권리론은 개체 중심의 동물윤리를 대표한다. 그런데 레간의 동물권리론에서 도덕적 지위를 갖는 대상 범위는 싱어의 그것보다 작지만 함축하고 있는 메시지는 훨씬 강하다. 싱어와 같은 쾌락주의적 공리주의자는 원칙적으로 쾌락계산법에 의거해서 상황에 따라서 고통은 물론 육식도 허용할 여지가 남아 있다. 반면 레간은 "인간만이 생명에 대해서 천부의 평등한 권리를 소유한다."는 관념에 의문을 품고 그것이 과연 어떤 토대 위에서 제기된 주장인지를 물으면서 동물의 권리에 근거한 채식주의 옹호론을 펼치고 있다.[3] 또 레간과 마찬가지로 권리론자 롤린Bernard E. Rollin 역시 하나의 도덕적 원칙으로서 육식을 포기하라는 채식주의자들의 논증은 강력한 것이며, 또 거부할 수 없는 것이라고 하면서, "인간은 동물의 생명을 빼앗지 않고서 잘 살 수 있다. 그러므로 음식

---

2 싱어의 윤리적 채식주의 옹호 논변 및 그 문제점들에 대해서는 다음을 보라. 맹주만, 「피터 싱어와 윤리적 채식주의」, 『철학탐구』 22집, 중앙철학연구소 2007.

3 T. Regan, "The Moral Basis of Vegetarianism," in Kerry S. Walters and Lisa Portmess (eds.), *Ethical Vegetarianism: Pythagoras to Peter Singer*, p. 154. (Source. *The Canadian Journal of Philosophy* October 1975.)

을 위해 동물의 생명을 빼앗는 일은 불필요하며, 어느 모로나 정당화될 수 없다."[4]고 못 박는다. 그러나 필자가 보기에 비록 이들이 식물의 존재와 가치에 대한 고려를 싱어의 경우보다는 좀 더 반영하고 있기는 하지만, 적어도 채식옹호론에 관한 한 그들 역시 여전히 싱어가 안고 있는 문제를 극복하지 못한 것으로 생각된다. 왜냐하면 채식 옹호 논변의 성공 여부는 싱어의 '동물의 고통' 논변이 그랬듯이 단순히 '동물의 권리'에만 근거해서는 성공을 거두기 어렵기 때문이다. 이 점을 보이려는 것이 이 글의 목적이다.

2. 동물권리론과 육식의 비윤리성

레간의 동물권리론은 말 그대로 권리 개념에 근거해 있다. 그러나 레간은 전통의 경계를 넘나들면서 그 개념이 지녀온 전선을 확장한다. 이를 위해 레간이 활용하고 있는 철학자가 칸트다. 채식주의를 옹호하는 윤리적 기초로서의 동물권리론을 정립하기 위해서 레간은 칸트의 영향을 수용하면서도 칸트의 입장이 갖는 한계를 발판삼아 인간 개념과 권리 개념의 임의적인 짝짓기를 비판한다. 레간은 '개개의 모든 인간은 생명에 대한 자연적 권리를 가진다'는 인간 중심적 권리론의 유력한 근거를 '개개의 모든 인간의 생명은 본래적 가

---

4 Bernard E. Rollin, *Animal Rights and Human Morality*, New York: Prometheus 1992, p. 85.

치intrinsic worth를 가진다'는 주장에 있는 것으로 해석한다. 그러면서 이 같은 개념 규정이 안고 있는 두 가지 난점을 지적한다. 하나는 여기서 칸트의 용어인 목적 자체로서 인격적 존재를 나타내는 "본래적 가치"라는 말이 무엇을 의미하는지가 명시적으로 드러나지 않는다는 것이며, 다른 더 중요한 난점은 이 말을 인간 존재에게만 적용해야 하는 근거가 어디에 있느냐 하는 것이다.[5] 만일 그럴 경우, 레간은 본래적 가치의 문제와 관련해서 옹호하기가 매우 어려운 "하나의" 독립적인 주제로서 "가치의 존재론an ontology of value"에 대한 논의와 검토가 불가피해지리라 예상한다.[6] 특히 직관적으로 인간에게만 적용할 수 있는 특별한 가치의 토대로서 "말하기, 추론하기, 자유롭게 선택하기, 자기정체성 개념형성" 등을 거론할 수도 있겠지만 "이런 것을 할 수 없는 인간들도 존재하며" 더욱이 "인간 아닌 존재 중에도 이런 능력을 가진 존재들이 있기" 때문에 별 실효가 없고, 따라서 그것이 모든 인간 그리고 오직 인간만이 소유하고 있다고 추정되는 본래적 가치의 토대가 될 수는 없다고 본다.

레간은 이 같은 본래적 가치의 문제를 해결하기 위해 다른 대안을 모색하는데, 본래적 가치 개념에 담겨 있는 칸트의 목적 자체로서의 인간 개념을 매개로 한 해명을 시도한다. 레간의 이 논증이 함축하게 되는 결론은 본래적 가치를 가진다고 할 수 있는 대상의 범위를 동물에까지 확대해야 한다는 것이다. 이를 상론해 보면, 레간

---

5 T. Regan, "The Moral Basis of Vegetarianism," pp. 154~156.

6 T. Regan, "The Moral Basis of Vegetarianism," pp. 156~157.

은 "모든 인간 그리고 오직 인간만이 목적 자체로서 존재한다."라고 말할 때 우리가 염두에 두고 있다고 추정할 수 있는 두 가지 근거를 제시한다. 하나는 "모든 인간은 욕구, 목표, 희망, 선호 등등의 다양한 적극적인 이해관심을 가지며 이것의 만족이나 실현은 본래적으로 가치 있는 경험의 형태로 본래적 가치를 자신들의 삶을 통해서 구현하는 것이며", 다른 하나는 "욕구의 만족이나 목표의 실현을 통해서 어떤 사람의 삶에 구현되는 본래적 가치는 다른 사람의 그것과 마찬가지로 좋은 것이다."[7] 레간은 이런 의미에서 모든 인간은 평등하며, 이 때문에 본래적 가치의 구현에 있어서 각자는 동일한 권리를 갖게 된다고 본다. 그러므로 한 개인의 죽음은 이러한 가치 구현을 불가능하게 만드는 것이며, 모든 사람이 이에 대한 동등한 권리를 가진다는 사실을 고려하면, 다른 사람의 생명을 빼앗는 것은 그의 생명에 대한 권리를 침해하는 것임은 자명하다는 결론에 도달한다. 이 논증의 최종 목표는 권리의 평등을 말할 수 있는 필요조건은 한 존재가 이해관심을 가져야 한다는 것임을 정립하고 이를 통해 이에 해당하는 모든 존재, 특히 동물 역시 그러한 권리를 갖는 존재라는 것을 보여주려는 데 있다. 다시 말해서 어떤 동물이 이해관심을 가진다고 할 수 있는 일련의 조건들을 만족시키면 그러한 존재는 인간과 마찬가지로 생명에 대한 평등한 권리를 가진다는 것이다. 레간은 최종적으로 그 조건을 다음과 같이 정리한다: "적극적인 이해관심을 갖는 어떤 존재being가 그러한 관심에 필적하는 어떤 다른 개체

7 T. Regan, "The Moral Basis of Vegetarianism", p. 157.

individual의 이해관심 충족과 똑같은 정도로 본래적 가치를 경험하게 되는 존재로서 그와 같은 이해관심이 충족될 경우, 그 존재는 생명에 대한 평등한 권리를 가진다."[8] 레간에 의하면 이러한 조건을 충족시키는 존재라면 모두가 권리를 가진다.

또한 레간은 이와 같은 조건을 충족시키는 권리의 주체를 표현하는 전통적인 개념들의 부적절함을 극복하고자 새로운 용어를 만들어낸다. 말하자면 권리 개념 적용의 타당한 범위를 정하기 위해서 본래적 가치를 갖는 주체에 대한 칸트의 용어인 인격체 내지는 인격person 개념을 재해석한다. 칸트에게 인격체는 인간human과 다른 개념이다. 모든 인간이 인격체는 아니기 때문이다. 그런 점에서 칸트식의 인격 개념은 너무 적은 개체들individuals을 포함하는 반면 인간 개념은 너무 많은 개체들을 포함한다고 지적하면서 이 같은 약점을 해결할 수 있는 대체 개념으로 '삶의 주체subject—of—a—life'라는 용어를 도입한다.[9] 이 같은 레간의 전략에는 전통적인 인간중심의 권리 개념을 확장해서 인간 아닌 동물의 권리까지 도덕적 고려의 범주에 편입하려는 의도가 함축되어 있다. 이 '삶의 주체' 개념의 핵심은 다음과 같은 설명에 잘 나타나 있다: "믿음과 욕구를 갖고, 지각과 기억을 하고, 그들 자신의 미래를 포함하여 미래에 대한 감각을 갖고, 즐거움과 고통을 느끼는 정서적 생활을 하고, 선택적 및 복지적 이해관심을 갖고, 그들의 욕구를 충족시키고 자신의 목표를 추구하기

---

8 T. Regan, "The Moral Basis of Vegetarianism," p. 158.

9 C. Cohen and T. Regan, *The Animal Rights Debate*, p. 201.

위해 행위할 수 있는 능력을 갖고 시간상의 변화에도 심리 - 물리적 동일성을 확보하고, 그들이 다른 존재에게 유용하다는 것에 대해 논리적으로 독립해서 그리고 그들이 어떤 다른 존재의 이해관심의 대상이 된다는 것에 대해 논리적으로 독립해서 그들의 경험적 삶이 자신에게 이롭거나 해롭다는 의미에서 개별적인 복지를 가진다면, 그 개체들은 삶의 주체다."[10] 이와 같은 삶의 주체 기준에 따르면, 모든 인간이 삶의 주체인 것은 아니며, 또 모든 동물이 삶의 주체인 것도 아니게 된다. 레간은 삶의 주체 기준에 따라서 한 동물 혹은 동물종이 삶의 주체로서 확인되면 그들은 내재적 가치inherent value를 갖는 존재로서 평등한 도덕적 권리를 가지며, 따라서 이들은 도덕적으로 고려되어야 한다고 주장한다. 그리고 이에 따르면 우리의 입맛에 길들어진 육식에 이용되는 거의 대부분의 동물들은 이러한 범주에 속하는 도덕적 권리를 갖는 존재들이며, 따라서 이들과 평등한 권리를 갖는 또 다른 존재인 인간이 그들을 음식으로 이용하는 것은 어떤 경우에도 비윤리적인 것으로서 결코 허용될 수 없다.

하지만 인간 이외의 어떤 존재가 이해관심을 갖기 때문에 권리를 가진다고 할 때 실제로 어떤 존재가 이해관심을 갖는지를 어떻게 그리고 무엇으로 알 수 있는가? 또 이해관심 자체를 왜 동물에게만 적용해야 하는가? 후자의 경우에는 우리가 달리 알아낼 방도가 없을지도 모른다. 레간이 제시하는 기준과 조건 자체가 이미 동물 중심적

---

10 T. Regan, *The Case for Animal Rights*, p. 244.; 한면희, 『환경윤리: 자연의 가치와 인간의 의무』, 철학과현실사, 1997, p. 115 재인용.

인 언어들로 채워지고 있기 때문이다. 특히 사폰치스는 어떤 동물들이 이해관심을 갖는지는 경험적인 문제로서 이 같은 기준의 충족 여부를 확신하기 어렵기 때문에 싱어와 비슷하게 동물 권리의 도덕적 기초를 감응력에다 두면서 "감응적 존재를 가치의 원천"[11]으로 보아야 한다고 주장한다. 이에 의거해서 사폰치스는 권리를 갖는 존재의 범위는 이해관심을 갖거나 느낌feeling을 경험할 수 있는 모든 존재로 확대되어야 한다고 주장한다. 나아가 이런 이유에서 대중적인 동물해방운동에서는 불가능하며, 기껏해야 전문적인 철학적 토론 석상에서나 통용될 수 있는 용어라는 걸 인정하면서도 "동물 권리"라는 말을 "감응적 존재의 권리sentient rights", 또 "동물 해방"을 "이해관심의 해방interests liberation"이라는 표현으로 대체하자는 의견을 내놓기도 했다.[12] 레간 역시 권리 귀속 대상의 식별은 경험적인 문제로서 장담할 수 없지만 유비적 추론의 도움을 받아 생리학과 비언어적 행동 모두와 관련하여 우리 인간과 비슷한 존재들은 우리처럼 이해관심을 가진다고 볼 수 있을 것이며, 아마도 영장류들은 확실히 이에 포함될 것이지만 다른 동물들의 경우에는 분명치 않다는 의견을 제시하였다.[13] 나아가 육식의 윤리성과 비윤리성의 경계를 가름할 기준의 정당화에 있어서 "채식주의자가 책임져야 할 문제는 우리가 먹는 동물이 이해관심을 갖는 존재에 속할 경우 오직 그 경우에만 생겨난

11 S. F. Sapontzis, *Morals, Reason, and Animals*, p. 258.

12 S. F. Sapontzis, *Morals, Reason, and Animals*, p. 74.

13 T. Regan, "The Moral Basis of Vegetarianism," p. 161.

다."[14]고 하여 레간은 어떤 동물들이 이해관심을 갖는지를 결정해야 하는 것은 경험적 문제이기에 육식의 정당성을 입증해야 할 부담은 비채식주의자가 져야 한다는 점을 강조하고 있다.

3. 동물 살생과 동물에 대한 의무

그러면 레간이 싱어와 달리 도덕적 고려의 경계선을 고통이나 감응력에서 찾지 않고 권리 개념에다 두는 이유는 무엇인가? 이에는 어떤 장점이 있는가? 싱어와 같은 공리주의자의 경우, 현실적으로는 사육 과정에서 불가피한 고통이 초래될 수밖에 없기 때문에 거의 불가능한 가정이지만,[15] 식용 동물의 도살도 만일 그것이 고통 없이 이루어진다면, 이는 논리적 및 도덕적으로 허용 가능한 일이 된다. 이에 레간은 동물의 권리에 기초하여 동물의 고통이 아니라 동물 살해에 더 큰 도덕적 비중을 부여하는 논증을 제시함으로써 이 같은 주장의 여지를 아예 차단하고 있다.[16] 이 점에서 레간은 정당화하기 어려운 윤리적 가치로서의 고통 개념에 의존하고 있는 싱어의 잘못을

---

14 T. Regan, "The Moral Basis of Vegetarianism," p. 162.

15 이에 대한 현장 사업자의 증언에 대해서는 Peter Singer, "A Vegetarian Philosophy," in *Writings on an Ethical Life*, New York: HarperCollins 2000, p. 70. (Source. Peter Singer, *Consuming Passions: Food in the Age of Anxiety*, Manchester, England: Manchester University Press, 1998). 그리고 싱어의 대표 저서 『동물 해방』 대부분이 이 같은 실제 사례들을 수도 없이 싣고 있는 고발장이라 할 수 있다.

16 T. Regan, "The Moral Basis of Vegetarianism," pp. 162~163.

범하지는 않을 수 있다. 가령 레간이 권리 개념에 집착하는 데서 엿볼 수 있듯이, 그는 한 존재의 도덕적 가치를 그 존재 자체에서 찾으려 하며, 이와 불가분의 관계에 놓여 있는 것이 권리라고 보고 있다. 다시 말해 그는 누군가가 고통이나 쾌락을 경험할 수 있다는 사실이 중요한 것이 아니라 그보다는 고통과 쾌락을 경험하는 존재 자체에 가치를 둔다. 즉, 고통과 쾌락이 아니라 이를 내용물로 담고 있는 그릇 자체가 실재적real 가치를 가진다고 생각하고 있다.[17] 하지만 레간이 권리에 근거를 둔 접근법을 선호하고 있는 또 다른 중요한 이유는 권리와 의무의 불가분의 관계에 있다. 즉, 동물의 권리를 말할 수 있게 되면, 동시에 동물 및 채식에 대한 도덕적 의무 역시 성립할 수 있기 때문이다. 하지만 코헨이 지적하고 있듯이,[18] 인간의 동물에 대한 의무는 동물의 권리를 가정하지 않고서도 성립할 수 있다는 점에서 레간의 권리와 의무의 관계에 대한 견해는 너무 소박하다. 레간의 동물권리론을 비판하는 코헨에 의하면, "동물이 권리를 가진다는 주장에 흔히들 쉽게 동의하게 되는 것은 주로 만일 우리가 동물에 대한 의무를 가진다면, 동물은 우리에 대해서 권리를 가져야 한다고 하는 성급한 가정에서 기인한다."[19] 그런데 코헨은 이런 추론을 떠받치고 있는 전제는 의무와 권리 간의 대칭적 상호성symmetrical reciprocity이라는 가정인데, 이는 잘못된 전제라는 것이다.

---

17 C. Cohen and T. Regan, *The Animal Rights Debate*, p. 53 참조.

18 C. Cohen and T. Regan, *The Animal Rights Debate*, p. 27.

19 C. Cohen and T. Regan, *The Animal Rights Debate*, p. 27.

레간을 비판하면서 동물이 권리를 갖지 않더라도 그들에 대한 의무는 성립할 수 있다는 것을 보이려는 코헨의 논지는 다음과 같다.[20] 우선 권리와 의무 양자의 관계가 대칭적이지 않다는 것은 쉽게 확인된다. 가령, 돈을 빌려 준 사람의 '받을 권리'와 돈을 빌린 사람의 '갚을 의무'의 관계는 대칭적이지만, 그렇다고 모든 의무가 어떤 사람이 다른 사람 권리의 상대자이기 때문에 발생한다고 추론할 수는 없다. '모든 개는 포유동물이다'라는 참인 명제로부터 '어떤 포유동물들은 개다'가 아닌 '모든 포유동물은 개다'라는 명제를 추론하는 것이 논리적 혼동에서 기인하는 오류이듯이, 모든 권리가 의무를 수반하기 때문에 모든 의무가 권리에 의해 수반된다고 하는 것도 이에 못지않은 마음속의 혼동a confusion of mind이다. 코헨의 이와 같은 논리의 핵심에는 우리가 짊어지고 있는 도덕적 의무들 상당수가 우리에 대해서 권리를 갖고 있지 않은 다른 사람이나 존재들에 대한 것이라는 생각이 놓여 있다. 이를테면, 자발적인 서약이나 약속, 공무원의 책무, 주인의 손님에 대한 친절, 가족들 사이의 도움, 자발적 친절뿐만 아니라 자신의 애견 운동시키기 등도 반드시 권리에 대칭하는 의무들이 아니다. 그렇다고 같은 방식으로 동물을 냉담하고 무관하게 다루어도 좋다는 결론이 나오는 것도 아니다. 또한 코헨이 옳게 보았듯이 권리는 본질적으로 인간의 도덕적 세계, 도덕적 공동체에 뿌리를 두고서 성립한 개념이다. 필자가 보기에 권리 개념이 본래가 인간에 속하는 것을 설명하고 규정하는 가치를 가지는데, 따라서 이미

20 C. Cohen and T. Regan, *The Animal Rights Debate*, pp. 28~40.

그 자체가 인간과 다른 존재들을 구별하려는 목적을 갖고 있다고 보아야 한다. 그런데 레간은 권리를 동물에게까지 확대시키기 위해서 먼저 '인간의 권리'에서 권리 개념이 함축하는 바를 재정의하고, 다시 이것이 인간만이 아니라 동물에게도 적용될 수 있다는 것을 보임으로써 동물의 권리를 옹호하고 있다. 하지만 만일 권리 개념 자체가 그와 같은 확대를 허용할 수 있는 것이라면 동물의 권리를 인정하지 않으려 하는 사람들은 권리 개념을 포기하고 다른 개념을 끌어들여서라도 인간과 동물의 차이를 정당화할 수도 있다. 그런 점에서 동물권리 반대론자에게 인간은 때로는 짐승만도 못한 존재가 되기도 하지만, 인간은 언제나 동물과 나란히 정의될 수 없는 그 이상의 존재다.

또한 채식주의의 윤리적 정초를 위해 레간이 채택한 개체 중심의 권리에 근거한right-based 접근법은 또 다른 문제점도 안고 있어 보인다. 싱어가 고통에서 출발해서 권리로 나아갔다면, 레간은 권리 개념을 재정의하면서 기존의 권리 개념에서 새로운 권리 개념을 도출하는 과정에서 이익 또는 이해관심이라는 개념을 끌어들여 이를 권리 개념과 호환가능한 것으로 사용하고 있다. 하지만 권리와 이해관심은 중첩되기도 하지만 상호 편차가 있는 다른 범주에 속하는 개념들이다. 어떤 동물들이 자신의 생명이나 생식 활동에 이해관심을 가진다는 것은 분명해 보이지만, 그것만으로 동물이 권리를 가진다는 것을 충분히 설명하지는 못한다.[21] 코헨도 지적하고 있는데, 권리와

---

21 C. Cohen and T. Regan, *The Animal Rights Debate*, pp. 45~46 참조.

이해관심의 구별은 도덕적 추론에서 매우 중요하며, 특히 권리 개념은 도덕의 문제를 다루는 모든 논의에 있어서 중추적인 역할을 한다.[22] 예를 들면, 내가 회사에서의 승진이나 자녀의 대학 입학에 상당한 이해관심을 갖고 있다고 해서 내가 그에 대한 권리 혹은 그 결과에 대한 권리도 갖고 있는 것은 아니다. 또한 일반적으로 만일 당신의 권리가 나의 이해관심과 충돌할 경우, 이런 갈등을 어떻게 해결해야 할지에 대해서는 심각하게 고민할 필요가 없다. 이해관심은 대부분 일시적이며 주관적이다. 반면 권리는 객관적이며, 대개는 지속성을 가진다. 이런 권리란 하나의 도덕체계 내에서 이루어지는 정당한 요구들이다. 그런 점에서 "권리는 이해관심을 제압하는 보루다 Rights trump interests."[23]

4. 인간, 동물, 식물

앞서 권리 개념을 새롭게 해석하기 위해서 레간이 인간을 목적 자체로 규정하는 칸트적 의미의 인간 중심의 "본래적 가치"로부터 출발해서 동물 권리의 철학적 기초로서 도입한 것이 바로 "삶의 주체"와 "내재적 가치"라는 두 개념이었다. 특히, 두 개념은 어떤 존재의 권리 귀속 유무를 판정할 수 있는 기준 역할을 했다. 그런데 레간은

22 C. Cohen and T. Regan, *The Animal Rights Debate*, pp. 17~19 참조.

23 C. Cohen and T. Regan, *The Animal Rights Debate*, p. 18.

동물과 식물의 가치 차이를 분명하게 구분하면서도 문제의 소지가 많은 주장을 한다. 그에 의하면, "삶의 주체들은 생명이 있는 물질 이상의 어떤 것, 살고 죽는 식물들과는 다른 어떤 것이며, 다른 존재들에 의한 가치 평가 여부와는 논리적으로 독립해서 자신들의 삶을 경험해가는 중심이다."[24] 가치 평가자로부터의 논리적 독립성은 레간에게는 곧 어떤 존재든 내재적 가치를 가진다면 그들은 평등하다는 것, 따라서 평등한 권리를 가진다는 것을 의미한다. 결국 어떤 것이 내재적 가치를 갖는지를 결정하는 토대는 그것이 삶의 주체 기준을 충족시키는지에 달려 있으며, 여기에 포함되는 것들은 인간과 동물 중에는 존재하지만, 바위, 강, 생태계, 생물권 등을 포함해서 식물은 모두 제외된다. 레간은 이처럼 내재적 가치를 삶의 주체 개념으로 한정 지어 놓고서, 또 다른 한편으로는 인간 중심의 "가치의 존재론"의 한계를 거론하면서도,[25] 식물을 포함한 여타의 존재들 중에도 내재적 가치를 갖는 것들의 존재 여부는 "이를 증명하려는 자들의 몫"[26]이라며 피해 가고 있다.

반면에 코헨은 레간의 동물권리 논증의 핵심이 "내재적 가치의 소유the possession of inherent value"라는 개념에 있다고 하면서, 이 개념을 사용해서 동물의 권리를 옹호하려는 그의 논증은 "완전히 실패했다"

---

24 C. Cohen and T. Regan, *The Animal Rights Debate*, p. 209.

25 T. Regan, "The Moral Basis of Vegetarianism," pp. 156~157.

26 C. Cohen and T. Regan, *The Animal Rights Debate*, p. 217.

고 평가한다.[27] 그가 이렇게 평가하는 이유는 레간은 동물권리를 옹호하는 하나의 논증에서 내재적 가치 개념을 서로 다른 두 가지 의미로 사용함으로써 심각한 애매어의 오류fallacy of equivocation를 범하고 있는데, 한편으로는 내재적 가치를 인간이 소유하고 있는 가치로서 "칸트적 의미"에서 사용하고 있으며, 다른 한편으로는 모든 생명체가 소유하고 있는 가치로서 "종 특유의 포괄적 의미generic sense"로 사용하면서 아무런 제약 없이 전자로부터 후자로 이행하고 있다고 보기 때문이다.[28] 하지만 필자가 보기에 이러한 코헨의 해석은 일견 상당히 매력적이지만 적중하지는 못했다.

먼저 코헨에 따르면, 레간이 사용하고 있는 내재적 가치 개념이 처음으로 등장하는 대목은 싱어나 프레이와 같이 도덕적 행위자agent가 경험하는 쾌락과 고통의 계산에만 전적으로 의존하는 공리주의를 비난하며 이를 물리치는 것이 주요 목표인 곳, 정확히는 『동물 권리의 옹호』의 제7장에서다.[29] 레간은 여기서 공리주의를 물리치면서 인간 존재의 진정한 가치를 도덕적 행위자가 경험하는 쾌락과 고통이 아니라, 즉 도덕적 행위자의 경험이 아니라 행위자 자체에 두어야 하며, 따라서 인간은 도덕적 행위자로서 내재적 가치를 갖기 때문에 가치에 있어서 평등한 존재, 즉 "내재적 가치에 있어서

---

27 C. Cohen and T. Regan, *The Animal Rights Debate*, p. 52.

28 C. Cohen and T. Regan, *The Animal Rights Debate*, p. 54.

29 T. Regan, *The Case for Animal Rights*, sections 7.2~7.6, pp. 235~250.

평등한equal inherent value" 존재라고 한다.[30] 코헨에 의하면, 이 같은 해석은 칸트 이래로 인간의 고유한 도덕적 가치와 존엄성을 주장하는 방식과 일치한다. 하지만 반면에 이는 동물과 같은 존재의 내재적 가치를 설명할 때 사용되는 의미와는 전적으로 다른 것인데, 레간은 이를 간과하고 있다는 것이다. 이때 코헨의 반박의 핵심은 첫 번째 내재적 가치의 의미와 달리 개, 토끼, 쥐 등 동물들이 갖는 내재적 가치는 권리를 낳을 수는 없다는 데 있다.[31] 코헨은 기본적으로 동물이 이해관심을 갖고, 감응적 존재라는 것은 인정하지만, 권리 개념은 결코 동물에게 부여할 수 없다는 입장을 갖고 있다.[32] 앞에서 레간의 동물권리론을 다룰 때 언급했듯이, 코헨은 권리와 의무가 무조건적인 대칭적 상호성 관계가 아니기 때문에, 도덕적 행위자agent와 도덕적 수혜자patient, 인간과 동물의 관계가 반드시 상호 간의 권리를 전제하지 않고서도 성립할 수 있다고 주장하고 있다.

필자가 이런 코헨의 반박이 적중하지 못했다고 보는 이유는 레간이 특정한 존재에 한정해서 사용해 왔던 권리 개념을 아예 다시 정의하고 있다는 점을 코헨은 고려하지 않고 있기 때문이다. 레간이 권리 개념을 재정의하면서 칸트의 인격 개념을 지양하면서 이와는 구분되는 도덕적 주체를 정립하기 위해서 삶의 주체라는 용어를 새로이 만들어 권리 귀속의 유무를 이 기준에 의거해서 구분하려 한

---

30 T. Regan, *The Case for Animal Rights*, pp. 237~241.

31 C. Cohen and T. Regan, *The Animal Rights Debate*, pp. 53~54.

32 C. Cohen and T. Regan, *The Animal Rights Debate*, section 5~6. 그리고 p. 55.

이유가 레간의 논증을 들여다보고 해석하는 준거가 되어야 하기 때문이다. 그런 점에서 실제로 레간에게 내재적 가치가 두 가지 서로 다른 의미로 사용되고 있는 것은 아니다. 오히려 필자가 이해하는 한 레간이 범하고 있으며, 또 암암리에 전제되고 있는 심각한 오류는 권리 근거로서의 삶의 주체 개념을 인간중심의 언어와 의미를 갖는 말들로 채우고 있다는 사실이다. 인간 중심적 언어는 인간이 또한 동물이기도 하듯이 동물중심의 언어로 쉽게 환원될 수 있는 소지를 이미 안고 있다. 역으로 권리 개념의 의미와 그 적용 범주 역시 그 시비를 떠나서 그것이 기껏해야 인간의 것을 모방한 동물중심의 언어로 기술되는 한, 이미 그 범위가 식물의 범위로까지 확대되기는 쉽지 않을 것이다. 따라서 도덕과 권리의 역사에서 지배적 전통으로 확고하게 자리 잡은 인간중심의 언어로 육식과 채식의 문제를 접근하는 한, 이미 도덕적 고려의 범위 확대는 기껏해야 동물에서 그칠 공산이 클 수밖에 없다. 하지만 모든 인간중심의 언어가 동물중심의 언어로 환원될 수 없는 차이와 한계를 갖고 있다면 그 같은 확대 역시 제한적일 수밖에 없을 것이다. 그렇다면 채식의 직접적 대상인 식물의 존재와 가치에 대해서는 어떻게 말할 수 있으며, 또 말해야 하는가? 어떤 언어로 정의되어야 하며, 또 정의될 수 있는가? 다행히 동물해방론자 싱어 그리고 레간, 롤린스, 사폰치스 등의 동물권리론자들은 물론 코헨을 포함해서 그들 모두가, 비록 적극적 의미에서는 아니지만, 식물을 포함한 여타의 자연적 존재들natural entities에까지 내재적 가치의 관심을 확대시키고 있다는 점은 주목할 만하다. 특히 그 성과의 공과를 떠나서 채식주의의 정당성 문제와 관련해서 동물

윤리는 다른 생명체와의 관계 및 환경윤리의 문제를 외면하기 어려우며, 따라서 이 같은 관심 확대는 불가피하다고 생각된다.

5. 채식옹호론과 식물의 가치

그러면 레간은 식물의 가치에 대해서 어떤 생각을 갖고 있는가? 레간은 동물권리론에 입각해서 육식 거부와 채식 옹호는 물론 환경윤리 일반론을 전개한다. 특히 그의 환경윤리론에서 레간은 내재적 선inherent goodness이라는 개념을 사용하고 있다. 그는 식물, 강, 그 밖의 비의식적 사물들things을 포함해서 자연적 존재들에 대한 보호의 의무를 강조하면서 이 같은 "자연 보전preservation"[33]을 공리주의에 근거해서, 혹은 자연적 존재들이 중요한 문화적 가치를 표현하거나 상징하는 구현체라는 점에 근거해서, 혹은 인간 중심적, 감응력 중심적, 의식 중심적 근거에서 옹호하려는 일체의 시도들을 비판한다. 그 이유는 레간은 이러한 입장들은 자연적 존재들의 보전이 언제나 사람들, 감응적 존재들 혹은 의식적 존재들을 위해서 할 수 있는 최선의 것임을 논리적으로 보장해 줄 수 없다고 보기 때문이다. 반면, 사폰치스의 해석에 따르면, 레간은 자연적 존재들의 보전을 위한 불

---

33 레간에게 자연 보전은 "인공적이지 않은 환경(unmanufactured environments)"을 의미한다. T. Regan, "The Nature and Possibility of an Environmental Ethic," in *Environmental Ethics* 3(1981), p. 28.

변하는 도덕적 기초를 확고히 할 수 있는 유일한 길은 그 같은 존재들이 도덕적으로 유의미한 "자체적 선good of their own", 같은 말이지만, "인간, 감응적 존재, 또는 의식적 존재들에 대해서 갖는 가치나 영향과는 독립해 있는 선(좋음)" 즉 "내재적 선"을 갖고 있다는 것을 확립할 수 있느냐에 달려 있다고 본다.[34] 하지만 실제로 레간은 자신의 주장을 이렇게까지 직접적으로 그렇다고 적극적으로 전개하지는 않는다.

레간은 자신의 논증 목적을 식물을 포함해서 "(어떤) 비의식적 자연적 존재들은 내재적 선을 가진다는 명제는 (a) 비정합적이지 않으며, (b) 환경윤리의 전개가 가능할 수 있으려면, 이 명제는 참이어야 한다."는 것을 보여주는 것에 한정한다.[35] 사폰치스는 기본적으로 레간의 이러한 논증, 즉 환경윤리가 가능하려면 비의식적 자연적 존재들이 내재적 선을 가져야 한다는 것을 증명하려는 시도는 논점 일탈의 오류를 범하고 있다고 비판한다. 이는 전적으로 타당한 지적이다. 왜냐하면 레간은 자연적 존재들이 내재적 선을 가진다는 것을 직접적으로 증명하지 않은 채, 또 이미 자신이 어떤 특정한 환경윤리를 타당하다고 가정하고서 공리주의나 체현주의 윤리embodyment ethics 등 여타의 환경윤리로는 환경에 대한 우리의 의무를 합당하게 설명하는 것이 불가능하기 때문에 다른 대안이 필요하다면서, 그 가능성은 자연적 존재들이 내재적 선을 가진다고 보는 길밖에 없다는,

34 S. F. Sapontzis, *Morals, Reason, and Animals*, p. 250.

35 T. Regan, "The Nature and Possibility of an Environmental Ethic," p. 19.

즉 앞서 증명되지 않은 가정에 다시 근거해서 자신의 주장을 정당화시키고 있기 때문이다. 다시 말해서 사폰치스는 레간이 다른 환경윤리 이론들이 자신이 원하는 것을 제공해주고 있는지를 가늠하려 할 것이 아니라 과연 그런 대안적 이론들이 환경에 관한 우리의 의무들을 합당하게 설명할 수 있는지를 먼저 따져봐야 하는데, 이를 고려하지 않고 있으며, 오히려 그의 내재적 선에 대한 태도는 무어G. E. More가 선을 단순한 비자연적 속성으로 정의하면서 취했던 직관주의의 모습을 하고 있다고 그 한계를 지적한다.[36] 따라서 이러한 지적에 비추어 볼 경우, 레간은 그가 비판하고 있는 행복이나 이익(이해관심)에 토대를 두고 있는 다른 견해들로는 해명할 수 없는 내재적 선이 과연 어떤 것인지 증명할 필요가 있다.

그러나 필자가 주목하고 있는 부분은 비록 레간이, 예를 들어, 식물과 같은 비의식적 존재들이 내재적 선을 가진다고 요청해야 할 하등의 적극적인 이유도 제시하지 않고 있다 하더라도, 원칙적으로 그리고 논리적으로 그 가능성을 열어놓고 있다는 사실이다.[37] 만일 그렇다면 식물들이 삶의 주체 기준을 충족시킬 경우에 인정되는 "내재적 가치"와 비의식적 자연적 존재들이 갖고 있다고 요청되는 "내재

---

36 S. F. Sapontzis, *Morals, Reason, and Animals*, pp. 251~254.

37 레간이 제시하고 있는 논증은 부정적인 것들뿐인데, 이를테면 비의식적 존재들이 내재적 선을 가진다는 논리적 가능성을 주장하면서 이 명제에 대한 직접적인 증명 없이 오히려 이를 반대하는 논증들이 "자명하지도 않으며, 합리적인 옹호를 필요로 하는 전제들, 해석들, 가정들, 즉 논증을 통해서 제공되지 않는 무엇인가를" 포함하고 있다는 것을 보여주는데 그치고 있다. 이에 대해서는 T. Regan, "The Nature and Possibility of an Environmental Ethic," p. 23.; S. F. Sapontzis, *Morals, Reason, and Animals*, p. 252.

적 선"의 관계 및 차이는 무엇인가? 레간은 다른 글에서 가치와 선(좋음)을 구분해서 설명하고 있는데,[38] 이에 따르면, 예를 들어 차지나무 덤불과 같은 식물은 의식적 존재로부터 독립해서 그 자체로 선한good 존재일 수 있다. 반면에 자동차처럼 좋은good 것이지만 가치가 있지 않을 수 있는 사물도 존재한다. 이 같은 의미의 가치와 좋음의 차이에 따른다면, 의식적 존재를 필요로 하는 "가치 있는 것"과 의식적 존재와는 상관없이 대상 그 자체에 내재하는 "좋은 것"은 구분된다. 이는 곧 레간이 의무론적 권리론, 즉 옳음(권리와 의무)과 좋음을 구분하는 입장을 취한다는 것을 의미한다. 따라서 공리주의적 및 결과론적 입장은 내재적 선에 대한 레간의 견해와 대립할 수밖에 없다. 또한 이는 레간이 의식적 존재가 다른 존재와 독립적으로 가질 수 있는 "내재적 가치"와 자동차와 같이 다른 의식적 존재에 의해서 그 평가가 달라질 수 있는 "수단적(도구적) 가치", 그리고 그 각각에 대응하는 소위 비의식적 존재 혹은 자연적 존재들이 갖는 "내재적 선"과 "수단적(도구적) 선"을 각각 구분하고 있다는 것을 보여준다.

그런데 사폰치스는 레간이 말하는 자체적 선 또는 내재적 선은 도덕적으로 중요한 것도, 즉 "내재적 선의 분명한 특징"인 "존중을 불러일으키는 것admiring respect"[39]도 아니기 때문에 환경윤리의 기초로

---

38 T. Regan, "Feinberg on What Sorts of Beings Can Have Rights," in *The Southern Journal of Philosophy* 14 (1976), pp. 485~498.

39 T. Regan, "The Nature and Possibility of an Environmental Ethic," p. 33.

서 자체적 선이라는 개념을 거부해야 한다고 주장한다.[40] 더욱이 그는 레간이 비의식적 존재가 갖는 내재적(자체적) 선은 그러한 존재가 갖는 하나의 수반적 속성a supervenient property of nonconscious entities이라는 것을 인정하고 있다는 점을 들어,[41] 이는 가령 우리가 체현주의 입장the embodyment position을 채택해서 비의식적인 자연적 존재의 비도구적 혹은 비감각적 선을 의식적 존재를 위한 표현적 내지는 상징적 가치를 가진다고 해석할 경우, 이러한 평가적 특성이 어떻게 해서 생기는지를, 그리고 그것이 왜 대상의 일정한 속성이 아니라 그 대상에 수반하는 것인지를 쉽게 이해할 수 있게 해준다고 본다. 하지만 필자가 보기에 레간의 논증이 불충분하기는 하지만, 사폰치스 역시 레간의 논지에서 너무 멀리 벗어나고 있어 보인다. 우선 레간은 왜 식물의 자체적 선은 인정하면서 식물을 도덕적 고려의 대상으로는 보지 못하는 것일까? 반면 사폰치스는 또 왜 레간이 시인한 수반적 속성을 갖는 내재적 선 자체를 특정한 수반적 속성들에만 한정지으려 하는가?

레간과 사폰치스의 말처럼 식물은 분명 의식적 존재인 누군가의 직접적인 이해관심으로부터 독립해서 존재할 수 있다. 그렇다고 사폰치스가 주장하듯 이것이 식물의 내재적 선이 의식적 존재와 독립해 있는 것을 보여주는 것은 아니라고 말해야 하는 이유는 무엇인

40 S. F. Sapontzis, *Morals, Reason, and Animals*, p. 254 이하.

41 T. Regan, "The Nature and Possibility of an Environmental Ethic," p. 31.

가?[42] 필자가 보기에 이들 둘 다 다음과 같은 점을 간과하고 있다. 우리가 식물에 대해서 이런저런 가치평가를 내리는 것은 그 식물이 갖고 있는 어떤 특정한 속성, 이를테면 건강에 좋은 성분을 갖고 있다거나, 혹은 그 반대의 속성을 갖고 있다는 일종의 수반적 속성에 대한 평가인데, 이는 상당히 우연적이고 임의적인 결과다. 그렇다고 그것이 그 존재의 모든 것 혹은 바로 그것이라고 말할 수는 없다. 누군가에게 어떤 것은 중요하고, 어떤 것은 사소하며, 또 어떤 것은 아직 보류되거나 발견되지 않은 그런 속성들로 존재한다. 이런 관점에 비추어 볼 때 싱어와 레간이나 사폰치스가 고통이나 권리를 이해하듯 식물의 가치에 접근한다면, 식물의 선은 전적으로 이해관심에 의존적이기만 한 것도 또 내재적 선이기만 한 것도 아니다. 오히려 그 자체를 도덕적 고려의 대상으로 볼 수 있는 길이 여전히 열려 있다는 추론을 허용한다. 또한 이와 같은 이해방식은 저들의 논변에 비하면 상대적으로 그렇게 논리적인 비약도 아니다.[43]

6. 나오는 말

윤리적 채식주의에 대한 레간의 견해를 비판적으로 검토하면서

---

42 S. F. Sapontzis, *Morals, Reason, and Animals*, p. 255.

43 필자는 이에 대한 적극적인 옹호 논변에 대해서는 다른 자리에서 독립적으로 다루려고 한다.

필자는 동물의 권리 내지는 육식의 비윤리성을 전제로 한 채식옹호론의 약점과 한계를 지적했다. 이 같은 옹호론이 내부에 안고 있는 문제들을 개관해 보면 다음과 같다. 설사 대상의 가치나 선이 이를 평가하는 의식적 존재와 상호 독립해 있지 않더라도 동물이 갖는 내재적 가치를 식물 또한 갖지 않는다고 보아야 할 합당한 이유가 과연 있는가? 동물의 생명과 식물의 생명이 갖는 가치는 어떤 점에서 어떻게 다른가? 한쪽이 도덕적 고려의 대상이고 다른 쪽은 그렇지 못한 이유로서 권리 개념은 과연 그 같은 차이를 정당화시켜 주고 있는가? 어떤 점에서 비록 식물이 레간이 말하는 삶의 주체 기준을 만족시키지 못한다 하더라도, 식물은 내재적 선만이 아니라 내재적 가치 또한 갖고 있는 존재로 볼 수 있는 가능성도 열려 있다. 당연히 식물이 만일 삶의 주체가 될 수 있다면, 레간의 정의처럼 인간 혹은 동물 중심적 언어들로 가득 채우지 않는 것이어야 하기에 그 기준과 조건 역시 새롭게 정의되어야 할 것임이 분명하다. 레간의 표현을 비유적으로 이용하자면, 고통의 수반적 속성, 그것이 소리로 나타나든 행동 혹은 표정으로 나타나든, 우리는 우리가 느끼는 방식으로 동물의 고통을 이해하려 한다. 그렇다면 우리가 진정한 의미에서 싱어가 말하는 종차별주의를 종식시키려면 식물 또한 그것이 갖고 있는 고유한 특성에 입각해서 이해되어야 한다. 동물처럼 인간과 유사한 "어떤 특정한" 속성을 가진다는 것만으로 그 존재를 도덕적 고려의 대상에 포함시키면서, 만일 식물처럼 인간과 유사한 "또 다른 어떤" 속성을 갖고 있는 존재를 도덕적 고려에서 배제한다면, 이는 온전한 의미에서 종차별주의의 종식이 아니다. 그러나 레간에 대한 사

폰치스의 비판이 주안점을 두고 있던 문제, 즉 내재적 선이 "의식적 존재의 의식"으로부터 독립적인지 의존적인지 여부는 육식과 채식의 도덕적 차이가 무엇인지를 묻는 문제와는 별개로 따져봐야 할 사안이다. 왜냐하면 채식주의를 옹호하는 레간의 논변은 채식의 윤리적 정당성을 충분히 변호하지 못하고 있으며, 따라서 육식과 채식의 도덕적 차이에 기초해서 육식의 비도덕성을 좀 더 설득력 있게 증명할 부담은 채식주의자들에게 있다고 주장하는 것은 여전히 유효하기 때문이다.

참고문헌

맹주만, 「피터 싱어와 윤리적 채식주의」, 『철학탐구』 22집, 중앙철학연구소, 2007.

황경식 · 김성동 옮김, 피터 싱어, 『실천 윤리학』, 철학과현실사, 1997.

한면희, 『환경윤리: 자연의 가치와 인간의 의무』, 철학과현실사, 1997.

Cohen, C. and Regan, T., *The Animal Rights Debate*, Lanham · Boulder · New York · Oxford: Rowman & Littlefield Publishers, INc. 2001.

George, K. P., *Animal, Vegetable, or Woman?: A Feminist Critique of Ethical Vegetarianism*, State University of New York Press, 2000.

Kant, I., *Die Metaphysik der Sitten*, 바이셰델판 VIII권.

Regan, T., "The Moral Basis of Vegetarianism," in *The Canadian Journal of Philosophy* October 1975.

_____, *The Case for Animal Rights*, Berkeley: University of California Press, 1983.

_____, *Defending Animal Rights*, Urbana and Chicago: University of Illinois Press, 2001.

_____, "The Nature and Possibility of an Environmental Ethic," in *Environmental Ethics* 3, 1981.

_____, "Feinberg on What Sorts of Beings Can Have Rights", in *The Southern Journal of Philosophy* 14, 1976.

_____, "Utilitarianism, Vegetarianism, and Animal Rights," *Philosophy and Public Affairs* 9, 1980.

Rollin, Bernard E., *Animal Rights and Human Morality*, New York: Prometheus, 1992.

_____, *The Unheeded Cry: Animal Consciousness, Animal Pain and Science*, New York: Oxford University Press, 1989.

Sapontzis, S. F., *Morals, Reason, and Animals*, Philadelphia: Temple University Press, 1987.

Singer, Peter (ed.), *In Defense of Animals*, New York: Harper & Row, 1985.

_____, "A Vegetarian Philosophy," in *Writings on an Ethical Life*, New York: HarperCollins, 2000, p. 70. (Source. Peter Singer, *Consuming Passions: Food in the Age of Anxiety*, Manchester, England: Manchester University Press, 1998).

Walters, Kerry S. and Portmess, Lisa (eds.), *Ethical Vegetarianism : Pythagoras to Peter Singer*, Albany: State University of New York Press, 1999.

4부

동양적 음식윤리

1. 조선 역대 왕들의 감선(減膳)과 그 정치적 함의

함규진(서울교육대학교)

1. 서론

조선왕조는 519년(1392~1910)이라는 세계사적으로 보기 드문 오랜 기간 동안 지속하였다. 특히 명목상으로는 그와 비슷한 기간을 지속한 고려왕조의 경우 무신정권 시기(1170~1270), 원왕조의 간섭 시기(1259~1356) 등 실질적으로 왕조의 정치권력이 유명무실했던 시기가 길었던 데 비해, 조선왕조는 왕을 정점으로 하는 중앙의 정치권력이 대체로 전 기간에 걸쳐 확고히 유지되었다고 볼 수 있다. 이는 중요한 정치사상사적 함의를 가진다. 일반적으로 모든 정치체제는 시간

이 지나면서 자체적인 모순의 심화, 기본 원칙의 약화 및 왜곡, 권력 집단 내부의 갈등 격화, 외적 환경의 변화에 따른 압박 등으로 존속의 위기를 겪게 되며, 결국 파멸하게 된다. 그런데 조선왕조 체제가 상대적으로 보기 드물게 오래 지속했다면 그 체제 내적, 외적 특수성이 특별히 주목될 수밖에 없는 것이다.

그동안 조선왕조 체제가 오래 지속될 수 있었던 원인을 찾기 위한 많은 접근이 있었다. 그리고 최근에는 정치사회학적, 정치경제학적 접근 등 거시적인 접근뿐 아니라 경연이나 상소 등 왕조 체제의 특정 제도를 미시적으로 분석, 그로부터 장기지속성의 근거를 파악하려는 접근도 나타나고 있다.[1] 이로써 조선왕조 체제의 진면목 규명에 일조할 뿐 아니라 오랜 체제 존속의 실마리를 얻으려는 것이다.

이 글은 그런 흐름에 동참하려는 시도의 하나라 볼 수 있으며, 조선 왕의 여러 제도적 행동 중에서 "감선"을 주제로 한다. 『조선왕조실록』(이하 『실록』으로 표현함)을 비롯한 문헌자료를 통해 그 실제 행태를 정리하고, 그것이 어떤 맥락에서 이루어졌으며 어떤 정치적 효과를 내었는가, 그래서 어떤 정치적 기능을 수행했는가를 살펴봄으로써, 우리는 조선왕조의 정치제제가 작동한 일면을 이해할 수 있을 것이다. 그리고 '경이로운 왕조의 장기 지속'이라는 현상을 규명할 실마리 역시 모색할 수 있으리라 본다.

---

1 예를 들어 박현모, 「조선왕조의 장기지속성(longevity) 요인 연구 1: 공론정치를 중심으로」, 『한국학보』, 제30권 제1호 통권 114호, 일지사, 2004.; 설석규, "16~18세기의 유소와 공론정치", 경북대학교 박사학위 논문, 1994.

2. 감선이란 무엇인가?

(1) 감선의 정의

"(왕이) 반찬을 줄인다"는 뜻의 '감선減膳'은 『실록』을 비롯한 고전 문헌에서 '철선撤膳, 또는 徹膳'과 '각선却膳'이라는 표현과도 혼용되는 경향이 있다. 하지만 보다 명확한 논의를 위하여, 그 의미를 엄격하게 한정해야 할 것이다. 감선, 철선, 각선 등의 표현은 왕이 취하는 다음의 여러 행동의 일부를 지칭하고 있다.

① 밥상의 반찬 가짓수를 줄인 채로 밥상을 받는 일.
② (하루에 여러 차례 받게 되는) 밥상 횟수를 줄여서 받는 일.
③ 밥상의 반찬을 줄이되 고기반찬에 한정해서 줄인 밥상을 받는 일.
④ 밥상을 들이지 않게 하거나, 밥상에 손을 대지 않고 그대로 물리는 일.

'감선'이라는 표현으로 이처럼 여러 상이한 행동이 표현되는 까닭은 감선이라는 왕의 행동방식이 고대의 경전과 주석서에 근거하고 있지만 구체적으로 어떻게 실천한다는 규정은 불분명했기 때문이다. 그래서 왕의 견해에 따라, 또는 그 시대의 관행적 해석에 따라 다른 방식으로 실현되었다. 또한 위에 든 네 가지 행동 중 하나를 실천할 때도 구체적으로 언제 하는지, 얼마나 오래 하는지 등이 제각기였다.

그러나 ①, ②와 나머지는 실질적인 맥락이 다르다. ①은 가뭄을

비롯한 천재(天災)나 전란을 비롯한 인재(人災) 등의 재난이 발생했을 때, 국정의 최고책임자이자 정치 이념상 '백성의 부모가 되어, 백성이 즐거워하는 일을 즐거워하고 백성이 싫어하는 일을 싫어해야 할'[2] 왕은 백성의 고통을 함께 느끼고, 하늘과 신하와 백성에게 반성하는 뜻을 보이고자 반찬의 가짓수를 줄이는 관행을 기본적으로 나타내고 있다. 그런데 이와 같은 맥락에서 왕이 평소의 식사보다 모자라는 식사를 하되, ②와 같이 밥상에서 반찬을 줄이는 것이 아니라 하루에 들이는 밥상의 수를 줄이는 경우도 있다(또한 ②를 실행하며 ①을 겸할 수도 있다).

반면 ③은 ①, ②의 맥락에서도 실행하는 경우가 있으나 대체로 왕 개인의 사적인 특수 상황, 즉 왕이 상喪을 당했거나 왕이 종교(불교)의 계율을 따라 수행하는 상황에서, 식사는 그대로 하되 고기반찬만을 제외하는 행동이다. 또한 ④는 고전과 공식 정치이념에 따른 정당한 행동이라기보다 왕의 개인적인 변덕, 또는 신하들과 정쟁(政爭)을 하는 와중에 나타내는 일종의 시위 차원의 행동이라고 할 수 있다. 따라서 ①, ②와 ③과 ④는 각각 구별되는 맥락의 행동방식이라고 볼 수 있으며, ①, ②는 다른 행동보다 공적인 성격이 매우 짙은 행동방식이라고 볼 수 있다. 여기에 각각 다른 표현을 사용하여 논의를 명확하게 해 줄 필요성이 있다.

따라서 이 글에서는 ①, ②의 행동은 '감선'으로, ③은 '철선'으로,

---

2 詩云 樂只君子 民之父母 民之所好好之 民之所惡惡之 此之謂民之父母. 『대학』「傳十章」.

④는 '각선'으로 구별하여 표현하기로 한다. 이미 말했듯 고전 문헌 상에는 '감선'이라는 표현으로 ③을 표현하거나[3] '철선'이라는 표현으로 ④의 행동을 표현하는 경우[4] 등 우리의 표현 구별법과 어긋나는 경우도 있다. 하지만 여기서 이런 구별을 쓰는 이유는 통계적으로 그런 구별법에 맞는 표현 사례가 더 많은 점을 고려하여 논의의 편의에 따른 것이다. 그리고 이 글의 주제는 감선, 즉 ①, ②의 행동을 위주로 한다. 즉 "주로 재난에 임하여 왕이 자신의 식사를 줄이는 상징적 정치 행위"로서의 감선을 연구하는데, 이 식사를 줄이는 감선 행동은 실제 맥락에서 술을 마시지 않는 "금주禁酒, 또는 철주撤酒", 음악 연주를 듣지 않는 "철악撤樂", 정전正殿을 피하여 거처하는 "피전避殿", 임금의 정치적 잘못을 지적하고 대안을 제시하도록 널리 상언上言을 바라는 "구언求言" 등의 행동 중 하나 또는 그 이상과 병행되는 경우가 많았다.

(2) 감선의 사상적 배경

앞서 말한 대로, 감선은 주로 재난에 임하여 왕이 자신의 식사를 줄이는 상징적 정치 행위다. 그러면 어떤 근거로 감선이라는 행위가 조선왕조에서 준봉된 것일까. 『시경詩經』의 「대아大雅」에는 이런 내용이 있다.

---

3 가령 『태조실록』 5권 태조 3년 2월 24일 갑오일 기사: 日暈 以懿妃 減膳停朝市.

4 가령 『세종실록』 121권 세종 30년 8월 4일 정사일 기사: 上雖知必有言者 然謂例爲之而止 及臺諫 集賢殿 政府 六曹大小文臣國學諸生 以至樞府武臣 亦皆極諫 期於得請 上不悅 徹膳者屢矣.

> 가뭄이 이미 너무도 심하도다. 백성이 흩어져 기댈 데가 없도다. 서정庶正은 궁하며, 총재冢宰는 병들었네. 취마, 사씨, 선부膳夫 모든 관리마다 구휼에 힘쓰지 않는 이가 없도다. 능하지 못하다 하여 그치는 일이 없도다. 하늘을 우러러보니 이 근심을 어이할꼬.[5]

이 구절을 두고 주희의 주석에서는 서정에서 선부에 이르는 관리가 가뭄이 심하면 본업을 폐하고 난민 구휼에 힘쓰는데, 왕의 음식을 담당하는 선부膳夫는 왕의 반찬과 먹을 것을 줄이고, 건물을 보수하거나 새로 짓지 않으며, 대부는 기름진 음식을 먹지 않고, 사士는 술을 마시되 즐거워하지 않는다고 하였다.[6]『대대례大戴禮』에는 더 강력한 언급이 있다.

> 언행을 기록하는 사람은 사史이며, 반찬을 출납하는 사람은 재宰이다. 왕자가 잘못을 하면 사는 반드시 기록하여야 하며, 마땅히 기록하지 않았다면 처형한다. 사가 잘못을 기록하면 재는 음식을 들이지 말아야 한다. 마땅히 음식을 들이지

---

5 旱旣大甚 散無友紀 鞫哉庶正 疚哉冢宰 趣馬師氏 膳夫左右 靡人不周 無不能止 瞻卬昊天 云如何里『시경』「대아」탕지십(蕩之什) 제4편 운한팔장(雲漢八章).

6 歲凶 年穀不登 則趣馬不秣 師氏 弛其兵 馳道不除 祭事不縣 膳夫 徹膳 左右 布而不修 大夫 不食粱 士 飮酒不樂; 공영달은 왕의 음식을 감하고 거둔다(減徹王之膳食)고 풀이했다.

말아야 함에도 들였다면 처형한다.[7]

이런 선진유가의 경전적 근거가 감선 관행의 바탕이 된 한편, 한 왕조의 동중서 이래로 유교 정치사상의 핵심 중 하나로 자리 잡은 '천인감응설天人感應說' 역시 그 사상적 배경을 이루었다.

> 오행이 변하기에 이른다면, 마땅히 덕으로서 구제해야 한다. 천하에 덕을 베풀면 재앙이 없어질 것이다. 덕으로 구제하지 않으면 삼 년이 지나지 않아서 하늘이 비와 돌을 일으켜 재앙을 내릴 것이다.[8]
>
> ……천하가 화평하면 재해가 일어나지 않는다. 이제 재해가 일어났으니, 천하가 화평하지 않음을 알 수 있다. 천하가 화평하지 않음은 곧 천하의 교화가 제대로 이루어지지 않고 있음이다.[9]

이처럼 재난이 발생하면 왕은 그것을 자신의 정치, 교화가 부적절하다는 하늘의 견책으로 받아들여, "백성의 아픔을 함께 나눈다"는

---

7 有司過之史 有虧膳之宰 太子有過 史必書之 史之義 不得不書過 不書過則死 過書而宰徹去膳 夫膳宰之義 不得不徹膳 不撤膳則死『대대례』「보부(保傅)」.

8 五行變至 當救之以德 施之天下 則咎除 不救以德 不出三年 天當雨石. 동중서,『춘추번로』14권「치란변수(治亂變數)」.

9 天下和平 則災害不生 今災害生 見天下未和平也 天下所未和平者 天子之教化不政也. 같은 책,「교어(郊語)」.

의미 외에도 "하늘에 반성하는 빛을 보인다"는 의미로 감선을 실시했다.

> 성석린 등이 아뢰기를…… "옛 임금들은 항상 재이災異를 당하면 반드시 감선減膳하고 철악徹樂하며 공구수성恐懼修省하였습니다. 원하건대, 전하께서는 조용하고 한가할 때나 기거起居하는 즈음에 반드시 경계하고 조심하기를 더하고, 혹시 태만하거나 소홀함이 없도록 하여 하늘의 뜻에 보답하소서."[10]

이런 사상적 배경을 가진 감선은 492년에 신라의 소지왕이 가뭄에 임해 감선한 것이 기록상으로는 한국사상 최초인데,[11] 이후 고구려와 백제에서도 가끔 행해졌다. 고려왕조를 거쳐 조선에 이르면 유교 정치사상이 확립되는 만큼 더 철저하고 빈번하게 이루어졌다. 그러나 시대에 따라, 또 왕 개인의 성향이나 입장에 따라 접근법과 방식은 한결같지 않았다. 이제부터는 그 점을 살펴보자.

---

10 石璘等啓曰 …… 古之王者 每當災異 必減膳徹樂 恐懼修省 願殿下於燕安之時 起居之際 必加戒愼 無或怠忽, 以答天意. 『정종실록』 4권. 정종 2년 6월 2일 을미일 기사.

11 春夏旱 王責己 減常膳. 『삼국사기』 「신라본기」 소지왕 14년조.

3. 조선 역대 왕들의 감선

(1) 전기(태조~명종)[12]

조선 왕들이 감선을 '자연스럽게' 행하게 되는 관행의 정착 과정은 유교적 문치주의의 정착 과정과 궤를 같이한다. 국초에는 왕실에 무신武臣 가문의 정체성이 아직 남아 있었고, 무예 연마, 사냥, 불교 신봉 등 왕의 '사적인 취향'을 인정해 주는 분위기도 있었다. 그러나 문치주의가 심화되면서 왕은 유교적 가치관을 체득한 문신관료들의 존경을 받지 못하면 비록 왕이라도 진정한 리더십을 발휘하기 어려운 상황이 된다. 따라서 왕이 단지 전제적인 지배자가 아니라 '한 사람의 선비'로서, 내성외왕內聖外王이라는 유교적인 이상을 실천하고자 끊임없이 노력하고 수양하는 사람임을 과시할 필요가 있었다. 따라서 감선 역시 더 자주 행해졌으며, 갈수록 강도가 높은 방식으로 행해졌다.

태조 이성계는 약 7년 동안의 재위 기간 중 한 번의 감선도 행하지 않았다. 다만 태조 1년에 개국공신 배극렴의 상을 당하여, 또 태

---

12 519년 동안 중단 없이 계속되었던 근세조선사의 시대를 구분하는 문제는 학술적 논쟁의 하나일 만큼 간단하지가 않다. '전기/후기'로 보느냐, '전기/중기/후기'로 보느냐, 각각 어느 시점을 시기 구분 시점으로 볼 것이냐에 관한 논란이 거듭되고 있다. 다만 이 논문의 목적상, 조선사에서 감선의 시행 방식과 의미가 한결같지는 않았으며 대체적으로 구분해 볼 수 있다는 점을 지시하기 위한 편의적 구분법을 쓰는 것으로 충분하다고 본다. 따라서 여기서는 김성우의 구분에 따라 전기, 중기, 후기의 삼분법을 썼다. 김성우, 「조선사회의 사회·경제적 변화와 시기 구분」, 『역사와 현실』, 18호, 한국역사연구회, 1995. pp. 373~421.

조 7년에 왕자의 난으로 숨진 이방석 등을 위해 소선素膳을 들었을 뿐이다. 이는 군주로서 공구수성하는 뜻을 보이는 감선이라기보다 사적인 애도의 뜻을 나타내는 철선이라고 해야 할 것이다. 그리고 말년에는 계속 고기반찬을 뺀 식사를 했는데, 그것은 종교적인 이유에서였다.[13]

정종 역시 마찬가지였으며, 감선을 비로소 관행화한 임금은 태종이었다. 그는 태종 2년에 가뭄에 임하여 처음 감선을 행한 것을 시초로 재위 중 모두 15회의 감선을 시행했다. 그 뒤를 이은 세종도 16회 감선을 했으며, 태종대까지는 없었던 새로운 감선 방식을 도입하기도 했다.

> 승정원에서 아뢰기를, "지금 천기가 순조롭지 못한 때에 여러 달을 지나도록 술을 올리지 못하게 하시고 계십니다. 이로써 병이 나실까 두렵사오니, 이제부터 아침마다 술을 드시어 성후聖候의 조화를 기하시기 바라옵니다.
>
> 또 옛 임금이 가뭄을 우려하여 감선減膳하였다 합니다만, 그 감선한다는 것은 시선時膳을 올리지 않는 것이 아니오라 품수品數를 감한다는 것입니다. 지금 각 도로 하여금 모든 선膳을 진상하지 말도록 하셨사오나 주선晝膳과 같은 것은 때마다 진어하는 음식이오니 의당 다시 올리도록 하셔야 하옵니다."

---

13 初 太上王受王師自超戒 不御肉膳 日漸消瘦 … 太上王從容語上曰 王師曰 飮酒食肉 則後生必爲無首蟲 故予不食肉也. 『태종실록』 4권, 태종 2년 8월 2일 계축일 기사.

> 하니, 임금이 말하기를,
>
> "만약 기운이 좋지 않다면 마땅히 술을 올리게 하여 스스로 보전할 것이다. 어찌 경들의 청을 기다리겠는가? 다만 지금 질병이 없는데 이 지독한 가뭄을 당하여 어찌 감히 술을 올리게 하겠는가. 또 내가 하루에 선膳을 올려 받는 것이 네 차례나 되니 이것만 해도 족하다. 내 어찌 요량하지 않고 주선晝膳을 감하라 명하였겠는가."[14]

종래의 감선은 그야말로 밥상에 오르는 반찬의 가짓수를 줄이는 것이었으나, 세종은 하루에 여러 차례 받는 밥상 중에서 주선晝膳을 아예 올리지 않도록 하여 '한 차원 더 높은' 공구수성의 뜻을 보였던 것이다. 또한 세종은 종래 감선과 금주禁酒가 확실한 연관성이 없었던 데 반해, 감선을 하면 반드시 금주도 하는 관행을 세웠다.[15]

이런 감선에 적극적이고 금욕적인 태도는 세종이 문신관료들의 지지와 존경을 확보하는 데 도움이 되었던 것으로 보인다. 문종도 그런 방침을 계승하였다. 그는 감선이 아닌 철선에서 '한 차원 더 높

---

14 承政院啓曰 今天氣不順之時 累經旬朔 不令進酒 恐致違和 願自今每朝進酒 以調聖候 且自古帝王憂旱減膳 所謂減膳 非謂不進時膳 減其品數也 方今旣令各道勿進諸膳 至如晝膳 乃時食 宜令復進 上曰 若有氣體不調 則當進酒調保 何待卿等之請 但時無病恙 當此旱極 何敢進酒 且予嘗於一日之內 進膳者四 是亦足矣 予豈不量而命減晝膳哉. 『세종실록』 73권, 세종 18년 윤6월 7일 신미일 기사.

15 政府六曹啓 古者遇旱減膳云者 天子七脛 諸侯五脛之謂也 非謂酒也 且減之耳 非徹之也 今殿下憂旱不進酒 願許之 上曰 人有本不飮酒者 予雖不飮 氣自平安 何必飮乎. 『세종실록』 40권, 세종 10년 윤4월 11일 임진일 기사.

은' 관행을 도입했다. 바로 '기월철선忌月撤膳'이다. 당시의 임금은 위로 3대까지 조상의 기일에 고기반찬을 들지 않는 철선을 행했는데, 문종은 아예 기일이 들어가는 달 전체를 기월로 삼아서 철선하는 달로 삼은 것이다.

이런 "금욕주의의 경쟁"은 세조에 이르러 다소 둔화되었다. 무인 기질을 높이 평가했으며 사육신 사건 이후 문신 관료들을 억제하는 방침을 세웠던 세조는 그만큼 감선에도 '불성실'했다. 14년간 재위하며 단 두 차례 감선했을 뿐이다. 또 유난히 술을 즐겼으며 공신들과의 흐드러진 술자리를 통해 결속을 확인했던 정치 방식을 가졌기에, 금주는 단 한 차례만 시행했고 감선과 금주를 병행하지도 않았다.

하지만 성종대에는 다시 문치주의가 심화되며, 세종과 문종을 잇는 "금욕주의의 경쟁"도 부활한다. 재위 25년 동안 21회 감선하여 비율상 세종과 문종을 능가했을 뿐 아니라, 가뭄 때문에 시작한 감선을 비가 내려도 '아직 일부 지방에는 비가 오지 않았다'는 이유로 계속하는 모습을 보여주었다.[16] 그뿐만 아니라 그때까지는 주로 가뭄에 임하여 감선하던 것을, 마른천둥이나 혜성처럼 관념상 재이災異로 분류되기는 하지만 백성의 실생활에 직접적 피해는 주지 않는 자연현상에도 감선을 하는 관행을 새로 세웠다.[17]

이렇게 조선 전기에 정착되고, 점점 심화되어 가던 감선의 관행을

16 院相具致寬啓曰 近者憂旱 減膳已久 今雨澤優足 請進香醞 傳曰 累月不雨 枯旱甚矣 豈可以半日雨 遽進酒也 致寬更啓曰 此雨於田穀已洽 水田下濕處亦皆霑足 請依舊進膳 傳曰 更竢後雨 不晚. 『성종실록』 4권, 성종 1년 4월 29일 정축일 기사.

17 命減膳 又命禁酒 因雷變也. 『성종실록』 39권, 성종 5년 2월 3일 무오일 기사.

근본적으로 전복시킨 장본인은 다름 아닌 연산군이었다. "왕이 신하들의 눈치를 보는" 체제가 근본적으로 잘못되어 있다고 여겼던 그는[18] 문신을 우대해온 세종 이래의 정치 노선을 전면 부인하고 군주 독재체제로의 전격적인 전환을 시도했다. 그리고 단순히 감선을 시행하지 않는 정도가 아니라, 그 사상적 배경이 되는 천인감응설조차 무시해 버렸다.

> 관상감이 별자리가 변한 것을 아뢰니, 의정부와 육조의 참판 이상을 명소命召하여 전교하기를,
>
> "이제는 재변을 아뢰지 말라고 하교하였는데, 이제 어찌 또 아뢰느냐? 천도天道는 아득하여 알기 어려운 것이다. 옛날 요임금 때에도 9년의 홍수가 있었고, 탕임금 때에도 7년의 가뭄이 있었으니, 어찌 요와 탕의 덕이 부족해서 그랬겠느냐. 이는 천수天數의 우연이지 인사人事의 잘못이 아니다. 불초한 사람들이 망령되이 사사로운 생각으로 재변을 논하는 것이야말로 천기天紀를 어지럽히는 것이니, 관상감을 혁파함이 온당하다."[19]

---

18 人君發號 譬如天道 爲人臣者 當一從其命而無違. 『연산군일기』 61권, 연산군 12년 2월 17일 정묘일 기사. ; 傳旨禮曹曰 …… 君臣之分 如霄壤懸隔 地不得侔乎天 臣不得擬乎上 此自然之理. 『연산군일기』 61권, 연산군 12년 2월 20일 경오일 기사.

19 觀象監啓星變 命召議政府六曹參判以上 傳曰 已敎勿啓災變 今何更啓耶 天道渺漠難知 昔堯有九年之水 湯有七年之旱 豈堯湯之德 不足而然 是天數之偶然 非人事之失也 不肖之人 妄以私意論災變 是亂天紀也 觀象監革之爲便. 『연산군일기』 63권, 연산군 12년 7월 20일 정유일 기사.

즉 그는 바람직한 정치와 바람직한 기후 사이에 상응관계가 있다는 동중서 이래의 기본적 유교 정치사상을 송두리째 부정했으며, 자연현상은 단지 우연의 산물이고, 인간이 인식할 수 있는 것으로 "천도에 비길 만큼 확실한譬如天道" 것은 군주의 명령에 복종해야 한다는 점뿐이라고 주장했던 것이다.[20] 당연히 감선 등을 행하며 자연과 신하와 백성 앞에 공구수성하는 자세를 보일 필요는 없다. 먹고 싶은 것이 있다면 무엇이든지 가리지 않고 먹을 수 있는 것이 왕의 당연한 권한이었다.

물론 이처럼 기왕의 원칙과 상식을 급작스럽게 뒤집으면서 강요했던 절대왕권이 제대로 수용될 리 없었다. 중종반정으로 연산군이 펼쳐낸 "탐욕의 시대"는 끝을 맺는다. 하지만 천인감응론과 그에 따른 감선의 실효성에 대해서는 이미 심각한 회의론이 대두된 채였다.

그래서 뒤를 이은 중종과 명종은 연산군 같은 암군이라는 소리가 무서워서라도 감선을 행했으나, 이미 세종이나 문종에서 볼 수 있던 정성스러움은 없었다. 임금과 신하는 공공연히 "감선이란 단지 형식에 불과하다"는 주장을 했다.[21] 다만 옛 임금들이 해오던 전통이며, 재난을 당하여 뭔가 하는 모습을 보이지 않으면 안 되겠기에 별 효

---

20 人君發號 譬如天道 爲人臣者 當一從其命而無違. 『연산군일기』 61권, 연산군 12년 2월 17일 정묘일 기사.

21 下傳旨于議政府曰 …… 避殿減膳 徒崇文具. 『중종실록』 7권, 중종3년 10월 13일 정축일 기사; 司諫尹殷弼曰
下敎云 災不虛生 必有所召 此言至當 大抵遇災變 避殿減膳 徒爲末節. 『중종실록』 29권, 중종 12년 8월 12일 을묘일 기사; 天降大變 則避殿減膳 雖是應災之虛文 猶同告朔之餼羊 故古先哲王 莫不爲之. 『명종실록』 29권, 명종 18년 10월 5일 경술일 기사.

과도 없을 줄 알면서 한다는 식이었다.[22] 자연히 말로만 감선을 하겠다고 하면서 이런저런 이유를 들어가며 미루거나, 아직 가뭄이 그쳤다고도 할 수 없는데 서둘러 감선을 끝냈다는 지적을 받거나 하는 일이 많았다.[23]

(2) 중기(선조~경종)

16세기 말에 이르러 "말절末節"로 격하된 감선의 위상은 끝내 회복되지 못했다고 볼 수 있다. 이후의 왕이나 신하들은 감선을 행함으로써 재앙을 그치게 할 수 있다고, 특히 비를 오게 할 수 있다고 진지하게 믿지 않았다. 그러나 천인감응론은 쇠퇴하기는커녕 오히려 더욱 강조된다. 선조 이후 '훈구파'가 조선의 정치 무대에서 완전히 퇴출되고 '사림파'가 제도권 정치 영역과 재야 정치 영역, 그리고 학

---

22 李浚慶等議 今年旱災 比古雖似不甚 然今年節早 芒種已過 今雖得雨 萬無成熟之理 臣等曾亦以此爲憫 令禮官商度啓達矣 避殿減膳 俱是末節 似不可以此 而能格天心 然遇災修省之誠 非發於文爲 無以示其外也 姑依諫官所啓 從禮文爲之 而至臨大禮 相時復殿 似爲無妨. 『명종실록』 34권, 명종 22년 4월 25일 경술일 기사.

23 가령 諫院啓曰 …… 且前者 以多災變而避殿 今只以雨澤之洽而復殿 雖復殿 當待大臣之請 又下諭復殿之意於中外 而復之可也 今非獨旱災也 他災尚多 不可徒以雨澤之洽 而或弛恐懼之意也. 『중종실록』 25권, 중종 11년 6월 14일 갑자일 기사; 憲府啓成世臣 韓永 許渭事 又啓曰 近來 旱災太甚 前者雖遇小災 必避殿減膳 而今則迨不爲之 其事雖似虛文 當示應天之誠 請亟避殿 更加修省. 『중종실록』 48권, 중종 18년 6월 14일 계축일 기사; 沈通源議 凡遇災變 自上修省之道 宜無所不至 況今旱災切迫 避殿減膳 固當速行 但歷觀前例 虔誠祈雨 至於遷市閉門 猶不得雨 則不忍安然御正殿享八珍 故有上命乃行也 今則祈雨節次 尚未畢行 姑待日候爲之未晩 傳曰 觀此議得皆當 而領府事議尤當 降御損膳 乃人君貶己之事 當出於上命 予雖不敏 加觀日候 量時處之. 『명종실록』 34권, 명종 22년 4월 25일 경술일 기사.

계 내지 종교계까지 장악하는 '사림 독재' 시대가 된다. 그들은 자의적인 왕권이나 그런 왕권의 변형된 형태라고 볼 수 있는 훈척勳戚 세력의 득세를 무엇보다도 경계했다. 그리하여 "천지가 제자리에 있고 만물이 육성되는 일을 어찌 임금 한 사람의 수덕修德에 달려 있지 않다고 하겠는가"[24]라는 입장에서 왕에게 철저한 공구수성을 요구했다. 그 선상에서 재이에 대한 감선의 필요성도 정치적으로 인정되었으며, "다만 감선이라는 행위에 그치지 않고, 임금이 진심으로 공구수성하는 것이 중요하다"[25]는 논의를 정론화했다.

"마음心"이 중요하다는 조선 중기 성리학의 경향은 정치사상적으로 임금이 군자를 등용하고 소인을 물리쳐야 한다는 정론을 한껏 강조하게 된다. 군주의 도심道心, 즉 선을 지향하는 마음을 북돋워 줄 수 있는 사람이 스스로 도심이 계발된 군자이며, 소인은 거꾸로 사적인 탐욕을 지향하는 인심人心을 강화하고 말 것이기 때문이다. 이것은 곧 "그렇다면 누가 소인인가, 혹은 소인의 당인가?"라는 문제로 이어짐으로써 당쟁의 배경이 되었다. 감선은 여기서 당쟁의 실마리로 작용하기도 했다. 왕의 감선을 말린다거나, 왕이 감선하고 있음에도 호사스러운 생활을 한다거나 하는 행동이 "소인이라는 근거"가

---

24 天地之位 萬物之育 豈不繫於一人之修德乎. 이이,『천도책(天道策)』.

25 領敦寧李景奭以爲 右相所陳 勸民力本意甚善 以臣愚見 在恐懼修省之時 此事猶非第一件事也 所謂恐懼修省 有本末焉 避殿減膳求言 末也 兢兢業業 日加省察 存諸中而爲之德 發諸外而爲之政 喜怒賞罰 無或過中 求聞闕失 必用其言者 本也.『효종실록』10권, 효종 4년 2월 13일 경술일 기사; 副護軍朴世采上疏曰 …… 抑竊伏聞殿下 遇災警惕 若恫在躬 求言減膳 疏釋虔禱 而第未知幽獨之際 果能眞實無妄 可以對越上帝乎.『숙종실록』16권, 숙종 11년 7월 12일 경오일 기사.

되었기 때문이다.[26]

그런데 한편으로 왕이 자신의 정치적 입장에서 감선을 특별히 중시하는 경향도 있었다. 우선 이 시대는 임진왜란과 병자호란을 비롯한 전란이 발생하여 조선 전기의 체제를 크게 뒤흔들었던 시대다. 따라서 전란 후에 실추된 왕실의 위상과 체제의 정당성을 바로잡을 필요가 있었으며, 그런 일환으로서 전란의 특수 상황 때문에 한동안 제대로 시행하지 않았던 감선을 다시 관행화해나갔다.

> 승정원에서 아뢰기를,
>
> "……생각건대 평시에 정전正殿을 피하고 감선철악減膳撤樂하는 조항이 있던 것이 난리 후에 거행하는 절차가 없어졌는데, 만약 이를 계속 거론하지 않아 옛 규례가 끝내 없어지게 한다면 자못 애례존양愛禮存羊의 뜻이 아닙니다. 이번 승전을 받들 때 피전, 감선, 철악 등의 말을 아울러 써넣는 것이 어떻겠습니까?"

하니, 윤허한다고 전교하였다.[27]

---

26 配投疏人金日晋于茂山府 日晋古阜人 其疏有曰 … 試以委巷之所嗤笑 通朝之所共知者言之 或有一宴浹旬 歌吹沸天 紗燈引路 夜以繼日 或有刲買故 召相第宅 東西增益 窮極崇侈 或有一歲之中 兩辨甲第一區之價 俱費千金 至於大官小官之結構修營 務爲壯麗 宴樂放僻 靡所不爲者 指不勝屈 噫 聖上減膳於上而臣子酣樂於下 聖上輟作於內而臣子木妖於外 此可謂君臣上下一心修省 以應天災者乎. 『숙종실록』 24권, 숙종 18년 11월 28일 계유일 기사.

27 政院啓曰 …… 竊念 平時有避正殿減膳撤樂一款 而亂後則雖無擧行節次 若因此不

또한 조선 전기와는 달리 이 시기에는 자연재해에 대한 감선만이 아니라 전란이나 사고 등 인사人事에 따른 재난에도 감선을 실시하고 있다. 그런데 그 중 다수는 왕릉에 화재가 난 경우였다. 이 시기의 왕들은 왕릉의 관리를 소홀히 하여 화재 등의 훼손이 발생한 것도 가뭄이나 홍수 등에 못지 않은 국가적 재난이라는 뜻을 보이기 위해 이런 사건에 대해 감선을 시행했던 것으로 여겨진다. 그것은 곧 왕과 왕실의 중요성을 신하와 백성들에게 강조하는 행동이었다.

그리고 이 시기에 이루어진 감선과 관련한 마지막 특성은 이 시기부터 훙서薨逝한 왕의 행장과 묘지문, 애책문 등에 "감선을 성실히 시행하였다"는 구절이 보인다는 점이다.[28] 사림파의 독재와 당쟁, 그리고 전란 등의 위협 속에서 위기의식을 느낀 왕들은 왕의 권위를 높이기 위한 수단의 하나로 감선을 이용했다. 그것은 반대로 왕권을 견제하기 위해 감선을 활용했던 신권의 입장과 묘하게 맞물리면서, 전기와 같은 열성을 이미 잃은 중에도 감선이 정례화되어 꾸준히 실시되도록 했다. 이 시기의 왕들 중 광해군을 제외하면 적어도 양적인 면에서는 전기의 성실한 임금들에 비해 감선의 성의가 떨어지는 사람이 없다.

爲擧論 使舊規終歸於泯沒 則殊非愛禮存羊之意 今此捧承傳時 避殿減膳撤樂等語 竝入何如 傳曰 允. 『선조실록』 212권, 선조 40년 6월 5일 병신일 기사.

28 선조가 처음이다.

(3) 후기(영조~순종)

조선 후기는 제도권 정치 과정은 차차 경직되는 한편 사회는 차차 활력이 늘고, 천주교, 양명학 등 새로 유입된 학문에 따라 다양한 사상을 가진 사람들이 등장하던 시대였다. 이런 상황에서 왕들은 왕권 강화를 통해 체제를 재구성하려 했고, 신권은 당쟁을 마감하고 체제를 일원화하여 왕권의 전제와 체제의 누수를 막으려고 했다.

이 시기의 감선의 특징은 우선 고도로 형식화되었다는 점을 들 수 있다. 영조는 종래의 감선이 "재이가 나타나고 완전히 없어질 때까지" 무기한으로 행해졌던 데 반해 3일, 10일, 20일 등으로 미리 기한을 정해 놓고 감선에 들어갔다. 이런 방식은 정조 이후부터 확립되어, 대부분의 경우 3일간 감선하겠다고 예고한 다음 예정대로 실시하고 끝내는 식이 되었다. 그러므로 이 시기 왕들의 감선 횟수는 전대보다 뒤지지 않거나 더 능가하기도 하지만(가령 영조는 52년의 재위 기간 중 89차례 감선하여, 총횟수로나 재위 기간 대비 비율로나 역대 최고를 기록하였다), 실제로 감선을 행한 날짜의 총량은 훨씬 적다.

또 한 가지 특징은 보다 노골적인 신하들과의 정쟁 수단으로 감선이 활용되는 경우가 나타났다는 점이다. 말을 듣지 않는 신하들에 대한 항의 표시로 수라를 들지 않는 각선의 예는 전에도 간혹 있었다.[29] 하지만 이 시기에는 그런 식의 감선이 더욱 잦아졌고, 다양한 방식으로 활용되었다.

---

29 가령 세종 30년에 내불당 건립 문제로 신하들의 집중 견제를 받은 세종이 여러 차례 음식 들기를 거부하며 불만의 뜻을 표시했다. 앞의 주석 3 참조.

영조가 행한 89회의 감선 중에 적어도 여덟 차례는 재이와는 무관한 정쟁의 수단이었다. 가령 "거듭 탕평을 지시했음에도 아직도 당습黨習에 얽매이는 모습이 개탄스럽다. 이것이 결국 과인이 교화를 잘못한 때문이 아닌가?" 하며 벌이는 감선[30]이나 "세자의 행동이 체모를 잃었는데 신하들이 과인을 속이고 세자를 감싸기에만 급급했다. 이 역시 과인이 부덕하여 신하들이 업신여기는 것이다"라며 벌인 감선[31], 심지어 청나라의 주인朱璘이라는 학자가 개인적으로 지은 책에 아직도 종계변무宗系辨誣가 반영되지 않았다 하여 행한 감선[32]이나 언관 하나가 어전에서 말 한 마디를 거슬리게 했다 하여 벌인 감선[33]마저 있었다. 명목상 재해 때문에 시행한 감선도 진짜 목적은 신

---

30 命削疏儒進士李普觀等儒籍 初沈公獻等以沮遏趙榮謹謁聖 旣被罪 李普觀等二十三人上疏 略曰 趙榮謹之祖泰億 前後負犯指不勝屈 而其門生天子之語 脅持君父 遽承憑几之句 釀成逆亂 以至仇視聯箚 戕殺至親 則此實國家之逆臣 彝倫之罪人 臣等不欲與其孫比肩於夫子之庭者 乃所以重聖廟而扶王綱也 四儒生以是被罰 則臣等以同事之人 義不宜獨道 左議政宋寅明言于上曰 大訓之後 儒疏所言 出於辛壬餘論 竊恐時象無時可靖矣 上曰 位在君師 不能訓飭 下敎自責 命減膳三日. 『영조실록』 54권, 영조 17년 11월 9일 경오일 기사.

31 敎曰 傅相旣免 況賓客乎 徐命膺 尹汲 李鼎輔 徐志修幷削職 再昨行公不言臺臣 爲先嶺沿投畀 寔予之過 自今減膳 以謝陟降. 『영조실록』 98권, 영조 37년 9월 24일 기미일 기사.

32 敎曰 嗚呼 兩次辨誣後 其誣快雪 昭如日星 則今者此書 誠萬萬料表 昨聞此事 心骨俱戰 其中一字 戊子所無之事 此等文字 雖得於燕市 敢粧繢以置 先罪我國使臣 續當奏聞 嗚呼 得來使臣削職之請 其無倫理 遠竄之請 雖勝於此 嗚呼 雖不能挺身赴燕 買來朱璘肉皮 爲今日入侍三司 焉敢不齊聲請討 其時買來三使臣 亟施栫棘之典 入侍三司竝削職 使名曰陳奏 噫 爲先痛心之時 盤纏何云 譯官三分減一 商賈付包 一切嚴禁 其若不禁 當該灣尹書狀當施重律 使臣復命 雖不可預待 渡江然後可食可寢 拜表日字 今月內擇入 自今日減膳撤樂. 『영조실록』 116권, 영조 47년 5월 21일 신유일 기사.

33 上因朴相岳所奏 命減膳十日 賀禮時軒架 陳而不作. 『영조실록』 117권, 영조 47년 10월

하들에게 경고하려는 데 있는 경우가 많았다.

영조는 감선을 넘어 각선도 십여 차례는 실시했다.[34] 이런 감선 및 각선은 모두 '군부君父'인 왕 스스로 건강을 돌보지 않는 모습을 보임으로써, 신하들이 마치 부모를 제대로 봉양하지 못하는 자식들처럼 송구스럽게 하고, 결국 왕의 의지를 받아들이게 하려는 효과를 노린 것들이었다.

그러나 그런 방식은 어쩌다 한 번이라면 몰라도 거듭될 경우 효과가 체감될 수밖에 없다. 누가 봐도 감선을 할 만큼 중대한 상황이 아닌데도 걸핏하면 감선을 한다면 더더욱 그럴 것이다.[35] 그래서인지 결국 영조가 구상했던 탕평정치 구도는 확립되지 못한 채 끝났고, 뒤를 이은 정조는 자신의 역량에 의거해 '군사君師'로서의 리더십 확보를 추구했으므로 더 이상 그런 식의 정쟁적 감선은 시도하지 않았

8일 을해일 기사.

34 가령 上大怒 命幷取一點以上 仍教曰 不行召試, 則予將不進水剌矣. 『영조실록』 59권, 영조 20년 5월 22일 기해일 기사; 賓廳再啓 教曰 不知人子之心 而只行人臣之道乎 謂六旬只今日 而如是來困乎 若如此 則予將止水剌 其止之. 『영조실록』 80권, 영조 29년 12월 30일 경술일 기사; 教曰 崔錫恒 李光佐 置泰耉之列 趙泰億置錫恒之列 予不進水剌矣 此後東宮必受其祖之意. 『영조실록』 111권, 영조 44년 8월 18일 계유일 기사. 단 각선하겠다고 선언하고 그대로 실천했는지 여부의 기록이 다소 모호하게 되어 있기 때문에, 정확한 숫자를 따져볼 수는 없다.

35 왕이 한편으로 각선을 하면서 한편으로는 신하들을 격려하는 선온을 내리는 등, 앞뒤가 맞지 않는 행동을 하고 있음을 비판하는 경우도 있었다. 副校理李錫杓上疏曰 …… 乃反一邊却饍 一邊宣醞 貶尊之擧 甚於下堂 釋憾之教 近乎哀乞 殿下之示弱見侮 固自不少 而一邊之徒守己見 不思知變者 亦何足怪也. 『영조실록』 46권, 영조 13년 10월 14일 무술일 기사.

다.[36] 그리고 이어진 '세도정치' 시대에는 왕권이 상당히 미약했으므로 더더욱 정쟁적 감선이나 각선이 어려웠다.

이 시기가 되면서 감선의 사상적 배경인 천인감응설에 대한 믿음은 많이 저하되었다. 서양의 과학기술 지식을 포함한 새로운 지식에 접한 학자들은 천도天道의 관념과 그 실체를 규명하려는 노력은 여전했으나, 동중서나 조선 중기의 이이, 이황 등 성리학자들이 주장했던 것과 같은 천인감응설에는 무관심한 모습이었다.[37]

그러나 조선 말기에도 천인감응설은 조정에서의 공식 정론政論에서는 여전히 빠지지 않았으며,[38] 감선도 고도로 형식화된 채 계속 행해졌다. 고종의 경우 본격적인 개화開化기의 군주로서 서양 음식을

---

36 '군사'를 추구한 정조의 정치지향성에 관해서는 박현모, 『정치가 정조』, 푸른역사, 2001; 함규진, 「정약용 정치사상의 재조명」, 성균관대학교 박사학위논문, 2007.

37 정약용의 『여유당전서』, 홍대용의 『담헌서』, 최한기의 『명남루총서』 등에는 고전적 천인감응설과 그에 따른 상서(祥瑞), 요얼(妖孽)의 정치적 중요성에 대한 언급이 거의 보이지 않는다.

38 가령 上曰 伊日雷異 實非尋常 不勝警惕于中 際見卿等箚子 陳勉之言甚好 當服膺體念 而至於辭免 則萬萬過矣 批旨已悉言之 而此時君臣上下 交相警惕 以爲應天以實之道宜矣 此後則勿復辭遜 協心共濟 以盡答天譴之道 是所望於卿等也 龍輔繼乞斥退 上曰 答天譴之道 當懋其實 非閉藏之月 則應文之具 果欠於誠實底道 故在下者不爲如例陳箚 而雖一陰一暘之失序 猶當恐懼修省 不敢以九月十月有間 故有所求言下教 非但弭災之道 目下國事 亦莫如懋實之政矣 時秀曰 誠如聖教 仁天警告 豈有時朔之分乎 雖在十月 或不爲災 雖盛夏之節 乖常則便爲災也. 『순조실록』 9권, 순조 6년 9월 10일 갑인일 기사; 教曰 邇來冬候之暄 已有乖於時行之令 而轟燁之異 又發於閉藏之月 仁天譴告 必有所召 惟予否德 不克仰答天心 萬機不修 百度不立 風俗日頹 民生日瘁 一毛一髮 罔不受病 而予未之奮勵修省 致此赫然威怒 不啻若耳提面命 反復思惟 只有驚悚 君臣上下 其敢不惕然憂畏 交勉共貞 圖所以應天弭災之道乎 自明日限三日 減饌撤樂 庸伸予一分茂對之忱 凡厥在廷 體此至意. 『고종실록』 11권, 고종 11년 10월 6일 을해일 기사.

먹고 서양 음악을 들으며, 서양인을 관료로 임명하고 서양식 교육을 실시하는 등 조선의 전통체제에서 크게 탈피했음에도 감선만은 계속 시행했다. 과거제를 폐지하고 신분제를 없앰으로써 더 이상 문신 관료들에게 전통적 리더십을 발휘할 필요가 없는 상황에서도 감선은 계속되어, 최후의 감선은 순종 2년(1909년) 6월 27일에 있었다.[39]

(4) 소결

『실록』에 근거하여 조선 역대 임금들의 감선 상황을 정리해 보면 다음과 같다. 이 표에서 보듯, 조선왕조 519년 동안 341회의 감선이 있었다. 총일자는 정확하지 않은데, 아주 초기에는 실시 자체를 많이 하지 않다가 전기 중반쯤에는 "비가 올 때까지 몇 달이고 감선을 계속"하는 식이었고, 영조·정조 이후로는 사흘 내지 닷새 정도를 미리 정해 놓고 감선하는 식으로 굳어졌다. 통틀어서 감선을 가장 많이 한 임금은 89차례 실시한 영조인데, 그는 천재天災와는 무관한 인재人災에 따른 감선, 말하자면 왕릉에 불이 나는 등의 사고, 임진왜란, 병자호란 등의 전란, 그리고 신하들이 말을 듣지 않을 때의 왕이 취하는 정치적인 압박으로서의 감선도 10회로 제일 많이 행했다(그 중에서도 8회가 정쟁적 감선이었다). 인재에 따른 감선을 처음 시작한 임금은 명종이었으며, 조선 중기부터 관례화되었다.

---

39 그런데 사실 이는 조선왕조 최후의 감선이지만 '한국사 최후의 감선'은 아니다. 국권상실 후 이왕(李王)이라는 이름으로 창덕궁에 기거하던 순종은 1912년 4월 27일에 사흘간 감선했다. 효창원에 화재가 발생했다는 이유였다. 조선 중기부터 국가적 재난이라기보다 왕실의 재난이라 할 수 있는 사건에도 감선이 행해졌는데, 그는 국가가 없어진 상황에서도 구왕실의 계승자로서 감선하는 것이 자신의 의무라고 여긴 것 같다.

<표 1> 역대 왕들의 감선

역대 임금	자연재해에 따른 감선	전란, 사고에 따른 감선	총계
태조	0	0	0
정종	0	0	0
태종	15	0	15
세종	16	0	16
문종	0	0	0
단종	0	0	0
세조	2	0	2
예종	1	0	1
성종	21	0	21
연산군	1	0	1
중종	28	0	28
인종	1	0	1
명종	16	1	17
선조	8	1	9
광해군	2	2	4
인조	10	4	14
효종	7	0	7
현종	11	0	11
숙종	16	2	18
경종	1	1	2
영조	79	10	89
정조	29	0	29
순조	17	2	19
헌종	6	2	8
철종	5	0	5
고종	16	6	22
순종	1	1	2
총계	309	32	341

결국 감선은 전기에는 문치주의적 정치 풍토의 성쇠에 비례하여 나타났고, 중기부터는 왕의 의례적 관행으로 정착되었으나 왕권과 신권의 다툼 속에서 왕과 신하들 양쪽에서 정치적으로 이용되었다. 그리고 정치체제가 경직되고 만 말기에는 별 의미가 없는 형식으로 전락하였다.

그러면 이 감선의 정치적 기능과 효과는 구체적으로 어떠했는지 살펴보기로 하자.

4. 감선의 정치적 기능과 효과

(1) 체제유지를 위한 상징적 행위

하워드 웩슬러Howard J. Wechsler는 중국 당唐왕조의 의례儀禮가 갖는 정치적 의미를 분석하여, 그것이 피지배층에게 일정한 물질적 혜택(세금 감면 등)을 주어 얻는 "특수적 지지" 외에 공인된 상징조작으로 피지배층에게 정권의 정당성을 인식시켜 얻는 "확산적 지지"의 확보 기능을 한다고 파악했다.[40]

웩슬러가 들고 있는 당왕조의 의례는 제천행사, 제례, 즉위의례, 순행의례 등이다. 그런데 그런 모델은 조선왕조에도 적용될 수 있다고 보며 실제 조선 왕실도 제례를 비롯한 각종 의례에 큰 힘을 기울

40 Howard J. Wechsler, Offerings of Jade and Silk: Ritual and Symbol in the Legitimation of the T'ang Dynasty, 임대희 역,『비단같고 주옥같은 정치』, 고즈윈, 2005. pp. 468~485.

였다. 하지만 당왕조를 포함한 중국의 왕조들에 비하면 크게 불리한 입장일 수밖에 없었을 것인데, 전통적인 정치 관념상 중국의 황제는 '천자天子'로서 하늘 아래 모든 인민을 다스리는 자로 여겨진 반면 조선의 왕은 그 제후諸侯 중 하나에 불과했기 때문이다.

그러나 조선의 왕은 중국 황제가 행하는 의례와 같은 계통이면서도 조선 땅에서의 독자성을 주장할 수 있는 의례를 통한 정치적 정당성 확보에 부심했으며, 그중 하나가 바로 감선이라고 할 수 있다.

앞에서 본 대로, 왕은 감선으로 유교적 정치이념에 충실한 문신관료들에게 '금욕적이고 수양에 힘쓰는 군주'라는 인상을 심어 줄 수 있었다. 이로써 그들의 "확산적 지지"를 확보하는 데 도움이 되었을 것이다. 다만 16세기 말에 이르러 감선이 '말절'로 여겨지면서 그런 상징적 기능은 크게 저하되지만, 그것은 문신관료에 한해서였다. 왕의 감선은 먼 지방의 백성, 신분이 낮은 백성에게까지 비교적 두루 인지되었다. 조보朝報에 그 사실이 실렸고, 또 왕의 식사에 쓰는 식재료는 원칙적으로 지방의 진상으로 충당하던 조선왕조 체제에서[41] 감선이 이루어지면 진상도 그에 맞춰 중단되는 경우가 많았기 때문이다.

따라서 문신관료들에게 왕의 감선이 갖는 상징적 효과가 감소된

---

41 식재료의 신선도가 비교적 중요했던 일부 과일과 채소, 식용육, 우유 등은 사포서나 사축서에서 따로 과수원이나 목장을 운영하여 충당했다. 그러나 원칙적으로 왕이 소비하는 모든 식재료는 지방에서 진상하여 마련했다. 이것이 재료의 운반 과정에서의 부패 문제, 지방민의 부담 문제 등을 유발하므로 당시 중국의 예와 같이 수도에 집하되는 식재료를 왕실에서 구매하는 식으로 개혁하자는 논의도 없지 않았다. 그러나 세제 중 공납제도는 조선 중기 이후 대동법에 따라 현물 납부 방식이 철폐되었으나, 진상제도는 조선 말까지 계속 유지되었다. 한복진, 『조선시대 궁중의 식생활문화』, 서울대학교출판부, 2005. pp.87~89 참조.

16세기 말 이후에도 일반 백성들에게는 확산적 지지를 이끌어내는 효과가 유지되었을 것으로 보인다. 가뭄의 고통 속에서, 그들은 "대궐의 임금께서도 우리와 함께 굶고 계신다"고 인지하며 자신들이 공동체의 일원으로서 지배권력에게 버림받지 않은 존재라고 인식했을 것이다. 다만 말기에는 그 효과가 거의 발휘되지 않았을 것으로 보이는데, '삼정三政의 문란'을 비롯한 체제의 부패와 기강 해이가 "특수적 지지"의 기반을 와해시켜, 이미 형식화되어 버린 감선 등등으로 얻는 미미한 지지 효과를 압도했을 것이기 때문이다.

(2) 군신간 정치관계에서의 리더십 확보 수단

전통적 왕조체제에서 신료 집단은 임금에 대해 백성의 일원, 즉 피지배자의 입장이기도 하며, 동시에 지배집단의 일원으로서 동료이자 경쟁자의 입장이기도 하다. 조선 전기, 즉 16세기 말 이전까지의 상황에서 감선은 문신관료들이 왕에게 피지배자로서 "확산적 지지"를 나타내게 하는 수단이 되었던 한편, 동료로서의 인정과 신임을 이끌어내는 수단이기도 했다. 조선 전기의 왕들은 전임자보다 더욱 더 철저하고 한 차원 높은 감선을 시행하는 "금욕주의 경쟁"을 벌이기도 했는데, 일반 백성보다는 신료 집단에 감동을 주고 그들의 신임을 확보하기 위해서였을 것이다.

감선의 상징적 효과가 감소된 16세기 말 이후에도 감선은 신료 집단과의 역학관계에서 왕에게 일정한 이익을 주었을 것이다. 한 차원 높은 성리학적 이념으로 무장한 선비–관료들은 비록 '말절'이라도 성실하게 지키는 왕을 지배집단의 파트너로서 신뢰했을 것이다. 또

한 국가적 재난뿐 아니라 왕실의 재난에서도 똑같이 감선을 행함으로써 신료 집단에 왕실의 중요성을 재인식시킬 수 있었을 것이다.[42]

이런 기능 및 효과 역시 말기에는 감선이 지나치게 형식화되고, 그 사상적 배경인 천인감응론에 대한 관심이 줄었으며, 신료들 중 특정 파벌의 정치적 영향력이 왕실을 압도함에 따라 유명무실해졌을 것으로 보인다.

(3) 신권에 대한 견제와 억제책

그리 많은 군주가 사용한 방법은 아니지만, 왕의 경쟁자로서 왕권을 압박하는 신권에 맞서 감선이 견제 및 억제책으로 사용되기도 했다. 왕은 감선이라는 일종의 '자책自責' 행위를 통해 신료 집단에 비상한 관심을 불러일으키고, 그들이 "왕의 충성스러운 신하"로서 보여야 마땅한 의무대로 감선을 거둘 것을 간청하게 유도함으로써 신권의 위에 서는 왕권을 일시적이나마 확인시킬 수 있었다. 또한 당쟁이라는 구도에서도 당파를 초월하여 왕에게 복선復膳을 진언하게 되고, 혹시 왕의 감선의 의의를 경시하는 듯한 언행을 한 사람이 있을 경우 그가 속한 당파를 억제할 수 있음으로 해서 실질적 정치과정에서 왕이 주도권을 잡을 수 있었다. 이런 효과는 한 차원 더 높은 각선에서 더욱 확실했을 뿐 아니라, 자책의 행위인 감선을 뛰어넘어 신료 집단을 비판하고 견책한다는 강력한 의사표시가 되었다.

---

42 하지만 반대로 신료 집단 측에서 자연재해 등에 임하여 왕의 반성을 요구하고 왕권을 제약하는 수단으로 감선이 활용된 면도 있다. 앞서 주석 9와 21, 22의 내용 참조.

정쟁적 수단 차원에서의 감선 및 각선이 이런 효과를 낼 수 있음에도 불구하고 흔히 사용되지 않은 것은 일단 그 성격이 체제의 기본 원칙 및 상식에서 벗어나 있었기 때문이다. 감선은 기본적으로 재해에 임하여 왕이 바른 정치를 하지 못했다는 자책의 표시로서 실행하는 행동이다. 그런데 재해가 없었음에도 '신하들의 무례' 등을 이유로 감선 및 각선을 거듭한다면, 그것은 "자기 마음대로 소홀히 할 수 없는, 국가적으로 중요한 왕의 건강을 담보로 신하들을 위협하는 행위"로 인식되어 도리어 왕을 불신하고 적대하도록 하는 요인으로 작용할 수 있었다.[43] 그리고 기본적으로 비상조치는 지나치게 빈번하게 사용할 경우 '비상'의 의미를 잃어버리는 것이다.

5. 결론

519년간 존속한 조선왕조는 도중에 임진왜란, 병자호란 등의 일대 위기를 겪으면서도 중앙집권적 정치권력과 유교적 왕조체제를 비교적 안정적으로 길게 유지해 왔다. 그것이 가능했던 이유로 여러 가지가 꼽히는데, 미시적으로는 왕조에서 역점을 두고 행했던 여러 제도 및 관행들의 기능 및 효과가 주목된다.

그중에서 341회 시행된 왕의 감선은 중요한 정치적 기능을 하여, 왕조체제를 유지하고, 왕의 지배권력을 강화하는 효과를 냈던 것으

---

43 앞서 주석 30의 내용 참조.

로 보인다. 보다 구체적으로 감선은 피지배집단(신료 및 일반 백성)에게 왕권의 정당성을 인식시켜 "확산적 지지"를 보내도록 도왔고, 정권의 파트너로서의 문신 관료 집단으로부터 인정과 신임을 이끌어 내었다. 그리고 신료 집단과 경쟁을 벌이는 상황에서 왕에게 일종의 비상수단으로 활용되어, 일시적이지만 왕권의 우위를 인식시키고 정국의 주도권을 확보할 수 있게 했다.

이 감선은 제3대 태종부터 시행되기 시작해서 형식상으로는 국권을 상실한 이후까지도 시행되었다. 조선왕조 시대를 셋으로 구분해 볼 때 16세기 말까지인 전기에는 문치주의의 부침에 따라 감선도 활성화와 침체를 오갔으며, 전기의 말기 시점에 "감선은 말절에 불과하다"는 인식이 널리 퍼짐으로써 그 상징적 효과의 상당 부분을 상실했다. 그러나 16세기 말부터 18세기 초에 해당하는 중기에도 감선은 활발히 시행되었고, 그것은 헤게모니를 확보한 성리학적 정치이념이 왕과 신료 집단 모두에 요구한 조건에 따른 것이었다. 18세기 초부터 20세기 초에 이르는 말기에 감선은 강력한 왕권 확보의 수단으로 잠시 활용되기도 했으나, 이후 급격히 형식화되면서 그 정치적 효과와 의의를 대부분 잃어갔다.

감선을 주제로 삼은 선행 연구가 거의 없어서 연구에 어려움이 따랐다. 보다 곤란한 점은 『실록』 등 신뢰할 수 있는 고전 문헌이 감선의 구체적인 내용, 심지어 실행 여부에 대해 모호함을 나타내고 있다는 사실이다. 감선을 통해 구체적으로 어느 왕이 언제 무엇을 먹지 않았는지에 대한 기록이 불분명하며, 심지어 "감선을 실시하겠다"는 왕의 선언은 있으나 실제 감선이 이루어졌는지 여부가 확실히

나타나 있지 않은 경우도 적지 않다.

향후 이루어질 연구는 이런 곤란함을 극복할 수 있도록 널리 문헌을 발굴하여, 감선의 구체적인 진행 과정을 파악하고, 그것이 피지배집단, 특히 일반 백성에게 어떻게 인식되고 수용되었는지를 보다 확실히 규명할 수 있기를 기대해 본다.

참고문헌

『대대례』

『대학』

『삼국사기』

『시경』

『조선왕조실록』

『천도책』

『춘추번로』

김성우, 「조선사회의 사회·경제적 변화와 시기 구분」, 『역사와 현실』, 18호, 한국역사연구회, 1995.

박현모, 『정치가 정조』, 푸른역사, 2001.

박현모, 「조선왕조의 장기지속성(longevity) 요인연구 1: 공론정치를 중심으로」, 『한국학보』, 제30권 제1호 통권 114호, 일지사, 2004.

설석규, 「16—18세기의 유소와 공론정치」, 경북대학교 박사학위 논문, 1994.

임대희 역, Wechsler, Howard J., Offerings of Jade and Silk: Ritual and Symbol in the Legitimation of the T'ang Dynasty, 『비단같고 주옥같은 정치』, 고즈윈, 2005.

한복진, 『조선시대 궁중의 식생활문화』, 서울대학교출판부, 2005.

함규진, 「정약용 정치사상의 재조명」, 성균관대학교 박사학위 논문, 2007.

2. 초기불교 음식관의 윤리성과 도덕교육적 함의[1]

장승희(제주대학교)

1. 서론 : 왜 불교음식인가?

최근 정부의 먹방 규제 논란은 먹는 것이 단순히 개인의 자유문제인지 아니면 그것을 넘어선 사회적 규제대상인지가 문제였다.[2] 먹는 것은 개인의 문제로 무엇을 어떻게 먹는지는 누구도 관여할 바가

1 이 글은 『환경철학』제28집(2018.12, 한국환경철학회)에서 발표한 논문을 수정·보완하였음.

2 [뉴스 따라잡기] '먹방' 규제 추진…건강 vs 자유 침해, http://news.kbs.co.kr/news/view.do?ncd=4022446&ref=D(검색일: 2018.11.15.)

아니라는 자유주의적 입장에 대해, 그것은 개인의 건강을 넘어 사회적 책임이기도 하다는 주장이 대립된 것이다. 건보공단이 발표한 '2018년 비만에 대한 인식도 조사'를 보면 '먹는 방송'이 사람들에게 비만을 유발하고 있음을 확인할 수 있다.[3] 정부의 규제여부를 떠나 현재 먹방은 '먹는 것'과 '보여주는 것'이 과도하여 문제가 된다. 본질적이고 심각한 문제는 어린이와 청소년들이 상업화된 먹방에 동원되고 그것에 심취하여 잘못된 식생활 습관으로 이어진다는 것이다.

윤리란 '무리 륜(倫)'과 '이치 리(理)'가 합해진 말로 사회공동체에서 지켜야 하는 도리이며, '음식윤리'는 음식을 선택하여 먹는 과정에서 지켜야 할 총체적인 윤리를 의미한다. 제대로 잘 먹는 것은 더 이상 개인만의 문제가 아니며, 음식에 대한 윤리적 성찰은 오늘날 음식생활의 문제 해결을 위해 필요한 자세이다. 오늘날 음식과 관련된 문제들을 살펴보자. 첫째, 사람들이 지나치게 많이 먹는 데서 생기는 문제로, 적당함을 모르고 과도하게 먹은 결과 비만이 건강을 위협하여 비만 세금을 매기는 국가가 나올 정도이다. 둘째는 음식의 맛에 탐닉하고 끌려다녀 건강을 해치는 데서 오는 문제이다. 인스턴트 음식 등 좋지 못한 재료로 만들어진 불량음식을 비판하고 끊어야 하지만 끊지 못하고 길들여지는 문제로 특히 어린이와 청소년들에게 더 치명적이다. 셋째, 육식 등 음식 선택의 과정에서 이루어지는 생명

---

3 [뉴시스] "먹방 때문에 살쪘다" 85% … 국민 5명 중 3명 "난 살찐 편" http://news1.kr/articles/?3483235(검색일: 2018.11.22.) : "방송에서 보여주는 화려한 음식이나 과도한 포식 영상이 불필요한 허기나 식욕을 촉진해 비만을 조장하는가."라는 질문에 긍정적인 답변이 84.9%(그렇다 61.2, 보통 23.7)이었다.

에 대한 경시와 자연에 대한 비윤리적 행태와 구조의 문제이다. 동물의 권리에 대한 인식이 확대되면서 점차 나아지고는 있지만 여전히 음식을 얻는 과정에 비윤리적 행위들이 존재한다. 넷째, 대량생산·대량소비 등 자본주의로 인해 초래된 사회구조적 음식문제와 이로 인한 환경문제이다.

먹는 것은 개인의 자율적 판단과 선택으로 이루어지지만, 윤리적·환경적·교육적 관점에서 성찰하지 않을 수 없는 주제이다. 우리말 '먹다'의 어근인 '먹'은 고대에는 입을 뜻하였고, '먹거리'도 '먹'과 '거리'가 합해진 말로(서정범, 2000: p. 247) 입으로 이루어지므로 개인적 행위라고 할 수 있다. 그러나 언어와 마찬가지로 입을 통해 이루어지는 먹는 것도 단순히 나의 행위에만 그치지 않는다. '식구(食口)'란 말에서 '입'은 가족 구성원의 의미로 확대되고 있으며, 오늘날 음식은 정치적·경제적 의미까지 아우르고 있다. 음식을 먹기 위해 지갑을 여는 순간 그것은 정치적·경제적·윤리적인 선택이 되고 만다. 음식을 선택하는 순간 그것은 관련기업들을 지지하는 것이 되고, 제도와 정치와 연계되며, 나아가 교육·복지·환경 등 정치적 미래비전을 선택하는 것이 되기 때문이다. 음식 선택은 나비효과처럼 사회전체에 영향을 미칠 수밖에 없다는 사실이 오늘날 음식생산과 음식소비의 구조적 특성이다. 따라서 어떤 음식을 어떻게 먹을지의 선택 과정에서 윤리적 성찰이 병행되지 않을 수 없다.

불교에서 음식은 세상의 탄생 기원과 결부되는 철학적·윤리적·실천적 의미를 내포하고 있다. 초기불교에서는 음식을 물질로서의 '덩어리 음식(kabala, 段食)', 정신으로서의 '접촉·의도·식(識)의 음식'

등 네 가지 음식[四食]으로 구분하여 설명한다. 나아가 불교사상의 토대인 연기론에서는 음식이 연기의 출발이자 물질들의 조건으로 중시한다. 불교에서는 인간이 존재하는 데 필요한 에너지원인 물질적·정신적 음식이 인간존재의 실상인 괴로움의 원인이라고 파악하기 때문에 계율과 수행으로 음식의 양과 맛을 어떻게 제어할 것인가가 과제로 등장한다. 그 결과 접촉·의도·의식 등 정신적 음식에 대한 통제를 통하여 물질적 음식을 통제하는 이른바 '음식으로 음식을 제어'하는 독특한 음식윤리관이 드러난다. 오늘날 자본주의 음식문화에서 먹기 명상을 통해 음식에 대한 절제를 강조하는 것도 이러한 불교음식윤리의 영향이라고 할 수 있다.

한국에서 불교음식에 대한 연구는 2000년대 후반 폭발적으로 증가하였는데, 당시 매스컴의 음식 관련 오락프로그램의 인기에 힘입어 형성된 음식담론과 연관된 듯하다. 불교음식 연구는 초기불교의 음식(신병삼, 2007; 공만식, 2008; 김한상, 2013·2018; 신성현, 2011), 중국과 동아시아 불교음식(김미숙, 2016; 공만식, 2017), 불교음식과 먹음의 의미(정지용, 2008; 토도 토시히데, 2008; 신규탁, 2014; 민순의, 2017), 불교 음식생활의 현재적 의미(서혜경, 2003; 남궁선, 2008; 조은수, 2011; 이을상, 2012; 허남결, 2015) 등 다양한 논의가 이루어졌지만, 윤리적·교육적 의미에까지는 이르지 못하였다.

본 연구는 대승불교 이전, 초기불교와 부파불교 주석서에 나타난 음식윤리를 파악하고 그것의 도덕교육적 의미를 탐구한 것이다. 이를 위해 초기불교 경전인 「니까야」와 상좌부의 논서인 「청정도론」과

「아비담마 길라잡이」의 음식관련 내용을 중심으로 분석하였다.[4] 우선, 초기불교에서 음식의 기원과 의미, 음식과 계율·수행과의 관계를 분석한 후 그것의 윤리적 의미를 도출하고 도덕교육적 의미를 찾아보았다. 결론에서는 현대윤리의 관점에서 초기불교 음식윤리의 한계도 제시하여 보았다.

2. 초기불교의 음식에 대한 관점

1) 음식의 기원과 의미

문화권에서 음식을 보는 관점은 그것을 수용하는 태도와 방향을 결정한다. 불교에서는 음식을 세상의 탄생 기원과 결부시켜, 음식으로 인해 세상의 모든 것이 생겨났다고 본다. 『디가 니까야』의 「아간냐경(Aggañña Stta)」은 성경의 창세기와 유사한, 세상의 기원에 대한 불교적 구상으로, 음식에 대한 불교적 인식이 잘 드러난다. 붓다는 "세계가 수축하는 여러 겁, 세계가 팽창하는 여러 겁, 세계가 수축하고 팽창하는 여러 겁을 기억한다."(쌍윳따 니까야 2: p. 500)라고 하여 우주를 수축·팽창하는 것으로 보았다. 아간냐경에 의하면, 세상이 수축할 때 중생들은 광음천에 태어난다. 그곳에서 사람들은 "마음으로 이루어져 희열을 음식으로 삼고 스스로 빛나고 허공을 다니며 천상에 머물며 길고 오랜 세월을 산다."라고 하였다. 즉 마음으로만 이루어진

---

4 이에 세 가지 책에 대해서는 명확한 구분을 위하여 번역서명과 쪽수를 표기하고자 한다.

존재는 정신적인 희열(喜悅)을 음식으로 삼아 수명의 한계가 없는 영원한 삶을 살았다. 경에 묘사한 그 시기 세상의 모습은 다음과 같다.

> 완전히 하나인 물만으로 되어 있으며, 거기에는 암흑과 칠흑 같은 어두움만이 있다. 태양과 달도, 별들도, 별의 무리도, 밤과 낮도, 한 달과 보름도, 계절과 연도도, 여자와 남자도 알려지지 않았고 중생들은 다만 중생이라는 용어로 불릴 뿐이었다(디가 니까야 1: p. 163).

불교에서 보는 태초의 세상은 어두움만 존재하고 물로만 이루어져 어떤 구분도 존재하지 않았으며 사람들도 중생이라는 용어로만 존재하였다. 그런데 완전히 하나인 물 위에 '달콤한 땅(rasapathavi)'이라는 음식이 퍼지면서 세상은 변하기 시작한다. 태양과 달과 별, 밤과 낮, 계절과 연도가 생겨났고, 남자와 여자가 등장하면서 모든 것이 구별되고 구분되기 시작하였다. '달콤한 땅'은 "마치 끓인 우유가 식으면 그 위에 엷은 막이 생기는 것"처럼 나타났는데, 그것은 아름다움과 향기와 맛을 갖추었으며, 정제된 버터와 같은 색깔을 가지고 순수한 벌꿀과 같은 맛을 가지고 있었다. 이 '달콤한 땅'이 세상에 등장하면서 달과 태양이, 땅의 부산물이, 쌀이, 남자 여자의 성기와 성행위, 그리고 계급이 출현하였으며 또한 사문(沙門) 집단도 출현하였던 것이다.

불교의 기원설에 의하면, 이처럼 향기와 맛을 지닌 음식으로 인해 탐심과 갈애가 생겼으며, 점점 자만과 거만, 분별과 차별, 축적과 결핍이 나왔고, 그것을 경험하면서 사람들은 거짓말 등 악행을 행하게

되었다. 초기불교에서는 인간의 악행이 시작되는 지점이 음식이고 그로 인해 탐심이 시작되어 악행으로 이어지고 있다. 따라서 어떻게 탐심의 원인인 음식을 제어하여 불교가 추구하는 선법(善法)을 실천할 것인지가 중요한 과제로 등장한다. 음식의 위험성에 대한 인식은 부파불교 주석서에서 "음식이 존재할 때 욕심이 존재하고 기쁨이 존재하고 탐욕이 존재한다."거나 "음식을 통해 희구하고 애착하는 마음이 생긴다. 이로 인해 여러 즐거운 느낌이 생기며, 즐거운 느낌으로 말미암아 애착들이 생겨난다. 애착이 생기고 나면 이것에 집착하여 필요한 것으로 여긴다. 때문에 음식을 애착의 가까운 원인이라고 한다."라고 한 데서 잘 드러난다(공만식, 2018: p. 44). 이러한 관점은 붓다가 탐심과 갈애의 출발이 '달콤한 땅' 즉 음식에 있음을 간파한 것과 같은 맥락이다.

그렇다면 이러한 음식에 대한 인식은 불교 가르침에서 어떤 의미를 지니는가. 불교사상은 인간 존재의 실상을 괴로움으로 진단하고 거기서 벗어나 행복을 추구하는 이고득락(離苦得樂)의 구조로 되어 있다. 삼법인, 사성제, 팔정도 등 불교 가르침도 이러한 목적을 위한 구조이며, 그것의 기본원리가 연기법 즉 공(空)이다. 이 세상 모든 것은 서로 상관되어 인연생기(因緣生起)하며, 따라서 어떤 것도 홀로 독립적으로 존재할 수는 없다. 모든 것은 찰나로 변화하여 영원한 것이 없으며 심지어 나라고 할 만한 고정된 실체도 존재할 수 없다. 이러한 무상·고·무아의 진리를 알아 괴로움을 극복하고 해탈을 얻어 행복에 이르기 위한 방법이 사마타와 위빠사나, 바로 마음챙김과 통찰지의 획득이다. 붓다의 관점에서 인간의 존재적 실상인 괴로움의

원인은 탐욕과 갈애라는 정서적인 원인과 불교의 가르침을 모르는 무명(無明)이다. 무명은 인지적인 통찰로 배움을 통해 획득될 수 있는 지식과 지혜라면, 탐욕과 갈애는 인간의 감각적·본능적 욕구로 제어하기 쉽지 않은 정서적 영역이다. 따라서 인간존재의 괴로움의 원인은 무명보다 탐욕과 갈애가 더 우선적이고 근본적이다. 탐욕과 갈애가 바로 음식의 출현과 더불어 등장하였기 때문에, 초기불교에서는 이고득락의 기본구조에서 음식의 위상은 절대적이고, 이러한 음식에 대한 제어가 가장 중요한 문제로 등장하게 된다.

2) 음식과 계율·수행과의 관계

세상의 기원과 결부시킨 불교의 음식 논의는 그 진위여부보다 불교 수행자들에게 음식의 위험성을 경고하는 데 목적이 있는 듯하다. 초기불교에서 음식 논의는 철저히 수행자와 일반인들을 구분한다. 음식이 문제가 되는 것은 출가 수행자들에 있어서이며, 일반 재가자들에게는 엄격한 계율과 수행을 요구하지 않았다. 초기불교에서 어떻게 음식을 규제하고 수용하였는지 음식과 계율, 음식과 수행과의 관계에 대하여 살펴보자.

붓다에 의하면, "모든 중생들은 음식으로 생존한다."(앙굿따라 니까야 6: p. 141). 또한 "먹는 음식을 적절한 시기에 얻을 때에 그의 목숨은 존속하고, 음식을 얻지 못할 때 그의 목숨은 다한다."(청정도론 2: p. 33) 이처럼 현실의 인간은 생존을 위해 음식을 섭취하지 않을 수 없다. 그러나 본능과 감각적 욕구를 지닌 인간은 생존의 음식에 만족하지 못하고 더 맛있고 더 많은 음식을 찾고 거기에 집착하게 되면

서 문제가 발생한다. 사람들의 욕구에 따라 감각적이고 맛있는 더 많은 음식이 만들어지고 이에 사람들은 그 유혹에 빠지지 않을 수 없다. 수행자들에게 음식에 대한 탐욕과 갈애는 또 다른 탐욕과 갈애를 유발하는 조건이 되기 때문에 음식은 수행을 위해 넘어야 할 과제가 아닐 수 없었다.

초기불교 수행자들에게는 전법과 수행을 위한 몸의 유지에 필요한 최소한도의 음식 섭취만 허용되었고, 음식에 대한 욕망과 집착은 철저히 경계하여야만 하였다. 즉 수행에 최적화된 음식생활을 추구하였던 것이다. 출가자는 직접 음식을 만들어 먹거나 과일과 열매 등을 직접 따 먹어서도 안 되며, 음식을 얻기 위한 어떠한 영리활동이나 육체적 노동도 불가하며, 먹는 것은 철저히 재가자들에게 의존해야만 한다(신성현, 2011: 28). 출가자는 걸식(乞食)을 통해 음식을 얻어야 하며, 정오 이후부터 다음날 아침 사이를 의미하는 비시(非時)의 식사는 금지되었고, 내일을 위해 음식을 저장하는 것도 금지되었다. 걸식에 이용되는 발우는, 비구와 비구니의 크기가 다르고, 발우의 선택과 의미에서 출가자들의 지위가 결정되는 등 음식을 얻어먹는 도구 이상의 특별한 상징적 의미를 지녔다(신성현: 2011: pp. 31-38).

이처럼 음식에 대한 절제를 강조하였지만 그렇다고 고행으로 악업을 소멸할 것을 주장하며 한 입만 먹고 만족하거나 한 달에 한 끼만 먹는 등 괴로움을 통하여 수행하는 자이나교와 같은 극단적 음식 거부에까지는 이르지 않는다. 불교에서 음식에 대한 기본태도는 붓다의 수행 경험에서 나온 것이다. 수행을 위해 음식을 최소화하는 고행을 시도했던 붓다는 지나치게 적은 음식 때문에 겪은 고통을 다

음과 같이 묘사하였다.

> 악기웻사나여, 내가 그렇게 아주 적은 양의 음식을 먹자 내 몸은 극도로 여위어 갔다. 그렇게 적은 음식 때문에 나의 사지는 마치 아시띠까 넝쿨의 마디나 깔라 풀의 마디와 같았다. 그렇게 적은 음식 때문에 나의 엉덩이는 마치 낙타의 발처럼 되었다. 그렇게 적은 음식 때문에 나의 등뼈는 줄로 엮어 둔 구슬처럼 되었다. 그렇게 적은 음식 때문에 나의 갈빗대들은 오래된 집의 서까래가 허물어지고 부서지듯이 허물어지고 부서졌다. 그렇게 적은 음식 때문에 내 동공 안에서 눈동자의 빛은 마치 깊은 우물에서 물빛이 깊고 멀리 들어가 보이듯이 보였다. 그렇게 적은 음식 때문에 나의 머리 가죽은 마치 익지 않은 쓴 호리병박이 바람에 햇빛에 시들듯이 시들었다(맛지마 니까야 2: pp. 177-178).

음식 거부로는 깨달음을 얻을 수 없다는 것을 경험한 붓다는, "이렇게 극도로 야윈 몸으로 그런 행복을 얻기란 쉽지 않다. 나는 쌀밥과 보리죽 같은 덩어리진 음식을 먹으리라."(맛지마 니까야 2: p. 181)라고 말하고는 단식을 중단하였다. 여기서 붓다가 말한 덩어리 음식(段食, kabaḷīkāra-āhāra)이란 생활에 필수적인 네 가지 요소[의복, 음식, 의약품, 거처]의 하나이며, 덩어리(kabala)란 손으로 음식을 먹을 때 분량인 한 덩어리, 한 입, 한 조각을 말한다(김한상, 2018: p. 112). 붓다의 태도는 음식에 대한 중도(中道)의 방법으로, 이후 불교의 음식수

용에서 중요한 관점이 된다.

불교에서 계율은 개인의 자발적인 결의를 의미하는 계(戒, śila)와 규율 유지를 위한 단체의 성문(成文) 규정인 율(律, Vinaya)을 합한 것이다(김승동 편저, 2011: p. 49). 출가자들이 수행을 위해 교단을 이루어 살면서 음식과 관련된 일화인 일종의 인연담(因緣談)에 의해 음식계율들이 성립되었는데, 그것들은 후에 율장으로 정리된다. 부파에 따라 상좌부의 빨리율, 화지부의 오분율, 법장부의 사분율, 대중부의 마하승기율, 설일체유뷰의 십송율이 존재했는데, 대표적인 빨리율에 따르면 음식은 부드러운 음식, 단단한 음식, 유동식, 음료 네 가지가 있고, 부드러운 음식은 매일 먹는 주식인 밥, 죽, 밀가루, 생선, 고기를 의미한다. 이에 비해 단단한 음식이란 다섯 가지 부드러운 음식과 음식이 아닌 음료, 물 그리고 음식으로 이용될 수 없는 약을 제외한 나머지 음식, 즉 야채나 과일, 견과류 등이 속한다(공만식, 2018: pp. 295-296). 부파에 따라 음식의 구분이나 분류 등 세밀한 부분은 차이가 있었지만 수행을 위해 음식 계율이 필요하다는 인식은 모두 동일하다.

다음으로, 수행에서 음식이 차지하는 위상을 살펴보자. 출가자들은 음식계율을 따랐지만 음식 선택의 여지는 거의 없었는데 걸식으로 얻어먹어야 했기 때문이다. 초기불교에서는 무엇을 '먹어야'보다 '먹지 말아야'에 초점이 있고, '무엇을'보다 '어떻게'가 중요하였다. 여기서의 '어떻게'는 '잘' 혹은 '맛있게'라는 오늘날의 긍정적인 의미가 아니라 수행에 방해되지 않아야 함을 뜻한다. 『맛지마 니까야』「메추라기 비유경」(M66)을 보면, 붓다가 "적당한 때가 아닌 저녁에 음식을 먹지 말라."고 가르치자, 우다이는 사소하고 보잘 것 없는 것들을

지키라고 하는 것은 지나친 완벽주의라고 비판하며 지키기를 거부하였다. 이에 붓다는, 그것을 벗어나지 못하면 속박이고 족쇄이지만 벗어나면 별것 아닌 허약한 속 빈 속박이라고 말하였다(맛지마 니까야 2: p. 656). 근기(根機)에 따라서 사람마다 속박에 대한 인식이 다를 수는 있지만 음식의 속박에서 벗어나는 것은 가장 기본적이고 중요하여 그 이후에야 본격적인 수행이 가능하다는 말이다.

또 다른 이야기를 살펴보자. 붓다가 "나는 한 자리에서만 먹는다. 한 자리에서만 먹을 때 병이 없고 고통이 없고 가볍고 생기 있고 편안하게 머무는 것을 인식한다."라고 하자, 밧다리 존자는 자신은 그렇게 못하겠다며 걱정하였다. 그러자 붓다는 "그대가 초청받은 곳에서 일부는 먹고 일부는 가져가서 먹도록 하라."고 하여 방편을 제시한다. 그러나 존자가 그것도 행할 용기가 없다고 하자, 붓다는 "비구가 때 아닌 때에 딱딱한 것이나 부드러운 것을 먹으면 단타죄(單墮罪)에 해당한다."라고 하고는 학습계목으로 제정하여 공포하였다(맛지마 니까야 1: pp. 632-634). 단타죄는 바일제(波逸提, pāyattika)의 번역으로 단타는 대중에게 나아가 참회할 정도의 죄를 말한다(김승동 편저, 2011: p. 167). 또 붓다는 "씨앗류와 초목류를 손상시키는 것을 멀리 여읜다. 하루 한 끼만 먹는다. 밤에 먹는 것을 여의고 때 아닌 때에 먹는 것을 여읜다."(맛지마 니까야 2: p. 659)라는 계율도 정하였다. 이처럼 붓다는 수행에 도움이 되도록 음식에 대한 계율들을 만들어갔는데, 마늘과 발우 등의 인연담을 보면 수행자들이 탁발 과정에서 재가자들과의 음식 관련 문제들을 해결하는 과정에서 계율들이 생겨났음을 알 수 있다.

이처럼 초기불교에서는 수행을 위해 계율로 음식을 절제하고 제

어토록 함과 동시에 음식을 얻거나 먹는 것 자체가 수행이기도 하였다. 그것은 음식과 더불어 탐욕과 악행이 발생하였다는 불교의 음식 인식과 맥을 같이 한다. 그렇다고 무조건 음식을 거부한 것이 아니라 중도적 자세로 음식을 수용하면서도 통제하고자 하였고, 수행자 집단과 재가자들 집단과의 원만한 관계를 유지하기 위한 노력을 기울이며 수행을 위한 음식이 되도록 노력하였던 것이다.

3. 초기불교 음식관에 나타난 윤리성 고찰

1) 연기의 출발로서 음식의 중요성

앞에서 초기불교에서 탐욕과 악행의 기원을 음식에서 찾고 있음을 살펴보았다. 이러한 관점은 음식을 연기의 출발로 보는 데서 극대화된다. 불교에서 연기법은 일종의 자연법칙이지만 인간존재의 실상을 괴로움으로 보는 이상 연기의 고리는 해탈에 이르지 않고는 끊을 수 없다. 연기에서 중요한 것은 선업(善業)을 일으켜 업으로 인하여 생기는 과보의 성격을 변화시켜서 선과(善果)를 일으키는 것이다. 불교 수행에서는 궁극적으로 해탈을 추구하지만 인간의 현실적 삶에서는 선업을 쌓아 선한 과보를 형성하는 것이 무엇보다 중요한 과제이다. 따라서 불교윤리의 핵심은 연기의 법칙을 알고 선한 인과를 만들어내는 선의 윤리이다.

불교의 모든 이론들은 철저히 연기론에 의거한다. 인연생기란 직·간접적 원인에 따라 결과가 만들어지고, 그 원인들은 조건에 따

라 이루어지는데 모든 것들은 상관성을 지니면서 존재하기 때문이다. 이러한 연기의 인과성과 상관성을 파악하게 되면 불교에서 왜 그렇게 음식을 제어하고자 노력하는지 알 수 있다. 먹는 것은 우리 몸을 만들고 몸의 상태에 따라 마음과 정신이 좌우되고, 그에 따라 일의 능률이 결정되며 삶의 질이 변하기 때문이다. 따라서 무엇을 어떻게 먹는가를 조절하지 않는다면 인간의 삶은 망가지고 피폐해지며, 이는 수행자들에게 더욱 심각한 문제가 아닐 수 없다.

붓다는 「무더기 쌍윳따」(S22)에서 오온(五蘊)으로 이루어진 인간 존재 자체가 괴로움이라고 본다. 인간의 번뇌를 발생시키는 취착의 대상은 바로 인간이며 인간을 구성하는 색수상행식(色受相行識)이다. 따라서 인간을 이루는 물질[色]의 발생, 그로부터 발생하는 느낌[受], 인식[想], 심리현상[行], 알음알이[識]의 발생, 그리고 그것들의 소멸과 소멸 방법을 아는 것이 중요하다. 붓다는 물질[色, rūpa]이 발생하게 된 원인을 음식에서 찾는다.

> 음식이 생겨나기 때문에 물질이 생겨나고, 음식이 소멸되기 때문에 물질이 소멸된다(쌍윳따 니까야 3: p. 220).
>
> 오온이 음식에서 생겨난 것임을 있는 그대로 바른 통찰지로 본 뒤 음식에서 생겨난 것에 대해서 염오하고 탐욕이 빛바래고 소멸하도록 도를 닦는다(쌍윳따 니까야 2: p. 208).

인간은 물질인 신체, 수상행식인 정신 즉 오온으로 구성되었다. 인간의 육체인 색[色, 물질]은 음식으로부터 생겨났고, 그로 인해 느낌,

인식, 심리현상, 알음알이들로 이루어진 인간 존재가 생겨났다. 인간 존재의 괴로움이 발생 원인이 탐욕과 갈애인데, 앞에서 그것이 음식에서 출발함을 살펴보았다. 불교의 목적은 연기의 법칙을 제대로 알고, 고집멸도 사성제의 원리를 알아 해탈에 이르러 괴로움을 벗어나는 것이다. 인간 존재의 네 가지 양상-고집멸도(苦集滅道)의 사성제-을 제대로 인식하여 알아야 하며, 그 괴로움의 원인을 소멸하여 해탈에 이르러야 한다. 인간 존재의 무상함과 연기를 알고 탐욕을 제거하기 위해 가장 먼저 음식에 대한 제어가 핵심으로 대두하는 것이다.

초기불교에서 음식에 대한 독특한 관점은, '아하라(āhāra)' 개념에서 잘 드러난다. 음식을 의미하는 아하라는 한역으로 '식(食)', 영어로는 'nutriment'(자양분)으로 번역되는데, 어원은 '√hṛ(harati)'(가져가다)의 앞에 'ā'가 붙어서 '가져오다'(āharati)가 되었고, 그 명사형인 'āhāra'(가져온 것)가 된 것이다(신병상, 2007: p. 508). 넓은 의미에서 아하라는 오온을 부양하고 유지시키는 조건들을 말한다. 붓다는 「음식경」에서 "이미 존재하는 중생들을 유지하게 하고 생겨나려는 중생들을 도와주는 네 가지 음식이 있다."라고 하여, 덩어리진 먹는 음식(段食, kabaḷīkāra-āhāra), 접촉의 음식(觸食, phassa-āhāra), 마음속 의도의 음식(意思食, manosañcetana-āhāra), 알음알이의 음식(識食, viññāṇa-āhāra)의 네 가지를 제시하였다(상윳따 니까야 2: p. 123)[5] 이 네 가지 음식이 각자

5 동일한 'Āhāra-sutta'에 대하여 각묵스님은 「깨달음의 구성요소 쌍윳따」(S46)에서는 '자양분경'으로 「인연 쌍윳따」(S12)에서는 '음식 경'(쌍윳따 니까야 2: 123)으로 번역하였는데, 자양분으로 옮긴 이유는 일반적으로는 '음식'으로 옮겨지는 술어이지만, 전문적인 술어로 사용되면 조건[緣]을 뜻하기 때문에 자양분으로 옮겼다고 하였다(쌍윳따 니까야 5: 359).

의 영역에서 고유한 역할을 수행함으로써 중생의 물리적 정신적 삶을 모두 지배한다(청정도론 2: p. 225). 앞에서 말한 집착의 원인은 덩어리 음식을 말하며, 그로부터 다른 세 가지 음식들이 연계되어 괴로움의 원인이 되고 있는 것이다.

> 물질(느낌, 인식, 심리현상들, 알음알이)을 반연하여 일어나는 육체적 즐거움과 정신적 즐거움이 물질(느낌, 인식, 심리현상들, 알음알이)의 달콤함이다. 물질(느낌, 인식, 심리현상들, 알음알이)는 무상하고 괴로움이고 변하기 마련인 법인 것이 물질(느낌, 인식, 심리현상들, 알음알이)의 위험함이다. 물질(느낌, 인식, 심리현상들, 알음알이)에 대한 욕탐을 길들이고 욕탐을 제거하는 것이 물질로부터 벗어남이다(쌍윳따 니까야 3: pp. 226-232).

여기서 인간에게 육체적 정신적 즐거움은 달콤함으로 느껴지지만 그것은 무상한 것으로 결국은 변화하여 사라지는 것인데 현실에서는 괴로움으로 다가온다. 따라서 욕구와 탐욕을 길들이고 제거하여 물질로부터 벗어나는 것이 중요하다. "덩어리로 된 음식은 이 몸에게, 정신적인 음식은 함께 생긴 정신·물질에게 '음식의 조건'이 된다."(아비담마 길라잡이(하): pp. 710-711)라고 하여, 주석서에서는 음식의 조건[食緣]에 대하여 다음과 같이 말한다.

> 물질과 정신에게 지지하는 성질로써 도와주는 네 가지 음식이 '음식의 조건'이다. (…) 덩어리진 음식은 이 몸에게 음식

> 의 조건으로 조건이 된다. 정신적인 음식은 관련된 법들과 그로부터 생긴 물질들에게 음식의 조건으로 조건이 된다. (…) 재생연결 순간에 과보로 나타난 무기(無記)인 음식은 관련된 무더기들과 업에서 생긴 물질들에게 음식의 조건으로 조건이 된다(아비담마 길라잡이 (하): p. 690).

음식이 출발이 되어 물질의 조건이 되고, 그로 인하여 생겨난 마음과 정신의 업(業)이 또다시 다음 연기적 고리의 조건이 된다. 즉, 업과 윤회의 조건의 시초에 음식이 존재한다. 음식은 우리 삶을 지탱해주는 가장 중요한 요소임에도 불구하고 거기에서 괴로움이 생기기 때문에 음식에 대한 성찰이 중요하다. 연기의 소멸을 통하여 해탈에 이르는 연기의 고리에서 처음에 존재하는 음식에 대한 통제와 제어는 중요한 과제가 아닐 수 없다.

> 비구들이여, 이미 존재하는 중생들을 유지하게 하고 생겨나려는 중생들을 도와주는 네 가지 음식이 있다. (…) 네 가지 음식은 무엇이 그 근원이며, 무엇으로부터 일어나고 생기며 발생하는가? 네 가지 음식은 갈애가 그 근원이며 갈애로부터 일어나고 갈애로부터 생기며 갈애로부터 발생한다. 그러면 갈애는 무엇이 그 근원이며 무엇으로부터 일어나고 생기고 발생하는가? 갈애는 느낌으로부터 일어나고 생기고 발생한다. 느낌은 그 근원이 무엇이며 무엇으로부터 일어나고 생기고 발생하는가? 느낌은 감각접촉이 근원이고 (…) 감각접촉으로부터

> 발생한다. 감각접촉은 여섯 감각장소가 근원이고 (…) 여섯 감각장소로부터 발생한다. 여섯 감각장소는 물질 · 정신이 근원이고 (…) 물질 · 정신으로부터 발생한다. 물질 · 정신은 알음알이가 그 근원이고 (…) 알음알이로부터 발생한다. 알음알이는 의도적 행위들이 그 근원이고 (…) 의도적 행위들로부터 발생한다. 의도적 행위들은 무명이 근원이고 (…) 무명으로부터 발생한다(쌍윳따 니까야 2: pp. 124-126).

음식에서 갈애, 느낌, 감각접촉, 감각장소, 물질과 정신, 알음알이, 의도적 행위, 무명으로 연계되는 연기의 고리를 끊어내기 위해서는, 이와 반대의 순서 즉 무명에서부터 의도적 행위, 알음알이, 물질과 정신, 감각장소, 감각접촉, 느낌, 갈애 등 수행을 계속하며 하나하나 소멸하는 과정을 거쳐야만 한다. 궁극적으로 자양분으로서 음식이 존재하기에 모든 연기 고리가 맺어지는 것이며, 번뇌의 고리를 끊어내기 위해서는 무명(無明)의 제거 즉 연기와 삼법인과 사성제와 팔정도를 알고 수행해야 하는데, 가장 기본이 되는 것이 음식에 대한 수행이다.

2) 음식의 절제와 제어를 위한 노력

괴로움의 출발이자 극복의 대상이기도 한 음식은, 수행을 '위해' 절제되었고, 또 수행을 '통해' 제어되어야 했다. 이에 대해 살펴보자. 초기불교 수행자들은 탐욕을 끊고 무소유를 실천하며, 일체의 성적(性的) 관계를 멀리하고 오직 수행에만 전념해야 했다. 수행자 생활

은 원칙적으로 유행생활이어서 한 장소에 정주하지 않고 소지품도 세 벌의 옷과 밥그릇 등 최소한만 지니고, 야숙하거나 나무 밑에서 밤을 지내야 했는데, 이런 고행적인 생활법을 두타행(頭陀行, dhūta)이라 한다. 점차 승가가 형성되고 승원에서 생활하면서 전문적인 수행이 가능해짐에 따라 계율이 더 중요해졌다(정순일, 2011: pp. 166-167). 초기불교에서 두타행이란 음식만이 아니라 의식주에 대한 수행을 말한다. 출가수행자들이 지켜야 할 '사의지(四依止)'는 걸식(乞食), 분소의(糞掃衣), 수하좌(樹下座), 부란약(腐爛藥)으로, 음식은 자기가 직접 조리하지 않고 얻어먹어야 하며, 남이 버린 베 조각으로 옷을 만들어 입으며, 나무 아래에서의 명상을 원칙으로 하며 지붕이 있는 곳에서 잠을 자지 않으며, 소의 오줌을 발효시켜 만든 허술한 약을 사용한다(정순일, 2011: p. 155). 의식주에서도 가장 우선 지켜야 하는 것이 음식에 대한 계율과 규정이었다. 가장 감각적이고 본능적인 욕구와 관련되는 것이 바로 음식이기 때문이다. 수행자가 음식을 조절하여 절제하지 못하면 다음과 같은 문제가 생긴다.

> 비구는 원하는 대로 배불리 먹은 뒤 잠자는 즐거움, 기대는 즐거움, 꾸벅꾸벅 조는 즐거움에 빠져 머무는 그 비구의 마음은 근면과 전념과 인욕과 노력으로 기울지 못한다(맛지마 니까야 1: p. 467).

배부르게 먹으면 노곤해져 졸음이 오고 정신적으로 느슨해지고 나태해져서 수행에 집중하지 못하게 된다. 수행자라 하여도 인간인 이상 감각적이고 본능적인 맛의 느낌에서 벗어나기는 쉽지 않다. 음

식 수행의 방법으로 염식상(念食想)과 염처수행(念處修行)을 강조한 것은 신체의 감각을 제어하여 맛의 쾌락에서 벗어나기 위함이다. 염처수행은 감각기관의 제어를 위한 방법으로 더 근본적인 것이며, 염식상은 먹는 것과 관련된 대상을 관찰하여 혐오상을 일으키는 방법이다. 『청정도론』에는 '음식을 혐오하는 수행'이 나오는데, 삼매의 가장 첫 단계로 물질로서의 음식[段食]에 대해 혐오하는 인식을 일으키도록 하고 있다.

> 먹는 음식이 있을 때 집착의 두려움이 있고, 감각접촉의 음식이 있을 때 다가가는 두려움이 있고, 마음속 의도의 음식이 있을 때 재생의 두려움이 있고, 알음알이의 음식이 있을 때 재생연결의 두려움이 있다. (…) 네 가지 음식 가운데서 먹고 마시고 씹고 맛본 것으로 분류되는 음식만이 여기서 뜻하는 음식이다(청정도론 2: pp. 226-227).

음식에 대한 혐오감을 인식하도록 음식을 얻으러 가는 데서부터 소화하는 데까지, 열 가지 형태로 음식에 대한 혐오감을 성찰한다. 그것은 ① 탁발하는 것 ② 구하는 것 ③ 먹는 것 ④ 분비물 ⑤ 저장되는 곳(위장) ⑥ 소화되지 않는 것 ⑦ 소화된 것 ⑧ 결과로써 ⑨ 배출되는 것 ⑩ 묻은 것 등 음식의 부정성(不淨性)에 초점을 두고 그것을 바라보며 반복하고 닦아 공부하여 음식에 대한 장애를 극복하도록 한다(청정도론 2: pp. 225-235). 염식상 중 '신체 부위의 부정성에 대한 관찰'도 있는데, 32가지 신체 부위, 장기, 체액, 배설물에 대한 관철을

통한 혐오상을 들여다보며, 소화과정에 있어서 몸 내부의 음식 변화상을 관찰하는 수행을 통하여 맛에 대한 탐욕에서 벗어나도록 한다. 또한 음식 얻기에 의해 야기되는 비윤리성과 비인간성의 문제를 바라보도록 하고, 시각과 후각에 의해 지각되는 혐오의 경험을 통하여 음식 얻는 과정에서 동물 사체의 모습, 그리고 냄새를 연결시킴으로써 음식에 대한 혐오감을 불러일으킨다(공만식, 2017: pp. 365-411).

반면, 염처수행은 감각기관의 문을 제어하는 것으로 눈, 귀, 코, 혀, 몸, 마음의 감각기관에서 일어나는 상태를 집중하여 바라보는 것이다. 그 결과 마음의 동요가 일어나지 않도록 하는 것이 중요하다. 사리뿟따에게 어떤 비구가 제자가 수행을 포기하고 재가자로 돌아갔다고 하자, "감각기능들의 문을 보호하지 않고, 음식에 적당한 양을 알지 못하고, 깨어 있음에 전념하지 못하면 그렇게 될 수밖에 없다."(상윳따 니까야 4: p. 267)라고 하였다. 감각기관의 제어와 음식의 적당량을 받아들이는 것을 무엇보다 중시하였던 것이다.

> 우리는 음식의 적당한 양을 아는 자가 되리라. 우리는 지혜롭게 숙고하면서 음식을 수용하리라. 그것은 즐기기 위해서도 아니고, 취하기 위해서도 아니고, 치장을 하기 위해서도 아니고, 장식을 하기 위해서도 아니며, 단지 이 몸을 지탱하고 존속하고 잔인함을 쉬고 청정범행을 잘 지키기 위함이다(맛지마 니까야 2: pp. 247 · 449).

지혜롭게 숙고하면서 음식을 수용한다는 것은 바로 음식의 적당

량을 안다는 것이며 이것은 마치 "어떤 사람이 상처를 낫게 하기 위해 연고를 바르고, 짐을 옮기기 위해 차축에 기름을 치는 것과 같다." 수행자들에게 음식 수행은 다른 어떤 수행보다 먼저 해야 하는 수행의 기본이며 먹는 것 자체가 중요한 수행 과정이기도 하였다. 붓다는 수행의 순차적 방식을 중시하였는데, 음식 수행은 앞 단계에 속한다. 먼저 계율을 공부하고, 이를 통해 안이비설신의(眼耳鼻舌身意) 육근 즉 신체감각의 문을 잘 단속하고, 다음으로 음식의 적당량을 아는 단계로 나아간다. 그렇게 '음식의 적당량을 알면' 나아가 경행(經行)을 통하여 청정하게 깨어있는 상태의 본격적 수행 단계로 나아가는 것이다(맛지마 니까야 3: pp. 694-695). 경행이란 일정한 장소를 왕래하면서 좌선 중의 피로를 풀고 졸음을 없애기 위하여 조용히 걷는 것이다(김승동 편저, 2011, p. 44). 그런 후에야 마음 챙김과 알아차림의 선정과 통찰지의 수행으로 나아가게 된다. 또한 음식을 먹는 것 자체도 하나의 수행이자 훈련이었다.

> 가사 · 발우 · 의복을 지닐 때도 분명히 알면서 행한다. 먹을 때도 마실 때도 씹을 때도 맛볼 때도 분명히 알면서 행한다. 대소변을 볼 때도 분명히 알면서 행한다(디가 니까야 2: pp. 247 · 449).

그리고 오후불식의 계율에 따라 "밤에 먹는 것을 삼가야 병이 없고 고통도 없고 가볍고 생기 있고 편안하게 머무는 것을 인식한다."(맛지마 니까야의 70끼따리경)라고 하여, 모든 것을 바라보며 그것에 끌려다니지 않는 통찰 수행을 통하여 음식을 제어하려고 하였다. 초기불교에

서 음식의 적당량을 아는 것은 무엇보다 중요한 수행이자 수행의 첫 단계였고, 그 다음 깊은 수행의 단계로 들어갈 수 있었던 것이다.

3) 음식 선택과 수용에서 중도적 자세

초기불교의 음식규제 기준에 대하여, 페트릭 올리벨(Patrick Olivell)이 말한 '금지된 음식'인 '아박샤(abhaksya)'와 '적당하지 않은 음식'인 '아보쟈(abhojya)' 개념을 살펴보자. 아박샤는 '먹어서는 안 되는 음식'인데, 그것 없이는 생존이 불가능한 상황에서는 예외를 인정하고 있다. 특히 마늘과 다른 훈채들은 불청정성(不淸淨性)을 가진 것으로 간주되어 아박샤 음식으로 규정되고 있다. 마늘, 양파, 대파 등의 훈채(葷菜) 외에, 고슴도치, 토끼, 도마뱀, 코뿔소, 거북이 외 다섯 개의 발톱을 가진 동물, 털이 많은 동물, 털이 없는 동물, 거의, 백조, 까마귀, 민머리 독수리, 매, 물새, 사육하는 수탉과 돼지, 젖을 짤 수 있는 암소와 황소, 밤에 활동하는 새 등등을 포함하여 세세하게 규정된 동물들이 아박샤에 포함된다. 반면 아보쟈는 일반적으로 먹을 수 있는 것이지만 상황과 이유 때문에 '먹기에 적당하지 않은 것들'이다. 예를 들면 "머리카락이나 벌레가 떨어져 있는 음식, 낙태한 사람이 쳐다본 음식, 암소가 냄새 맡은 음식, 혐오스러워 보이는 음식, 다시 요리한 음식, 채소를 제외한 신선하지 않은 음식, 꼭 씹어 먹어야 하는 음식이나 기름기가 많은 음식, 고기, 꿀, 부모와 의절한 사람이 주는 음식, 매춘부가 주는 음식, 극악무도한 범죄자가 주는 음식, 자웅동체인 사람이 주는 음식, 죄수가 주는 음식, 목수가 주는 음식, 수전노가 주는 음식, 의사가 주는 음식 등등이다(공만식, 2017: pp. 127-

128). 대승불교에서 강장제(强壯劑)라고 금지하는 마늘 등의 오신채(五辛菜)도 초기불교에서는 식후 냄새와 재가신자들과의 갈등을 없애기 위해 금지시킨 것이었고, 약으로 쓰는 경우는 금지하지 않는다(신성현, 2011: p. 31). 이처럼 음식 자체의 특성 때문에 '먹어서는 안 되는 음식'을 구분하고, 위생적·윤리적 가치 판단에 의하여 '먹기에 적합하지 않은 음식'을 구분하였다. 여기서 무엇을 먹어야 혹은 먹지 말아야 할 것인가의 음식선택에 대한 당시의 구체적인 기준이 드러난다. 초기불교에서 가장 중요한 음식선택의 기준은 무엇보다 생명존중사상에 근거하여 이루어지고 있다.

> 그는 생명을 죽이는 것을 버리고 생명을 죽이는 것을 멀리 여의고, 몽둥이를 내려놓고, 양심적이고 동정심이 있으며, 모든 생명의 이익을 위하여 연민하며 머문다(맛지마 니까야 2: p. 426).

대승불교에서는 육식을 엄격히 금하였지만 초기불교에서는 걸식을 해야 했기 때문에 육식이라고 거절할 수가 없었다. 그러나 자기에게 공양하기 위해 살생하는 것을 보았거나 들었거나 그러한 의심이 생길 때는 고기를 먹어서는 안 된다(신성현, 2011: p. 30)는 규정을 통하여 불교의 살생을 금지한 계율에 적합하도록 하였다. 기본적으로 불교는 생명 존중의 사상에 기초하고 있기 때문이다.

민순의는 붓다의 음식에 대한 태도를 '합리적 기능주의 태도' 혹은 '중도적 기능주의 태도'라고 규정하였다. 이는 외부 물질이 음식 형태로 신체에 섭취되었을 때 비로소 생존과 수행을 위한 에너지를 얻을

수 있다는 메커니즘의 이해에 기반하되, 음식에 대한 집착으로는 이어지지 않도록 주의하는 태도를 말한다(2017: pp. 227-228). 필자는 이것을 '합리적 중도주의 태도'로 규정하고자 하는데 이것은 붓다의 수행과 삶의 태도라고 보아도 무리 없을 듯하다. 붓다는 하루 마 한 톨만으로 6년 고행 후 고행생활을 중단하고, 중도(中道)의 새로운 생활로 방향을 바꾸었기 때문이다(楊惠南, 2008: pp. 44-45). 이러한 초기불교의 음식에 대한 합리적 중도주의 태도는 불교정신은 살리되 지역과 문화에 적합한 계율로 변화하여 이후 대승불교에서도 적용되고 있다.

초기불교에서 유제품들은 인간이 윤리적으로 선했던 시기와 연관되며 맛있는 음식으로 간주된 반면, 거친 곡식은 윤리적으로 선하지 않았던 시대와 연관되며 맛이 없는 음식으로 간주된다(공만식, 2018: p. 302). 아간냐경에서 처음 음식을 유제품에 비유한 것을 보아도 맛있는 것으로 여겼음을 알 수 있다. 그러나 중국에서 이루어졌다고 알려진 대승『능엄경』에서는 유제품 사용을 반대하고 있는데, 비우유 사용지역인 중국, 일본, 한국과 같은 동아시아 국가들에서는 젖을 짜는 행위가 어린 새끼들의 중요한 음식을 빼앗는 행위로 비윤리적으로 간주되었기 때문이다. 반면, 인도의『리그 베다』에서는 우유를 천상수(天上水)라고 하여 생명과 활력을 주는 것으로 곡류와 함께 요리에 사용되었다. 또한 불교의 흥기와 더불어 암소에 대한 신성관념도 등장하였는데 당시 인도에서는 어떠한 종교의식도 암소의 우유나 유제품 없이 행해지지 않았다. 이를 통해 인도 문헌에서 우유와 유제품을 식생활과 종교적 목적에 필수적인 품목으로 간주되었음을 알 수 있다(공만식, 2018: pp. 297-301).

오늘날 음식 종류의 선택과 적절한 양을 알고 수용하는 자세는 여전히 중시되는 윤리적 자세이다. 대승불교로의 변화는 사상에서와 마찬가지로 음식에 대한 관점에서도 드러난다. 대승불교는 출가자 중심에서 재가자 중심으로, 인도를 넘어 동아시아와 주변 지역으로 확대되는 보편화 과정을 거쳤는데, 불교가 인도 외의 다른 지역으로 확산됨에 따라 음식 계율의 규정과 해석도 달라질 수밖에 없었다. 동아시아에서는 국가나 왕실로부터 토지와 노동력을 제공받으면서 수행자들의 걸식과 탁발의 양상도 달라지고, "하루 일하지 않으면 하루 먹지 말라(一日不作, 一日不食)."는 백장회해(百丈懷海, 720~814)의 가르침에 따라 선불교에서는 노동에 의한 먹음이 중시된다. 이처럼 대승불교에 와서 음식생활의 양상은 초기불교와 달라졌고 이에 음식윤리도 변화하지 않을 수 없었다.

김미숙에 의하면 중국이 채소를 주로 하는 소식(素食) 중심인 것은 육식을 원하지만 얻기 어려웠던 데서 기인하며, 독실한 불교신자인 양무제가 511년 승려들과 함께 영원히 고기와 술을 금하는 맹세를 한 후 오신채(五辛菜) 금지와 더불어 엄격하게 지켜졌는데 송나라 이후에야 비로소 소식이 하나의 음식체제로 자리 잡히지만, 이처럼 불교사상과 불살생계가 오늘날 중국의 채식문화에 어느 정도는 영향을 주었다고 할 수 있다(2016: 423-425). 일본도 675년 불심이 깊었던 덴무[天武] 천황이 불살생 계율에 따라 육식 금지령을 내려 소, 말, 개, 원숭이, 닭 등 다섯 종류의 살생과 식육을 완전히 금하여 1872년 메이지유신 이후에야 비로소 공식 해제되었는데, 그 결과 생선요리에 치중하는 음식문화와 음식에 대하여 소극적 절제와 미학적 진화

를 가속화시킨 요인이 되었다(김미숙, 2016: p. 421). 『능엄경』에서는 오신채를 금지하는 이유로 “익혀서 먹으면 음욕이 생기고, 날것으로 먹으면 분노가 커진다(熟食發淫, 生啖增恚.).”라고 하였는데, 이에 따라 한국, 중국, 일본에서는 수행을 이유로 이를 엄격하게 금지하고 있다. 또한 오신채의 하나인 흥거가 동아시아에서는 거의 나지 않으므로 한국 사찰에서는 흥거대신 양파를 넣어 마늘, 파, 양파, 부추, 달래를 오신채로 정하여 금지정신을 따르고자 하였다(김미숙, 2016: p. 429). 이처럼 불교의 생명존중의 정신은 살리면서도 지역과 문화에 적합한 음식규정을 수용하는데서, 음식에 대한 불교의 합리적 중도주의 태도를 찾아볼 수 있다.

4. 초기불교 음식윤리의 도덕교육적 의미

음식생활은 무엇을 선택하여 어떻게 먹는가의 문제로 윤리와 무관할 수 없다. 불교사상은 최대한 살생을 금지하며, 모든 존재의 평등성을 강조하는 사상으로 음식 선택에서 엄격한 계율을 강조하는 종교적 수행이 무엇보다 중요하다. 그래서 출가자와 재가자를 엄격히 구분하여 출가자들의 의무를 강조하였는데 이러한 엄격한 음식윤리는 자본주의 음식생활이 보편화된 오늘날 의미를 찾을 수 있다. 그럼에도 불구하고 초기불교의 음식윤리 논의를 위해서는 관점정립이 먼저 이루어져야 한다. 초기불교는 인도문화에서 기인한 것으로 동아시아 대승불교의 그것과는 매우 다른 특성을 지니며, 음식은 하

나의 문화양식으로 수용할 때는 문화상대주의 관점에서 접근할 필요가 있기 때문이다.

우선, 윤리교육 관점에서 불교를 종교보다 사상적으로 접근할 필요가 있다. 불교음식은 출가자들의 계율과 수행의 측면에서 논의되고 있으며, 이것은 불교의 종교성을 유지하기 위해 필수적인 율장으로 구성되었다. 본고의 논의에서는 종교적 계율 및 수행과 관련하여 음식을 다루었지만 구체적인 계율 내용보다는 음식윤리의 본질에 초점을 둘 필요가 있다. 교육에서의 종교적 중립성의 원칙에 의거하여 종교성을 최대한 배제하고 음식의 윤리성에 초점을 두고자 한다. 다음으로, 수행자들 중심의 음식 논의는 어떻게 먹어야 하는가와 더불어 무엇을 먹지 말아야 하는가도 중요하게 다루어졌다. 불교에서 육식과 오신채에 대한 거부, 걸식과 오후불식 등의 태도는 시대와 종파에 따라 달라졌는데 불교가 다양한 지역으로 확산되면서 해당 지역의 문화에 적응하여 나온 결과이다. 초기불교 음식 인연담에 의거한 계율과 음식 관련 수행도 문화상대주의에서 바라보되 윤리보편성에 의거하여 수용하는 중도적 자세가 필요하다. 초기불교 이후 변화를 거듭한 불교사상은 음식에 대한 관점은 비록 변화하였지만 음식윤리의 본질은 변하지 않고 유지되어 왔기 때문이다.

초기불교의 음식 논의에서 찾을 수 있는 보편적 가치와 윤리적 의미로, 오늘날 윤리교육에 적용할 수 있는 것은 다음의 다섯 가지이다.

첫째, 음식을 세상의 기원과 결부시켜 중시하였던 음식에 대한 관점이다. 물론 부정적이지만 음식을 세상의 탄생 기원과 결부시켰다는 점에서 초기불교에서 음식의 위상을 알 수 있다. 음식으로 인하

여 모든 존재가 생겨났고 음식을 통하여 탐욕과 갈애와 거짓말과 악행이 발생하고 있다는 점은 시사해 주는 바가 크다. 역사적으로 음식을 얻기 위한 전쟁이 수없이 많았고, 모든 갈등과 전쟁의 원인이 탐욕에 있음을 파악한다면 이러한 불교의 인식이 음식에 대한 위상과 중요성을 새삼 강조한다는 점에서 의미가 있다. 교육적 관점에서도 세상의 기원을 음식에서 찾는 것은 음식의 위상을 높여주는 매우 독창적인 관점이라 할 수 있다.

둘째, 이처럼 음식이 세상의 기원이면서 탐욕과 갈애의 원인이기 때문에 무엇보다 음식의 양과 맛에 대한 절제와 제어를 강조한다. 인간의 삶에서 가장 본능적인 욕구가 음식에 대한 것이며, 이것을 절제하고 제어하지 않는다면 다른 어떤 것들에 대한 절제와 제어도 불가능하다고 본다. 이런 점에서 적당한 양을 먹고 중도(中道)의 자세로 음식을 수용하는 것은 오늘날 교육적으로 아무리 강조하여도 지나치지 않는다. 오늘날 자본주의 문화에서 맛과 길들여지고 과도하게 먹음으로써 건강을 해치는 음식문화에 대한 성찰의 기회를 찾을 수 있다.

셋째, 음식선택과 수용에서의 합리적 중도주의의 태도이다. 여기서 중도는 두 가지 방향에서 의미를 지닌다. 하나는 음식 섭취와 선택에서의 중도로 이것은 궁극적으로 윤리성과 연계된다. 오늘날은 초기불교의 시대적 상황과 달라서 불교음식윤리를 전적으로 수용하기가 쉽지는 않다. 그러나 적당한 양을 알고 먹는 것, 먹을 수 있지만 무조건 먹지 않고 왜 먹어야 혹은 먹지 말아야 하는지를 고려한, 음식에 대한 가치판단에 의한 선택은 오늘날 음식생활에서 성찰해야 할 중요한 중도의 태도이다. 율장에서 먹을 수 없는 금지 음식의 종류와 먹어서는 안

되는 부정(不淨)의 음식들에서 인간의 윤리적 가치판단과 연계된 음식윤리임이 잘 드러난다. 두 번째의 중도는 음식문화의 수용 자세에서이다. 음식윤리의 본질을 지키되 지역과 문화에 따라 적절하게 조화시켜 수용하는 이와 같은 합리적 중도주의 태도는 이후 불교가 각 지역과 문화에 뿌리내리는 중요한 요인으로 작용하였다.

넷째, 불교의 연기설에 토대한 음식윤리에 대한 접근은 확대된 음식윤리사상을 확인시켜준다. 음식이 연기 고리의 출발이고 세상의 기원에서 음식의 위상이 중요하다는 것과 더불어, 중요한 것은 음식의 생성에서 소멸까지의 과정이 모두 인과성과 관계성에 의거하여 이루어지고 있다는 것이다. 우선, 자연환경과의 관계에 주목하여 어떻게 하나의 음식이 씨앗부터 성장하여 나의 몸으로 흡수되는지의 과정을 통하여 인과성과 관계성을 성찰하는 과정에서 음식에 대한 부정적 관점이 긍정적으로 승화될 수 있다. 이러한 관점은 대승불교의 여래장·불성사상의 긍정적 인간관에 이르러 더욱 강화되어 나타나는데, 여래장 사상은 중국 인성론과 결합되어 동아시아 불성사상의 특성을 이루게 된다. 또한 선불교에서는 중국의 현실긍정의 사고와 결합하여 인간의 일상 중에서, 차 마시고 밥 먹고 똥 누고 오줌 싸는 평범한 생활을 실천하는 그 가운데에서 진리를 찾고자 하였다(정성본, 2000: p. 379). 이러한 생활불교의 확산은 평범한 일상 속에서 이루어지는 모든 것을 존중하며 거기서 깨달음을 얻고자 하는 의식이 강화되어 먹는 것도 소중히 여겨 깨달음을 얻는 명상 대상이 된다.

우리나라에서 사찰에서 먹는 것을 공양한다고 하는데, 공양(供養)은 산스크리트 'puja'의 번역으로 음식물이나 생활용품 등을 승려에

게 바치는 행위를 말한다. 보시(布施)가 시주를 주고받는 이들 사이의 평등한 관계를 전제로 하는 것이라면, 공양(供養)은 시주를 주는 이가 받는 이에게 존경과 숭배의 마음을 갖는 것에서 차이가 있다. 초기불교에서는 음식, 의류, 와구(臥具), 약품(藥品) 등 4종 공양물이 중시된 반면, 점차 공양의 의미가 넓어져 물질적인 것[齋供養]과 정신적인 것도 공양의 종류로 인정된다[法供養]. 오늘날에는 공양의 의미가 음식물을 바치는 의미뿐만 아니라 섭취하는 행위까지 모두 아우르게 된 것(민순의, 2017: pp. 220-221)은 음식에 대한 긍정적 의미가 확산된 결과가 아닌가 여겨진다.

다섯째, '음식으로 음식을 제어' 혹은 '치유'하는 관점이다. 불교에서 음식은 단지 몸을 유지하기 위한 먹거리뿐만 아니라, 정신을 유지하는 것들까지도 포함하기 때문에 음식이란 인간을 둘러싼 일체라고 정의해도 과언이 아니다. 물질적 음식과 정신적 음식은 상호 조건으로 영향을 줌으로써 밀접한 관계를 이루기 때문이다. 개인이 음식 수행으로도 음식에 대한 탐욕을 끊기 어려운 이유가 단지 음식의 종류와 맛이 아니라 그것과 관련된 자신의 내면의 상처와 관련될 수 있다. 음식 논의는 먹거리만이 아니라, 개인의 내면의 상처, 의무감, 죄책감, 무능감, 자존감과 연관되는 문제로, 이는 사회와 국가에도 적용될 수 있다. 육체적 정신적 음식에 대한 수행은 내면의 상처와 그에 기초한 부정적 감정들에 대한 치유를 병행해야 할 필요가 있다. 자신을 하찮게 여기는 사람은 남과 자기 주변도 역시 하찮게 여기고, 하찮은 자기라는 상처를 다시 받지 않기 위해 자신 이외를 공격적으로 다룸으로써 하찮은 것으로 대한다. 불교는 여기서 하찮

은 내가 없음으로 보호해야 할 내가 없음을 체득시켜 줄 필요가 있으며, 그것은 곧 상처받은 나의 치유를 의미하며, 이러한 치유의 방법도 불교의 수행방법인 팔정도와 중도로 가능할 수 있다.[6]

5. 맺음말 : 초기불교 음식윤리의 한계

지금까지 초기불교와 부파불교 주석서에 나타난 음식관과 윤리성, 도덕교육적 의미를 탐구하여 보았다. 초기불교에서는 음식의 등장으로 세상의 분별과 차별, 탐욕과 갈애, 거짓말과 악행이 출현하였다고 보며, 물질적 음식과 더불어 집착·의도·의식의 정신적 음식(혹은 자양분)의 네 가지로 구분하여 설명하고 있는데, 수행자들에게 음식은 탐욕과 갈애의 원인이기 때문에 음식 관련 계율과 수행을 통하여 음식에 대한 통제와 제어를 강조하였던 것이 특징이다.

초기불교의 음식관은 대승불교에 이르러 시대와 문화에 따라 변화되었음에도 '합리적 중도주의 태도'를 유지함으로써 불교적 정신을 유지하면서도 문화에 맞게 수용되어 왔다. 오늘날 음식문제는 개인의 문제로만 치부하기에는 사회구조적 연계가 확고해져서 먹는 행위는 단순히 음식을 섭취하는 데서 그치지 않게 된 것이다. 초기

6 이 내용은 세 분 심사위원 중 한 분이 첨가해주신 내용인데, 본 연구에서 포착하지 못한 불교음식윤리 논의를 심화·확대시켜 주는 것이어서 요약하여 논의에 포함시켰다. 지면을 빌어 심사위원께 진심으로 감사의 마음을 전합니다.

불교의 음식윤리는 자본주의적 음식생활의 문제점이 심화되는 오늘날 음식생활에 시사해 주는 바가 크다. 이러한 초기불교 음식윤리 의미에도 불구하고, 현대사회의 음식생활의 측면에서 불교 음식생활의 한계를 지적하지 않을 수 없다.

우선, 불교의 음식생활에 대한 다양한 규정들은 대부분 출가자들을 위한 계율로, 재가자들이 엄격한 적용을 받지 않았던 것과는 다르게 먹지 말아야 할 것과 먹으면 안 되는 것들에 대한 규정이 엄격하였다. 따라서 불교의 음식윤리의 모두를 수용하기보다 본질적 측면을 파악할 필요가 있다. 둘째, 출가 수행자의 관점의 음식에서 '음식에 대해 혐오하는 인식'이 주된 명상이 주가 된 것처럼 부정관(不淨觀)에서 드러나는 부정적 음식관은 윤리교육의 관점에서 비판적 수용이 필요하다. 오늘날 음식은 삶을 풍요롭게 해주는 문화적 가치로, 음식은 하나의 기호생활이자 즐거움과 행복의 요소이기도 하다. 어릴 때 먹었던 음식, 어머니 손맛을 그리워하는 인간이 지닌 감성적 측면에서 음식은 단순히 생존을 위한 수단만은 아니기 때문이다. 셋째, 음식을 세상의 기원으로 중시하고 연기의 출발로 인식하지만, 그것이 수행에만 국한되어 사회공동체의 행위 즉 '공업(共業)'과 연계된 사회구조적 의미와 가치에 대해서는 크게 주목하지 않았다는 점이다.

이와 같은 한계는 오늘날의 관점에서 파악한 것이며, 초기불교의 음식관은 불교가 당시 포교와 수행을 위해 음식에 대한 절제를 통해 인간 존재의 가치를 한 단계 높이기 위한 노력 과정이라고 볼 수 있다. 특히 음식에 대한 무절제와 쾌락의 하나로만 수용하는 현대사회에서 이러한 윤리적 자세는 다시 새겨보아야 할 점이다.

참고문헌

각묵스님 옮김(2006a-c), 『디가 니까야 1-3』, 초기불전연구원.

공만식(2008), 「초기불교의 음식과 수행의 관계에 대한 고찰」, 『선문화연구』 4, 한국불교선리연구원, pp. 1-34.

공만식(2017), 「마늘에 담긴 불교사: 음식의 내재적 본질에서 Varna적 함의까지」, 『종교문화비평』 32, 한국종교문화연구소(종교문화비평학회), pp. 125-154.

공만식(2018), 『불교음식학: 음식과 욕망』, 불광출판사.

김미숙(2016), 「동아시아 불교의 음식 특징 비교-한국 · 중국 · 일본, 3국을 중심으로」, 『동아시아불교문화』 28, 동아시아불교문화학회, pp. 415-440.

김승동 편저(2011), 『불교사전』, 민족사.

김한상(2013), 「초기불교의 네 가지 음식에 대한 고찰」, 『문학/사학/철학』 35, 한국불교사연구소, pp. 109-133.

김한상(2018), 「초기 불교의 식생활과 현대 사회의 웰빙: 요니소 마나시까라와 사띠 · 삼빠쟌나를 중심으로」, 『남아시아연구』 23, 한국외국어대학교 인도연구소, pp. 75-96.

남궁선(2008), 「발우공양법의 수행 및 생태적 고찰」, 『불교학연구』 21, 불교학연구회, pp. 421-465.

대림스님 옮김(2006a-f), 『앙굿따라 니까야 1-6』, 초기불전연구원.

대림스님 옮김(2009a-f), 『쌍윳다 니까야 1-6』, 초기불전연구원.

대림스님 옮김(2012a-d), 『맛지마 니까야 1-4)』, 초기불전연구원.

대림스님 외 옮김(2014ab), 『아비담마 길라잡이(상)(하)』, 초기불전연구원.

붓다고사 스님, 대림스님 옮김(2004a-c), 『청정도론 1-3』, 초기불전연구원.

서정범(2000), 『국어어원사전』, 보고사.

서혜경(2003), 「민속과 종교: 불교의 음식문화」, 『비교민속학』 24, 비교민속학회, pp. 197-226.

신규탁(2014), 「불교철학의 입장에서 살펴 본 [관음시식]」, 『정토학연구』 22, 한국정토학회, pp. 87-112.

신병삼(2007), 「초기불교의 아하라(āhāra)를 통한 수행 연구」, 『대각사상』 10, 대각사상연구원, pp. 507-543.

신성현(2011), 「초기불교 교단의 식(食)에 대하여」, 『인도철학』 31, 인도철학회, pp. 27-50.

이을상(2012), 「자기 관리법으로서 불교의 음식 윤리」, 『동양문화연구』 11, 영산대학교 동양문화연구원, pp. 86-110.

이자랑(2013), 「출가자의 식생활과 현대의 웰빙-사찰음식의 보급과 관련하여-」, 『인도철학』 38, 인도철학회, pp. 59-79.

정성본(2000), 『선의 역사와 사상』, 불교시대사.

정순일(2011), 『인도불교사: 그 사상적 이해』, 운주사.

조은수(2011), 「불교와 환경, 과연 동행자인가: 이론적 가치와 실천적 전망」, 『인간·환경·미래』, 제6, 인제대학교 인간환경미래연구원, pp. 65-85.

토도 토시히데(2008), 「生命과 食: 불교의 食育論」, 『원불교사상과종교문화』 38, 원광대학교 원불교사상연구원, pp. 243-262.

허남결(2015), 「웰빙(well-being)시대의 음식윤리 모색-불교적으로 먹고, 윤리적으로

살기의 일상적 실천」, 『인도철학』 43, 인도철학회, pp. 277-310.

楊惠南(2008), 원필성 역, 『불교사상사』, 정우서적.

[뉴스 따라잡기] '먹방'규제 추진…건강 vs 자유 침해, http://news.kbs.co.kr/news/view.do?ncd=4022446&ref=D(검색일: 2018. 11. 15.)

[뉴시스] "먹방 때문에 살쪘다" 85%…국민 5명 중 3명 "난 살찐 편" http://news1.kr/articles/?3483235(검색일: 2018. 11. 22.)

5부

음식윤리교육

1. 음식생활에 대한 윤리적 논의와 음식윤리교육
2. 초등학교 음식윤리교육 방안
3. 초등예비교사의 음식윤리에 대한 인지도 및 인식 조사
4. 비만의 사회윤리와 비만윤리 교육 방안에 대한 연구
5. 비만의 개인윤리적 문제에 대한 연구

1. 음식생활에 대한 윤리적 논의와 음식윤리교육[1]

장승희(제주대학교)

1. 머리말 : '먹음' 행위, 무윤리에서 윤리로

먹을 것을 뜻하는 '음식飮食'이란 말은 "음식물飮食物의 준말"[2]로 "사람이 먹고 마실 수 있도록 만든 모든 것"[3]을 말한다. '먹다'라는 말은 다양한 의미를 지니지만, 기본적으로는 "음식 등을 입을 통하여 뱃

1 이 글은 『윤리교육연구』 제31집(한국윤리교육학회, 2013년 8월 30일)에 실린 원고를 수정·보완한 것임.

2 이희승 편저, 『국어대사전』(제3판)(민중서림, 1993), p. 2977.

3 http://dic.daum.net/search.do(검색일: 2013.07.09)

속으로 들여보내다" 또는 "물이나 술을 마시다"[4]라는 뜻이다. 인간이 왜 먹어야 하는가에 대한 물음은 큰 의미가 없다. 어떤 생명체도 생존을 위해 먹지 않을 수 없고, '먹음' 행위는 존재의 필수조건이며, 어떤 형이상학적 물음도 존재가 가능해야 의미를 지닐 수 있기 때문이다. 더 많은 음식을 얻기 위해 갈등·투쟁한 것이 인간의 역사였다. 소금을 놓고 전쟁을 벌이기도 했고, 향신료를 위한 여정 때문에 신대륙을 발견하기도 하였으며, 차[茶]와 커피 같은 음료, 설탕 때문에 전쟁을 불사하기도 하였다.[5]

인류는 불의 발견으로 생식에서의 변화라는 먹음의 획기적 전환을 이룩한 이후, 잘 먹을 수 있는 다양한 방법과 방안을 모색하면서 음식문화에서 다양성을 구축할 수 있었다. 어떤 식품을 어떻게 가공하여 조리해 먹느냐는 사람의 품위와 문화 수준의 척도가 되어 왔을 정도로 인간의 역사에서 음식이 차지하는 위상은 다른 어떤 요소들보다 매우 컸다.[6] 음식과 정치·경제와의 상관성도 중요한데, 사람들이 음식을 선택하고 소비하는 데 있어 지배 국가와 집단이 어떻게 하는가에 따라 영향을 받았고, 시대에 따른 경제적인 변화에 따라서도 사회의 음식문화가 변화하곤 하였다.[7] 정치적 신념을 표현하는

---

4 이희승 편저(1993), 앞의 책, p. 1216.

5 박중서 옮김, 빌 브라이슨(Bill Bryson), 『거의 모든 것의 역사』(*At Home: A Short History of Private Life*, 2010)(까치, 2011), pp. 204~236 참고. : '식당'에 대한 내용에 다양한 음식의 보편화와 그를 얻기 위한 투쟁에 대해 자세히 나와 있다.

6 김숙희·장문정 외, 『식생활의 문화적 이해』(신광출판사, 1998), p. 10.

7 김대군, 「음식의 윤리적 의미에 관한 연구」, 『국민윤리학논집』 제12집(한국시민윤리학회,

수단으로서의 음식거부[단식], 음식을 얻기 위한 영토 확장이나 자원 전쟁 등의 예에서도 정치·경제와의 깊은 연관성을 찾아볼 수 있다. 이와 같은 밀접한 관련성은 오늘날 더 긴밀해지고 있으며 음식의 메커니즘이 복잡해지면서 더 중요하게 인식되고 있다.

특히 몸과 정신은 먹은 음식에 의해 이루어진다는 영양학의 원리는 음식생활의 중요성을 확고하게 해주고 있다.

> 영양학의 가장 기본이 되는 철학은 자기가 먹은 식품이 자기가 된다는 것이다. 즉 영어로 'Food becomes You'인데, 초기 인간이 선택한 식품이 현대 인간의 식품이 되었고, 그 식품을 섭취한 인간이 창조한 인간의 문화는 그 인간의 사고의 범위 내에서 이루어진 결과라고 생각할 수 있다.[8]

인간의 먹는 행위는 단순히 끼니를 때우는 행위 이상의 의미를 지니는 것으로, 그것은 나아가 역사적·문화적·정치적·경제적인 행위로 인식된다. 나아가 무엇을 어떻게 먹느냐가 인간의 본질을 규정할 수 있기 때문에 먹는 것은 '문명의 부메랑'[9]의 출발선이자 인류문명의 미래마저 결정할 수 있다는 점에서 매우 근본적인 문제로 인식되

1999), pp. 7~13.

8 김숙희·장문정 외(1998), 앞의 책, p. 15.

9 지구 온난화를 중심으로 한 환경문제가 지구와 인류에게 엄청난 영향을 미치는 것이 마치 부메랑과 같다는 의미로 사용한 말이다. 김수종, 『0.6』(현암사, 2003), pp. 107~124.

고 있다.

음식생활은 개인과 집단의 본능적 욕구와 관련되는 매우 주관적인 문제이지만, 또한 이것은 다양성의 차원에서 이해되고 수용되어야 하는 것으로, 하나의 윤리적 잣대로 명쾌하게 분석하거나 평가하기 쉽지 않다. 오늘날, 먹는 것은 하나의 즐거움이 되었고, 인간은 '살기 위해' 먹는 것이 아니라 '먹기 위해' 산다고 할 정도로 인간의 '먹음' 행위의 본질은 변하였다. 인간의 먹음 행위 자체는 윤리와 무관한 것 같지만, 오늘날에는 이것이 본격적으로 윤리적인 문제로 대두되었다. 그 이유는 무엇일까?

첫째, 음식에 대한 윤리적 논의는, 근대 이후의 잘못된 음식생활이 인류가 지금까지 겪어본 적 없는 심각한 문제들을 야기하면서 인류의 생존을 위협할 수 있다는 위기의식에서 시작되었다. 인류가 배고픔에서 벗어난 것은 그리 오래되지 않았으며, 근대 이후 대량생산과 대량소비로 변화된 음식생활은 인류의 삶에 긍정적·부정적으로 큰 변화를 가져왔다. 특히 육식의 확대, 유전자 변형 식물의 생산, 패스트푸드와 정크푸드로 인한 비만 등의 건강 문제, 화학비료로 인한 토지 문제, 환경 위기 등 여러 가지 심각한 문제들을 야기하였고, 그 결과 이제 무엇을 어떻게 먹는가의 문제는 심각하면서도 우리 일상에서 고민해야 하는 문제가 된 것이다.

둘째, 심각하고 다각적인 문제 인식에 비해, 그 해결책은 한결같이 '윤리적 먹음'으로 귀결된다. 따라서 먹음 행위는 일반적인 '사실 명제'를 넘어 당위적인 '윤리 명제'가 되어 버렸다는 데서 윤리적 논의가 불가피하게 된 것이다. 왜 먹는가에 대한 본질적 성찰은 물론,

무엇을 어떻게 먹어야 하는지에 대한 반성이 요구되고 있고, 이는 인간의 의식 변화가 전제되어야 하며, 이에 근거해서 음식생활에서의 윤리적 방향성이 매우 절실한 시점이 된 것이다.

셋째, 음식생활은 단순히 개인의 건강 차원을 넘어 자본주의 구조·제도와 연계된 복잡한 문제가 되어 개인윤리의 실천 차원에서 한계가 존재하며 궁극적으로 사회윤리의 차원에서 해결하지 않으면 안 되는 문제임이 드러난 것이다. 니버Reinhold Niebuhr에 의하면, 도덕적이고 합리적인 개인이더라도 집단에 속해 행동하게 되면 비도덕적이고 비합리적일 수 있으며, 개인의 도덕성 차원을 넘어서는 사회 현상이나 집단의 윤리 문제에 대해 다른 차원에서 접근해야 한다.[10] 이런 특성 때문에 음식윤리는 기존과는 다른 윤리적 문제 해결 방법이 요구되고 있는 것이다.

서구에서 시작된 음식윤리에 대한 관심은 "잘 먹고 잘사는 법"이 공중파로 방영되면서 폭발적 관심을 끌었고,[11] 이후 다양한 논의가 등장하였지만 학문적 연구는 여전히 기초 단계다. 더군다나 도덕·윤리교육에서 이에 대해 본격적으로 다룬 경우는 거의 없었다. 선행 연구를 보면, 음식윤리를 본격적으로 다룬 경우도 오늘날 음식윤리 문제를 다루지 못하였거나[12] 국한된 내용-자기관리에 초점을 두고

---

10 이병섭 역, 라인홀트 니버(Reinhold Niebuhr), 『도덕적 인간과 비도덕적 사회』(*Moral Man and Immoral Society*, 1960)(현대사상사, 1986), pp. 264~288.

11 박정훈,『잘 먹고 잘사는 법』(김영사, 2002)

12 '윤리적 생활과 음식'에서는 선물로서의 음식, 음식을 나누는 것의 윤리적 의미, 음식과 규범에 대해 다루었다. 김대군(1999), pp. 1~22.

불교의 음식윤리를 다룬 경우-이거나[13] 다양한 주제에 접근하지 못하고 있어서-동물윤리학 입장에서 채식주의의 윤리적 근거 제시-아쉬운 감이 있다.[14] 그 밖에 식품영양학 전공자들이 식생활 윤리를 다루었지만 대부분 일반적인 규범적 논의에 그치고 있다.

음식윤리교육은 청소년들의 심신 건강, 먹거리 선택과 환경 문제 등 매우 복합적인 내용들을 포함하며, 이는 실과 혹은 기술·가정, 체육 및 보건 교과와도 연관된다. 이들 교과가 음식생활의 구체적 내용들을 다룬다면, 도덕은 개인, 사회, 국가, 전 지구적 차원에서 철학적·윤리적 근거와 대안을 모색한다는 점에서 본질적인 측면 즉 의식의 변화를 다룬다. 일상에서 먹는 것과 관련된 가치 판단, 가치 선택, 실천의 내면화 등 음식과 관련되어 이루어지는 사고와 행동 과정은 성인 이후 '먹거리관'을 형성하여 미래세대들의 삶의 질을 결정할 수 있다는 점에서 다른 무엇보다 근본적인 것들이다. 인지적·정의적·행동적 영역의 통합을 추구하는 도덕 교과에서 다루어야 할 음식윤리교육은 인성 및 가치관, 시민윤리의식, 인류애 등 다각적이고 광범위한 도덕성을 다루어야 하며 이 때문에 핵심적이고 포괄적인 역할을 할 수 있다. 도덕 교과의 음식윤리교육에서는 도덕지능 Moral Intelligence, 정서지능Emotional Intelligence에 더하여 '에코지능Ecologi-

---

13 이을상, 「자기 관리법으로서 불교의 음식 윤리」, 『동양문화연구』 제11집(영산대학교 동양문화연구원, 2012), pp. 86~110.

14 김일방, 「채식주의의 윤리학적 근거」, 『철학논총』 제68집(새한철학회, 2012), pp. 147~168.

cal Intelligence'[15]에 대한 교육을 통해 이루어져야 한다. 에코지능이란, "인간과 자연의 상호 영향을 이해하는 인식 능력, 즉 자신의 소비와 생산 활동이 지구 환경에 미칠 영향 전반을 파악할 줄 아는, 예민하고 현명한 통찰력"이다.[16] 이처럼 도덕과의 음식윤리교육은 음식의 생산 및 소비 활동과 자연환경, 기타 제반 영역들과의 관계와 메커니즘에 대해 다루어야 하고, 윤리적 소비자와 민주시민으로서 구체적 실천과 변화를 모색하도록 할 필요가 있다.

본 연구는 우선, 인간의 '먹음' 행위가 윤리적 문제임을 명확히 할 필요가 있다는 생각에서 문화상대주의와 관련하여 윤리적 판단이 가능한지 검토하고자 한다. 채식주의, 육식 반대, 유기농의 선택 등 음식윤리 주장들이 타당성을 얻기 위해서는 윤리적 근거가 명확해야 하며, 윤리적 문제의 원인과 그 해결책을 알아야 구체적인 실천이 가능하기 때문이다. 이러한 점을 염두에 두고, 첫째, 문화상대주의를 수용하면서 음식에 대한 윤리적 주장이 가능한지를 살펴보고, 그 특성을 다루었다. 둘째, 음식생활에서 드러나는 윤리적 문제와 그 해결을 위한 윤리적 원리를, 개인적 측면과 사회적·제도적 측면으로 나누어 살펴보았다. 셋째, 도덕 교과에서 음식윤리교육의 필요성과 방향, 교육과정에서의 음식윤리 내용과 교육현장에서 실천 가능한 방법을 찾아보았다. 결론에서는 미래를 위한 음식윤리의 방향

---

15 이수경 역, 다니엘 골먼(Daniel Goleman), 『에코지능 : 미래 경제를 지배할 녹색 마인드』(*EcologicalIntelligence*, 2009)(웅진지식하우스, 2010), pp. 71~83.

16 에코지능을 높임으로써 소비자는 글로벌 경제의 강력한 주도권을 갖게 될 것이며, 기업은 녹색 비즈니스 시대의 새로운 시장을 창출하게 될 것이다.

을 제시해보았다.

2. 음식윤리 논의의 본질

(1) 문화상대주의와 음식윤리

문화로서 음식은 본능적 욕구와 관련된 주관적 영역이지만, 역사적으로 음식문화가 변화와 발전을 거듭하는 과정에서 다양성을 형성하여 오늘에 이르렀다. 루스 베네딕트는 문화의 다양성에 대하여 다음과 같이 말한다.

> 인간 사회가 가능성 있는 존재 양상을 쉽사리 받아들여서 이것을 세련되게 하고 혹은 간단히 거부하기도 하는 데서 다양성이 비롯되기도 하지만, 나아가 문화적 특성의 복잡한 상호 교차에서 다양성이 비롯되며, 전통적인 문화의 최종 형태는 하나의 문화적 특성이 다른 경험 분야에서 나온 다른 특성과 합쳐지는 방식에 의해 결정된다.[17]

즉 다양성의 토대가 되는 고유한 문화적 특성들은 한 요인에 의한 것이 아니라 선택과 발전, 교류와 영향에 의해 이루어지는데 그

---

17 김열규 옮김, 루스 베네딕트(Ruth Benedict), 『문화의 패턴』(*Patterns of Culture*, 1934)(까치, 1993), p. 52.

러한 다양성은 자연환경적 요인뿐 아니라 종교적 신념, 정치적 선택, 경제적 여건 등 제반 여건들에 의해서도 형성되는 복합적인 것이다. 한 예로, 소에 대해 살펴보면, 인도는 헌법으로 소를 보호하거나[18] 신으로 모시지만[19] 미국은 어마어마한 양의 소고기를 먹는다.[20] 이처럼 하나의 대상으로서 소에 대한 관점이 환경, 역사, 종교 등 문화에 따라 다르게 나타나고 있는 것이다. 이러한 문화상대주의에 대해 베네딕트는 다음과 같이 표현하였다.

> 널리 퍼져 있는 어떤 문화적 행위는 어떤 사람들의 종교적 신념과 결부되어서 그들 종교의 중요한 한 국면으로서 기능하기도 한다. 또 다른 지역에서는 똑같은 행위가 전적으로 경제적 이전移轉의 문제가 되어 통화제도의 한 양상이 되기도 한다. 이러한 가능성은 끝이 없으며 그 적용되는 상황이 이상야릇하게 보일 때도 있다. 이러한 행위의 본질은 그것과 결합되는 요소에 따라서, 지역에 따라서 상당히 다를 수도 있다.[21]

---

18 인도연방의 헌법 '국가정책의 지도원리' 제48조는 소와 송아지, 혹은 다른 젖 짜는 동물이나 수레 끄는 동물을 도살하는 것의 금지를 요구하고 있다. 서진영 옮김, 마빈 해리스(Marvin Harris), 『음식문화의 수수께끼』(*The Sacred Cow and the Abominable Pig: Riddles of Food and Culture*, 1985)(한길사, 2005), p. 53.

19 힌두교도들은 암소를 신으로 모시며 집 근처에 두고 이름을 지어주고, 그들과 함께 이야기하고, 꽃과 술로 장식하고 번잡한 통행로의 오른쪽을 차지하면서 놔두고, 소가 아프거나 늙어서 더 이상 집에서 돌볼 수 없으면 소 보호소에 보내고자 한다. 위의 책, p. 55.

20 미국인들은 일 년에 일인당 150파운드의 붉은 고기를 먹는데, 그 중 60%가 소고기다. 위의 책, p. 129.

21 김열규 옮김(1993), 앞의 책, p. 52.

이와 같은 문화상대주의 관점을 염두에 두면, 인간이 무엇을 어떻게 먹든 각자가 선택한 먹음 행위 자체는 결코 문제가 될 수 없다. 먹는 행위는 사회마다 하나의 수수께끼이며 그 수수께끼는 '문화'라는 열쇠로 해결될 수 있다고 보는 것이 문화상대주의 관점이다. 심지어 식인食人 풍습마저도 다양한 이유로 설명이 가능한 것처럼 보인다.[22] 문화상대주의로 음식생활을 이해하면 다른 관점에서는 괴이하거나 특이한 음식 성향도 다양성 차원에서 수용해야만 한다. 이것이 오늘날 일반적 신념이며, 이 논리에서는 음식에 대한 윤리적 논의가 과연 가능한지 고민하지 않을 수 없다. 만약 가능하다는 입장에서, 즉 '윤리적 상대주의'의 관점에서는 쉽지 않은 논의가 된다.

윤리적 상대주의는 서로 다른 도덕 원리가 서로 다른 사람들에게 옳다는 견해로, 도덕적 진리가 존재하지만, 문화, 계층, 개인 또는 일련의 원리들에 대해 항상 상대적이라고 주장한다. 상대주의자들에 있어서 어떤 판단이 그르다고 말하는 것은 불합리하다.[23] 이 주장은 오늘날 타당성이 있지만 윤리적으로는 일정한 한계를 지닌다. 즉 한 사람에게 옳은 행위가 항상 다른 사람들에게 옳은 것도 아니며, 도덕 원리에 관하여 사람들 모두가 일치하지 않을 뿐 아니라, 서로 상충하는 도덕 판단들이 정당화될 때도 있기 때문이다. 그럼에도 불구하고 음식생활의 다양성을 수용한다면 기본적으로 윤리적 상대

22 서진영 옮김(2005), pp. 236~278.

23 김학택·박우현 옮김, C. E. 해리스(Harris), 『도덕 이론을 현실문제에 적용시켜 보면』(*Applying Moral Theories*, 1986)(서광사, 1994), p. 40.

주의 입장을 근거로 들 수밖에 없다. 이를 비판하는 사람들은 더 나아가 '윤리적 회의주의' 입장에서 어떤 윤리적 원리가 옳은지 알 수 없다는 견해를 표명한다. 그들은 종교적 권위와 도덕적 직관에 대한 호소는 도덕 원리의 훌륭한 토대가 아니라고 '무한 퇴행' 논증을 편다.[24] 심지어 도덕 판단이 감정의 표현에 불과하다고 주장하기도 한다. 이들의 관점에서 육식주의를 비판하며 채식을 주장하는 동물애호가들의 감정적 주장이나[25] 육식의 부당성을 인간의 공감共感이라는 감정에 호소하는 주장도[26] 윤리적인 타당성을 얻기가 쉽지 않다. 감정이나 직관에 호소하는 그런 논리는 설득이 불가능하다는 것이다. 그렇다고 개인의 다양한 기호가 바탕인 음식에 대한 윤리적 명제를 '윤리적 절대주의'로 주장할 수도 없다. '음식'에 대하여 객관적으로 타당하고 단일한 일련의 윤리적 원리들이 모든 사람에게 적용된다는 주장을 찾는 것은 무리이기 때문이다.

이러한 한계에도 불구하고 음식윤리 논의가 유의미하려면 음식생활에서 윤리적 명제를 제시할 수 있어야 하고, 어느 정도 보편타당한 진리로 수용되어야만 한다. 그렇다면, 음식윤리 논의는 어떤 방

---

24 위의 책, pp. 44~52.

25 구체적으로, 육식과 건강, 환경문제, 납세자 문제, 동물 복지, 기후 변화 문제, 어린이 건강 문제, 노동자 문제, 지역 사회 문제, 동물에서 비롯되는 병, 국제적 기아 문제다. 함규진 역, 모비(Moby)·박미연(Miyun Park) 외 지음, 『고기, 먹을수록 죽는다: 육식에 관한 10가지 논점과 채식주의를 향한 선언』(*Gristle: From Factory Farms to Food Safety*, 2010)(현암사, 2011), 차례를 참고할 것.

26 노순옥 역, 멜라니 조이(Melanie Joy), 『우리는 왜 개는 사랑하고 돼지는 먹고 소는 신을까』(*Why We Love Dogs, Eat Pig, and Wear Cows*, 2010)(모멘토, 2011), pp. 185~208.

향으로 가야 하는가. 아마 중도적인 입장에서 출발해야 할 듯하다. 윤리에 관한 논의에서 극단적 회의주의를 인정하려는 근거들보다는 그 사이(상대주의와 절대주의)에 진리가 있다는 것을 시사하는 많은 증거들이 있다는 관점을[27] 음식윤리 논의에서 의미 있게 받아들여야 할 것 같다. 음식윤리는 '윤리적 상대주의'와 '윤리적 절대주의' 사이의 아슬아슬한 줄타기 같은 조심스러운 논의가 될 수밖에 없다. 제인 구달이 성공적인 예인데, 채식주의자인 그녀는 자신의 윤리적 명제들을 위해 감정적 논거를 배제하지 않으면서도 건강, 미래, 환경, 인류애 등 다양한 보편적 가치를 통하여 거부감 없이 수용할 수 있도록 하고 있다.[28] 그녀가 예로 든 '올바른 의지를 가진 농부'인 조지 부즈코비치의 말을 살펴보자.

> 몇 년 전에 누가 내게 도살당할 가축들을 위해 기도를 하냐고 물었다면 나는 콧방귀를 뀌었을 겁니다. 하지만 이제는 동물도, 인간도, 식물도 모두 이 지구의 일부라는 것을 알게 되었습니다. 우리는 모두 세상의 일부고 세상은 우리가 상상할 수 있는 것보다 훨씬 거대하다는 것을 깨달았습니다.[29]

---

27 김학택·박우현 옮김(1994), 앞의 책, p. 57.

28 김은영 옮김, 제인 구달(Jane Goodall)·게리 메커 보이(Gary McAvoy)·게일 허드슨(Gail Hudson), 『희망의 밥상』(*Harvest for Hope*)(사이언스북스, 2006).

29 위의 책, p. 181.

육식을 반대하기보다 어떤 고기를 먹어야 하느냐에 초점을 두고, 육식에 대한 자세와 그 메커니즘에 집중하고 있기 때문에 그 주장이 주관적이면서도 보편적이다. 하나의 도덕적 신념으로서 도덕적 원리가 타당성 있게 수용되기 위해서는 도덕 이론을 평가하기 위한 네 가지 기준-일관성, 이미 가지고 있는 도덕적 신념과의 일치(신빙성), 도덕적 딜레마를 해결할 때의 유용성, 그리고 도덕 규준의 정당성[30]-에 어느 정도 부합되어야 한다. 그녀가 주장하는 윤리적 명제는 "되도록 채식과 소식을 하되, 만약 육식을 한다면 정당한 방법으로 얻어진 고기를 먹어야 하며, 건강과 환경을 위하여 되도록 유기농 음식과 공정한 식품을 선택하는 윤리적 소비자가 되어 세계를 변화시켜야 한다."는 것이다. 앞으로 음식윤리와 관련하여 윤리적 주장을 할 때 이와 같은 네 가지를 염두에 둔다면, 설득력 있는 논의가 가능할 것이다.

---

30 '일관성'은 합리적으로 받아들일 수 있는 내적 일관성으로, 이기주의가 비판받는 것은 자기 이익을 가져오도록 지시하면서 다른 사람에게도 이기주의라고 가르치는 내적 비일관성이다. '신빙성'은 "그 도덕 이론은 우리가 이미 가지고 있는 도덕적 신념과 일치하는 도덕 판단을 산출하는가?"에 대한 것인데, 도덕적 신념과의 일치가 도덕 이론의 타당성에 대한 절대적 테스트는 아니며, 어떤 도덕 이론이 이미 가지고 있는 도덕적 신념과 상충한다면 그 이론은 이론이기보다는 그른 도덕적 신념일 수 있다. '유용성'은 "그 이론은 도덕적 딜레마를 해결하는 데 유용한가?"의 문제인데, 한 인간의 사고체계 내에서, 사람들 사이에서 도덕적 상충을 해결하는 데 도움이 될 수 없다면 의미가 없는 셈이다. '정당성'은 "그 도덕 규준은 얼마나 잘 정당화될 수 있는가?"인데, 도덕 규준의 엄격한 증명은 불가능하지만 다른 도덕 규준을 받아들이는 것보다 이 도덕규준을 받아들이는 것이 그럴 듯한지의 이유나 근거를 제시할 수 있어야 한다. 김학택·박우현 옮김(1994), 앞의 책, pp. 70~75.

(2) 먹음의 문제 : 개인윤리에서 사회윤리로

윤리적 명제가 타당하기 위해서는 적어도 네 가지 요소를 고려하여 생각해야 한다. 행위를 규정하고, 공평성impartiality을 고려하고, 중요성에서 우선되어야 하며, 권위적인 집단의 결정에 의해 수립 혹은 변화되지 않으며, 그 진리는 단순히 합의나 전통에 호소함으로써 담보되지 않아야 한다.[31] 음식윤리에서 도출된 윤리적 명제 혹은 원리가 이러한 네 가지 조건을 모두 만족하기는 쉽지 않지만, 어느 정도의 타당성과 보편성, 설득력을 지니기 위해서는 필요한 요건이라고 볼 수 있다. 대부분 윤리학자들은 윤리적 명제는 사실적 명제로부터 도출될 수 없다고 본다. 사실에 호소함으로써 정당화될 수 없다는 의미다.

인간이 무엇을 먹어야 혹은 먹지 말아야 하는지의 문제는[32] 환경

---

31 위의 책, pp. 27~38. 그것은 '행위의 규정', '공평성', '우선되는 중요성', '임의적 권위로부터의 독립'이다. 첫째, 도덕적 명제는 행위를 규정하는 것이지만 행위 규정 기준이 다른 모든 명제들로부터 윤리적 명제를 구별하는 데 충분하지는 않다. 예를 들면 "방에 들어가기 전에는 노크를 해야 한다."는 행위 형태를 규정하지만 윤리적 명제는 아니다. 둘째, 윤리적 명제는 공평한 고려에 근거하는데, 순수한 윤리적 주장을 원한다면 무엇이 옳고 그른지 진술할 때 특정한 개인의 욕구를 참작해서는 안 된다. 즉 각 개인의 이익은 동일하게 간주된다는 보편적 관점을 취해야 하므로 공평성도 윤리적 명제를 다른 대부분의 규범적 명제로부터 구별해 주지 못한다. 셋째, 우선되는 중요성은 윤리적 명제를 미적 판단이나 법률적 판단보다 중요하게 여기는데, 어떤 사람들에게는 도덕적 신념 혹은 종교적 신념 등이 중요하게 여겨지기 때문에 이것도 윤리적 명제의 독특성이라고 보기는 어렵다. 넷째, 윤리적 명제는 권위 있는 집단의 결정에 의해 수립되거나 변화될 수 없으며, 또한 여론이나 전통에 호소함으로써 수립될 수도 없다.

32 음식물에 대한 거부와 관련되는데, 문화적으로 터부와 금기의 대상이자, 종교적인 신념의 문제이기도 하다. 아이들의 "밥 안 먹을 거야."라는 투정에서부터 극단적 단식 투쟁에 이르기까지 먹음의 거부는 '저항'의 표현이기도 하다.

과 문화, 역사적으로 규정되고 변화되어 왔는데, 오늘날 문제 되는 것은 "무엇을 먹지 말아야 하는가?"다. "인간이 육식 동물들보다 긴 대장을 지닌 것은 초식을 하였기 때문이며, 채식하는 것이 건강에 좋다."[33]라는 명제로 채식을 정당화할 수는 없다. 하지만 "왜 먹지 말아야 하는가?" 논의는 사실 명제 밖에서 타당한 근거를 찾기가 쉽지 않다. 음식의 문제는 본능적 욕구와 현실에서 출발하므로 사실에 근거하지 않을 수 없기 때문이다. 이것이 '음식윤리'의 한계지만 하나의 타협점으로, '합리적 이기주의rational egoism'[34]에 부합하는 '올바른 이기주의proper egoism'를 제안할 수 있겠다. 이것은 매우 현실적인 입장으로, 궁극적으로 우리를 넘어서는 보다 큰 목적을 추구하는 것이 결국 우리 자신에게 가장 유리하다는 것을 전제로 한다.[35] 이기주의는 잘못하면 다른 사람의 존재를 상관하지 않거나 견디지 못하는 극단적인 개인주의로 흐를 수 있지만, 올바른 이기주의는 그것을 넘어서며, 도덕은 우리 자신으로부터 출발하지만 모든 다른 사람들까지 포용할 수 있어야 한다는 주장이다.[36] 타인과 세계를 위한 노력이 결국은 자신을 위한 것이라는 인식이 올바른 이기주의의 출발이며, 음식윤리는 여기에서 출발할 수 있겠다.

---

33 반대로, "우리가 동물을 먹는 것은 늘 그래왔기 때문이며, 그 맛을 좋아하기 때문에 육식은 정당하다."고 주장하기도 한다.

34 박찬구, 『개념과 주제로 본 우리들의 윤리학』(서광사. 2006), pp. 49~61.

35 노혜숙 역, 찰스 핸디(Charles Handy), 『정신의 빈곤』(*The Hungry Spirit*, 1998)(21세기 북스, 2009), p. 14,

36 위의 책, pp. 23~127.

음식윤리 논의에서 중요한 주체는 개인으로, 먹고 선택하고 소비하는 주체이기 때문이다. 이에 따라 개인윤리의 범위에서 도덕적 판단과 실천이 중요하지만, 자본주의 체제에서 생산자로서의 대기업, 농민집단, 축산단지 등을 고려하면 개인적 차원을 넘어 구조적·제도적 문제가 된다. 따라서 개인적 접근을 넘어 사회 제도적·구조적 접근으로 해결책을 모색하지 않으면 안 된다. 음식윤리 문제는 개인의 사회적 연대성 의식과 정의감이라는 도덕성과 함께 하나의 유기체로서 사회적 행위에 대한 책임 주체를 명확히 하고 구조적·제도적 차원에서 해결하려고 노력해야 한다.[37] '윤리적 먹음'에서 나아가 '윤리적 소비', '윤리적 생산'이 가능하기 위해서는 개인윤리 차원에서 사회윤리 차원으로 발전시킬 필요가 있으며, 이것이 음식윤리가 지니는 특징, 즉 아주 작은 데서 시작되지만 매우 큰 데서 해결해야 하는 문제인 것이다.[38]

3. 음식생활에서의 문제와 윤리적 접근

'생존을 위한 먹음'의 시대에 가장들의 임무는 먹을 것을 얻는 것

37 박병기·추병완, 『윤리학과 도덕교육 1』(인간사랑, 2009), pp. 547~548.

38 일상에서 시작하지만 지구적 해결책을 모색해야 하며, 먹는 데서 시작하지만 환경에서 마무리되는 문제인 것이다.

이었다.[39] 오늘날 먹는 것과 관련된 핵심적인 문제는 무엇을 어떻게 먹느냐다. "어떻게 먹는 것이 가장 좋은 것인가?"라고 묻는다면, "좋은 것을 잘 먹고 행복해지는 것"이라고 답변할 것이다. 그렇다면 '좋은' 음식이 어떤 것이고, '잘' 먹는 것은 어떻게 먹는 것이며, 행복은 무엇인가? 좋은 음식이란 '맛'의 문제만이 아니라 '올바르고', '정당하고' '바람직한' 방법으로 생산되고, 제공된 맛있는 것을 의미한다. 건강에 좋더라도 경제적으로 효율적인가? 경제적으로 비효율적이더라도 지구적으로 옳은 것인가? 그것을 어떻게 아는가? 이제 먹는 것 하나를 선택할 때 고려해야 할 것들이 많아졌고, '좋은' 것을 '잘' 먹기 위해서는 많은 것을 알아야 하며 특히 음식의 메커니즘을 반드시 알아야 한다.

(1) 개인적 측면 : 개인윤리

① 인간 주체의 문제 : 중용과 절제

데카르트는 영혼과 몸을 '정신적인 것'과 '물질적인 것'으로 대치시켜 전 철학사에 걸쳐 가장 극단적인 이원론을 주장하였는데, 심지어 정신을 '기계 속에 들어 있는 유령the ghost in the machine'이라고 표현했을 정도다.[40] 오늘날 몸과 정신의 관계는 상호 밀접하고 복잡한

---

39 우리나라의 경우 식구(食口)는 '먹는 입'의 뜻으로 식구가 많다는 것은 먹을 입이 많다는 것이며, 넉넉치 않은 농업 사회에서 가장의 책무는 식구를 배부르게 하는 것이었다. "밥 먹었니?" "진지 잡수셨습니까?"는 "안녕하세요?"와 동일한 의미로, 먹음이 안녕(安寧)과 직결되었기 때문이다.

40 손봉호·강영안 옮김, C. A. 반 퍼슨(Cornelis Anthonie van Peursen), 『몸·영혼·정신: 철학적 인

메커니즘으로 이해된다. 마음이 몸을 지배한다는 신념에서[41] 마음챙김 등 명상 방법을 질병 치료에 이용하는 반면, 음식이 사람을 만들고[42] 병을 만들고 병을 고친다고[43] 할 정도로 먹는 것에 초점을 두는 사람들도 있다. 건강한 몸과 행복한 마음은 불가분의 관계이며 건강한 음식의 선택과 편안한 마음의 유지는 모두 중요하다. 플라세보 효과Placebo effect[44] 연구에 의하면, 믿음의 힘이 실제 질병의 경과에 영향을 준다는 사실이 밝혀졌는데, 사고와 감정, 믿음이 단지 마음의 주관적인 생각에 불과한 것이 아니라, 뇌와 몸 전체에 실제적인 화학 반응과 물질적 변화를 일으킨다고 한다.[45] 먹는 것에 대한 확신과 믿음은 마음을 안정시키고, 믿음 때문에 건강한 몸이 될 수도 있는 것이다.

많이 먹는 것을 목표로 했던 과거에 비해, 오늘날 '소식小食'과 '질質'을 강조하는 것은 지나친 육식은 건강상 문제를 일으키기 때문이다. 한국의 육식 소비량은 국민 한 사람당 평균 43.7kg이고[46] 국민들

간학 입문』(*Body, Soul, Spirit*, 1966)(서광사, 2005), p. 27.

41 장현갑·김미옥 옮김, 데이비드 해밀턴(David R. Hamilton), 『마음이 몸을 치료한다』(*How Your Mind Can Heal Your Body*, 2008)(맥스미디어, 2012) ; 이영돈, 『KBS 특별기획 다큐멘터리: 마음』(예담, 2006).

42 전재근, 『음식이 사람을 만든다』(종이거울, 2005).

43 장은정 옮김, 이시하라 유미, 『음식이 병을 만들고 음식이 병을 고친다』(삼호미디어, 2013).

44 어떤 약에 특정 유효성분이 들어 있는 것처럼 위장해 환자에게 투여하면 실제로 그런 효과를 거둔다는 이른바 '위약(僞藥) 효과'라고도 하는 의학 용어다.

45 장현갑·김미옥 옮김(2012), 앞의 책, p. 10.

46 이는 4년 만에 22%가량 늘었으며, 1970년 1인당 5.2kg에 불과했던 것에 비하면 40년 동안 8배 넘게 증가한 수치다. http://health.chosun.com/healthyLife/column_view.jsp?idx=7636

의 영양 불균형 및 식생활 문제도 심각한 수준이다.[47] 육류 소비량의 증가와 그로 인한 비만, 영양 불균형, 성인병 증가의 문제는 서구화된 음식생활과 과다한 섭취에 원인이 있는데, 영국은 성인의 66% 이상, 미국은 성인의 30%가 비만이고, 그로 인해 매년 30만 명의 사망자가 발생할 정도로 비만은 사회경제적 경계를 뛰어넘는 문제가 되고 있다.[48] 육식을 즐기든 채식을 하든[49] 먹음에 대한 윤리적 성찰이 필요한데, 『논어』 〈향당鄕黨〉에 나온 공자의 음식생활에서 시사점을 찾을 수 있다.

> 고기가 비록 많으나 밥 기운을 이기게 하지 않으시며, 술은 일정한 양이 없으셨는데, 어지러운 지경에 이르지 않게 하셨

: 김하진, "고기와 사랑에 빠진 대한민국, 괜찮은 걸까?"(검색일: 2010.07.11.)

47 우리나라 국민 중 영양섭취가 부족한 사람은 10%에 불과하지만, 성인 30%가 비만에 해당한다고 한다. http://health.chosun.com/healthyLife/column_view.jsp?idx=7636 : "국민 10% 영양부족, 성인 30% 비만 … 식생활 불균형 심각"(검색일: 2010.07.11.)

48 김은영 옮김(2006), 앞의 책, pp. 366~367.

49 엄격한 채식주의자(비건, vegan)는 동물들에게서 얻어지는 일체의 음식-유제품, 달걀 포함-을 거부한다. 오보베지테리언(Ovo-vegetarian)은 달걀은 먹지만 닭고기는 안 먹고, 락토베지테리언(Lacto-vegetarian)은 우유만 먹고 달걀을 안 먹으며, 락토오보베지테리언(Lacto-ovo vegetarian)은 유제품과 달걀을 먹는다. 페스코베지테리언(Pesco-vegetarian)은 생선을 먹으며, 그들 중 유제품과 달걀을 먹는 사람들도 있다. 세미베지테리언(Semi-vegetarian)은 플렉시테리언(Flexitarian)이라고도 알려져 있는데, 나름대로 규칙을 정해 놓은 채식주의자들이다. 위의 책, p. 234.

다.[50] / 많이 잡수시지 않으셨다.[51] / 비록 거친 밥과 나물국이라도 반드시 제祭하되, 공경히 하였다.[52]

음식생활에서 절제, 중용, 공경의 태도를 엿볼 수 있는데, 인간은 존엄성을 잃지 않기 위해 인간다운 먹음이 필요하다. 먹음 행위가 인간 존엄성의 표현이라고 보았기 때문에 "소리 나게 먹지 마라", "흘리며 먹지 마라", "게걸스럽게 먹지 마라" 등을 지도했던 것이다. 인간의 먹음이 다른 동물들과 다른 것은 정신적 반성과 먹음 자체에 대한 성찰이 가능하기 때문이다. 또한 인간은 자신의 몸에 대해 책임을 질 수 있어야 한다. 『효경』에서 신체는 부모로부터 물려받은 것으로 감히 훼손하지 않는 것이 효의 시작이라고 하였다身體髮膚, 受之父母, 不敢毁傷, 孝之始也. 건강을 효도의 출발로 보는 것인데 오늘날도 여전히 유효한 명언이다. 효도 차원을 넘어 인간은 음식의 섭취, 배설을 통해 자기 몸의 건강을 유지할 책임이 있는 존재다. 인간은 음식으로 욕망의 만족과 쾌락을 추구하는 것을 넘어서는 존재로, 이성을 지닌 인간은 쾌락과 욕망을 절제하지 않으면 생존이 위험해질 수도 있다.

동물과 같이 자연 상태에서의 쾌락은 충족을 수반하여 그

50 『論語』「鄕黨」8 : "肉雖多, 不使勝食氣, 唯酒無量, 不及亂."

51 『論語』「鄕黨」8 : "不多食."

52 『論語』「鄕黨」8 : "雖疏食菜羹, 瓜[必]齊, 必齊如也."

> 욕망의 소멸을 가져오지만, 인간의 쾌락은 충족됨에 따라 소멸되는 것이 아니라 오히려 강화된다는 것이다. 그런 의미에서 인간이 욕망은 동물에 비해 벡터화되어 분화됨으로써 방향성과 그 크기가 증폭되어, 도달점이 없는 욕망이 되는 것이다.[53]

오늘날 과다한 육식, 자극적이고 쾌락적인 먹거리, 과도한 섭취로 인간의 몸은 망가지고, 음식생산 체계는 새로운 욕망을 생산하고 만족시키기를 반복하고 있다. 합리적 존재로서 인간의 이성 능력이 필요한 때다. 합리적이고 이성적인 인간은 자기보호본능과 절제력으로 몸에 대한 예의, 음식에 대한 예의를 갖추어 절제와 중용의 덕목을 자신의 먹음에 적용해야 할 것이다.

② 음식 대상의 문제 : 공감과 배려

GMOGenetically Modified Organism(유전자 변형 식물)는 살충제 부작용에 대한 농산업체들의 대안으로 1994년 최초로 등장하였다. 그 결과는 건강과 환경, 종자의 다양성 파괴 등 문제를 야기하였고, 동물 사료로 사용되고 있는데 여러 실험 결과 부작용이 보고되고 있다.[54] 오늘날 무엇을 선택해 먹어야 할지 고민하는 이유는 이와 같은 음식 성분도 문제지만 생산 메커니즘의 비윤리성에도 이유가 있다. 한 예

---

53 정준영·한자경 외, 『욕망: 삶의 동력인가 괴로움의 뿌리인가』(운주사, 2008), p. 323.

54 김은영 옮김(2006), 앞의 책, pp. 93~122.

로, 육식과 관련하여 동물의 권리, 현대적 축산단지와 도살의 문제에 초점을 맞출 수 있다. 리프킨Jeremy Rifkin은 육식주의 메커니즘을 '차가운 악cold evil'[55]으로 규정하고, 현대적 축산단지로 인한 인류의 엄청난 희생은 새로운 유형의 악한 세력에 의한 것으로, "개인의 범죄는 여전히 도덕적 분노가 뒤따르지만, 이런 악은 기술적 전제와 제도적 필요성, 시장의 목적에 의해 탄생한 것"으로, "만약 우리 사회가 계속해서 개인의 악에 대한 방비에만 급급해 한다면, 제도적으로 인정된 폭력에 대한 도덕적 반발과 정의로운 분노와 같은 틀 속에 포함되는 데 실패하고 말 것"이라고 경고한다.[56] 만약 우리가 자본주의 논리에 의한 대규모 축산단지의 육식 시장 논리에 대한 비판적 시각을 갖지 못하면, 육식의 부작용, 환경오염 등 사회 윤리적 문제를 자각하지 못하여 책임 주체로서 역할을 할 수도 없고, 결국 해결책을 찾지 못할 것이라는 경고다.

나아가 육식 반대자들은 육식주의가 육체적 폭력을 중심으로 조직된 하나의 '폭력적 이데올로기'라고 규정하고 폭력(동물 죽이기)을

---

55 리프킨은 무장 강도, 강간, 고의적인 동물 학대 등과 같은 '뜨거운 악(hot evil)'의 범행에서와 같이 격렬한 분노를 불러일으킬 가능성이 없지만, "먼 곳에서부터 영향을 미쳐오고, 기술과 제도의 허울 속 깊은 곳에 모습을 숨기고 있으며, 그로 인한 제도적 결과는 때로 쉽게 사라지지 않거나 전혀 우연한 관계라고 의심되지 않는 가해자나 피해자들로부터 야기되는" 악을 일컬었다. "이런 악은 개인적인 특성이 없으므로 좀처럼 감지되지 않는다. 한 개인이 소를 사육하거나 햄버거를 소비하는 것을 두고 악행을 범했다고 가정한다면 대부분의 사람들은 아주 이상하다고 느끼거나, 어쩌면 터무니없다고 생각할지도 모른다."고 특성을 이야기하였다. 신현승 역, 제레미 리프킨(Jeremy Rifkin), 『육식의 종말』(*Beyond Beef*, 1993)(시공사, 2005), p 342.

56 위의 책, p. 341.

멈추어야 한다고 주장한다.[57] 육식과 관련된 윤리적 논의에서 피터 싱어는 "모든 이익은 그것이 누구의 것이든 동등하게 고려되어야 한다."는 '평등 이익 고려의 원칙'에서 육식을 반대한다. 그는 동물의 권리 관점에서 동물들을 하나의 감정을 가진 존재로 인정해야 하며, 윤리의 적용 범위가 동물에게까지 확대되어야 한다고 주장한다.

> 산업사회에서 인간이 동물의 고기를 음식으로 사용하는 것을 윤리적으로 생각해보려 한다면, 그 상황에서 상대적으로 작은 인간의 이익과 먹혀지는 동물의 생명과 복지가 정말 균형하게 이루어지고 있는가 하는 것을 따져 보아야 한다. 이익 평등 고려의 원칙에 따를 때 작은 이익 때문에 큰 이익을 희생해서는 안 된다.[58]

'이익 평등 고려의 원칙'에서 볼 때 쾌고 감수 능력을 지니는 동물들은 이익, 즉 고통을 당하지 않을 이익을 가지고 있으며, 따라서 우리는 이들을 도덕적으로 동등하게 고려할 책임이 있다는 것이다.[59] 육식 반대자들이 주장하는 육식주의 논리를 보면, 내면화된 육식주의가 인식을 왜곡한다는 것이다. 육식을 하게 되면 인식의 트리오가

---

57 노순옥 역(2011), 앞의 책, p. 41.

58 황경식·김성동 역, 피터 싱어(Peter Singer), 『실천 윤리학』(*Practical Ethics*, 1993)(철학과현실사, 1997), p. 89.

59 박찬구, 『우리들의 응용윤리학』(울력, 2012), p. 280.

형성되면서 동물들을 우리와 동일시하는 것을 막고,[60] 이들 방어기제들은 정상적인 인식 과정이지만 과도하게 사용될 경우 방어적 왜곡을 낳는데, 육식주의자들은 그것을 지키기 위해 과도한 사용을 피할 수 없게 된다는 것이다.[61] 따라서 이러한 관점에서 지나친 육식이나 폭력적 생산자들에 대한 윤리적 접근은 공감과 배려의 관점에서 접근해야 한다. 보통 공감 능력이 있는 인간이라면, 밥상에 오르기까지 비참하고 고통스러운 동물들의 삶의 실상을 알게 된다면, '과도한 육식'에 대해 생각해보지 않을 수 없다. 물론 모든 사람이 비건 vegan같은 극단적 채식주의가 되지는 않더라도 자신이 먹는 육식에 대해 한 번쯤은 생각해보는 기회를 갖게 되기 때문이다.

대다수 사람들은 음식에 대한 윤리적 성찰이 동물들의 고통에 대한 '공감共感'에서 시작되었다고 회고한다. 소 사육장의 열악한 환경과 인간 밥상의 고기를 위한 고통스러운 삶을 보고 "먹는 행위에 삶의 진리가 담겨 있다"고 깨닫기도 하고,[62] 피터 싱어의 『동물해방』을 읽고 자신이 맛있게 먹던 포크챱, 베이컨, 치킨류 등의 고기에서 고

---

60 대상화(objectification), 몰개성화(deindividualization), 이분화(dichotomization)다. 대상화는 동물을 물건처럼 인식하는 것, 몰개성화는 동물을 추상적으로 보는 것, 이분화는 동물을 범주로 가르는 것을 말한다. 대상화는 생명체로 볼 경우 느낄지 모를 도덕적 불편함 없이 물건으로 취급하게 하며, 몰개성화는 개체성을 인정하면 그들에게 해를 끼치는 데 필요한 심리적·감정적 거리를 유지하기 어려워지게 하기 때문에 집단 정체성 차원에서만 생각하게 하는 것이고, 이분화는 머릿속으로 여러 집단을 갈라놓고 각각에 대해 매우 다른 감정을 품게 만든다. 노순옥 역(2011), 앞의 책, p. 171.

61 위의 책, pp. 157~170.

62 박정훈(2002), 앞의 책, pp. 20~22

통스러운 죽음을 생각하며 채식을 선택하기도 한다.[63] 윤리적 먹음을 주장하는 사람들은 육식주의에서 채식주의로 변해야 미래 문명의 바람직한 변화가 가능하다고 주장한다. 미래사회의 변화를 예측하기 쉽지는 않지만 최근 분위기를 볼 때 조금 시간은 걸리겠지만 '과도한' 육식은 아마도 사라지지 않을까 추측해본다. 최근 동물들의 공감 능력을 긍정하는 관점의 증가는 그런 추세를 반영한다.[64] 50년 전만 해도 사람들의 의식 속에 동물의 권리 개념은 아예 존재하지 않았지만, 최근 유럽연합은 동물이 느낌과 의식이 있는 감정적 존재라는 사실을 법으로 인정했고, 독일은 2002년 동물의 권리를 헌법으로 보장한 최초 국가다.[65]

"살아 있는 모든 존재로 공감을 확장하는 것은 인간에게도 의미 있는 획기적 사건으로, 동물 권리 운동은 아직 걸음마 단계지만 다가오는 공감의 시대를 여는 본초 기지가 될 수 있다."[66]는 리프킨의 주장에서 '공감'이 사회 변화의 중요한 원리임을 알 수 있다. 공감과

---

63 김은영 옮김(2006), 앞의 책, pp. 271~223.

64 동물의 행동을 연구하는 과학자들은 영장류 이외에도 많은 동물들이 초보적인 거울 뉴런 시스템을 가지고 있으리라 추측한다. 그중에서도 코끼리, 돌고래, 개와 같은 '사회적 동물'은 적어도 원시적 공감 반응에 대한 생물학적 메커니즘을 가지고 있을 확률이 크다고 짐작된다. 이경남 역, 제레미 리프킨(Jeremy Rifkin), 『공감의 시대』(*The Empathic Civilization: The Race to Global Consciousness in a World In Crisis*, 2009)(민음사, 2010), p. 109.

65 위의 책, p. 588.

66 또한 아이들의 공감도를 측정한 연구에서 애완동물에 깊은 유대감을 느끼고 동물의 처지에 공감하는 아이는 다른 아이에 대한 공감 능력도 뛰어난 것으로 조사되었다. 위의 책, pp. 588~589.

혐오감은 밀접하게 연관되어 있는데, 공감은 우리 도덕적 감각의 토대이며 혐오감도 일종의 '도덕적 감정'임이 확실하다. 일반적으로 우리가 느끼는 공감 정도가 큰 동물일수록 그것을 먹는 일을 더 부도덕하게-그래서 혐오스럽게-느끼게 된다고 한다.[67] 구체적인 예로, 한 중학생이 새우 먹기를 거부하기에 그 이유를 물었더니 새우를 키우기 때문에 먹기가 힘들다고 토로하는 것을 들은 적이 있었다. 대상에 대한 동일시가 적을수록 공감도 줄어들고 혐오감도 없어지는 것이 바로 심리학의 '유사성의 원리similarity principle'다. 윤리적으로 필요한 것은 동일시에서 공감, 공감에서 혐오감으로 확대시키는 것이다. 공감의 바탕은 감정이입과 도덕적 민감성, 도덕적 상상력이다. 공감에서 배려가 나오며, 그 배려가 자신의 신념을 강화시켜 준다는 점에서 공감 교육이 중요해지고, 도덕적 민감성(감수성)과 도덕적 상상력 훈련이 의미가 있는 것이다.

(2) 사회적·제도적 측면 : 사회윤리

① 음식의 공유성 : 존중과 나눔

음식생활에서 인간이 동물과 다른 점은 함께 나누어 먹는 것이다. 인간의 먹음은 일반적인 동물들처럼 개체 단위의 행동이 아니라 집단 구성원들 사이에 분배分配, 공식共食한다는 점에서 차이가 있다. 또 요리해서 맛있고 먹기 좋게 만들어 먹는 점이 다른 동물들과 다르다. 이것은 '먹는' 행위를 그저 본능적 욕구로 수용하는 것이 아니

---

67 위의 책, p. 173.

라, 그것의 의미와 가치에 대해 성찰함으로 인해 먹음은 고차원적인 문화로서 윤리적 의미를 지니게 된다.

사회공동체 유대감을 위한 결속 장치로서 음식은 의례의 상징성을 표현한다. 명절과 제사, 잔치에서 음식을 대접하고 선물하는 것은 사회관계망을 형성, 유지하기 것이다. 한솥밥을 먹는다는 표현도 같은 공동체에 속하였다는 뜻이고, '밥 한번 같이 먹자'라는 제안도 함께 하고자 하는 의지와 친밀감을 나타내는 표현이다. 관혼상제冠婚喪祭에서 음식 접대 혹은 음식을 통한 사회적 교환 등 독특한 음식 문화가 유난히 발달한 우리나라의 경우, 거의 모든 의식에 빠짐없이 특별한 식품이나 음식으로 상을 차리는데, 그 유래는 기원祈願, 기복祈福, 외경畏敬, 존재存在의 뜻을 나타낸 것이다.[68] 사회생물학의 '이기적 유전자'의 관점에서는 이러한 나눔과 배려도 인간의 이기성의 산물이라고 해석하기도 하지만, 모든 것을 '이기성'으로 해석하는 '환원주의'에 의거하면 인간의 정신적 존재로서의 의미를 가치절하한다는 점에서 경계하지 않을 수 없다.

이처럼 제대로 된 사람은 함께 먹고 맛있는 것을 나누어 먹으려 한다. 생일, 결혼 등은 음식으로 함께 축하하고, 제사, 장례는 추모하며 음식을 나누어 먹는다. 먹는 행위에 담긴 기쁨과 슬픔은 그 대상과 함께 나누는 사람들에 대한 존중의 표현이다. 더불어 먹지 못하는 순간 느끼는 고립감, 불행감은 존중받지 못하고 소외된 데 대한 슬픔이다. 이처럼 '함께 먹음'은 타인에게 인정받고 존중받고 싶

68 김숙희·장문정 외(1998), 앞의 책, p. 200.

은 사회성의 발현이다. 패스트푸드fast food로 나눔과 배려의 먹음이 변하여 혼자 먹는 것이 일상화되었다. 어떻게 함께 먹을까를 고민하는 데 인간다운 먹음을 찾는 기본이 존재한다.

② 자본주의와 소비 : 책임과 실천

오늘날 사회 문제의 대부분은 자본주의 체제에 영향을 받고 있으며 음식생활도 마찬가지다. 대량생산과 대량소비에 의해 유지되는 자본주의에서 대기업의 이윤 추구는 이른바 '차가운 악'의 구조로 설명 가능하다. 자본주의는 소비에 의해 유지되며, 기업들은 소비자의 코드를 읽고 그에 맞추어 마케팅하며 구매 심리를 파악하여 그들의 성격과 태도에 따라 기업의 판매 방향이 달라진다. 그들은 생애단계별로 소비자의 삶의 패턴과 관심을 분석하여 그들의 니즈, 가치, 효과적인 공략법으로 마케팅 전략을 짠다.[69] 배려 대상에 동물과 식물은 물론, 물건과 도구를 포함시킨 길리건은, 물건과 도구에 대한 배려는 도덕적 삶의 일부로 고려될 수 있는 의미 있는 것으로 본다. 그녀에 의하면, 물건을 의도된 목적에 맞게 사용하는 것이 중요하고, 사물들을 관찰함으로써 자신의 생활태도를 점검하여, 그 결과 낭비와 지나친 소비중심주의를 도덕적으로 불쾌한 것으로 생각하기 시작할 수 있다고 한다. 따라서 물건과 도구들에 대한 깊은 공부가 필요하며 이런 공부는 사는 방법, 도덕적 의무감, 미적 감각, 자연계

---

69 대홍기획 마케팅컨설팅그룹 옮김, 로봇 B 세틀(Robert B. Settle)·파멜라 L 알렉(Pamela L. Alreck), 『소비의 심리학』(*Why They Buy*, 1999)(세종서적, 2003), pp. 265~287.

를 보전하려는 욕구와 연계되어야 한다는 것이다.[70]

지금까지 지갑에서 돈을 꺼내는 극히 개인적(이라고 여겼던) 행위가 사회적 가치에 대한 의식적 지지 혹은 거부의 행동이 되고 있다. 민주주의에서 사회를 바꾸는 가장 중요한 수단이 선거와 투표용지이듯, 자본주의에서 사회를 바꾸는 수단은 소비와 지폐다. 다시 말해 윤리적 소비는 그저 개개인의 착한 소비생활을 넘어, 기업에 변화와 행동을 요구하는 적극적인 사회 참여인 것이다.[71] 우리가 음식을 먹는 것은 하나의 소비 행위로, 소비에 대해 깨어 있지 않으면 그들의 전략에 말려들고 만다. 자본주의와 기업의 메커니즘을 파악하여 음식을 선택할 때 깨어 있는 의식을 지니고 있어야 한다. 윤리적 소비자들이 성장할수록 기업들은 '윤리적 기업되기'의 노력을 기울일 수밖에 없게 되기 때문이다. 그 결과로 윤리적 가치를 외면하는 기업들은 소비자들에게 외면당하는 상황에 이르도록 해야 하는 것이다.[72] 윤리적 소비자들이 '개념 있는 소비'를 실천하여 기업들로 하여금 사회적 책임을 자각하지 않을 수 없게 만들 필요가 있다.

③ 환경과 세계 : 연기성緣起性과 지식

음식윤리의 출발은 "우리가 무심코 지나쳐버리는 먹고 사는 문제

---

70 서강식 편저, 『도덕교육이론의 탐색: 나딩스』(양서원, 2005), pp. 227~228,

71 박지희·김유진, 『윤리적 소비』(메디치, 2010), p. 309.

72 위의 책, p. 227.

와 생명, 건강, 그리고 환경의 문제는 모두 연결되어 있다"[73]는 '관계성'에 대한 인식에서 시작된다. 자연에서부터 우리 식탁에 오를 때까지 음식의 탄생 과정을 살펴보면, 불교에서 이른바 연기법緣起法이 얼마나 의미 있는가를 알게 된다.[74] 하나의 씨앗이 거름과 바람과 물과 공기의 도움으로 싹을 틔우고, 성장하여 열매를 맺고, 그것이 농부의 노력으로 캐고 다듬어져서 시장에서 요리하는 사람의 선택을 받아 요리 과정을 거쳐 식탁에 오를 때까지 얼마나 많은 사람들의 손길을 거쳐 가는가. 그 산물을 길러내는 자연의 고마움과 농부의 부지런함에 감사하는 마음을 지닐 수 있을 때 제대로 먹는다고 할 수 있을 것이다. 이것은 러브록의 가이아 가설Gaia Hypothesis[75]과도 상통한다. 이성주의와 합리성을 바탕으로 한 근대과학은 유물론적 관점으로 자연을 보고 유기적 생명체의 긴밀성을 파악하지 못한 반면, 오늘날 과학적 인식은 동양의 유기체적 사유를 수용하여 이와

73 박정훈(2002), 앞의 책, p. 30

74 연기(緣起, pratī-tyasamutpā-da, interdependent arising)라는 말은 모든 존재는 그것을 성립시키는 여러 가지 원인이나 조건 때문에 생기는 것이라는 뜻으로 상의성(相依性), 즉 "이것이 있기 때문에 저것이 있고, 이것이 일어나기 때문에 저것이 일어난다(此有故彼有 此起故彼起). 이것이 없기 때문에 저것이 없고, 이것이 사라지기 때문에 저것이 사라진다(此無故彼無 此滅故彼滅)."라는 인과의 법칙과 관계성에 대한 것이다. 교양교재편찬위원회 편, 『불교와 인간』(동국대학교 출판부, 2006), pp. 64~65.

75 지구 상의 모든 생명체들이 지구의 대기나 지표면 등 다른 환경 조건들을 지구 상의 생명체에게 적절한 조건으로 유지되도록 자체적으로 조절할 수 있는 하나의 살아 있는 생명 단위를 구성하며 마치 인체가 외부의 기후 변화나 다른 충격에도 항상성을 유지해 나가는 것처럼 지구를 다른 생명체가 존재하지 않는 행성들과 다른 독특한 조건을 유지하는 행성으로 유지해 왔다는 것이다. 고수현, 『생명윤리학』(양서원, 2005), p. 72.

다르게 변하고 있다.[76] 동양의 유기체적 사고에 의하면 자연과 환경은 전 우주적인 전체 속 하나의 요소이며, 인간, 동물, 식물, 모든 생명체가 가치를 지닌다. 더불어 음식과 관련된 자본주의 메커니즘은 매우 치밀하면서도 복잡한 관련성을 띠고 있다. 이런 관련성들이 어떤 부정적 혹은 긍정적 연계를 맺고 있는지 정확하게 알 필요가 있다.[77] 즉, 음식과 영양, 음식의 생산과정과 유기적 관계들은 매우 복잡하며, 우리가 음식 섭취의 결과, 인간과 환경의 관계에 대한 정확한 지식이 없다면 음식생활의 부정적인 측면에 대한 비판이나 해결도 불가능하다. 따라서 개인적인 노력도 필요하지만 나아가 교육으로 이에 대해 정확하게 알도록 하여 해결책을 모색할 필요가 있다.

76 이전의 과학이 자연을 대상으로 보는 데 반해, 새로운 과학은 자연을 관계로 본다. 이전의 과학은 분리, 착취, 절단, 환원으로 설명할 수 있지만, 새로운 과학은 참여, 보충, 통합, 전체론이 특징이다. 이전의 과학은 자연을 압도할 수 있는 힘을 찾는 데 반해, 새로운 과학은 자연과 제휴를 모색한다. 이전의 과학이 자연으로부터의 자율성을 강조하는 데 반해, 새로운 과학은 다시 합세하는 것을 중요시 한다. 이경남 역(2010), 앞의 책, p. 741.

77 우주의 에너지 총량은 변화하지 않으며(열역학 제1법칙 또는 에너지 보존의 법칙), 우주의 모든 것들이 질서로부터 무질서로 움직인다는(열역학 제2법칙) 엔트로피(entropy) 이론에 따르면 엔트로피의 증가는 쓸모없는 에너지가 쌓이는 것이다. 엔트로피(무질서도)를 줄이기 위해서는 생명체의 생명활동을 증진시키고 에너지 이용을 줄이는 것이다. 김수종(2003), 앞의 책, p. 122.

4. 도덕 교과에서의 음식윤리교육

(1) 음식윤리교육의 필요성

도덕 교과에서 다루는 내용은 음식생활의 '윤리'로, 음식생활에 초점을 두는 실과나 기술·가정과는 다르다. 음식윤리는 단순히 건강의 문제가 아니라 개인과 사회, 전 지구적 모든 요소가 연계된 메커니즘과 관련되어 있다. 따라서 도덕 교과에서 다루는 음식윤리는 보다 포괄적이면서 윤리적 선택과 판단이 가능하게 하기 위한 '근거'를 제시하는 데 초점을 두어야 한다. 그렇다면 왜 도덕 교과에서 음식윤리교육을 실시해야 하는가?

첫째, 도덕은 다른 교과들과의 관계에서 메타meta적 성격을 지녀 윤리적 방향성을 제시해주기 때문이다. 도덕·윤리 과목은 현실적·이론적 도덕문제에 대해 매우 근본적 문제의식과 해결방법의 근거를 찾도록 시도하며, 다양한 교과들의 내용과 방법의 기초로서의 세계관을 형성해준다. 음식윤리교육은 음식생활에서 윤리적 가치관과 세계관을 정립시켜 주며, 올바른 선택과 판단, 실천은 그와 관련된 다양한 지식에 대한 이해와 공감과 의지가 있어야 실천으로 연계될 수 있다.

둘째, 음식을 통한 도덕교육은 우리나라의 전통적인 '밥상머리 교육'에서 실시하였던 것이다. 유대인들도 우리가 밥 한 끼 해결하면 그만이라고 생각할 수도 있는 평범한 밥상머리 속에 상상할 수 없는

영적이고 교육적인 비밀이 숨어 있음을 일찌감치 깨달았다.[78] 이와 같이 밥상머리 교육을 실시하였던 이유는 가장 기본적인 욕구 충족이 가장 높은 정신적 추구와 연계된다는 교육적 의미를 파악하였기 때문이다.

셋째, "먹은 것이 인간을 결정한다."는 영양학의 철학이 도덕교육에 적용됨으로써 풍부한 도덕교육 내용과 연계될 수 있다. "몸에 좋고 인도적인 식단은 아이가 자라는 동안 좋은 롤 모델을 세워주는 것 이상의 의미"가 있으며,[79] 먹는 음식은 궁극적으로 다음 세대에 영향을 미쳐 미래 인류의 방향을 설정하기 때문에 현재 피교육자들이 어떤 가치관에 의해 음식을 선택하여 먹느냐는 단순히 식생활 영역을 넘어 삶의 전 영역과 관련된 '가치관' 영역이다.

우리나라 청소년 비만은 세계 1위를 차지할 정도이고, 비만을 비관한 여중생이 자살하는 등의 문제는[80] 가정과 사회가 건강한 음식문화를 형성해주지 못한 결과다. 최근 식품첨가물교육 의무 실시를 골자로 한 '식생활교육지원법'의 국회 통과는[81] 식생활교육에서 발전이라고 볼 수 있다. 이런 분위기에 더하여 도덕교육에 음식윤리의

---

78 이영희, 『유대인의 밥상머리 자녀교육』(규장, 2012), p. 11.

79 함규진 역(2011), 앞의 책, p. 112.

80 http://www.ittoday.co.kr/news/articleView.html?idxno=37795: "청소년 비만, 세계 1위" (검색일: 2010.07.11).

81 http://www.ibsnews.kr/news/18808: "식품첨가물 교육 강화, 식생활교육지원법, 국회 통과!"(검색일2010.07.11) 현행법 제26조(학교에서의 식생활 교육) 조항을 개정하여, 현재 단순히 학교에서의 식생활 교육을 추진하도록 한 원칙을 더 강화하여 연 2회 이상 의무적으로 실시하도록 했다.

구체적 내용이 포함되어야 할 것이다. 무엇보다 음식생활에 대한 반성은 가정은 물론, 학교 급식, 식당 문화 등 사회 전반에서 시작되어야 한다. 구체적으로 잔반殘飯 문제,[82] 패스트푸드와 정크푸드, 편식과 영양과다 등 무엇을 어떻게 먹을 것인가에 대한 성찰에서 시작된다. 인간의 음식 선택은 윤리적 판단과 평가를 바탕으로 해야 하며 이에 올바른 가치 판단과 선택의 연습이 필요하다. 자신의 몸에 대한 책임의식에서 나아가 음식의 윤리적 메커니즘에 대한 '지식'이 필요하다. 비판 능력을 바탕으로 윤리적 소비자, 민주시민의식을 지닌 윤리적 소양을 지닐 수 있어야 실천으로 연계되고, 미래사회를 위한 긍정적 변화를 모색할 수 있기 때문이다.

음식윤리교육과 그 실천은 '아래로부터의 영향력'으로 인간주의의 자연스러운 요구에 뿌리를 두고 있는 반면, 글로벌 경제 성장의 엔진을 가속화시키는 '위로부터의 영향력'은 수익 추구를 최우선으로 한다는 점에서 다르다.[83] 사회를 변화시키기 위하여 "먹을거리를 구매하는 모든 행위가 곧 유권자의 한 표"[84]이며, "먹을거리를 사러 시장에 갈 때마다 식당에서 식사 메뉴를 정할 때마다 우리가 하는 선택(그리고 우리가 사는 것)이 차이(우리 자신의 건강과 우리 마음의 평화만이

---

82 『조선일보』 2013년 6월 29일 자 50면, "상차림의 제1원칙 '절대 다 못 먹게 차린다' …… 음식물 쓰레기 양산하는 한정식."

83 양희승 역, 헬레나 노르베르 호지(Helena Norberg-Hodge), 『오래된 미래: 라다크로부터 배우다』(*Ancient Future*, 1992)(중앙북스, 2007), p. 15.

84 김은영 옮김(2006), 앞의 책, p. 427.

아니라 지구의 미래를 위한)를 만들 것"[85]이라는 데서 음식윤리교육이 '민주시민교육'과 직결됨을 알 수 있다.

(2) 교육과정의 음식윤리 내용

도덕 교육과정 내용은 덕목 중심인데, 학생들의 발달 단계를 고려하여 현대사회에서 학생들이 접하는 다양한 도덕적 문제에 대하여, 도덕적 삶을 실천으로 연결할 수 있는 실천 동기와 태도를 함양할 수 있고, 개인의 바람직한 가치관 확립과 나아가 우리 사회와 세계의 발전에 기여할 수 있도록 구성되어 있다. 2012 개정 교육과정 도덕 교과의 내용체계에서 나타난 가치·덕목을 살펴보면 다음과 같다.[86]

도덕 교과의 음식윤리교육은 이러한 덕목들과 연계시켜 교육하여야 하는데, 도덕 교과의 특성상 먹음을 통하여 건강한 몸 유지와 지구 환경, 인류 평화를 위해 무엇을, 어떻게 먹어야 하는지에 초점을 두게 된다. 개인에서 인류 평화에 이르는 가치 범위의 확대에 맞추어 음식윤리의 내용을 구성할 필요가 있다. 전체 지향의 가치인 존중, 책임, 정의, 배려는 모든 영역에서 강조되는 가치·덕목으로, 앞장에서 다룬 윤리적 문제와 원리와 부합되는 면이 많다.

구체적으로 관련되는 영역을 보면, 도덕과 교육과정에서 초등학교 3·4학년의 '다문화 사회에서의 바람직한 삶'과 중학교 1~3학년군의 '문화의 다양성과 도덕', '세계화 시대의 우리의 과제', '환경친화

---

85 위의 책, p. 425.

86 교육과학기술부, 『도덕과 교육과정』(교육과학기술부 고시 제2012-14호 [별책 6], 2012), pp.6~7.

내용 / 영역	주요 가치·덕목		초등학교 3·4학년	초등학교 5·6학년	중학교 1~3학년군
	전체지향	영역별			
도덕적 주체로서의 나	존중 책임 정의 배려	자율 성실 절제	(가) 소중한 나 (나) 자신의 일을 스스로 하는 삶 (다) 성실한 생활 (라) 반성하는 삶	(가) 감정의 조절과 표현 (나) 자기 행동에 대한 책임감 (다) 자긍심과자기 계발 (라) 절제하는 생활	(가) 도덕의 의미 (나) 삶의 목적과 도덕 (다) 도덕적 성찰 (라) 도덕적 실천 (마) 인간 존재의특성 (바) 자율과 도덕 (사) 도덕적 자아상 (아) 공부와 진로 (자) 도덕적 탐구
우리·타인과의 관계		효도 예절 협동	(가) 화목한 가정 (나) 친구 간의 우정과 예절 (다) 감사하는 생활 (라) 이웃 간의 도리와 예절 (마) 인터넷 예절 (바) 서로 돕는 생활	(가) 정보 사회에서의 올바른 생활 (나) 웃어른 공경과 예절 (다) 배려하고 봉사하는 삶 (라) 대화와 갈등 해결	(가) 가정생활과도덕 (나) 친구 관계와 도덕 (다) 사이버 윤리와 예절 (라) 이웃에 대한 배려와 상호 협동 (마) 타인 존중의 태도 (바) 평화적 해결과 폭력 예방 (사) 청소년 문화와 윤리
사회·국가·지구 공동체와의 관계		준법· 공익 애국심 통일 의지 인류애	(가) 공공장소에서의 질서와 규칙 (나) 나라에 대한 사랑과 긍지 (다) 통일의 필요성과 통일 노력 (라) 다문화 사회에서의 바람직한 삶*	(가) 인권 존중과 보호 (나) 법과 규칙의 준수 (다) 공동체 의식과 시민의 역할 (라) 공정한 행동 (마) 우리가 추구하는 통일의 모습 (바) 지구촌 시대의 인류애	(가) 인간 존엄성과 인권 (나) 문화의 다양성과 도덕* (다) 분단 배경과 통일의 필요성 (라) 바람직한 통일의모습 (마) 사회 정의와 도덕 (바) 개인의 도덕적 삶과 국가의 관계 (사) 국가 구성원으로서 바람직한 자세 (아) 세계화 시대의 우리의 과제*
자연·초월적 존재와의 관계		자연애 생명 존중 평화	(가) 생명의 소중함* (나) 자연 사랑과 환경 보호*	(가) 참된 아름다움 (나) 사랑과 자비	(가) 환경친화적인 삶* (나) 삶의 소중함과 도덕 (다) 과학 기술과 도덕 (라) 문화와 도덕 (마) 마음의 평화와 도덕적 삶 (바) 이상적인 인간과 사회

적 삶'은 국가·사회적 요구를 반영한 요소라고 명시하고 있는데,[87] 세계화 속에서 문화적 다양성을 교육에 반영한 조치다. 1~3학년군의 <문화적 다양성과 도덕>의 "학습 내용별 성취기준"을 보면, "인간 존엄성과 보편적 인권을 기반으로 타문화 및 자문화를 성찰하려는 태도를 지닌다."라고 명시되어 있는데,[88] '문화적 다양성'의 관점에서 음식문화 교육이 이루어지고 있다.

윤리적 관점에서 음식생활 영역은 절제, 예절, 사랑, 책임, 협동, 정의 등의 덕목과도 관련된다. 앞의 '음식생활의 문제'에서 살펴본 것처럼, 인간은 생존을 위해 먹어야 할 뿐만 아니라 먹음 행위는 사회생활에서 중요한 의미를 지니는 것으로 무엇을 어떻게 먹을지를 결정할 때 가치 판단과 가치 선택, 그 과정과 연계되지 않을 수 없다. 고등학교『생활과 윤리』교과에서는 <문화와 윤리> 내용 영역에서 "의식주의 윤리 문제"를 포함시켜 본격적으로 음식윤리를 다루고 있다.

> 현대 생활에서 의식주가 가지는 ① 윤리적 의미를 이해하고, ② 건전한 의식주 생활 및 문화를 정립하려는 태도를 기른다. 이를 위해 ③ 의식주와 관련된 다양한 윤리문제를 조사·분석하고, 의식주를 비롯한 소비문화 전반에 대하여 성찰하고

---

87 위의 책, pp. 6~7.

88 위의 책, p. 24.

④ 윤리적 소비에 대하여 토론한다.[89]

여기서 다루는 것은 크게 네 가지인데, 교육과정 전체의 음식윤리교육의 방향이라고 보아도 무리가 없다. 내용을 살펴보면, ① 음식의 윤리적 의미, ② 건전한 음식생활과 문화, ③ 음식생활과 관련된 윤리 문제, ④ 윤리적 소비 등이다. 제3장에서 살펴본 중용과 절제, 공감과 배려, 존중과 나눔, 책임과 실천, 연기성과 지식 등을 위의 내용에 어떻게 포함시켜 교과 지식으로 구성할 것인지는 교과서 집필 과정에서 필요한 사항이다.

음식윤리교육의 내용에서 도덕적 지식, 도덕적 감수성, 도덕적 실천이 연계되어야 한다. 이를 위해 개인윤리 측면에서는 도덕적 지식을 바탕으로 한 비판적 사고와 분석 능력을 바탕으로 윤리적이고 합리적인 소비자[혹은 생산자]로서의 신념, 자세, 태도를 배우고, 사회윤리 측면에서는 음식윤리의 정치적·경제적·문화적 측면의 구조와 제도에 대한 유기적 관련성에 대한 이해를 바탕으로 다양한 윤리적 문제들에 대해 비판하고 그 해결을 위해 실천할 수 있는 능력에 중점을 두어야 할 것이다.

(3) 음식윤리교육의 방법

음식윤리교육의 방법은 가정에서의 밥상머리 교육, 체험 활동 방법 등이 있다. 특히 도덕적 지식과 관련하여 독서는 의미가 있다. 학

89 위의 책, p. 41.

생들로 하여금 정서적, 실천적 도덕성을 끌어내기 위하여 먼저 '아는 것'이 요구되는 분야가 바로 음식윤리다. 따라서 '실과' 혹은 '기술·가정', '보건' 교과에서 관련 지식을 습득하는 것과 병행하여, 최근 폭발적으로 확대된 관련 내용에 대한 독서를 권장하여 인지적 도덕성을 함양하는 것이 필요하다. 아래 방법은 이에 더하여 새롭게 추가하는 내용으로 실제 학교 현장에서 적용할 수 있는 방법들이다.

① 먹기 명상 방법

이것은 '① 음식의 윤리적 의미'에 대해 파악하는 방법이다. 명상의 모든 단계에서 가장 먼저 해야 하는 것은 호흡에 집중하고 마지막에 호흡으로 되돌아오는 것이다. 호흡은 우리 생명의 기본이자 출발점이기 때문에 모든 수행법들은 호흡에서부터 시작된다. '호흡→몸→감정→생각→마음'에 대한 명상을 통하여 '가치관→세계관 및 행동의 변화'가 가능해지는데, 명상 방법은 무엇을 목표로 하는가에 따라 매우 다양하지만, 호흡과 몸에 대한 명상을 기본으로 일상생활의 모든 행동을 관찰하고 바라보면서 성찰하는 기회를 갖고자 하는 것은 공통적이다.[90] 먹기 명상은 먹는 행위에 집중하여 그것을 바라봄으로써 자기 자신을 깨닫게 하는 것으로, 다음을 참고하자.[91]

---

90 장승희, 「명상과 도덕교육과의 만남: '도덕명상'과 '도덕명상교육' 정립을 위한 시론」, 『윤리교육연구』 제29집(한국윤리교육학회, 2012), p. 259.

91 추선희 역, 잭 콘필드(Jack Kornfield), 『처음 만나는 명상 레슨』(*Meditation For Beginners*)(불광출판사, 2011), p. 82.

단계	내용	방법	단계	내용	방법
1	호흡과 하나 되기	1. 안정되고 편안한 자세 2. 깊은 호흡, 들숨과 날숨으로 호흡의 리듬 느끼며 집중하기	5	용서의 명상	1. 생각, 말, 행동으로 한 잘못 기억하고 용서 구하기 2. 자신의 잘못에 대해 자신이 용서하기 3. 다른 사람에게 받은 상처, 슬픔에 대하여 용서하기
2	몸의 느낌과 함께 하기	1. 몸의 느낌에 초점 두기 2. 몸 안의 에너지와 감각 자각하기 3. 편안함, 긴장감, 즐거움, 가려움, 통증 등 수용하기	6	사랑의 명상	1. 나 자신을 사랑하기 2. 사랑의 느낌, 사랑의 마음, 사랑의 감각 키우기 3. 자신이 사랑하는 사람을 사랑하기 4. 사랑의 마음을 확대시켜 모든 대상에 대하여 사랑하기
3	감정과 함께 하기	1. 슬픔, 기쁨, 욕망, 분노 등 감정 바라보기	7	먹기 명상	1. 음식을 천천히 준비하고 편안한 곳에 자리 잡기 2. 감사의 기도하기 3. 집중하면서 천천히 먹기 4. 음식에 대하여 온전히 집중하기
4	생각 바라 보기	1. 현재 일어나는 생각, 계획, 기억 등 바라보기	8	걷기 명상	1. 신체에 느껴지는 느낌 수용하기 2. 왼발과 오른발이 땅에 닿을 때의 촉감 느끼기 3. 천천히 걸으면서 발걸음에 집중하기

구체적으로 먹을 음식을 앞에 놓고 자신에게 오기까지 수고한 모든 것에 대하여 '감사의 기도'를 하도록 한다. 햇살과 비, 농부, 대지 그리고 생각나는 모든 것에 고마움을 전한다. 대지 위의 모든 존재가 연결되어 있음을 느끼도록 한다. 기도가 끝나면 1분 동안 아무것도 하지 말고 그냥 앉아서 음식이 담긴 접시를 침묵으로 지켜본다. 배고픔을 느끼면서 살펴보도록 하고, 준비가 되었으면 집중하면서 천천히 먹기 시작한다. 음식을 만져보고 느껴본다. 그리고 자기 몸

의 변화, 침이 고이는 것을 살피고, 음식을 천천히 입에 넣고 느낌을 살핀다. 눈을 감고 씹어보고 삼키고 식도를 따라 위장으로 내려가는 것을 느끼고 눈을 뜬다. 이렇게 집중하면서 음식을 먹어보면 식사에 대한 생각이 달라진다. 사소한 일이 큰 깨달음으로 연결되는 것이다. 이 방법의 유일한 규칙은 음식을 먹을 때 온전히 집중하는 것이다.[92] 음식 명상은 명상의 방법을 통하여 하나의 씨앗이 밥상에 오르기까지 다양한 원인과 결과(인연법)에 대한 깨달음을 얻도록 하는 것인데, 먹는 행위에서 그 행위에 집중하여 명상의 효과를 볼 수 있도록 지도하는 것이 필요하다. 씨앗에서부터 어떻게 자신의 생명을 유지할 에너지로 여기까지 왔는지 생각해보도록 하는데, 단체 급식이 보편화된 오늘날 학교에서 실시하기 쉽지 않지만, 학급별로 간식이나 기타 먹는 기회가 있을 때 교육적으로 활용할 수 있다.

② 마인드 맵 방법

이것은 ① 음식의 윤리적 의미 ② 건전한 음식생활과 문화를 파악하는 데 도움이 되는데, 음식이 만들어지는 과정과 그 과정에서 만나게 되는 대상(사물이든 사람이든, 자연이든 모든 존재들을 생각해보게 한다)을 마인드맵으로 그려봄으로써 우리가 먹는 것이 얼마나 많은 사람들의 도움을 받는지 생각해보고 감사하는 마음을 가질 수 있도록 하는 것이다. 음식이 씨앗에서부터 나의 몸에 들어와 하나가 되기까지의 변화 과정과 그 과정에서 연계된 수많은 사람과 자연들의 관계를

92 위의 책, pp. 117~124.

파악함으로써 존중, 배려, 공감 등 덕목을 깨닫게 한다. 앞의 '먹기 명상'과 연계시켜도 좋다. 그렇지 않다면 하나의 음식(자신이 좋아하는 음식)을 정하여 그것의 최초 모습-씨앗이나 알-을 그려보게 한다. 그리고 그와 관련된 모든 것들을 생각하면서 연결시켜 보도록 한다. 쌀이라면 씨앗에서 땅, 물, 흙, 바람, 온도 등 모든 요소를 다 생각하여 적어보게 하고, 또 마인드맵에 표시하게 하고, 다음 열매 맺고 난 후 추수할 때 농부들의 노력과 과정에서 필요한 것들을 다 생각하고 묘사하게 하며, 쌀로 우리 밥상에 오기까지 과정을 또 생각하고 밥을 만드는 물, 엄마의 손길, 밥솥의 힘, 불과 온도 등 모든 것을 생각하여 표시하게 한다. 그리고 마지막 나의 몸에 흡수된 나의 모습을 그려보게 한다. 그리고 감사해야 할 것들-자연, 물건, 사람들-을 찾아보고, 구체적으로 말로 표현하게 한다. 존중하고 감사하고 배려하는 마음을 키우는 방법이다.

③ 윤리문제 탐구 방법

액션러닝Action Learning이나 팀베이스드 러닝Team Based Learning 등 학습자 중심의 교수-학습 방법을 활용한다. 팀 활동 중심으로 과정을 중시하는 학습법을 활용하여 현실의 윤리 문제 해결을 도모하는 방법인데, ③ 음식생활과 관련된 윤리 문제, ④ 윤리적 소비에 대해서 탐구할 수 있는 구체적인 방법이다. 일정 기간(한 달 혹은 한 학기) 동안 탐구 주제를 정하여 탐구 방법과 탐구 내용을 학생들이 선정하여 계획하고, 준비하여 탐구할 수 있도록 하는데, 교사가 교수법에 대한 이해와 준비를 철저히 해야 가능한 방법이다. 도덕·윤리 혹은 재량

시간에 5~10분 정도씩 시간을 갖고 탐구 활동 과정을 점검하고, 학생들의 탐구활동 진척 상황과 활동 과정을 교사가 점검하고 격려하여야 한다. 자료들을 포트폴리오로 만들 수 있게 지도하며, 모든 조가 발표하는 시간을 가진다. 주제는 환경문제, 음식 쓰레기 문제, 전통 음식 탐구, 탄소 라벨링 및 푸드 마일리지 등, 각 나라의 음식 문화 탐구, 친환경 농산물 탐구 등 음식윤리와 관련되는 주제들 중에서 선정하여 탐구하는 방법이다.

5. 맺음말 : 미래를 위한 음식윤리

지금까지 음식생활에 대한 윤리적 논의와 도덕 교과에서의 음식윤리교육에 대하여 살펴보았다. 인간의 생존 유지를 위한 가장 원초적인 행위인 '먹음'이 윤리적 문제가 된 것은 대량생산, 대량소비 이후 인간의 먹음 행위의 본질이 변하면서부터다. 무엇을 어떻게 먹을 것인가는 단순히 먹는 행위를 넘어서는 가치의 선택이자 가치 판단과 연계되는 인간의 본질 실현 과정으로, 이는 미래사회를 규정하는 문제이기 때문에 중요하고도 근본적이다. 현재 도덕 교육과정에서는 구체적으로 음식윤리를 다루고 있으며, 앞으로 그 내용은 더 깊어지고 확대될 것으로 보인다. 개인의 건강한 몸과 마음, 인간과 다른 존재와의 관계에서의 음식 예절과 생명 존중, 그리고 소비자 권리와 시민윤리의식, 환경 문제와 인류 평화 등의 주제와 관련하여 음식윤리문제는 포괄적이면서 매우 근본적이기 때문이다. 또한 음

식윤리는 개인윤리 문제를 넘어 구조적·제도적 해결을 요구하는 복잡하고 유기적인 사회윤리 차원의 문제로 다각적인 모색이 요구되는 성격을 특징으로 한다.

미래학에서 예상하는 미래의 모습은 무서울 정도로 '위험한 생각들'로 가득하다. "생명의 목적은 에너지를 분산시키는 것이다", "생물과 무생물을 구별하는 것은 불가능하다", "개성을 바꾸기 위한 약물 사용" 등[93] 음식윤리와 관련하여 예견되는 모습도 유토피아보다는 디스토피아에 가깝다. 윤리에 있어서는 더욱 극단적인데, "선하고 옳은 말만 하는 사회"와 "악의 진화-우리는 살인으로 진화한다", "영혼은 없다", "도덕이야말로 허점투성이다", "부모 영향력 제로" 등[94] 부정적이다 못해 회의적이고 비관적이다. 그것이 현실화될 수도, 예상으로 끝날 수도 있지만, 현재와 다른 모습이 될 것임은 분명하고, 이러한 변화 속도를 감안한다면 현재 아이들이 성인이 되어 인류의 주축이 될 30년 뒤의 시대에 미리 대비할 필요가 있다. 미래에 예상되는 많은 변화에도 불구하고 인간 주체성에 대한 믿음과 윤리적 방향성에 대한 믿음을 저버릴 수는 없다. 그 이유는 아무리 고통스럽고 어려운 시대에도 인간의 긍정적 믿음에 근거한 긍정적 발전이 존재했다는 것을 역사에서 알 수 있기 때문이다.

우리가 논의한 음식윤리는 궁극적으로는 미래사회를 위한 것이

93 이영기 옮김, 존 브록만(John Brockman) 엮음, 『위험한 생각들』(*What Is Your Dangerous Idea?*, New York: Edge Foundation, Inc, 2006)(갤리온, 2008), pp. 135~139, pp. 188~189, pp. 216~217.

94 위의 책, 목차를 참고할 것.

다. 음식윤리에서는 먹음의 메커니즘에 대해 '알아야' 하며, 그 메커니즘에서 유기적으로 연계된 식물과 동물, 나아가 녹색 지구에 대해서 '느껴야' 하며, 이를 바탕으로 구체적으로 '행동해야' 하는 것까지 연계시킬 수 있어야 한다.[95] 미래에는 한 알의 약으로 포만감을 느끼게 될지도 모르고, 체형과 체질에 따라 맞춤형 음식 프로그래밍이 등장할지도 모른다. 그러나 인간이 먹지 않고는 살 수 없고, 무엇을 어떻게 먹느냐에 의해 인간의 본질이 이루어지는 것은 변하지 않을 것이다. '잘 먹고 잘사는 법'의 '잘'은 "바르게, 정당하게, 윤리적인"이란 의미이며, 그저 나에게만 즐거운 기호嗜好만을 뜻하지는 않는다. 나의 기호를 넘어 연기緣起로 맺어진 생명과 우주 질서에 대한 존중과 배려, 책임과 실천을 교육하는 것이 중요하며, 음식윤리의 고민은 미래사회와 미래세대를 위한 준비이자 궁극적으로 미래의 인간 본질 규정에 대한 고민인 것이다.

가정에서 전통적인 '밥상머리 교육'을 찾아보기 쉽지 않고, 학교에서의 식사시간을 통한 음식윤리교육도 시간적·공간적 제약으로 쉽지 않은 형편이다. 그럼에도 우리 세대에서 음식윤리교육을 통하여 학생들로 하여금 먹는 행위, 그와 관련된 다양한 의미와 가치를 생각하게 하고, 이를 통하여 인간이 성장 발전할 수 있다는 점을 깨닫게 해주는 것이 필요하며, 이것이야말로 미래를 준비하고 설계하는 가장 기본적이고 구체적인 방법인 것이다.

---

95 김재민 옮김, 린다 실베르센(Linda Silvertsen)·토시 실베르센(Tosh Silvertsen), 『어머니 지구를 살리는 녹색세대』(*Generation Green*, 2008)(맥스미디어, 2008).

참고문헌

고수현, 『생명윤리학』, 양서원, 2005.

교양교재편찬위원회 편, 『불교와 인간』, 동국대학교 출판부, 2006.

교육과학기술부, 『도덕과 교육과정』, 교육과학기술부 고시 제2012-14호 [별책 6], 2012.

김대군, 「음식의 윤리적 의미에 관한 연구」, 『국민윤리학논집』 제12집(한국시민윤리학회, 1999), pp. 1~22.

김석신, 「불량 만두소 사건에 대한 음식 윤리적 접근」, 『한국식생활문화학회지』제26권 제5호, 한국식생활문화학회, 2011.

김수종, 『0.6』, 현암사, 2003.

김숙희·장문정 외, 『식생활의 문화적 이해』, 신광출판사, 1998.

김열규 옮김, 루스 베네딕트(Ruth Benedict), 『문화의 패턴』(*Patterns of Culture*, 1934), 까치, 1993.

김은영 옮김, 제인 구달(Jane Goodall)·게리 메커보이(Gary McAvoy)·게일 허드슨(Gail Hudson), 『희망의 밥상』(*Harvest for Hope*), 사이언스북스, 2006.

김일방, 「채식주의의 윤리학적 근거」, 『철학논총』 제68집(새한철학회, 2012), pp. 147~168.

김재민 옮김, 린다 실베르센(Linda Silvertsen)·토시 실베르센(Tosh Silvertsen), 『어머니 지구를 살리는 녹색세대』(*Generation Green*, 2008), 맥스미디어, 2008.

김학택·박우현 옮김, C. E. 해리스(Harris), 『도덕 이론을 현실문제에 적용시켜 보면』(*Applying Moral Theories*, 1986), 서광사, 1994.

노순옥 옮김, 멜라니 조이(Melanie Joy), 『우리는 왜 개는 사랑하고 돼지는 먹고 소는 신을까』(*Why We Love Dogs, Eat Pig, and Wear Cows*, 2010), 모멘토, 2011.

대홍기획 마케팅컨설팅그룹 옮김, 로봇 B 세틀(Robert B. Settle)·파멜라 L 알렉(Pamela L. Alreck), 『소비의 심리학』(*Why They Buy*, 1999), 세종서적, 2003.

문수재, 「식생활과 윤리」(제44차 대한가정학회 추계학술대회 자료집, 1991), pp. 257~271.

박병기·추병완, 『윤리학과 도덕교육 1』, 인간사랑, 2009.

박석, 『하루 5분의 멈춤』, 예담, 2007.

박정훈, 『잘 먹고 잘사는 법』, 김영사, 2002.

박중서 옮김, 빌 브라이슨(Bill Bryson), 『거의 모든 것의 역사』(*At Home: A Short History of Private Life*, 2010), 까치, 2011.

박지희·김유진, 『윤리적 소비』, 메디치, 2010.

박찬구, 『개념과 주제로 본 우리들의 윤리학』, 서광사, 2006.

박찬구, 『우리들의 응용윤리학』, 울력, 2012.

서강식 편저, 『도덕교육이론의 탐색: 나딩스』, 양서원, 2005.

서진영 옮김, 마빈 해리스(Marvin Harris), 『음식문화의 수수께끼』(*The Sacred Cow and the Abominable Pig: Riddles of Food and Culture*, 1985), 한길사, 2005.

손봉호·강영안 옮김, C. A. 반 퍼슨(Cornelis Anthonie van Peursen), 『몸·영혼·정신: 철학적 인간학 입문』(*Body, Soul, Spirit*, 1978), 서광사, 2005.

신현승 옮김, 제레미 리프킨(Jeremy Rifkin), 『육식의 종말』(*Beyond Beef*, 1993), 시공사, 2005.

양희승 옮김, 헬레나 노르베르 호지(Helena Norberg-Hodge), 『오래된 미래: 라다크로

부터 배우다』(*Ancient Future*, 1992), 중앙북스, 2007.

이경남 옮김, 제레미 리프킨(Jeremy Rifkin), 『공감의 시대』(*The Empathic Civilization: The Race to Global Consciousness in a World In Crisis*, 2009), 민음사, 2010.

이병섭 옮김, 라인홀트 니이버(Reinhold Niebuhr), 『도덕적 인간과 비도덕적 사회』(*Moral Man and Immoral Society*, 1960), 현대사상사, 1986.

이서래 옮김, 아미허드 크레머, 『식품과 소비자』, 이화여자대학교 출판부, 1984.

이수경 옮김, 다니엘 골먼(Daniel Goleman), 『에코지능 : 미래 경제를 지배할 녹색 마인드』(*Ecological Intelligence*, 2009), 웅진지식하우스, 2010.

이영기 옮김, 존 브록만(John Brockman) 엮음, 『위험한 생각들』(*What Is Your Dangerous Idea?*, New York: Edge Foundation, Inc, 2006), 갤리온, 2008.

이영희, 『유대인의 밥상머리 자녀교육』, 규장, 2012.

이을상, 「자기 관리법으로서 불교의 음식 윤리」, 『동양문화연구』 제11집(영산대학교 동양문화연구원, 2012), pp. 85~110.

이희승 편저, 『국어대사전』(제3판), 민중서림, 1993.

장승희, 「명상과 도덕교육과의 만남: '도덕명상'과 '도덕명상교육' 정립을 위한 시론」, 『윤리교육연구』 제29집(한국윤리교육학회, 2012), pp. 237~268.

장은정 옮김, 이시하라 유미, 『음식이 병을 만들고 음식이 병을 고친다』, 삼호미디어, 2013.

장현갑·김미옥 옮김, 데이비드 해밀턴(David R. Hamilton), 『마음이 몸을 치료한다』(*How Your Mind Can Heal Your Body*, 2008), 맥스미디어, 2012.

전재근, 『음식이 사람을 만든다』, 종이거울, 2005.

정준영·한자경 외, 『욕망: 삶의 동력인가 괴로움의 뿌리인가』, 운주사, 2008.

조병채 편역, 『식경(食經)』, 을유문고, 1987.

추선희 옮김, 잭 콘필드(Jack Kornfield), 『처음 만나는 명상 레슨』(*Meditation For Beginners*), 불광출판사, 2011.

함규진 옮김, 모비·박미연 외, 『고기, 먹을수록 죽는다』, 현암사, 2011.

홍문화, 『무엇을 어떻게 먹어야 하나?』, 거석, 1986.

황경식·김성동 역, 피터 싱어(Peter Singer), 『실천 윤리학』(*Practical Ethics*, 1993), 철학과현실사, 1997.

『논어』(論語集註大全 影印本), 학민문화사, 1990.

『조선일보』 2013년 6월 29일 자 50면.

Lovelock, James, *The Ages Gaia: A Biography of Our Living Earth*(New York : Norton, 1988)

Tanaka, Keiko, "Redefining the Moral Responsibilities for Food Safety: The Case of Red Meat in New Zealand", *Rural Sociology* 70.4 (Dec 2005), pp. 470~490.

Hossain, Naomi, "Reading Political Responses to Food, Fuel and Financial Crises: The return of the moral economy?", *Development, Beyond economics 52.3*(Sep 2009), pp. 329~333.

Modin, Peter G.·Hansson, Sven Ove, Moral and Instrumental Norms in Food Risk Communication, *Journal of Business Ethics* 101.2 (Jun 2011), pp. 313~324.

Zwart, Hub, "A Short History of Food Ethics", *Journal of Agricultural and Environmental Ethics*, Volume 12(Number 2, 2000), pp. 113~126.

http://www.ibsnews.kr/news/18808 : "식품첨가물 교육 강화, 식생활교육지원법, 국회 통과!"(검색일: 2010.07.11)

http://health.chosun.com/healthyLife/column_view.jsp?idx=7636 : 김하진, "고기와 사

랑에 빠진 대한민국, 괜찮은 걸까?"(검색일: 2010.07.11)

http://www.ittoday.co.kr/news/articleView.html?idxno=37795 : "청소년 비만, 세계 1위"(검색일: 2010.07.11)

http://dic.daum.net/search.do(검색일: 1013.07.09)

http://health.chosun.com/healthyLife/column_view.jsp?idx=7636 : "국민 10% 영양부족, 성인 30% 비만…… 식생활 불균형 심각"(검색일: 2010.07.11)

2. 초등학교 음식윤리교육 방안[1]

— 실과·도덕과의 통합적 접근을 바탕으로 —

장승희(제주대학교)

1. 머리말

오늘날 생활양식과 문화 형태의 변화로 식생활 형태는 과거와 비교할 수 없을 정도로 변화하였다. 가족 간의 식사 시간이 줄고 외식과 대량급식이 보편화되었다. 현대사회의 '먹음'은 맛을 '즐기는' 것

1 이 글은『윤리교육연구』제36집(한국윤리교육학회, 2015년 4월 30일)에 실린 원고를 수정·보완한 것임.

과 '끼니를 때우는' 생계의 문제가 공존한다. 여전히 삼시 세끼를 해결하지 못하는 계층도 있지만 최고급의 질 좋은 음식을 추구하는 계층도 존재한다. 그러나 식생활의 양극화, 패스트푸드와 슬로푸드의 분리를 대척점으로만 보기 어렵다. 다양한 음식 문화가 보편화되면서 바쁜 생활 때문에 일반 가정도 간편 요리나 인스턴트 음식을 거부하지 않는데, 대량생산된 음식도 질적으로 높은 수준을 담보하고 있다고 믿기 때문이다. 먹는 문화의 변화는 다양한 양상을 띠면서 혼자 먹는 것이 이상하지 않게 되었고, 가족 구조와 생활 방식의 변화로 식생활과 먹는 것에 대한 인식이 이전과는 아주 다르게 변화하고 있다.

한 예로, 먹는 것을 예능 코드로 삼은 「삼시 세끼」라는 프로는 그저 만들어 먹는 것이 주목적이다. 두 남자 주인공들이 음식물을 최대한 직접 길러서 만들어 '먹는 행위'가 주 활동이며, 게스트를 초대하여 삼시 세끼를 해결하는 것이 주 임무다. '스스로 해 먹기', '함께 먹기' 등의 의미를 통해, 그들은 그 과정에서 슬로푸드의 여유로움과 일반인들이 누리지 못하는 새로운 먹음의 가치를 선물한다. 이제 먹는 것이 그 자체의 즐거움을 넘어 오락의 한 분야가 되었고, 남자가 음식을 하는 것이 당연하게 받아들여지고 있다.

그럼에도 불구하고 음식생활에서 비판적 고려와 윤리적 판단은 중요하다. 여전히 자본주의 음식문화로 대표되는 대량생산과 대량소비의 음식생활은 단순히 개인의 기호를 넘어 인류 문명의 방향과 질까지 변화시킬 수 있는 중요한 문제다. 오늘날 변화된 음식생활은 개인의 건강 차원을 넘어 사회 윤리적 문제이며, 먹는 것을 예능이

나 오락의 소재로 끌어오는 상황에서 비판적 의식 없이 끌려가면 수동적 소비자로만 남아 위험한 결과에 처할 수 있다. 무엇을 먹어야 혹은 먹지 말아야 할지, 어떻게 먹어야 혹은 먹지 말아야 할지의 문제는 건강은 물론 미래세대의 삶의 질을 좌우한다는 점에서 그저 단순히 넘어갈 수 없는 문제인 것이다. 오늘날 인간의 '먹음' 행위는 개인의 기호를 넘어 사회적·윤리적 의미, 나아가 정치적 선택의 의미까지 내포하고 있다. 자본주의 체제에서 생산자로서의 대기업, 농민집단, 축산단지 등을 고려하게 되면 그것은 구조적·제도적인 문제이며, 이에 대한 해결책도 구조적·제도적으로 해결하지 않을 수 없다.[2] 무엇을 먹어야 혹은 먹지 말아야 하는지의 문제는, 먹고 선택하고 소비하는 주체인 개인의 관점을 넘어, 이제 음식 메커니즘에 대해 제대로 알지 못하거나 깊이 생각하지 않으면 대기업 등 자본주의 문화의 소비사슬에 끌려가는 결과가 생길 수 있다는 점에서 인간이 지닌 '지식'과 '이성'의 능력이 필요한 때다.

우리의 건강한 삶을 위해 음식이 얼마나 중요한지 직접적 영향을 아는 성인들의 경우는 직간접적 경험으로 자신의 음식생활을 조절할 수 있다. 건강과 음식의 연관성을 강조하는 대중매체나 인터넷 지식에 영향을 받으면서 주의하게 되기 때문이다. 반면, 기성세대가 제공하는 먹을거리를 수동적으로 받아들여야 하는 초등학생들의 경우는 그러한 조절이 쉽지 않다. 대중매체와 케이블 방송에 노출되

2 장승희, 「음식생활에 대한 윤리적 논의와 음식윤리교육」, 『윤리교육연구』 제31집(한국윤리교육학회, 2013), p. 329.

어 있고, 스마트 폰의 무차별적 광고의 위험으로부터도 안전하지 못하다. 지속적인 지도가 없이는 건강한 음식생활과 바른 음식 습관을 제대로 배우거나 이해하기도 전에 대중적인 입맛과 먹을거리, 음식문화에 익숙해져 버릴 수 있기 때문이다. 이런 이유로 초등학생들에 대한 음식윤리교육은 이른바 중요과목의 지식 내용 교육보다 더 중요하다 할 수 있다.

초등학생들은 유아기보다 더 지덕체智德體의 고른 성장과 발전이 중요하다. 지식·인성·체력의 기본이 형성되고 성장하는 시기가 바로 초등학교 때이기 때문이다. 이에 여러 교과목에서 지식을 배우고 다양한 활동을 통해 인격을 함양하며, 건강한 심신을 기르기 위해 다양한 놀이와 건강한 먹을거리를 제공하고자 노력한다. 국가와 지자체가 학교급식에 대해 그처럼 예민한 것도, 무상급식이 논란이 되는 것도 모두 이러한 중요성들을 인식하고 있기 때문이다. 특히 성장기 어린이들에게 먹는 것은 단순히 생존을 위한 영양 섭취가 아니라 즐거운 만남과 대화의 시간이며, 삶의 기쁨을 주는 활동이자 행위인 것이다. 과거에 비해 급식 수준이 높아졌고, 학교현장의 급식문화나 음식생활에 대한 고려가 많아진 것은 사실이다. 그럼에도 불구하고 여전히 미래세대를 위한 바람직한 음식생활과 윤리에 대한 교육이 이루어지고 있는지에 대해서는 그다지 긍정적이지 못하다. 여전히 짧은 시간에 이루어지는 대량급식의 점심시간, 학교와 학급 행사에 단골로 등장하는 피자와 콜라, 통닭과 탄산음료 등의 간식은 기성세대들이 무비판적 음식문화를 수용한 결과가 아닌지 진단해보아야 한다.

초등학생들의 음식문화와 음식 선택은 자본주의 사회의 감각적 소비를 강조하는 대중매체 광고와 맞물리면서 새로운 소비 대상으로 부상하고 있다. 모든 선택들이 자율적으로 이루어지는 시기는 아니지만 자율적 선택의 단계로 변화하는 시기이기에 더 중요하다. 자율성이 떨어지므로 기성세대의 책임이 막중한 것이고, 점차 자율적 선택의 단계로 넘어가는 시기이기 때문에 제대로 된 선택을 위한 준비를 해주어야 한다. 그들이 무엇을 먹어야 할지, 어떻게 먹어야 하는지 합리적·윤리적 선택과 관련된 교육이 이루어지지 않는다면 이후 그것을 바로잡는 데는 더 큰 비용과 시간이 필요하며, 심지어 건강 문제는 되돌릴 수 없는 지경에까지 이를 수 있다. 따라서 초등학생들에게 음식윤리교육은 무엇보다 중요한 내용이자 다양한 방법을 통해 이루어져야 하는 교육적 과제다. 또한 그들이 먹는 것이 성인 이후의 건강을 좌우하고, 또한 그들의 소비 성향과 패턴이 미래사회의 제반 영역에 큰 영향을 미치게 된다. 유아들은 부모 및 육아 담당자의 가치 판단으로 음식 선택이 이루어지지만, 초등학생들은 자신의 입맛에 맞는 음식을 선택하고 음식 취향의 방향을 정하는 과정에 있다는 점에서 그들에 대한 음식윤리교육은 다른 어떤 것보다 중요하다.

본 연구는 초등학교 음식윤리교육 방안으로 실과와 도덕 교과의 통합적 접근을 통해 구체적인 방안을 찾기 위한 것이다. 두 교과가 추구하는 목표가 동일하지 않고, 각 교과가 중시하는 내용이 적지 않음에도 불구하고 두 교과의 통합을 통해 접근하고자 한 것은 실과에서 이루어지는 음식생활에 대한 교육과 도덕에서 이루어지는 가

치·태도 교육의 만남이 가능할 것이라는 판단에서다. 물론 교과의 입장이 있기 때문에 완벽한 통합이 쉽지는 않지만 음식윤리교육에 있어서 실과의 풍부한 내용과 도덕과의 윤리적 가치와 방법을 '전략적'으로 통합한다면, 초등학교 학생들이 미래사회를 대비한 음식윤리교육의 의미를 찾을 수 있을 것이라고 판단하였다. 본 연구는 이러한 관점에서 현장 교사들에게 실제적인 유용성을 확보할 수 있도록 교과서의 음식생활 관련 내용들을 분석하여, 구체적인 방법을 제시함으로써 도움이 되었으면 하는 목적에서 이루어졌다.

2. 초등학교 음식윤리교육의 필요성과 내용

"영양학의 가장 기본이 되는 철학은 자기가 먹은 식품이 자기가 된다는 것이다."[3] 이에 따르면, 오늘날 인간이 이룩한 문명과 문화의 특성은 궁극적으로 인류가 먹은 음식의 특성에 따른 것이라고 볼 수 있다. 우리가 먹는 음식에 따라 오늘날 인간성 및 사회문화적 특성이 이루어지고 있음을 볼 때[4] 현재 문명의 위기들이 혹 우리가 먹는 음식에 원인이 있지 않은가 추론해볼 수도 있다. 초등학교 때는 성장을 위한 영양소의 적절한 공급이 중요하며, 몸의 건강을 바탕으로

3 김숙희·장문정 외(1998), 『식생활의 문화적 이해』, 신광출판사, p. 15.

4 히스토리채널(2007), 「맛있는 현대문명: 맥주, 초콜릿, 청량음료, 아이스크림」, 2007.12.07~12.28 방영.

정신적 성장이 이루어지는 단계다. 영양이 부족하면 성장과 발달에 문제가 생기고, 과다하면 부작용이 따른다. 물론 "인간은 이미 자신의 영양 상태와 음식 섭취에 대한 대략적인 조절력을 가지고 있다는 사실"[5]에서 어느 정도 부족하거나 넘치더라도 자기조절능력의 발휘되어 적응되기는 할 것이다. 그러나 정도가 지나칠 경우와 '나쁜 음식'에 의한 부작용에 주의하지 않으면 안 된다.

오늘날 아이들을 위협하는 문화산업과 영상문화, 기술만능주의 등 문화적 특성은 이른바 "축소된 아동기"를 유발하고 있다. 즉 생물학적으로 150년 전에는 성적 성숙(초경)이 열여섯 살과 열일곱 살에 시작됐다면, 오늘날 독일의 청소년 잡지 『브라보』의 조사 결과를 보면, 2006년 독일에서 남자아이 중 60%와 여자아이 중 80%가 열세 살 때 처음 사정과 초경을 경험했다고 할 정도로[6] 빨라지고 있다. 이처럼 지속적으로 생물학적인 아동기가 줄어드는 현상의 '가속화'에 대해 음식물 섭취 습관이 바뀐 것, 산업화가 진행되면서 대기를 떠돌며 성장기 아이들의 호르몬 시스템에 영향을 주는 화학물질이 늘어난 것, 유전자 변화와 문화적 영향을 중요한 원인으로 꼽는다.[7] 여기서 우리가 조명해 보아야 할 것이 바로 음식물 섭취와 식습관 문제, 식사예절 등이다. 오늘날 "위기의 아이들"의 현황을 살펴보자.

---

5 이대택(2014), 『영양시대의 종말』, 따비, p. 63.

6 송순재·권순주 역(2010), 크리스티안 리텔마이어(Christian Rittlemeyer), 『아이들이 위협하다: 문화산업과 기술만능주의 사이에서』(*Kindheit in Bedrängnis-Zwischen Kulturindustrie und technokratischer Bildungsreform*, 2007), 이매진, p. 200.

7 위의 책, p. 202.

> 요즘 아이들은 생일파티 때면 으레 기름진 패스트푸드와 탄산음료, 단 음식들을 먹는 것을 당연하게 생각한다. 학교를 마친 후 학원 스케줄에 쫓겨 하루에 단 한 끼도 정상적인 식사를 못하고 패스트푸드 등으로 때우고 사는 아이들도 많다. 이런 아이들의 몸이 점점 비만해지고 성격이 거칠어지고 편식에 길들어 각종 알레르기 질환과 감기에 시달리게 되는 것이다.[8]

TV와 게임 시간의 증가와 운동 부족으로 인한 비만, 라면과 인스턴트 등 패스트푸드 섭취로 인한 영양 불균형의 심화, 식품첨가물과 고지방·고열량 식품의 문제, 대량급식 및 가족 해체로 인한 식탁예절의 붕괴 등 먹는 것과 관련하여 고려할 점들이 많아졌다. 그것은 문명의 변화에 따른 세계적 추세에 더하여 한국적 특수성까지 더해지면서 해결점을 찾기가 쉽지 않아 보인다. 초등학교 음식윤리교육이 필요한 이유는 신체와 정신의 건강 측면, 미래세대의 주역이라는 세대의 특성, 음식생활과 연계된 사회구조와의 긴밀한 연계성에서 찾을 수 있다.

첫째, 아이들이 먹는 음식에 따라 몸 건강이 결정되며, 그에 따라 정신에도 영향을 미치기 때문이다. 환경부의 보고에 의하면 우리 어린이와 청소년의 몸속 중금속량이 선진국보다 매우 높고 특히 수은은 독일보다 무려 20배나 높았는데, 그 원인이 생선에 있고, 그 결과

---

8 박정훈(2002), 『잘 먹고 잘사는 법』, 김영사, p. 56.

는 급성폐렴이나 우울증, 정신 장애 등을 유발할 수 있으므로 생활 습관 개선이 필요하다고 밝혔다.[9]

둘째, 아이들은 다음 세대의 주역이며 그들의 몸과 정신이 건강하지 못하면 사회적으로 문제가 생긴다. 따라서 기성세대는 그들의 음식생활을 건강하게 해주어야 할 뿐만 아니라 교육을 통하여 무엇을 먹어야 혹은 먹지 말아야 할지, 어떻게 먹어야 혹은 먹지 말아야 할지를 가르쳐야 하며, 왜 그런가에 대해서도 파악할 수 있게 도와주어야 한다. 현재의 상태를 그대로 지속하는 것은 그들의 알 권리를 회피하는 것이며, 결과를 고려한다면 일종의 보이지 않는 범죄에 해당하는 일이다.

셋째, 오늘날 먹는 것은 자본주의 문명의 영향을 지속적으로 받고 있으며, 대량생산과 소비를 추구하는 대기업의 이윤추구는 시장의 목적에 의해 탄생된, 리프킨Jeremy Rifkin의 이른바 '차가운 악cold evil'으로, 그 메커니즘을 제대로 알고 대처하지 못한다면 단순한 소비자로 전락하게 된다. 따라서 윤리적 소비와 음식의 메커니즘을 알고 실천하는 '민주시민교육'이 필요하다.

그렇다면 어떤 내용을 교육하여야 하는가? 초등학생들의 발달 단계를 보면 도덕적 타율성에서 도덕적 자율성으로 이동하는 단계로, 스스로 가치 판단과 선택이 이루어질 단계다. 따라서 음식과 관련하여 알고 느끼고 행동할 수 있도록 하는 교육이 필요하다. 초등학생

---

9 http://www.ytn.co.kr/_ln/0103_201401221522338319: 「YTN 뉴스」(2014.01.22)(검색일: 2014.10.07).

들에게 음식윤리교육을 위해 필요한 내용을 살펴보자.

첫째, 음식에 대한 교육은 실과에서 주로 이루어지는 내용으로 음식의 영양소와 특징, 건강을 위한 음식 등 기본 지식과 문화로서 음식에 대한 이해를 포함한다. 직접 음식을 선택하여 만들어 대접하는 과정에서 그 의미와 예절을 체험하는 것이다.

둘째, 음식 주체와 음식 대상에 대한 이해로, 음식의 문화적·윤리적 의미, 음식과 삶의 질의 관계, 나눔과 배려, 예절 등 음식윤리의 기초를 공부하는 것이다.

셋째, 음식의 선택과 관련된 음식 메커니즘을 알고 무엇을 먹어야 혹은 먹지 말아야, 어떻게 먹어야 혹은 먹지 말아야 하는지에 대한 근거를 생각하면서 자신의 음식생활을 비판적으로 반성하고 구체적으로 실천하도록 하는 것이다.

이러한 내용들이 초등학교 교과들에서 이루어져야 하지만, 실제적으로 식생활을 교육하는 실과와 음식생활의 태도와 윤리를 교육하는 도덕 교과가 위기에 처해 있다. 다른 교과에 비해 중요성이 낮게 평가되면서 교육과정에서 위상이 낮아지고, 이에 따라 학교 수업시수가 줄어들고 있는 것이다. 교육을 하고 싶어도 시수 부족으로 제대로 된 교육을 실시하기 어려운 것이 지금의 상황이다.

3. 초등학교 실과·도덕과의 음식윤리교육 분석

2009 개정 교육과정의 특성을 보면, "초 · 중학교 경우 현재 10개인 국민 공통 기본 교과군(국어, 도덕, 사회, 수학, 과학, 실과, 외국어, 체육, 음악, 미술)이 7개(국어, 사회/도덕, 수학, 과학/실과, 외국어, 체육, 예술)로 줄어들었고, 주당 수업시수가 1~2시간인 도덕, 음악, 미술, 실과 등은 …… 특정 학기에 몰아 교육하는 집중이수제를 실시할 수 있다."고 하였다.[10] 지식 중심의 교육과정으로 실과를 비롯한 예체능 교과, 특히 도덕과는 집중 이수제로 직접적인 피해를 입었다. 두 교과는 영어와 컴퓨터의 도입으로 시수가 줄어들고, 두 교과가 매우 실제적이고 중요한 교과임에도 새로운 교육 내용의 도입과 더불어 시수의 감소는 물론 내용마저 축소되고 있다. 그럼에도 이 두 교과에서 다루고 있는 내용들은 우리 일상생활의 소중한 가치를 일깨워줄 뿐만 아니라 삶에서 계량적 측면보다 '질적 수준'을 높여주는 가치·지향적 의미를 지닌다는 점에서 다른 어떤 교과보다 중요한 의미를 지닌다.

초등학교 식생활과 관련된 교육은 실과에서 주로 이루어진다. 음식생활에 대한 기초 지식과 만들기, 태도를 통하여 무엇을 어떻게 먹어야 할지에 대한 기본 소양을 지도하고 있다. 또한 도덕에서는 덕목주의를 채택하여 전체 지향의 가치·덕목으로 '존중', '책임', '정

---

10 http://www.yonhapnews.co.kr/bulletin/2009/12/17/0200000000AKR20091217158000004.HTML?did=1179m: "초중고 과목 축소… 집중이수제 도입", 「연합뉴스」(2009.12.17)(검색일: 2014.09.29).

의', '배려'를 중심으로 영역별로 기본 태도와 실천의 자세를 교육하고 있으며, 다양성과 특수성에 기초하여 음식생활 윤리교육도 시도하고자 노력하고 있다. 특히 최근 음식생활에 대한 반성과 어떻게 먹어야 하는가에 대한 문제의 중요성이 대두되면서 음식윤리교육에 대한 관심이 고조되고 있다. 그러나 실제 학교현장에서 이러한 교육을 실시하기 쉽지 않은 상황이 되었다.

(1) 실과 : 음식생활교육

실과도 학회 차원에서 교육과정에 대한 고민을 하고 있었다.[11] 특히 미래사회의 교육적 요구에 따른 S/W 교육의 강화와 ICT 정보 소양 및 활용능력 중심의 교육을 강조하면서 기술 영역과 가정 영역과의 조화 모색이 주된 과제였던 듯싶다.[12] 한정된 시수에서 내용을 포함시켜야 하기 때문에-창의 재량 시간을 할애하긴 하지만-이전에 비해 더욱 입지가 줄어들었다는 고민을 전해 들었다. 음식생활과 관련하여 현재 교육이 이루어지고 있는 2007 개정 교육과정 내용을 보면, 다루어야 할 학습요소가 기초학습의 성격을 갖는 것은 5학년에서, 응용학습의 성격을 갖는 것은 6학년에서 이수하도록 하였는데, 식생활 내용은 다음과 같다.[13]

---

11 한국실과교육학회, 『2015 개정 실과 교육과정의 개발 방향 탐색』(2014학년도 한국실과교육학회 동계학술대회 자료집, 2014).

12 진의남, 「개정 실과 교육과정 개발 방향」, 『2015 개정 실과 교육과정의 개발 방향 탐색』, 2014학년도 한국실과교육학회 동계학술대회 자료집, p. 22.

13 서우석 외 13인(2014), 『초등학교 교사용 지도서 실과 5』, 두산동아, p. 5.

학년	5	6
식생활 내용	ㅇ 나의 영양과 식사 -영양과 식품 -간단한 조리	ㅇ 간단한 음식 만들기 -건강한 먹을거리의 마련 -음식 만들기

5학년 내용에 따른 성취목표를 보면 다음과 같다.[14] 영양과 식품 관련 지식, 조리 기구와 방법 및 만들기 등이 포함되어 있다. 식생활을 이루는 기본 내용들이라고 볼 수 있다.

> ㈎ 나의 영양에 관한 기초 지식과 하루에 필요한 식품의 구성, 식품의 합리적인 선택 방법을 알아 식품을 균형 있게 섭취한다.
>
> ㈏ 조리 기구의 종류와 쓰임새를 이해하고, 삶기, 찌기 등의 조리 방법을 이용하여 간단한 음식을 만든다.

구체적으로 6학년에 나온 음식 만들기 내용에 따른 성취목표를 보면 다음과 같다.[15]

> ㈎ 먹을거리 선택과 마련에 대한 중요성을 이해하고, 건강하고 안전한 식생활을 영위하기 위한 능력과 태도를 기른다.

---

14 최유현 외 7인(2014), 『초등학교 교사용 지도서 실과 6』, 지학사, p. 11.

15 위의 책, p. 18.

(나) 영양의 균형을 고려하여 밥과 빵 등을 이용한 한 그릇 음식을 만들고 식사 예절을 갖추어 식사하고 정리하며, 우리나라 음식 문화에 대한 이해를 위해 전통 음식 또는 지역의 향토 음식에 대해 조사하고 만든다.

분석해보면, 구체적인 음식생활과 윤리의 내용이 포함되어 있다. 먹을거리 선택과 마련, 그 중요성 및 식생활과 관련된 능력 및 태도, 예절과 전통 및 지역 음식 이해까지 광범위한 내용을 포함하고 있다. 실제 수업과 연계시켜 보면, 5학년 10차시[16] 6학년 10차시[17]로 모두 20차시에 걸쳐 음식 관련 지식, 조리 및 태도와 예절 등 음식생활을 교육하도록 하였다. 여기서 음식윤리와 관련된 내용은 '안전한 식생활'을 위한 선택, 능력, 태도, 식사예절 등이다.

이전 2007년 개정 교육과정 5, 6학년 교과서로 각각 구성되었던 내용들을, 2009 개정 교육과정에서는 5·6학년 군으로 묶으면서 축소되었고, '가정생활'과 '기술의 세계' 두 영역으로 나누었다.[18] 가정생활을 보면 '가정생활' 단원을 제외한 의식주 생활을 다룬 것이 5개 단원으로, 2개가 식생활 영역인데([1]과 [2]), 음식에 대한 지식, 만들기 및 식사예절 등이 포함되어 있다.

---

16 서우석 외 13인(2014), 앞의 책, p. 115.

17 최유현 외 7인(2014), 앞의 책, p. 97.

18 http://ncic.re.kr/nation.kri.org.inventoryList.do?pOrgNo=10030195 2009 개정시기 > 초등학교(국민학교)(2012.12) > 실과 > 공통 교육과정 > 1. 실과(기술 · 가정) > 4. 내용의 영역과 기준 > 가. 내용체계 > (1) 초등학교 실과.

ㅇ 나와 가정생활	−나의 성장과 가족 −가정 일과 가족원의 역할
ㅇ 나의 균형 잡힌 식생활 [1]	**−나의 영양과 식사** **−건강 간식 만들기**
ㅇ 나의 자립적인 의생활	−건강하고 안전한 옷차림 −스스로 하는 옷 관리
ㅇ 쾌적한 주거와 생활 자원 관리	−주거 공간과 생활 자원 관리 −용돈과 시간 관리
ㅇ 건강한 식생활의 실천 [2]	**−건강하고 안전한 식사** **−음식 만들기와 식사 예절**
ㅇ 창의적인 의생활의 실천	−생활 속 헝겊 용품 만들기 −환경과 나눔의 생활 용품 만들기

현재 다루고 있는 식생활 영역([1], [2])에 나타난 학습 내용별 성취 기준을 보자.[19]

> 〔1〕 균형 잡힌 식사가 자신의 성장과 건강유지에 필수적임을 이해하고 고른 식품군, 다양한 식품, 적절한 양의 섭취를 통해 올바른 식습관을 형성하며, 건강 간식을 스스로 만들어 먹을 수 있는 등 기초 식생활 관리능력을 기른다.
>
> (가) 균형 잡힌 식사를 통한 6대 영양소의 공급이 자신의 성장과 건강 유지에 필수적임을 이해하고, 어린이 식생활

19 http://ncic.re.kr/nation.kri.org.inventoryList.do?pOrgNo=10030195:2009 개정시기 > 초등학교(국민학교)(2012. 12) > 실과 > 공통 교육과정 > 1. 실과(기술 · 가정) > 4. 내용의 영역과 기준 > 다. 학습 내용별 성취 기준 > <초등학교 5~6학년군 가정생활> (2) 나의 균형 잡힌 식생활.

지침, 식품 구성 자전거 또는 녹색 물레방아를 바탕으로 자신의 식사를 반성, 평가함으로써 올바른 식습관을 형성할 수 있다.

(나) 성장기에 필요한 간식의 중요성을 이해하고 일상생활에서 과일과 채소, 우유 및 유제품 등 건강 간식을 선택하며, 달걀, 감자, 단호박 등을 삶거나 쪄서 음료 등과 함께 간식 상을 차리고 섭취할 수 있다.

〔2〕 안전하고 위생적인 식품을 선택하고 건강을 고려한 음식을 선택·마련할 수 있으며, 일상식인 한식을 중심으로 자신의 식사를 직접 만들어 봄으로써 건강하고 예절 바른 식생활을 실천한다.

(가) 식품표시의 내용과 의미를 이해하여 식품을 선택할 수 있으며, 외식 등에서도 건강한 식단의 조건을 알아 음식을 선택할 수 있다.

(나) 전통 한식이 건강과 환경에 도움이 되는 우수한 식단임을 이해하여, 밥을 이용한 간단한 자신의 한 끼 식사를 만들 수 있으며, 건강하고 예절 바른 일상 식생활을 실천할 수 있다.

실과의 기본적인 내용은 음식생활의 기본 지식과 만들기다. 간식과 일상식인 한식을 준비, 만들기, 먹기 과정을 통해 음식생활의 기초를 이해하고 실행해보게 하는 '과정' 중심이며, 나아가 음식윤리의

내용도 포함하고 있다. 구체적으로는 '올바른 식습관', '식생활 관리 능력', '안전한 식품과 음식의 선택', '예절 바른 식생활 실천' 등으로 요약할 수 있다. 그러나 실과의 특성상 음식을 선택함에 있어서의 판단 기준이나 식습관과 관련된 태도와 예절 등 구체적인 실천을 지도하기에는 시간적 제약이 따른다. 일주일 2시수에서 음식 만들기를 하기에도 시간이 부족하기 때문이다.

(2) 도덕 : 음식윤리교육

도덕 교과의 경우, 2009 개정 교육과정 초등학교 내용 구성은 다음과 같다.[20] 마찬가지로 내용이 축소되었고, 3~4학년 군, 5~6학년 군으로 조정되었다. 이전과 달라진 점은 18개의 가치·덕목이 '전체 지향' 가치·덕목과 '영역별' 가치·덕목으로 구분되었다는 점이다.

초등학교 도덕과 교육과정에서는 음식윤리의 구체적인 내용이 포함되어 있지 않다. 각각의 가치·덕목의 특성에 맞추어 음식윤리와 연계시키는 것이 중요하다. 구체적으로 영역별 내용과 연결시켜 생각해보자.

1) 도덕적 주체로서의 나 : '소중한 나'에서는 나의 건강의 소중함, 건강한 몸을 위해 골고루 먹는 습관의 중요성을 강조할 수 있으며, '절제하는 생활'에서는 음식의 절제, 나아가 소비의 절제와 연결시켜 절제를 강조할 수 있다.

---

20 http://ncic.re.kr/nation.kri.org.inventoryList.do?pOrgNo=10030156:2009 개정시기 > 초등학교(국민학교)(2011.08) > 도덕 > 2. 내용의 영역과 기준 > 가. 내용체계.

〈표 1〉 도덕과 내용체계 [3]

영역 \ 내용	주요 가치·덕목		초등학교 3·4학년	초등학교 5·6학년
	전체지향	영역별		
도덕적 주체로서의 나	존중 책임 정의 배려	자율 성실 절제	㈎ 소중한 나 ㈏ 자신의 일을 스스로 하는 삶 ㈐ 성실한 생활 ㈑ 반성하는삶	㈎ 감정의 조절과 표현 ㈏ 자기 행동에 대한 책임감 ㈐ 자긍심과 자기 계발 ㈑ 절제하는 생활
우리·타인과의 관계		효도 예절 협동	㈎ 화목한 가정 ㈏ 친구 간의 우정과 예절 ㈐ 감사하는 생활 ㈑ 이웃 간의 도리와 예절 ㈒ 인터넷 예절 ㈓ 서로 돕는 생활	㈎ 정보사회에서의 올바른 생활 ㈏ 웃어른 공경과 예절 ㈐ 배려하고 봉사하는 삶 ㈑ 대화와 갈등 해결

영역 \ 내용	주요 가치·덕목		초등학교 3·4학년	초등학교 5·6학년
	전체지향	영역별		
사회·국가 지구공동체와의 관계	존중 책임 정의 배려	준법· 공익 애국심 통일 의지 인류애	㈎ 공공장소에서의 질서와 규칙 ㈏ 나라에 대한 사랑과 긍지 ㈐ 통일의 필요성과 통일 노력 ㈑ 다문화 사회에서의 바람직한 삶*	㈎ 인권 존중과 보호 ㈏ 법과 규칙의 준수 ㈐ 공동체 의식과 시민의 역할 ㈑ 공정한 행동 ㈒ 우리가 추구하는 통일의 모습 ㈓ 지구촌 시대의 인류애
자연·초월적 존재와의 관계		자연애 생명 존중 평화	㈎ 생명의 소중함* ㈏ 자연 사랑과 환경 보호*	㈎ 참된 아름다움 ㈏ 사랑과 자비

2) 우리·타인과의 관계 : '화목한 가정'에서는 어떤 형태의 가정이든 함께 먹는 즐거움을 강조하고, '감사하는 생활'에서는 음식을 먹을 때 그것을 만들어 주신 분을 비롯하여 음식을 먹게 해준 모든 것들에 대하여 감사하는 마음 갖기와 연계시킬 수 있다. 또한 효도의 첫걸음이 몸과 마음의 건강이며, 그것은 편식하지 않고 골고루 먹는 데서부터 출발함을 강조하고, '웃어른에 대한 공경과 예절'에서는 웃어른과 음식을 먹을 때 어떻게 바르게 먹는지의 교육을 연계시킬 수 있다.

3) 사회·국가·지구공동체와의 관계 : '공공장소에서의 질서와 규칙'은 일반 식당은 물론 학교 식당에서 지켜야 할 질서의식 및 규칙들과 연계시킬 수 있고, '다문화 사회에서의 바람직한 삶'에서는 음식생활의 다양성과 더불어 올바른 먹음에 대한 교육이 이루어질 수 있으며, '통일'과 관련해서는 북한의 음식생활에 대하여 알고 이해하는 것과 연계할 수 있다.

4) 자연·초월적 존재와의 관계 : '생명의 소중함'에서는 우리가 먹는 육식에 대한 문제와 동물들의 권리에 대해 토론해 볼 수 있고, 버리는 음식과 관련하여 환경문제와 어떻게 연결되는지 파악해 볼 수 있으며, '사랑과 자비'에서는 불교의 연기緣起에 대해 소개하고 이 세상 모든 먹는 것들이 어떻게 연결되어 있는지 살펴보는 것이 포함될 수 있다.

이와 달리 고등학교 생활과 윤리 교과에서는 〈문화와 윤리〉 내용 영역에서 구체적으로 "의식주의 윤리 문제"를 포함시켜 본격적으

로 음식윤리를 다루고 있다.

> 현대 생활에서 의식주가 가지는 ① 윤리적 의미를 이해하고, ② 건전한 의식주 생활 및 문화를 정립하려는 태도를 기른다. 이를 위해 ③ 의식주와 관련된 다양한 윤리문제를 조사·분석하고, 의식주를 비롯한 소비문화 전반에 대하여 성찰하고 ④ 윤리적 소비에 대하여 토론한다.[21]

여기서 다루는 것은 크게 네 가지인데, 교육과정 전체의 음식윤리교육의 방향이라고 보아도 무리가 없다. 내용을 살펴보면, ① 음식의 윤리적 의미, ② 건전한 음식생활과 문화, ③ 음식생활과 관련된 윤리 문제, ④ 윤리적 소비 등이다. 위의 고등학교 내용을 참고한다면 초등학교 수준에서 교육하는 데 도움을 받을 수 있을 것이다. 음식윤리교육의 내용에서는 도덕적 지식은 물론 도덕적 감수성을 지니고 그것이 도덕적 실천과 연계되어야 한다. 이를 위해 개인윤리 측면에서는 도덕적 지식을 바탕으로 한 비판적 사고와 분석 능력을 바탕으로 윤리적이고 합리적 소비자[혹은 생산자]로서의 신념, 자세, 태도를 배우고, 사회윤리 측면에서는 음식윤리의 정치적·경제적·문화적 측면의 구조와 제도에 대한 유기적 관련성에 대한 이해를 바탕으로 다양한 윤리적 문제들에 대해 비판하고 그 해결을 위

---

21 교육과학기술부, 『도덕과 교육과정』(고시 제2012-14호[별책 6], 2012a), p. 41.

해 실천할 수 있는 능력에 중점을 두어야 할 것이다.[22] 단순히 가치·덕목만 교육할 경우 구체적 실천으로 연계되기가 쉽지 않다. 음식을 선택하고, 만들고, 먹는 구체적인 생활을 해보는 기회를 제공하는 것이 실과이기 때문에 실과의 음식 만들기 실습, 음식생활에 대한 이해 등 전략적 통합 방안이 필요한 것이다.

4. 실과·도덕과의 통합적 음식윤리교육 방안

(1) '전략적 통합'의 필요성과 원리

실과와 도덕의 시수를 보면 군으로 묶으면서 과학/실과, 사회/도덕의 형태로 제시되고 있다.[23] 특히 2009 개정 교육과정에서는 3~4학년 군, 5~6학년 군으로 묶으면서 교과서 및 내용이 축소되는 추세다. 초등학교 3~6학년에 걸쳐 도덕은 일주일에 한 시간, 실과는 5~6학년에서 일주일에 2시수밖에 확보되지 않는다. 지속적으로 축소되는 교과 시수와 그에 따른 내용 축소로 교과 전문가들뿐만 아니라 현장교사들도 주어진 교과 내용을 교육하기 쉽지 않은 상황이다. 교육과정이 수시로 개정되면서 내용 축소와 보완이 수시로 이루어지고 변화속도가 빨라지면서 새 교과서를 적용하기도 전에 새 교과

22 장승희(2013), 앞의 글, p. 340.

23 http://ncic.re.kr/nation.kri.org.inventoryList.do?pOrgNo=10030195 : 2009 개정시기 > 초·중등학교(2013.12) > 총론 > II. 학교 급별 교육과정 편성과 운영 > 1. 초등학교 > 나. 편제와 시간 배당 > (2) 시간 배당 기준.

서 작업에 들어갈 정도다.

이 상황에서 주어진 교육과정 내용체계와 교과서 내용에 의거해 교육하기보다는 핵심 주제를 중심으로 학교 혹은 교사들이 무엇을 가르칠지 고민하여 재구성하고, '전략적 통합'으로 특색 있는 교육과정을 만들어 운영할 필요가 있다. '전략적 통합'이란 특정 주제를 효과적이고 체계적으로 교육하기 위한 통합으로, 교과들의 통합과는 무관하다는 점을 강조한 것이다. 특히 음식윤리교육에서 '전략적 통합'이 필요한데, 그 필요성을 살펴보자.

첫째, 21세기의 학문 추세의 반영으로, 통합 혹은 융합 교육은 최근 학문의 경향이자 교육의 방향이기도 하다. 최근 문·이과 통합형 교육과정의 추진 방향이 국·영·수 총 이수단위 감소, 소프트웨어·안전교과 신설 및 초 1~2학년 수업시수 증가로 추진되고 있다.[24] 추진 과정과 내용에 대한 우려[25]와 반대[26]가 비등하지만, 미래사회에 대비한 문·이과 융합형 인재양성을 위한 방향이란 점에서 거스를 수 없는 대세인 듯하다. 이와 같은 통합학문은 20세기에 이루어진 분과 학문의 부작용에 따른 반작용이기도 하다.

---

24 http://www.newsis.com/ar_detail/view.html?ar_id=NISX20140911_0013162202&cID=10201&pID=10200 : "문·이과 통합형 교육과정 2017년부터 도입… 수능도입은 2021학년도부터", 「뉴시스」(2014.09.11)(검색일: 2014.09.29).

25 http://www.hani.co.kr/arti/society/society_general/656351.html : "문·이과 통합과정, 검증도 없이 강행하면 혼란만 키운다", 「한겨레」(2014.09.22)(검색일: 2014.09.29).

26 http://www.mt.co.kr/view/mtview.php?type=1&no=2014092414017692998&outlink=1: "문·이과 교육과정 통합, 한국사 교과서 국정화 꼼수", 「머니투데이」(2014.09.22)(검색일: 2014.09.29).

둘째, 2009 개정 교육과정의 특성을 반영한 것이다. 물론 실과나 도덕과에서 2009 개정에 대해 찬반 입장이 있을 수 있겠지만, 다양성과 융통성을 바탕으로 교육과정의 재구성을 주장하는 것을 볼 때 두 교과의 유사 내용을 '전략적'으로 통합하여 교육하는 것이 효과적일 수 있을 것이다. 교육과정에서 다음과 같은 원리가 제시되어 있다.

- 모든 교육 활동을 통해 인성 교육을 실천할 수 있도록 교육과정을 구성한다.[27]
- 학년을 달리하는 학생을 대상으로 복식 학급을 편성, 운영하는 경우에는 교육 내용의 학년별 순서를 조정하거나 공통 주제를 중심으로 교재를 재구성하여 활용할 수 있다.[28]

즉 인성교육을 위해 교육과정을 구성할 수 있으며, 학년별 공통 주제나 교재를 재구성하여 활용할 수 있다는 것으로, 실과의 음식생활 교육과 도덕과의 절제와 감사 등의 가치를 연계시켜 음식윤리교육을 실시한다면 인성교육의 효과를 강화할 수 있다.

---

27 http://ncic.re.kr/nation.kri.org4.inventoryList.do: 2009 개정시기 > 초·중등학교(2013.12) > 총론 > I. 교육과정 구성의 방향 > 2. 교육과정 구성의 방침.

28 http://ncic.re.kr/nation.kri.org4.inventoryList.do: 2009 개정시기 > 초등학교(국민학교)(2013.12) > 총론 > II. 학교 급별 교육과정 편성과 운영 > 1. 초등학교 > 다. 초등학교 교육과정 편성·운영의 중점.

셋째, 음식윤리교육의 특성에서 기인한다. 실과의 음식생활교육과 도덕과의 가치교육의 결합이 필요한데, 그 이유는 실과는 음식생활의 실제상황이 존재하는 반면 가치와 태도를 직접 지도하기 쉽지 않고, 도덕과는 가치와 판단, 태도와 예절을 교육하지만 구체적 상황을 새롭게 설정해야만 하기 때문이다. 따라서 음식 선택과 만들기, 먹기와 나누기 등 구체적인 식생활의 국면을 활용하면 음식윤리교육이 효율적으로 이루어질 수 있을 것이다.

그렇다면 '전략적 통합'의 수업은 어떻게 이루어져야 할까? 단순히 실과 시간에 도덕을 가르치거나 도덕 시간에 실과의 만들기를 가르치는 수준은 통합이라고 부르기는 어렵다. 음식윤리교육을 실시하기 위해서는 구체적인 원리에 의거하여 준비, 실행되지 않으면 진정한 통합수업이라고 볼 수 없다. 음식윤리교육을 위한 통합수업의 원리는 다음과 같이 이루어져야 한다.

첫째, 변증법의 원리로 실과의 생활과 도덕의 가치를 음식윤리교육으로 종합하는 것이다. 실과의 내용에도 윤리가 포함되긴 하였지만 피상적이며, 도덕과는 가치·덕목이 구체적으로 있기는 하지만 구체적 생활 적용이 쉽지 않다. 따라서 생활과 가치를 종합하고 승화하여 새롭게 음식윤리교육의 목표, 내용, 방법으로 구체화하는 것이 필요하다.

둘째, 2+1=3의 원리다. 이것은 생활과 도덕의 원리라고도 할 수 있는데, 음식생활과 음식윤리의 비율이 2대 1로 이루어져 3이 되는 것이다. 5, 6학년 수업은 실과 2차시, 도덕 1차시로 이루어져 있다. 이것을 3차시로 운영하되 3차시 수업에서 음식생활과 윤리교육 내용이 3으로

이루어졌을 때 각각의 시너지 효과가 3으로 날 수 있어야 한다. 이를 위해 구체적인 목표, 내용, 방법에 대한 준비가 필요하다.

셋째, 시간 조정의 원리로 학기 초 학년별 시간표를 구성할 때 5, 6학년의 경우는 실과와 도덕을 이어서 구성하는 것이다. 그렇게 되면 음식생활 수업과 도덕교육의 연계가 자연스러울 수 있고, 두 교과를 통합하는 것이 어렵지 않게 될 수 있을 것이다.

실과에서는 음식 만들기 과정이 주가 되기 때문에 음식생활과 관련된 가치와 예절 등 윤리 내용을 다루기 쉽지 않다. 도덕의 경우도 다루어야 할 내용은 많은데 시수가 부족하여 교사들이 교과서 내용을 다루는 것은 물론 관련 경험을 끌어내는 수업이 쉽지 않다고 토로한다. '전략적 통합' 수업이 두 교과 수업의 질을 제고하는 데 도움이 될 수 있을 것이다.

(2) 통합수업모형과 음식 명상 방법

위와 같은 원리에 의해 통합수업을 하고자 할 때 목표, 내용, 방법을 어떻게 설정하고 구성하여야 하는가? 이것은 본 연구의 관건이지만 쉬운 일은 아니다. 5·6학년 군에서 음식생활 관련 실과 수업 20차시, 도덕 수업 10차시 모두 30차시는 통합적 접근의 수업을 예상할 수 있는데, 음식윤리교육은 윤리에 초점이 있지만 실제 수업은 실과를 중심으로 이루어져 할 것이다. 직접 실습수업 현장을 활용하여 윤리 내용을 포함시켜야 하기 때문이다.

앞에서 실과의 [1], [2]의 성취기준의 내용을 중심으로 하면서 <표 1>[3]의 도덕과 내용체계의 전체 지향의 가치·덕목[존중, 책임, 정의,

배려]을 중심으로 목표를 설정하는 것이다. [1], [2]의 성취기준을 중심 내용으로 하여[29] 도덕과의 가치·덕목과 연계시키고, 선행연구를 참고하여[30] 음식윤리교육에 필요한 내용을 구성하여 보았다.

<표 2> 실과 내용과 도덕과 가치·덕목을 통합한 음식윤리 내용

실과		도덕		음식윤리 교육내용
		가치·덕목		
내용	성취목표	전체 지향	영역별	
나의 영양과 식사	식생활의 중요성	존중 책임 정의 배려	절제 효도	·음식의 의미 ·건강과 효도 ·중용과 절제 ·몸에 대한 책임
	영양소의 중요성 및 균형 잡힌 식사			
	올바른 식습관			
건강 간식 만들기	조리위생, 기구사용법		협동 예절	·지식과 예절
	음식 만들기			·협동과 배려
	음식 먹기			·존중과 나눔
건강하고 안전한 식사	안전한 식생활		자연애 생명존중	·공감과 배려
	식품의 선택			·음식의 연기성(緣起性)
	실천			·윤리적 소비
				·책임과 실천
음식 만들기와 식사 예절	음식 만들기		협동 예절	·지식과 예절
	전통음식 만들기			·협동과 배려
	음식 예절			·존중과 나눔

29 최유현 외 7인(2014), 앞의 책 ; 서우석 외 13인(2014) 앞의 책을 참고할 것.

30 장승희(2013), 앞의 글, pp. 330~337.

전체 지향의 가치를 중심으로 놓고, 영역별 필요한 가치를 조합하여 '음식윤리 교육내용'을 바탕으로, 구체적인 수업 단계를 설정해 보면 아래의 <표 3>과 같이 구성할 수 있다. 실과와 도덕과의 가장 일반적 수업모형을 고려하여 실습 중심의 모형에 윤리적 가치를 접목시켜 음식윤리 교육내용이 포함될 수 있도록 구성한 것이다. 각 단계의 내용을 살펴보자.

〈표 3〉 실과·도덕과 통합적 접근에 의한 실습모형

1단계		2단계		3단계		4단계		5단계
문제 인식과 동기유발	→	실습 준비 단계	→	협동 실습 활동	→	내면화 및 예절	→	정리 및 실천 의지
1) 왜?		2) 알기		3) 만들기		4) 느끼기		5) 그래!

1) 왜? : 문제의식과 동기유발의 단계에서 필요한 것은 '왜?'라는 의문을 가지는 것이다. 식생활 관련 동영상을 보여주거나 현재 식생활 문제에 대한 자료를 통해 문제의식을 갖게 하면서, 단순히 사실을 보여주거나 알게 하는 데서 그치는 것이 아니라 "왜 그럴까?"를 고민하게 하는 단계이며, 이 방법을 통해 생각해보게 하는 것이 중요하다. 중용과 절제, 건강과 효도 등의 덕목과 연계시켜 발문을 할 수 있다.

"왜 인간에게 음식은 중요할까?"/ "왜 영양소 균형이 필요할까?"

"왜 음식은 나누어 먹어야 하는가?"/ "왜 안전한 음식을 먹어야 하는가?"

"왜 절제해서 먹어야 하는가?" / "왜 과식은 나쁜 것인가?"

교사가 음식생활과 관련된 자료들을 준비하더라도 그것들에 대해 고민하고 생각해보게 하고, 나아가 "만약 ……라면" 이라는 상상력을 발휘해보게 한다. "만약 먹지 않는다면?" "만약 인간이 불을 발견하지 못하였다면?" 등등 다양한 상상력과 추론을 통해 창의적 사고를 지닐 수 있도록 하는 것이다.

2) 알기 : 여기서는 음식생활과 관련하여 학생들이 알아야 할 지식을 공부하는 단계다. 나아가 음식생활의 메커니즘을 파악함으로써 어떤 것을 먹어야 할지, 먹지 말아야 할지에 대한 기본 지식을 배우는 것이다. 음식과 환경과의 관련성을 연기緣起적 관점으로 파악할 수 있도록 하며, 여기서 '에코지능Ecological Intelligence', 즉 "인간과 자연의 상호 영향을 이해하는 인식 능력, 즉 자신의 소비와 생산 활동이 지구 환경에 미칠 영향 전반을 파악할 줄 아는, 예민하고 현명한 통찰력"[31]에 대한 명확한 인식을 심어주어야 한다. 또한 윤리적 신념을 토대로 자신뿐만 아니라 사회 전체의 건강을 생각하는 소비인 '윤리적 소비'를 알고, "소비자가 윤리적 신념을 토대로 소비행동을 통해 생산, 유통, 소비의 전 과정에 윤리적 기준을 지키도록 영향

---

31 이수경 역(2010), 다니엘 골먼(Daniel Goleman), 『에코지능 : 미래 경제를 지배할 녹색 마인드』(*EcologicalIntelligence*, 2009), 웅진지식하우스, pp. 71~83.

력을 행사할 수 있다"[32]는 사실을 파악하여 소비자 주권에 대해 인식할 수 있도록 한다.

3) 만들기 : 이 단계는 실과의 특성인 음식 만들기를 주로 하는 단계이며 가장 많은 시간이 요구된다. 협동, 존중과 나눔, 공감과 배려 등의 덕목을 지도할 수 있다. 이 단계에서 조별 활동과 협동심이 필요하기 때문에 이 단계의 초반에 '아이스 브레이킹Ice-Breaking' 과정으로 칭찬하기 시간을 가져보는 것도 좋다. 빈 종이에 각자 이름을 쓰고 돌려가면서 이름이 적힌 친구의 칭찬할 점 다섯 가지씩을 적게 한다. 이후 옆 친구가 조원들에게 그 내용을 읽어주며 공유한다. 칭찬하기를 마치면 서로에 대한 호감도가 높아지고 래포rapport 형성으로 긍정적인 조 활동이 이루어진다. 조별 활동 시 지켜야 할 규칙을 스스로 정하게 하여 함께 읽어봄으로써 공동체 의식을 다지게 하는 것도 좋은 방법이다.

4) 느끼기 : 이 단계는 지금까지 과정들을 종합하여 음식과 관련된 느낌을 공유하고 실천 의지를 다지는 단계다. 음식의 소중함과 존중과 배려, 나눔과 책임 등을 느끼는 과정이다. 명상을 통해 음식을 준비할 때부터 지금까지 과정을 상상해보게 하고, 이 음식을 나누어 먹고 싶은 사람을 상상해보게 하고, 그 사람에게 왜 나누고 싶은지, 그 사람이 어떤 마음으로 먹기를 원하는지 명상해보게 한다. 그리고 음식을 입에 넣고 먹으면서 맛을 음미하면서 하나의 재료, 각각의 맛을 느끼면서 나의 정성이 어느 단계에서 들어갔는지 느끼

32 이상훈·신효진(2012), 『윤리적 소비』, 한국학술정보, p. 67.

면서 먹도록 한다. 또한, 음식 재료들이 어떻게 이 자리에 음식으로 만들어져 오게 되었는지 씨앗부터 과정을 그리면서 먹도록 지도하면 음식 메커니즘을 느끼는 시간이 될 것이다. 이 단계에서 먹는 예절, 음식에 담긴 존중과 나눔의 의미를 느끼면서 먹도록 하는 것이 중요하다. 친구들과 교사들, 가족들에게 음식을 싸가서 나누어 먹게 하는 지도도 필요하고, 학교에서 만든 음식을 집에서 만들어 나누어 먹도록 지도할 필요도 있다.

5) 그래! : 이 단계에서는 지금까지 과정을 정리하며 실천 의지를 다지는 시간이다. 지금까지 배운 것, 느낀 것을 구체적으로 어떻게 실천할지 다짐하는 단계이며, 책임감과 실천 의지를 확인하도록 한다. 음식의 생산 및 소비 활동과 자연환경, 기타 제반 영역들과의 관계와 메커니즘을 확인하고 윤리적 소비자와 민주시민으로서 구체적 실천으로 어떻게 변화를 추구할지 모색하도록 해야 한다. 오늘날 먹는 것은 단순한 하나의 기호가 아니며 자본주의 사회에서는 지금까지 지갑에서 돈을 꺼내는 극히 개인적(이라고 여겼던) 행위가 사회적 가치에 대한 의식적 지지 혹은 거부의 행동이 되고 있다. 민주주의에서 사회를 바꾸는 가장 중요한 수단이 선거와 투표용지이듯, 자본주의에서 사회를 바꾸는 수단은 소비와 지폐다. 다시 말해 윤리적 소비는 그저 개개인의 착한 소비생활을 넘어, 기업에 변화와 행동을 요구하는 적극적인 사회참여인 것이다.[33] 이 단계에서 민주시민교육으로 연계되어 윤리적 소비의 중요성을 알고 실천하도록 하는 것이

---

33 박지희·김유진(2010), 『윤리적 소비』, 메디치, p. 309.

중요하다.

여기서 구체적으로 제시하고 싶은 방법은 '음식 명상' 방법이다. 예비교사들을 위한 식생활교육에서 적용하였는데, 반응이 좋아서 구체적으로 방법을 제시하고자 한다. 명상과 도덕교육을 연계시킨 경우도 있지만[34] 음식 명상은 보다 구체적으로 음식에 대한 주제명상이라고 할 수 있다. 1단계 '왜?'에 앞서 동기유발에서 활용할 수 있다.

1) 행복한 음식과 슬픈 음식 명상 : 고요한 음악을 틀어주고, 태어나서 지금까지 성장기에 따라 먹은 음식들을 차분하게 생각하도록 유도명상을 실시한다. 유아기, 유치원, 초등학교, 지금까지 먹었던 음식 중 가장 행복한 음식과 슬픈 음식을 기억해보게 한다. 그리고 "왜" 행복했고, 슬펐는지 발표하게 하여 함께 공유한다. 대부분 함께하고 귀하게 먹었던 음식들이 전자이고, 혼자서 힘든 순간 먹었던 음식이 후자이지만 이 둘이 겹쳐지는 부분도 있다.

2) 건포도 명상 : 음악을 낮게 틀고, 건포도를 눈으로 보고, 손으로 느끼고, 감각으로 만지고, 코로 냄새 맡고, 피부로 감촉하고, 귀로 들어보는 과정을 아주 천천히 집중하여 하도록 한다. 먹기 전에 입과 몸에서의 변화를 살펴보고 입 안에 넣는 과정, 굴리고 씹는 과정을 천천히 한다. 그리고 천천히 씹고 삼키는 과정에서 입과 몸의

34 장승희, 「명상과 도덕교육과의 만남: '도덕명상'과 '도덕명상교육' 정립을 위한 시론」, 『윤리교육연구』 제29집(한국윤리교육학회, 2012), pp. 237~268 참고할 것.

변화를 관찰하도록 한다. 온전히 집중하여 하도록 한다.[35]

3) 연기緣起 명상 : 건포도나 쌀, 호두, 잣 기타 음식을 앞에 놓고 먹기 전에 눈을 감고, 그 한 알이 쌀 등 기타 음식이 나에게 오기까지 모든 관련된 것들을 상상해보게 한다. 씨앗이 밭에 뿌려지고, 비와 공기와 햇빛의 도움으로 성장하여 크는 과정을 생각해보고, 추수를 하고 거두어들인 후 포장하여 다른 사람에게 넘어가는 과정들을 거쳐 음식이 되어 내 앞에 놓이기까지 원인과 결과의 연결고리들을 생각하면서 직접적 원인인 인因과 간접적 원인인 연緣을 파악하여 연기緣起로 인한 관계성을 파악해보게 한다. 하나의 음식이 얼마나 소중한지 알게 되고 함부로 버릴 수 없게 될 것이다.

4) 감사 명상 : 현재 이루어지는 단체 급식은 시간적·공간적 제약으로 참다운 먹음이 이루어지지 못하고 있다. 그 한계를 극복하기 위해 급식 시간, 밥 먹기 전 감사 명상의 시간을 주고 음식물과 먹도록 해준 사람들에 대한 고마운 마음을 갖도록 하는 것이다. 그리고 이 시간에 고요한 명상음악을 틀어주거나 명상의 말을 들려주는 방법도 생각해 볼 수 있다.

이와 같은 수업모형을 적용하기 위해 유념해야 할 점들이 있다. 초등학교 교사는 모든 과목 교육이 가능하기에 수업 자체는 문제가 아니다. 다만 교육현장에서 업무와 수업의 부담을 고려할 때 동료교사들과의 협력이 필수적이며, 수업했던 교수-학습과정안을 공유하

---

35 안희영 옮김(2012), 『존 카밧진의 처음 만나는 마음챙김 명상』(*Mindfulness for Beginners*, 2012), 불광출판사, pp. 206~ 212.

여 서로 활용할 수 있으면 좋을 것이다. 또한 실과·도덕과의 통합을 중심으로 음식윤리교육 방안을 제시하였지만, 음식을 선택할 때 제대로 알고 생각해서 이루어지는 윤리적 소비 행위는 개인의 착한 소비 활동을 넘어 기업에 변화와 행동을 요구하는 적극적인 사회 참여로 기능한다는 점에서 먹는 것은 하나의 정치적 행위로 연결되는 것이다. 이러한 관점에서 궁극적으로 음식윤리교육은 에코지능의 인식, 윤리적 소비 및 민주시민교육과 연계된다는 점에서 다른 교과 특히 사회과와의 연계도 생각해볼 수 있다.

5. 맺음말

지금까지 실과·도덕과의 전략적 통합에 의한 초등학교 음식윤리교육 방안을 탐구해 보았다. 오늘날 어린이들의 생물학적 가속화 현상, 왕따 문제, 학교폭력, 묻지 마 사건 등 다양한 사회문제의 원인들 중 음식 문제에 주목하는 연구자들이 많다. 대량생산으로 인한 인스턴트 음식의 보편화와 더불어 담배와 술 등 기호식품을 접하는 연령이 낮아지고, 맞벌이와 가족해체 등으로 밥상예절 교육의 기회가 상실되면서 어린이와 청소년들이 먹는 것에 대한 중요성, 어떻게 먹어야 할지에 대한 인식이 거의 없는 상태다. 어린이들의 먹는 문제는 다음 세대, 그다음 세대까지 영향을 미친다는 점에서 기성세대가 문제의식과 책임감을 가지고 접근하지 않을 수 없다. 특히 오늘날 먹을거리에 대한 가치 판단과 선택에서 음식의 메커니즘을 제대

로 알지 못하면 이른바 '차가운 악'의 희생양이 될 수 있다.

필자는 앞 장의 선행 연구 이후 예비교사 식생활교육을 실시하며 실제적 효과와 실천을 위해 실과와의 연계 필요성을 느끼게 되었다. 이에 음식의 선택, 만들기, 나눔과 뒤처리 과정의 실제적 경험 과정에 도덕의 가치·덕목을 포함시켜 통합적 접근을 구상해보았다. 명상 방법은 예비교사들에게 시행해보기도 하였다. 수업모형과 방법을 제시하였지만 교육 현장의 과중한 업무와 수업 부담 속에서 교사들의 협력과 준비가 필요하다는 점에서는 부담을 주지 않나 우려된다. 그럼에도 불구하고 교사들이 부모의 마음으로 음식윤리교육의 중요성을 인식한다면 반드시 이 수업을 적용할 수 있을 것이라 기대해본다. 어린이들은 미래세대 주역이며, 먹는 것이 결국 사람을 만들고 사회를 만든다는 영양학의 기본원리에 의거하면, 그들이 이룩할 문명은 지금 그들이 먹는 것에 의해 결정된다 해도 과언이 아니다. 초등학교 음식윤리교육과 관련하여 변화하였으면 하는 것을 제언해 보았다.

첫째, 가정교육의 일환으로 밥상머리 교육의 부활이다. 우리 조상들은 교육이 학교뿐만 아니라 다양한 삶의 국면에서 이루어진다고 보아 일상생활의 모든 것을 교육대상으로 삼았다. 의식주(衣食住) 생활은 물론 다른 사람들과의 관계에서 이루어지는 모든 활동을 교육내용으로 여겼고, 삶의 과정에서 지혜를 통해 교육적 효과를 얻고자 하였다. 가족들과 함께 식사하는 밥상머리의 대화에서 예절은 물론 삶의 지혜를 배우는 '밥상머리 교육'은 우리 선조들이 중시한 교육 방법이었다. 이는 유대인들이 금요일 '밥상의 날'을 정하여 만찬을 즐

기며 교육적 성공을 이룬 것에 비할 수 있다. 그들에게 "밥상은 가정 예절을 배우는 유쾌한 교육의 장소이며, 어떤 잘못을 고백해도 다 용서받는 화해의 장소이며, 영혼과 육체를 보신하는 성소의 떡상"[36]이었다. 우리나라나 유대인 등 교육적 성공을 이룬 문화에서는 밥상머리에서의 교육과 그 교육적 효과를 중시한 것이 보편적인 특성이다.

오늘날 가정에서 밥상머리 교육이 쉽지는 않지만 결코 포기해서도 안 된다. 밥상머리 대화가 아이의 인성과 지성을 발달시키며, 실제로 가족 간에 함께 식사하는 것만으로도 어휘력과 성적이 향상될 뿐만 아니라 아이들의 탈선 방지에도 도움이 된다는 사실에서 그 중요성이 드러난다.[37] 가족 간의 식사 시간의 중요성을 인식한 미국 하버드대 연구진은 1980년대부터 저소득층 83가구를 대상으로 연구한 결과, 다른 어떤 조건보다 가족과 함께 식사한 아이의 경우 어휘 습득력이 월등하게 나타났다고 발표했다.

둘째, 초등학교 급식문화의 변화를 모색할 필요도 있다. 현재 학교 급식에 대한 논의는 무상급식, 친환경농산물 등을 중심으로 이루어지고 있다. 여기서 나아가 함께 먹고 나누어 먹고, 감사히 먹는 감성적이고 즐거운 먹음으로의 변화를 꾀할 필요가 있다. 앞에서 제시한 연기 명상, 감사 명상을 시도하기를 권하는 바다. 최근 초등학교에서 실시하는 밥상머리 교육은 먹기와 인성교육을 통합하고자 하

---

36 이영희(2012), 『유대인의 밥상머리 자녀교육』, 규장, pp. 18~19.

37 박미영(2011), 『유대인의 자녀교육 38』, 국민출판, p. 126.

는 시도[38]이지만, 방법적 측면에서 강의·강연의 형식적 방법을 넘어 음식생활 속에서 자연스럽게 이루어져야 하며, 이제는 나아가 음식메커니즘 인식에까지 이르도록 해야 한다.

셋째, 학생들에게 음식메커니즘과 관련된 실제적인 교육 자료를 제공하는 것이다. 예비교사들에게 지식채널-e의 「햄버거 커넥션」, 필자의 경우 제인 구달의 『희망의 밥상』[39]은 새로운 인식의 계기가 될 정도로 충격적이었다. '햄버거 커넥션Hamburger Connection'이란 햄버거의 재료가 되는 소고기를 얻기 위해 조성되는 목장이 열대림 파괴현상으로 이어지는 것을 말하는데, 예비교사들에게 인식 전환의 계기가 되었다고 한다. 제인 구달의 경우 윤리 상대주의적 관점과 절대주의적 관점의 조합을 통하여 설득력 있는 음식윤리 주장을 펴고 있다는 점에서 추천할 만하다.

넷째, 알고 생각하며 먹도록 해야 한다. 이제는 먹는 것이 단순히 즐거움과 쾌락을 위한 개인의 영역이 아니라 '알고', '생각하면서' 먹어야 하는 지식과 이성의 영역으로 변화한 것이다. 생존과 삶의 질과 관련된 영역으로서 음식윤리교육은, 이제 음식메커니즘을 알고 환경에 대한 감수성을 높이는 에코지능의 계발과, 음식의 선택에 있어서 지식과 생각을 통해 이루어지는 윤리적 소비·선택을 통해 자

---

38 http://news.khan.co.kr/kh_news/khan_art_view.html?artid=201410022129125&code=620112 : "교양과목으로 '밥상머리 교육'… 전통 예법 체험", 「경향신문」(2014.10.02)(검색일: 2014.10.09).

39 김은영 옮김(2006), 제인 구달(Jane Goodall)·게리 메커보이(Gary McAvoy)·게일 허드슨(Gail Hudson), 『희망의 밥상』(*Harvest for Hope*), 사이언스북스를 참고할 것.

본주의 대기업을 변화시킬 수 있는 시민성의 함양이라는 민주시민 교육이 핵심임을 알아야 할 것이다.

교육과정에서 실과와 도덕과의 시수가 적어지고 분량이 약화된다 해도 그 중요성이 약화되는 것은 아니다. 다가올 미래사회에 컴퓨터로 할 수 있는 모든 직업은 사라질 것이라는 예측이 있다. 국어, 영어, 수학 등 지식 중심의 주요 교과목은 인터넷 강의로 지식 습득이 가능하겠지만, 음식을 만들어 대접하고 함께 먹으며 가치를 공유하는 음식생활은 결코 컴퓨터가 할 수 없는 일이자 인간의 삶의 질을 높이는 일이다.

무엇을 어떻게 먹을지에 대한 고민과 성찰을 중심으로 한 음식윤리교육은 미래사회, 미래세대를 위한 수많은 교육 중 가장 중요하다 해도 과언이 아니다. 『도덕경道德經』에 나온 검욕檢欲에 대한 구절은 우리의 음식윤리교육의 방향에 대한 성찰에 도움이 됨 직하다.

> 찬란한 오색은 시각을 멍들게 하며, 난잡한 오음은 청각을 혼란케 하며, 잡다한 음식은 미각을 상하게 한다. …… 그러므로 성인은 …… 외형적 감각세계를 버리고 질박한 무위자연을 추구하느니라.[40]

---

40 『도덕경(道德經)』 제12장 : "五色令人目盲, 五音令人耳聾, 五味令人口爽. (…) 是以聖人, (…) 故去彼取此."(장기근·이석호 역, 『노자·장자』, 삼성출판사, 1988).

참고문헌

교육과학기술부, 『도덕과 교육과정』, 고시 제2012-14호 [별책 6], 2012a.

교육과학기술부, 『초등학교 교사용 지도서 도덕 5, 도덕 6』, 2012b.

김숙희·장문정 외, 『식생활의 문화적 이해』, 신광출판사, 1998.

김은영 옮김, 제인 구달(Jane Goodall)·게리 메커보이(Gary McAvoy)·게일 허드슨(Gail Hudson), 『희망의 밥상』(Harvest for Hope), 사이언스북스, 2006.

박미영, 『유대인의 자녀교육 38』, 국민출판, 2011.

박정훈, 『잘 먹고 잘사는 법』, 김영사, 2002.

박지희·김유진, 『윤리적 소비』, 메디치, 2010.

서우석 외 13인, 『초등학교 교사용 지도서 실과 5』, 두산동아, 2014.

송순재·권순주 옮김, 크리스티안 리텔마이어(Christian Rittlemeyer), 『아이들이 위험하다 : 문화산업과 기술만능주의 사이에서』(*Kindheit in Bedrängnis-Zwischen Kulturindustrie und technokratischer Bildungsreform*, 2007), 이매진, 2010.

안희영 옮김, 『존 카밧진의 처음 만나는 마음챙김 명상』(*Mindfulness for Beginners*, 2012), 불광출판사, 2012.

이대택, 『영양시대의 종말』, 따비, 2014.

이상훈·신효진, 『윤리적 소비』, 한국학술정보, 2012.

이수경 역, 다니엘 골먼(Daniel Goleman), 『에코지능 : 미래 경제를 지배할 녹색 마인드』(*Ecological Intelligence*, 2009), 웅진지식하우스, 2010.

이영희, 『유대인의 밥상머리 자녀교육』, 규장, 2012.

장기근·이석호 역, 『노자·장자』, 삼성출판사, 1988.

장승희, 「명상과 도덕교육과의 만남: '도덕명상'과 '도덕명상교육' 정립을 위한 시론」, 『윤리교육연구』 제29집, 한국윤리교육학회, 2012, pp. 237~268.

장승희, 「음식생활에 대한 윤리적 논의와 음식윤리교육」, 『윤리교육연구』 제31집, 한국윤리교육학회, 2013, pp. 321~348.

진의남, 「개정 실과 교육과정 개발 방향」, 『2015 개정 실과 교육과정의 개발 방향 탐색』(2014학년도 한국실과교육학회 동계학술대회 자료집).

최유현 외 7인, 『초등학교 교사용 지도서 실과 6』, 지학사, 2014.

한국실과교육학회, 『2015 개정 실과 교육과정의 개발 방향 탐색』(2014학년도 한국실과교육학회 동계학술대회 자료집), 2014.

히스토리채널, 「맛있는 현대문명: 맥주, 초콜릿, 청량음료, 아이스크림」, 2007. 12. 07~12.28 방영

http://ncic.re.kr/nation.kri.org.inventoryList.do?pOrgNo=10030156: 2009 개정시기 > 초등학교(국민학교)(2011.08) > 도덕 > 2. 내용의 영역과 기준 > 가. 내용체계.

http://ncic.re.kr/nation.kri.org4.inventoryList.do: 2009 개정시기 > 초 · 중등학교(2013. 12) > 총론 > I. 교육과정 구성의 방향 > 2. 교육과정 구성의 방침.

http://ncic.re.kr/nation.kri.org4.inventoryList.do: 2009 개정시기 > 초등학교(국민학교)(2013. 12) > 총론 > II. 학교 급별 교육과정 편성과 운영 > 1. 초등학교 > 다. 초등학교 교육과정 편성 · 운영의 중점.

http://ncic.re.kr/nation.kri.org.inventoryList.do?pOrgNo=10030195: 2009 개정 시기 > 초등학교(국민학교)(2012. 12) > 실과 > 공통 교육과정 > 1. 실과(기술 · 가정) > 4. 내용의 영역과 기준 > 가. 내용체계 > (1) 초등학교 실과.

http://ncic.re.kr/nation.kri.org.inventoryList.do?pOrgNo=10030195: 2009 개정시기 > 초등학교(국민학교)(2012. 12) > 실과 > 공통 교육과정 > 1. 실과(기술·가정) > 4. 내용의 영역과 기준 > 다. 학습 내용별 성취 기준 > <초등학교 5~6학년군 가정생활> (2) 나의 균형 잡힌 식생활.

http://ncic.re.kr/nation.kri.org.inventoryList.do?pOrgNo=10030195: 2009 개정 시기 > 초 · 중등학교(2013. 12) > 총론 > II. 학교 급별 교육과정 편성과 운영 > 1. 초등학교 > 나. 편제와 시간 배당 > (2) 시간 배당 기준.

http://www.ytn.co.kr/_ln/0103_201401221522338319 : 「YTN 뉴스」, 2014. 01. 22(검색일: 2014. 10. 07).

http://www.hani.co.kr/arti/society/society_general/656351.html : "문·이과 통합과정, 검증도 없이 강행하면 혼란만 키운다", 「한겨레」(2014. 09. 22)(검색일: 2014. 09. 29).

http://www.mt.co.kr/view/mtview.php?type=1&no=2014092414017692998&outlink=1 : "문·이과 교육과정 통합, 한국사 교과서 국정화 꼼수", 「머니투데이」(2014. 09. 22)(검색일: 2014. 09. 29).

http://www.newsis.com/ar_detail/view.html?ar_id=NISX20140911_0013162202&cID=10201&pID=10200 : "문·이과 통합형 교육과정 2017년부터 도입… 수능 도입은 2021학년도부터", 「뉴시스」(2014. 09. 11)(검색일: 2014. 09. 29).

http://www.yonhapnews.co.kr/bulletin/2009/12/17/0200000000AKR20091217158000004.HTML?did=1179m : "초중고 과목 축소… 집중이수제 도입", 「연합뉴스」(2009.12.17)(검색일: 2014. 09. 29).

http://news.khan.co.kr/kh_news/khan_art_view.html?artid=201410022129125&code=620112 : "교양과목으로 '밥상머리 교육'… 전통 예법 체험", 「경향신문」(2014.10.02)(검색일: 2014.10.09).

3. 초등예비교사의 음식윤리에 대한 인지도 및 인식 조사[1]

이경애(부산교육대학교)

1. 서론

1) 연구 필요성 및 목적

세계적으로 음식이나 식생활과 관련하여 건강적·환경적·경제적·사회적인 다양한 문제가 대두되면서 이에 대한 관심이 고조되고 있으며 기존의 건강이나 미식 중심의 관심에서 사회적·환경적 관심

1 본 연구는 2020년도 부산교육대학교 학술연구과제로 지원을 받아 수행되었음.

이 높아지는 등 음식이나 식생활에 대한 관심도 다양하게 변화하였다. 최근에는 식생활에서도 지속가능성에 기여하는 지속가능한 식생활로 전환되고 있어 음식이나 식생활은 건강을 넘어 환경적·사회적 문제와 더욱 관련을 가지게 되었다(농림축산식품부, 2020; 윤지현, 아사노가나, 이영미, 권수연, 윤소윤, 김승연, 박현주, 2018; USDA, 2015).

로컬푸드나 슬로푸드, 음식정의, 음식기본권, 동물복지, 공정무역, 윤리적 소비, 지속가능한 식사 등이 음식이나 식생활과 관련하여 관심 있는 이슈들로 등장하고 있으며, 이러한 이슈들은 음식이나 식생활을 환경적 관점에서뿐 아니라 사회적, 윤리적 관점으로 다루고 있다(김석신, 2016; 김하민, 2013; 변순용, 2009, 2014a, 2014b).

음식을 윤리적 관점에서 다루는 음식윤리(food ethics)는 음식이라는 소재와 관련된 문제들을 윤리적인 관점에서 규명하려는 것으로, 규범윤리에서 다루어져 온 윤리 이론들이 우리 실생활에서 어떻게 적용될 수 있는지를 살펴보는 실천윤리의 한 주제이다(김하민, 2013). 오늘날 인간의 식생활은 개인의 건강이나 기호를 넘어 사회적 윤리적 의미를 내포하게 되고 정책적 선택의 의미까지도 포함한다(장승희, 2015). 인간의 식생활은 단순히 소비적 측면에서만이 아닌 하나의 체계 속에서 이루어지므로 우리가 식품을 생산, 유통, 가공, 소비, 폐기하는 행위는 공동체 속의 다른 구성원들에게 건강적, 생태적, 사회적인 차원에 영향을 미치게 된다. 따라서 음식을 선택하여 먹는 것은 다분히 윤리적이며 정치적인 문제이고 중요한 윤리적 주제가 된다(김완구, 2014). 즉 음식윤리는 단순히 건강 문제를 넘어 개인과 사회, 전 지구적 모든 요소가 연계된 메커니즘과 관련이 있다고 할

수 있다(장승희, 2013).

음식에 대한 윤리적 논의는 근대 이후 잘못된 식생활이 인류가 지금까지 겪어 본 적 없는 심각한 문제를 야기하면서 인류의 생존을 위협할 수 있다는 위기의식에서 시작되었다. 특히 육식의 증가, 유전자변형식품 생산, 과다한 화학비료와 농약 사용으로 인한 토지 문제, 식품안전사고, 음식물쓰레기 증가, 취약계층의 음식기본권 등 여러 가지 심각한 문제가 야기되었고, 그 결과 이제 무엇을 어떻게 먹는가의 문제가 심각하면서도 우리의 일상에서 고민해야 하는 문제가 되었다.

먹는 행위는 생물학적이면서도 본능적인 성격을 갖지만 이성적인 면에서도 도덕적 판단의 대상이 되는 행위이다(변순용, 2009). 따라서 왜 먹는가에 대한 본질적 성찰은 물론, 무엇을 어떻게 먹어야 하는지에 대한 반성이 요구되고, 이는 인간의 의식변화가 전제되어야 하며 이를 근거하여 식생활에서의 방향성이 절실히 요구된다.

그러므로 이제 식생활교육도 건강적 차원의 왜 먹는가, 그리고 무엇을 어떻게 먹는가에 대한 교육뿐 아니라 환경적, 사회적, 도덕적 문제를 포함하여 윤리적 차원에서 무엇을 어떻게 먹는가에 대한 교육이 필요하다.

특히 장승희(2015)는 아이들은 먹는 음식에 따라 몸 건강이 달라지며, 그에 따라 정신에도 영향을 미치게 되고, 아이들은 다음 세대의 주역으로, 이들의 몸과 정신이 건강하지 못하면 사회적으로 문제가 생기며, 오늘날 먹는 것은 자본주의 문명의 영향을 지속적으로 받고 있으며, 이러한 메카니즘을 제대로 이해하지 못하면 단순한 소비자로 전락

할 수 있기 때문에 윤리적 소비와 음식의 메카니즘을 알고 실천할 수 있도록 초등학교에서 음식윤리 교육이 필요하다고 하였다.

그동안 음식윤리에 대한 논의와 교육적 접근은 주로 도덕교육에서 이루어졌다(변순용, 2010a, 2010b; 이봄하, 2019; 장승희, 2013, 2015). 그러나 실제로 음식을 선택하고 소비하는 교육이 이루어지는 교육은 실과를 중심으로 한 식생활교육이므로 식생활교육에서도 음식윤리적인 접근이 필요하다. 그럼에도 불구하고 식생활교육에서 음식윤리에 대한 연구는 아주 드물며(김현주, 2015; 장승희, 2015), 이 연구들도 음식윤리 관점에서의 식생활교육의 이론적 성찰이나 이론적 교육방안에 관한 연구이었다. 초등학교 식생활교육에서의 음식윤리적 접근을 위해서는 실제적인 식생활교육에서의 음식윤리 교육프로그램을 개발한다거나, 교육을 담당할 초등교사나 초등예비교사들의 음식윤리에 대한 인식과 교육적 접근을 파악하는 등 좀 더 다양한 연구가 이루어져야 한다.

이에 이 연구에서는 미래에 초등학교 식생활교육을 주도하게 될 초등예비교사들의 음식윤리에 대한 인지도, 중요성에 대한 인식 정도, 음식윤리적 관점에서 실천하고자 하는 태도와 의지, 그리고 음식윤리교육에 대한 필요성 인식을 파악하여 초등예비교사들에게 현재의 식생활 상황에서 음식윤리와 음식윤리교육에 대한 관심을 고조시키며, 나아가 앞으로 초등학교 식생활교육에서의 음식윤리의 내용 선정과 방향 설정에 도움이 되고자 하였다.

2) 연구 내용

이 연구의 목적을 달성하기 위한 연구내용은 다음과 같다.

가. 초등예비교사의 음식윤리에 대한 인지도, 중요성 인식 정도, 실천 태도 및 의지를 조사하여 성별과 식생활 관심도에 따른 차이를 비교하였다.

나. 초등 식생활교육에서의 음식윤리 교육 필요성에 대한 초등예비교사의 인식을 조사하여 성별과 식생활 관심도에 따른 차이를 비교하였다.

3) 연구의 제한점

이 연구의 대상은 B광역시에 소재한 B교육대학교에 재학 중인 초등예비교사로서 본 연구의 결과를 전국 초등예비교사에게 일반화하는 것에는 무리가 있을 수 있다.

2. 이론적 배경

1) 음식윤리의 정의

음식윤리는 '음식과 관련된 윤리 또는 음식과 관련된 윤리적 고려'(김석신, 2016)이며, '음식과 직간접적으로 관련된 문제의 윤리적 성격을 다루는 것이고, 결국 좋은 음식의 생산, 유통, 분배, 소비와 관련된 문제를 다루는 것'(변순용, 2015)이다. 음식윤리라는 용어는 1996년 Ben Mepham이 『Food Ethics』에서 새로운 응용윤리 분야로 처음 소

개하였다(김석신, 2016에서 재인용). 그러나 '먹음'이 윤리적 문제가 된 것은 식품의 대량생산, 대량소비 이후 인간의 먹음 행위의 본질이 변화되면서부터이다(장승희, 2013).

먹는다는 것은 인간의 본능적 행위이면서도 정신적인 작용이 가미되어 있는 인간의 행위이다. 먹는 행위를 통해 인간은 자연과 연결되며, 자연과 생태적 내지 유기적 관계를 맺는다(변순용, 2015). 먹는 행위는 하나의 체계 속에서 이루어지는 행위이므로 인간이 식품을 생산, 유통, 소비, 가공·조리 및 폐기하는 행위는 우리 자신은 물론 도덕 공동체의 다른 구성원에게 건강적, 생태적, 사회적 차원에서 많은 영향을 미치게 된다. 이는 우리의 식생활은 다분히 윤리적이고 정치적 계획일 수 있으므로 음식윤리는 중요한 윤리적 주제가 될 수 있다(김완구, 2014). 음식윤리는 효율성, 경제성, 지속가능성, 동물복지, 인간의 생존과 건강, 사회적 연대가 관련된 매우 복잡한 문제이며 가치선택이자 가치판단과 연계된다는 점에서 윤리적 접근이 요구된다. 또한 먹는 행위는 역사적, 문화적, 정치적, 경제적 행위로 인식되며 따라서 음식윤리는 식량주권과 같은 사회적 주제, 세계화와 자유무역 경제와도 관련을 가진다(김명식, 2014; 장승희, 2013).

변순용(2015)은 음식윤리는 엄밀히 말하면 음식의 윤리와 식사의 윤리를 구분할 필요가 있다고 하였다. 즉 전자는 무엇을 먹을 것인지 내지는 무엇을 먹어야 하는가의 물음에 대한 답이어야 할 것인데 반해, 후자는 식사 예절을 포함하여 식사의 공동체성이라든지, 윤리적 식사의 문제, 좋은 식사의 의미, 폭식과 금식, 다이어트의 의미 등이 포함될 수 있으며, 따라서 이 둘은 구분되어야 하지만 현재 이

둘을 분리할 정도로 이에 대한 연구가 많지 않으므로 음식과 식사의 윤리를 모두 포괄하는 의미에서 음식윤리를 다룬다고 하였다. 이 연구에서도 음식과 식사의 윤리를 모두 포함한 개념으로서 음식윤리를 다루고자 한다.

2) 음식윤리 관련 쟁점 또는 문제

음식윤리와 관련한 쟁점 혹은 문제로는 산업형 농업과 유기농업, 공장식 축산과 동물복지, 광우병과 같은 식품의 안전성, 로컬푸드, 슬로푸드, 유전자변형식품, 음식정의, 비만과 다이어트 등이 있다(김석신, 2016; 김완구, 2014; 변순용, 2015; 장승희, 2013).

(1) 산업형 농업(Industrial agriculture)과 관련한 음식윤리 문제

산업형 농업은 가족 단위가 중심이 되어 자신들이 먹을 주식과 부식을 생산하고 남은 식품을 판매하는 전통적인 농업방식과는 달리 판매를 목적으로 곡물을 경작하며 이윤을 위해 대규모 토지에 인건비 절감을 위해 기계를 사용하여 경작한다. 기계화 경작을 위해 단일작물을 집중적으로 재배하며, 사람의 노동력 대신 기계와 비료, 농약이 다량 투입된다. 산업형 농업은 생산자 입장에서 최소의 노동으로 최대의 이윤을 얻을 수 있고, 소비자 입장에서는 저렴한 가격으로 식품을 소비할 수 있어 최적의 대안일 수 있다. 그러나 산업형 농업은 다양한 문제를 유발한다(김명식, 2014; 김완구, 2014). 산업형 농업은 단작재배로 인해 생물다양성 상실, 생태계 파괴, 환경오염, 화석연료 의존의 문제가 유발된다. 산업형 농업은 대량생산을 위해 그

에 맞는 유통 및 소비 체계를 가지게 되고 이 과정에서 사람들의 입맛은 서구화되고 패스트푸드에 길들여지고 있으며, 그에 따른 만성질환 발병이 증가하고 있다. 또한 다국적 식품체계는 많은 국가들의 식량자급률 하락과 식량주권(food sovereignty)을 위협하며, 소농들은 몰락하게 되고, 지역공동체가 파괴되며, 식량재분배의 문제를 유발시킨다(김명식, 2014, 2016). 산업형 농업의 문제를 해결하기 위한 대안으로 유기농업, 슬로푸드 운동, 로컬푸드 운동 등이 제안되고 있다(김명식, 2014, 2016; 김종덕, 2012). 그러나 유기농은 대규모 산업농에서도 가능하고 유기농이 인정되지 않는 농가에서도 생산성을 유지하는 방법으로 유기농 식품을 생산할 수 있다. 또한 유기농 생산과정에서 어떤 것들이 들어갔는지 알 수 없다는 점에서 근본적인 문제가 제기되기도 한다(변순용, 2014). 이런 점에서 변순용(2014)은 유기농은 지속가능한 식사를 위한 대안이 될 수는 있으나 지속가능한 농업과는 차이가 있다고 하였다.

(2) 유전자변형식품과 관련한 음식윤리 문제

GMO(Genetically Modified Organism, 유전자변형생물체)는 작물의 생산량을 증가시켜 미래의 식량난을 해결해줄 수 있고 병해충이나 질병에 대한 저항성으로 농약 등의 사용이 줄어들어 환경에도 이점이 있다고 한다. 그러나 많은 사람들은 GMO식품이 인간의 건강이나 생명에 대한 부정적 영향, 생태계 위협, 농업이나 토지의 지속가능성 파괴 등에 영향을 미칠 것을 우려하고 있다. 김석신(2016)은 유전자변형식품은 음식윤리 측면에서 볼 때 생명존중, 안전성 최우선, 환

경보전, 소비자 최우선의 음식윤리 원리를 위반한다고 하였다. 최근에 유럽연합(EU)에서는 GMO식품의 사용을 전면 금지하는 나라도 등장하였고, 우리나라에서도 GMO식품을 배제하려는 풍조와 더불어 GMO 완전표시제 시행을 요구하고 있다. 소비자들은 자신이 먹는 식품이 GMO 재료로 만들었는지 여부를 알 수 없다면 소비자의 불안은 가중될 것이다. 인간은 자연과 공생적 평형관계를 지속시킬 책임이 있는데 GMO는 의도하지 않아도 환경에 퍼져나갈 수 있고, 기존의 생명체 유전자와 섞일 수 있어 생태계와 인류의 지속가능성에 부정적 영향을 미칠 수 있다는 의견들로 최근 이슈가 되고 있다.

(3) 공장식 축산과 관련한 음식윤리 문제

세계적으로 육류 소비가 증가하면서 생산성을 추구하는 대형화, 기업화한 공장식 축산이 증가하였다. 공장식 축산은 이윤과 생산성을 극대화하기 위해 모든 과정을 표준화하고 효율성을 추구한다. 공장식 축산은 가축을 비좁은 공간에 격리시키는 밀집사육, 각종 인공시술, 온갖 화학약품 사용, 곡물사료 투여, 단일 사육 등을 특징(서경옥과 김기대, 2015)으로 하기 때문에 가축질병, 환경오염, 축산식품의 안전성 문제, 농장동물이 겪는 비윤리성 등의 다양한 문제가 발생하고 있다(김석신, 2016; 김완구, 2014; 서경옥과 김기대, 2015; 윤창호, 2012). 공장식 축산은 사육동물들이 좁은 공간에 밀집되어 있어 가축질병 우려가 크며, 최근 들어 광우병, 구제역, 조류독감 등 가축질병이 빈번하게 발생하고 있다. 축산은 식물 재배보다 많은 물과 자원을 이용해야 하고 축산 폐기물로 인해 대기오염과 수질오염을 유발하고 있

다. 공장식 축산은 축산과정에서 사용한 살충제, 항생제, 성장호르몬 등으로 인해 살충제 달걀 사건과 같은 축산식품의 안전성 문제를 유발하였다. 공장식 축산으로 인해 사육동물은 동물 본성대로 사는 것이 아니라 인간의 이익과 필요에 따라 효율성 관점에서 사육되므로 동물의 삶의 온전성 관점에서 문제가 된다(김완구, 2014; 윤창호, 2012). 이러한 공장식 축산의 문제를 해소하기 위해서는 동물복지형 축산으로의 전환, 육류소비의 축소, 양심적인 잡식주의, 채식주의, 그리고 동물을 바라보는 관점을 전환시킬 수 있는 교육이 필요하다(김완구, 2014; 서경욱과 김기대, 2015). 동물복지란 동물을 이용하는 행위를 수용하는 대신 그러한 행위의 주체인 인간에게 윤리적인 책임을 부과하는 것이다. 동물복지의 기본 원칙은 인간 편의 위주의 잣대를 고집하는 것이 아니라, 인간에 의해 어쩔 수 없이 이용되는 동물들의 삶에 최소한의 편의를 보장해야 한다는 것이다(조희경, 2007). 음식에 대한 윤리적 성찰은 동물들의 고통에 대한 '공감'에서 시작된다(장승희, 2013). 이러한 동물복지의 개념을 바탕으로 동물을 사육하여야 하며 우리 모두 동물을 단순히 음식으로서가 아니라 자연계에서 함께 살아가야 하는 생명체로 인식해야 한다.

(4) 식품안전과 관련된 음식윤리 문제

최근에는 우리나라뿐 아니라 전 세계적으로 식품안전과 관련하여 다양한 문제가 발생하고 있다. 2000년대 전 세계적으로 논란이 되었던 광우병 문제나 2017년 살충제 달걀 파동과 같이 식품생산 단계에서 발생한 안전문제에서부터 2004년 만두 파동, 2008년 중국의 멜라

민 사건, 2012년 벤조피렌 함유 라면스프 사건 등과 같은 가공식품 제조단계에서의 안전문제, 그리고 2014년 대장균 시리얼이나 세균 웨하스와 같은 불량식품 사고 등을 들 수 있다.

음식윤리는 안전성을 최우선으로 고려해야 하며, 이는 생명이나 건강이 효율성이나 경제성보다 우선이어야 하기 때문이다. 따라서 식품안전 사고는 이러한 안전성을 우선순위 1위로 두지 않았기 때문에 발생한다(김석신, 2016). 사람의 생명 및 건강과 직결됨에도 불구하고 식품안전과 관련한 문제는 끊임없이 발생하고 있다. 따라서 소비자뿐 아니라 생산자 모두 식품안전에 대한 의식을 높일 필요가 있다. 이에 변순용(2015)은 식품안전에 대한 의식 제고는 법적 차원뿐 아니라 교육적 차원에서 다양하게 일어나야 한다고 하였다.

(5) 비만과 음식물쓰레기와 관련한 음식윤리 문제

전 세계적으로 비만인구와 음식물쓰레기의 증가는 음식 섭취만의 문제가 아니라 사회적 문제이자 국가나 지구의 공동체의 문제이기도 하다(김석신, 2016; 변순용, 2015). 비만은 공동체의 생명이나 건강과 관련된 문제이며, 음식물쓰레기는 지나친 소비와 환경오염과 관련된 사회적 문제이자 지속가능성과도 관련이 크다.

장승희(2013)는 오늘날 과다한 육식, 자극적이고 쾌락적인 음식, 과도한 섭취와 같은 무절제한 식생활로 인간의 몸은 망가지고, 식품 생산 체계는 새로운 욕망을 생산하고 만족시키기를 반복하고 있어 합리적인 존재로서 인간의 이성이 필요한 때라고 하였다. 따라서 인간은 합리적이고 이성적인 존재로서 자기보호 본능과 절제력으로

몸에 대한 예의와 음식에 대한 예의를 갖추어 절제와 중용의 덕목을 적용해야 한다고 하였다.

3) 음식윤리의 내용

음식윤리에서 다루는 대상과 쟁점은 매우 다양하다. 김명식(2014)은 기존의 음식윤리 연구들은 대체로 음식의 소비관점만 주로 다루고 있으며, 음식윤리를 음식의 소비뿐 아니라 생산, 유통 측면까지 균형적인 시각으로 다룰 필요가 있다고 지적하였다. 고등학교『생활과 윤리』교과의 〈문화와 윤리〉내용 영역에서 '의식주의 윤리문제'를 다루고 있는데 여기에서 다루어지는 음식윤리 교육의 방향은 음식의 윤리적 의미, 건전한 음식생활과 문화, 음식생활과 관련된 윤리문제, 윤리적 소비문제 등이다.

변순용(2015)도 음식윤리의 다양한 내용들을 먹거리의 생산, 유통 및 분배, 그리고 소비의 차원으로 구분해보는 방법도 가능하다고 보고, 먼저 음식윤리적 쟁점이나 문제를 음식윤리 내용으로 정리하여 음식윤리 내용체계를 〈표 1〉과 같이 생산 중심, 유통 및 분배 중심, 소비 중심으로 분류하였다.

〈표 1〉 음식윤리의 내용체계

생산 중심	유통 및 분배 중심	소비 중심
▸ 농작물 재배 - GMO의 생태적 폐해, 유전적 오염 - 지속가능한 농업 ▸ 육류의 생산 및 가공 - 동물의 고통 - 양식 어류의 사료 문제 - 항생제 사용 ▸ 농민, 노동자의 차별과 불평등 ▸ 먹거리의 안전성 ▸ 로컬푸드 ▸ 식량주권	▸ 글로벌 푸드시스템 ▸ 대량유통 시스템 ▸ 푸드 마일리지 ▸ 환경오염 ▸ 공정무역 ▸ 신선한 먹거리 접근성의 제한	▸ 윤리적 소비 ▸ 지속가능한 식사 ▸ 음식권과 음식복지 ▸ 로컬푸드 ▸ 슬로푸드 ▸ 탐식, 폭식, 거식의 문제 ▸ 비만과 다이어트 ▸ 음식격차 ▸ 미식의 윤리성 ▸ 채식과 육식의 윤리성 ▸ 음식문화와 음식스타일 ▸ 섭식장애

자료 : 변순용(2015). 음식윤리의 내용체계 연구. 초등도덕교육, 47, 141-162.

반면에 장승희(2015)는 실과 교육내용과 도덕과 가치·덕목을 통합한 음식윤리 교육내용으로 음식의 의미, 건강과 효도, 중용과 절제, 몸에 대한 책임, 지식과 예절, 협동과 배려, 존중과 나눔, 공감과 배려, 음식의 연기성(緣起性), 윤리적 소비, 책임과 실천을 들고 있다.

이 연구에서는 변순용(2015)의 음식윤리 내용체계를 기본으로 음식윤리 항목을 구성하였다.

3. 연구 방법

1) 조사 대상 및 시기

이 연구는 B교육대학교 2학년과 3학년에 재학 중인 초등예비교사 420명을 조사대상으로 하였으며, 설문조사는 2020년 9월 둘째 주에서 넷째 주까지 2주간 실시되었다.

2) 조사 내용 및 방법

이 연구에서는 변순용(2015)의 음식윤리의 내용체계<표 1>을 기본으로 하고 음식윤리 관련 연구들(김석신, 2016; 김완구, 2014; 김태창, 2019; 장승희, 2015; 홍연금, 2009)을 참고하여 설문지를 자체 개발하였다.

조사내용은 크게 일반사항, 음식윤리에 대한 인지도, 음식윤리에 대한 중요성 인식, 음식윤리에 대한 실천 태도 및 의지, 그리고 초등학교 식생활교육에서의 음식윤리 교육의 필요성 인식으로 구성하였다. 일반 사항은 성별, 학년, 식생활 관심도, 자연환경이나 생태윤리에 대한 관심도, 교육받은 식생활교육 주제 등으로 구성하였다. 음식윤리에 대한 항목은 크게 식품 생산, 유통 및 분배, 복지 및 권리, 소비, 폐기로 구분하여 총 26개 항목으로 구성하였고 식사예절은 음식윤리의 기본이므로 본 조사항목에서는 제외하였다. 음식윤리에 대한 인지도는 각 항목에 대한 개념, 문제점, 영향 등에 대해 알고 있는 정도를 5단계 Likert 척도로 응답하도록 하였다. 음식윤리 항목 중 초등예비교사의 식생활과 연관성이 크다고 여겨지는 20개 항목을 선택하여 식생활에서의 중요도를 조사하는 항목으로 구성하였

다. 초등예비교사의 음식윤리에 대한 실천 태도와 의지는 음식윤리 항목 중 초등예비교사의 식생활 태도나 실천과 직접 관련된 18개 항목을 선택하여 음식윤리 실천 태도나 실천 항목으로 재구성하였다. 마지막으로 초등학교 식생활교육에서의 음식윤리 교육 필요성에 대한 조사 항목은 음식윤리의 항목 26개를 그대로 사용하였다. 음식윤리에 대한 중요성 인식, 실천 태도 및 의지, 그리고 초등학교 식생활교육에서의 음식윤리 교육의 필요성 인식은 모두 5단계 Likert 척도로 응답하도록 하였다.

개발된 설문지는 음식윤리 연구의 전문가 2인을 통해 내용타당도를 검증받아 최종 완성하였다. 본 설문지의 음식윤리에 대한 인지도, 음식윤리에 대한 중요성 인식, 음식윤리에 대한 실천 태도 및 의지, 그리고 초등학교 식생활교육에서의 음식윤리 교육의 필요성 인식 항목에 대한 신뢰도는 Chronbach α값이 각각 0.936, 0.917, 0.606, 0.951로 높았다.

이 연구의 조사는 B교육대학교의 온라인설문조사 시스템을 활용하여 이루어졌다. 이 시스템을 이용하여 e-mail과 모바일 문자로 설문 안내문을 발송하고 PC와 모바일로 응답하도록 하였다.

3) 자료 분석

이 연구에서 수집된 자료는 SPSS 통계프로그램(26.0 version)을 이용하여 분석하였다. 총 421명이 응답을 완료하였고, 그중 불성실하게 응답한 1부를 제외하고 420부를 분석 자료로 사용하였다.

일반사항에 대해서는 빈도와 백분율을 구하였고, 성별에 따른 차

이를 χ^2 검정으로 검증하였다. 음식윤리에 대한 인지도, 음식윤리에 대한 중요성 인식, 음식윤리에 대한 실천 태도 및 의지, 그리고 초등학교 식생활교육에서의 음식윤리 교육의 필요성 인식에 대해서는 '매우 그렇다' 5점에서 '전혀 그렇지 않다' 1점으로 점수화하여 평균과 표준편차를 구하였고, 성별과 식생활 관심도에 따른 차이를 t 검정으로 검증하였다. 식생활 관심도는 관심이 '매우 많다'와 '많다'로 응답한 응답자를 '상'집단, '보통', '거의 없다' 그리고 '전혀 없다'로 응답한 응답자를 '하'집단으로 분류하였다. 음식윤리 인지도, 중요성 인식, 실천 태도 및 의지, 교육 필요성 인식 간의 상관관계는 Pearson의 적률상관관계분석을 이용하였다.

4. 결과 및 고찰

1) 조사대상자의 일반사항

이 연구의 조사대상자는 B교육대학교 2학년과 3학년 재학생 각각 261명(51.4%)과 204명(48.6%)이었고, 남학생 141명(33.6%)과 여학생 279명(66.4%)이었다. 초등예비교사들의 식생활에 대한 관심도, 자연환경이나 생태윤리에 대한 관심도 및 음식윤리에 대해 들어본 경험 정도는 <표 2>와 같다.

〈표 2〉 초등예비교사의 식생활 관심도, 자연환경이나 생태윤리 관심도, 음식윤리를 들어본 경험 정도

항목	성별	매우 많음	많음	보통	거의 없음	전혀 없음	χ^2값
식생활 관심도	남 (141)	28 (19.9)[1]	51 (36.2)	52 (36.9)	8 (5.7)	2 (1.4)	9.10
	여 (279)	55 (19.7)	127 (45.5)	90 (32.3)	7 (2.5)	0 (0.0)	
	전체 (420)	83 (19.8)	178 (42.4)	142 (33.8)	15 (3.6)	2 (0.5)	
자연환경, 생태윤리 관심도	남	8 (5.7)	40 (28.4)	73 (51.8)	17 (12.1)	3 (2.1)	8.19
	여	21 (7.5)	92 (33.0)	142 (50.9)	249 (8.6)	0 (0.0)	
	전체	29 (6.9)	132 (31.4)	213 (51.2)	41 (9.8)	3 (0.7)	
음식윤리를 들어본 경험	남	3 (2.1)	18 (12.8)	50 (35.5)	56 (39.7)	14 (9.9)	11.1*
	여	10 (3.6)	39 (14.0)	137 (49.1)	75 (26.9)	18 (6.5)	
	전체	13 (3.1)	57 (13.6)	187 (44.5)	131 (31.2)	32 (7.6)	

1) 명(%)

* $p<0.05$

식생활에 대한 관심도는 남녀 간의 차이 없이 60% 정도가 많은 것으로 나타났고, ⅓정도는 보통 정도이었다. 자연환경이나 생태윤리에 대한 관심도 역시 남녀 간의 차이가 없었으며 보통 정도의 관심을 가진 초등예비교사 비율이 가장 많아 ½ 이상을 차지하였고, 많은 관심을 가진 초등예비교사 비율은 38% 정도이었다. 음식윤리에 대해 들어본 경험이 많은 초등예비교사는 17% 정도에 불과하였고, 거의 또는 전혀 들어본 적이 없는 초등예비교사가 39%나 되었다.

초등예비교사들이 식생활과 관련하여 중요하다고 생각하는 항목

의 순위는 <표 3>과 같다. 초등예비교사들은 건강을 1순위로 응답한 대상자들이 84.8%로 가장 많았고, 다음으로는 문화와 환경이었으나 2순위로 가장 많이 응답한 것은 환경(51.7%)이었고 다음이 문화로, 환경과 문화가 비슷한 순위이기는 하나 가중치를 두어 계산한 결과(표로 제시하지는 않았음) 환경이 2순위, 문화가 3순위로 나타났다. 다음으로 경제와 무역, 정치 순이었다. 이상을 볼 때 초등예비교사들은 식생활과 관련하여 건강을 가장 관련 있는 것으로 생각하고 있으며, 다음으로 환경과 문화가 식생활과 관련되어 있다고 생각하고 있는 것을 알 수 있었다.

<표 3> 초등예비교사의 식생활과 관련하여 중요하다고 생각하는 항목의 순위

항목	1 순위	2 순위	3 순위	4 순위	5 순위
건강	356 (84.8)[1]	32 (7.6)	19 (4.5)	8 (1.9)	3 (0.7)
환경	24 (5.7)	217 (51.7)	131 (31.2)	37 (8.8)	8 (1.9)
문화	31 (7.4)	134 (31.9)	176 (41.9)	68 (16.2)	8 (1.9)
경제, 무역	7 (1.7)	32 (7.6)	87 (20.7)	274 (65.2)	16 (3.8)
정치	0 (0.0)	2 (0.5)	4 (1.0)	29 (6.9)	378 (90.0)

1) 명(%)

초등예비교사들이 교육받았던 식생활교육 주제를 조사한 결과(표 4), 9개 주제 중 영양과 건강, 조리, 식문화, 식생활과 환경이 가장 많았고, 식품체계(푸드시스템)는 5.8%, 식량안보 및 식량주권이 2.9%로

가장 적었다. 따라서 식생활교육이 영양과 건강, 조리뿐 아니라 문화와 환경적 측면에서의 교육이 이루어졌음을 알 수 있었다, 그러나 아직까지 식품체계 전반이나 지속가능한 식생활, 특히 식량안보 및 식량주권과 관련한 사회경제적 측면에서의 식생활교육은 미흡하였음을 알 수 있다.

〈표 4〉 초등예비교사들이 교육받은 식생활교육 주제

식생활교육 주제	명(%)	식생활교육 주제	명(%)
영양과 건강	403(18.6)	지속가능한 식사	184(8.5)
조리(요리)	376(17.3)	식품체계(푸드시스템)	126(5.8)
식문화	339(15.6)	동물 기르기	117(5.4)
식생활과 환경	328(15.1)	식량안보 및 식량주권	63(0.9)
텃밭 가꾸기(식물 가꾸기)	233(10.7)		

2) 초등예비교사의 음식윤리 인지도

초등예비교사들의 음식윤리에 대한 인지도를 조사한 결과는 〈표 5〉와 같다. 각 항목에 대한 개념, 문제점, 영향 등에 대해 알고 있는 정도를 응답하게 하였다. 식품생산과 관련한 음식윤리 항목에 대한 인지도는 식량주권을 제외하고는 남녀 간의 차이가 없었으며 대부분 3점 정도로 보통 정도 인지하는 것으로 나타났으나 산업형 농업과 식량주권에 대해서는 3점 이하로 인지도가 낮았다. 식품생산과 관련한 음식윤리 인지도는 전반적으로 식생활 관심도 상집단이 하집단에 비해 높은 것으로 나타났고, 8개 항목 중 5개 항목은 유의적으로 높았다. 식생활 관심도 집단에서도 역시 산업형 농업과 식량

주권은 두 집단 모두 3점 이하의 낮은 인지도를 보였다. 초등예비교사들은 2017년 살충제 달걀 파동으로 공장식 축산이나 동물복지에 대해서는 많이 들어본 경험이 있어 어느 정도 인지하고 있으나 상대적으로 산업형 농업에 대해서는 인지도가 낮았다. 또한 친환경농업, 로컬푸드, GMO 등은 최근 많이 이슈화되고 있어 이에 대한 인지도는 낮지 않은 편이었다. 그러나 식량주권에 대해서는 인지도가 아주 낮았다. 식량주권이란 생태계에 안전하고 지속가능한 방법으로 생산된 건강하고 문화적으로 적합한 식량에 대한 국민의 권리이며, 국민이 자신의 고유한 식량과 농업체계를 결정할 수 있는 권리이다. 이것은 모든 사람이 안전하고 영양가 있고 문화적으로 적절한 식량과 식재료 생산에 대한 권리를 가지며 이들을 지속가능하게 함을 의미한다(산림임업 용어사전). 식량주권은 식량안보를 넘어서는 개념으로 식량안보는 모든 사람이 매일 먹을거리를 충분히 먹어야 한다는 확실성에 기반을 두지만, 그것이 어디에서 어떻게 생산되어 온 것인지는 문제 삼지 않는다. 식량안보에서는 효율과 생산성 향상을 중요시하며 따라서 산업형 농업을 장려한다. 반면에 식량주권은 지역농업 생산을 우선시하며 기업이 아닌 농민이 먹을거리를 생산할 권리가 있고 소비자는 자신이 소비하는 식품이 어디에서 누구에 의해 생산되는지를 결정할 수 있는 권리를 가지며 지속가능한 농업을 유도하여 농촌을 활성화시키는 개념이다(김석기, 2017). 따라서 초등예비교사들도 국민으로서뿐 아니라 교육자로서 식량 생산에 대한 국민적 권리로서의 식량주권을 인지할 필요가 있다. 식량주권은 식량안보와 관련한 산업형 농업과 연계되어 있어 식량주권에 대한 인지도

가 낮았던 초등예비교사들은 산업형 농업에 대한 인지도도 낮았던 것으로 여겨진다.

초등예비교사의 식품 유통 및 분배와 관련한 음식윤리 인지도는 공정무역을 제외하고 낮은 편이었으며 특히 식품사막에 대한 인지도는 26개 음식윤리 항목 중 가장 낮았다. 식품의 유통 및 분배와 관련한 음식윤리 인지도는 글로벌 푸드시스템을 제외하고는 남녀 간의 차이가 없었으나 식생활 관심도에 따라서는 글로벌 푸드시스템, 대량유통 시스템, 그리고 식품사막 3개 항목에 대해 상집단이 하집단에 비해 유의적으로 인지도가 높았으며 식품 유통 및 분배와 관련한 음식윤리 인지도 평균에서도 유의적인 차이를 보였다. 식품사막(Food desert)은 몸에 좋은 신선한 식품을 제공하는 상점이 부족하거나 멀리 떨어져 있어 건강 유지에 필요한 적절한 가격의 영양가 있고 신선한 식품을 구하는 것이 어려운 지역 또는 멀리 가야만 필요한 식품을 구할 수 있는 지역을 말한다. 일반적으로 사회적 취약계층이 거주하는 지역이 식품사막에 더 많이 노출되어 있고, 이들은 영양적으로 불량한 식생활을 하게 된다(Pearson et al., 2005). 식품사막은 국토가 넓은 미국이나 호주, 기업의 인수합병이 활발한 유럽, 고령인구 증가로 인한 도시구조의 급격한 변화와 대형마트의 폐점 등으로 일본 등지에서도 사회적 문제로 떠오르고 있으며 최근 우리나라에서도 잠재적 식품사막 현상이 나타나기 시작하였다(이누리와 김걸, 2017). 식품사막은 저소득층이나 고령인구 등 취약계층과 관련이 크므로 음식윤리적 측면에서 이들 먹거리 취약계층에 대한 관심이 요구된다.

〈표 5〉 성별과 식생활 관심도에 따른 초등예비교사의 음식윤리 인지도[1] 비교

음식윤리 항목		성별 (평균±표준편차)			식생활 관심도 (평균±표준편차)		
		남(141)	여(279)	*t*값	상(159)	하(261)	*t*값
생산	1.산업형 농업	2.82±1.01	2.75±0.85	0.74	2.85±0.88	2.65±0.93	2.24*
	2.공장식 축산	3.26±1.05	3.30±0.89	0.41	3.37±0.95	3.14±0.93	2.36*
	3.동물복지	3.25±1.04	3.36±0.89	1.17	3.41±0.93	3.18±0.95	2.53*
	4.지속가능한 농업	3.08±1.04	3.06±0.91	0.17	3.16±0.97	2.91±0.90	2.62**
	5.친환경농산물(유기농)	3.74±0.96	3.67±0.76	0.73	3.78±0.80	3.55±0.86	2.70**
	6.로컬푸드(지역식품)	3.72±0.98	3.72±0.77	0.07	3.76±0.83	3.65±0.87	1.36
	7.GMO(유전자변형)식품	3.74±0.90	3.68±0.78	0.79	3.74±0.82	3.63±0.82	1.39
	8.식량주권	2.57±1.08	2.27±0.93	2.84**	2.44±0.99	2.27±0.99	1.67
	평균	3.27±0.71	3.23±0.59	0.68	3.31±0.62	3.12±0.62	3.04**
유통, 분배	1.공정무역	3.77±0.83	3.62±0.83	1.75	3.73±0.86	3.58±0.77	1.84
	2.글로벌 푸드시스템	2.63±1.03	2.35±0.86	2.77**	2.59±0.96	2.21±0.84	4.29***
	3.대량유통 시스템	3.02±1.00	2.89±0.98	1.34	3.08±1.00	2.68±0.90	4.18***
	4.푸드 마일리지	2.90±1.20	3.03±1.09	1.13	3.05±1.13	2.88±1.13	1.53
	5.식품사막	1.89±0.99	1.97±0.90	0.84	2.08±0.99	1.72±0.78	3.91***
	평균	2.84±0.71	2.77±0.67	1.00	2.91±0.71	2.61±0.61	4.53***
복지, 권리	1.음식복지	2.30±1.05	2.33±0.96	0.28	2.45±1.05	2.10±0.84	3.73***
	2.음식정의	2.19±1.00	2.25±0.91	0.61	2.33±1.00	2.06±0.83	3.01**
	3.음식기본권	2.14±1.06	2.17±0.89	0.29	2.28±1.00	1.96±0.82	3.59***
	4.음식격차	2.50±1.11	2.64±1.02	1.27	2.75±1.06	2.34±0.98	3.97***
	평균	2.28±0.92	2.35±0.81	0.73	2.45±0.89	2.12±0.73	4.24***

소비	1.윤리적 소비	3.28±1.16	3.42±0.91	1.21	3.44±1.02	3.26±0.96	1.86
	2.지속가능한 식사	3.09±1.11	3.20±1.00	1.05	3.28±1.04	2.96±1.00	3.18**
	3.슬로푸드	3.72±0.91	3.63±0.80	0.95	3.71±0.83	3.58±0.84	1.47
	4.미식 윤리	2.52±1.13	2.51±0.98	0.17	2.67±1.06	2.26±0.93	4.14***
	5.육식과 채식 윤리	3.13±1.15	3.23±1.01	0.90	3.37±1.05	2.91±1.01	4.44***
	6.식사장애	2.88±1.11	3.28±0.97	3.80***	3.26±1.06	2.96±0.96	3.02**
	7.비만	4.13±0.75	4.03±0.74	1.29	4.17±0.75	3.88±0.71	3.96***
	8.폭식, 과식	4.13±0.75	4.09±0.73	0.55	4.24±0.70	3.89±0.75	4.76***
	평균	3.36±0.73	3.42±0.61	0.88	3.52±0.66	3.21±0.60	4.78***
폐기	1.음식물쓰레기	3.84±0.93	3.85±0.79	0.14	3.91±0.84	3.74±0.82	1.98*
총 평균		3.09±0.64	3.09±0.55	0.27	3.19±0.60	2.92±0.51	4.87***

1) 매우 잘 알고 있다. 5점 ~ 전혀 모른다. 1점

* $p<0.05$, ** $p<0.01$, *** $p<0.001$

식품과 관련한 복지나 권리와 관련된 음식윤리 항목에 대한 초등예비교사의 인지도는 모든 항목이 3점 이하로 낮은 편이었으며, 남녀 간에 유의적인 차이를 보인 항목은 없었으나, 식생활 관심도에 따라 모든 항목이 유의적인 차이를 보여 식생활 관심도가 높은 상집단이 하집단보다 인지도가 높았다. 음식윤리 5개 영역 중 복지와 권리에 관한 음식윤리에 대한 인지도가 가장 낮게 나타났는데 이는 초등예비교사들이 음식(식품)과 관련한 복지나 권리에 대한 인식이 많이 부족함을 의미한다. 최근 먹거리 취약계층에 대한 사회적 관심이 높아지면서 음식과 관련한 권리나 복지에 대해서도 관심을 가지고 알아갈 필요가 있겠다. 음식기본권(Right to adequate food, 먹거리 기본

권, 먹거리 인권)은 1948년 세계인권선언에 포함된 권리로서 단순히 생존에 필요한 식량을 확보하는 의미만이 아니라 '적절한' 먹거리를 확보하는 것을 의미한다(조효제, 2013). 1999년 20차 세계식량정상회의에서 발표한 general comment 12에서는 음식기본권을 최소한의 열량, 단백질, 기타 영양소라는 측면으로만 다루어서는 안 되며, 먹거리는 주도적인 사회·경제·문화·기후·생태·기타 조건들에 부합하는 적절성(adequacy)을 갖추어야 한다고 하였고 국가는 음식기본권을 보장할 의무를 져야 함을 분명히 하고 있다(조효제, 2013에서 재인용). 음식정의(Food justice, 먹거리정의)는 모든 사람이 언제나 적절한 먹거리에 접근할 수 있는 상태를 의미하며 식품의 생산, 유통, 분배, 접근성 및 가용성 등에 대한 혜택과 위험이 모든 사람에게 공평하게 공유되고 보장되어야 한다는 개념이다(조효제, 2013). 음식정의는 지구상의 기아의 원인을 음식의 부족이 아닌 '정의'의 부족에서 찾는 개념으로 사회경제적 불평등이 식품의 생산, 분배, 소비에 이르기까지 어떻게 확장되고 구조화되어왔는지를 나타내는 개념이다(김소연, 2020). 우리 사회에서는 사회경제적 불평등과 양극화가 식생활에서도 나타나고 있어 충분히, 건강하고 안전한 음식을 먹지 못하는 음식부정의(food injustice) 현상이 저소득층, 1인 가구, 고령자 등 먹거리 취약계층의 인구에서 점점 늘고 있다. 음식정의가 실현되어 누구나 적절한 음식을 보장받을 수 있는 음식기본권이 확보되기 위해서는 우리 모두 음식부정의에 관심을 가지고 개인적 차원을 넘어 사회정의적으로 식생활에 대해 협력하고 지원하는 노력과 행동이 필요하며 초등예비교사들도 음식윤리적 측면에서 이에 대한 관심을 가질 필요가 있겠다.

초등예비교사의 식품 소비와 관련한 음식윤리 인지도는 식사장애를 제외하고는 남녀 간의 차이가 없었으며 미식 윤리와 식사장애는 3점 이하로 인지도가 낮았으나 비만과 폭식·과식에 대해서는 4점 이상으로 인지도가 높았다. 식품 소비와 관련한 음식윤리 인지도는 윤리적 소비와 슬로푸드를 제외한 모든 항목에서 식생활 관심도 상집단이 하집단에 비해 높았고 소비영역 평균에서도 높았다. 식생활 관심도 집단에서도 역시 미식 윤리에 대한 인지도는 두 집단 모두 3점 이하로 낮았다. 식품소비와 관련하여 윤리적 소비나 지속가능한 식사 등은 최근 소비자가 사회책임적, 환경친화적 소비행동에 관심이 높아지면서 사회적 관심을 보이고 있지만 초등예비교사들은 아직 이에 대한 인지도가 높지 않은 편이었다. 윤리적 소비(Ethical consumption)는 소비자의 개별적·도덕적 신념에 따라 사회적 책임을 실천하는 소비행동이며, 여기서의 사회적 책임이란 경제적 책임, 법적 책임, 지속가능한 소비의 책임, 동시대 인류를 위한 책임을 의미하며 소비행동의 범주는 자원의 구매와 사용뿐 아니라 배분, 처분까지를 포함한다(홍연금, 송인숙, 2010). 윤리적 소비는 건강, 환경, 사회 세 영역으로 분류되며, 건강적 측면에서 장기적으로 자신의 정신적·신체적 건강에 도움이 되는 소비를 하며, 환경적 측면에서 친환경적 소비를 하며. 사회적 측면에서 공정무역 등 인권이나 노동문제를 고려한 소비가 포함되며 나뿐 아니라 이웃을 생각하며 소비한다(이원재, 2009). 식생활에서의 윤리적 소비는 공정무역 제품이나 친환경제품, 재활용품, 동물복지를 고려한 식품을 구입하여 사용하거나 소비절제와 나눔, 기부행동 등으로 나타난다. 초등예비교사들은 윤리적

소비에 대한 인지도가 3점 이상으로 낮지는 않았으나 3.5점 이하로 좀 더 알아둘 필요가 있겠다. 초등예비교사의 미식 윤리에 대한 인지도가 2.5점 정도로 낮았다. 세계 3대 미식으로 푸아그라(살찐 간), 캐비아, 송로버섯이 있다. 이 중 푸아그라는 거위를 움직이지 못하게 좁은 케이지에 넣고 철제호스를 위에 끼워 강제로 다량의 사료를 먹여 키우는 '가바주'라는 생산방식 때문에 윤리 문제가 제기되고 있다. 인간의 미식 만족을 위해 동물에게 가해지는 이러한 행위에 대해 윤리적 차원에서 고려해보아야 할 것이다. 최근 우리나라도 동물성 식품의 섭취가 증가하고 상대적으로 식물성 식품의 섭취가 감소하면서(보건복지부, 질병관리본부, 2019) 가축사육과 수입이 많아지고 있다. 가축 생산량을 증가시키기 위해 공장식 축산이 이루어지고 이에 따라 윤리적 문제가 대두되고 있으나 초등예비교사들은 육식과 채식 윤리에 대한 인지도가 높지 않았다.

초등예비교사들의 식품 폐기 즉 음식물쓰레기에 대한 인지도는 3.8점 정도로 보통 이상이었다. 음식물쓰레기의 문제는 환경오염과 경제적 낭비뿐 아니라 사회적·도덕적 문제로 식량문제를 악화시키고 음식 재분배 문제를 야기하게 된다. 그동안 우리나라에서도 음식물쓰레기 줄이기와 관련하여 다양한 교육과 홍보가 있었음에도 불구하고 이에 대한 초등예비교사들의 인지도는 높지 않은 편이었다.

음식윤리에 대한 총평균을 볼 때 초등예비교사들은 음식윤리에 대한 인지도가 남녀 간의 차이없이 3.09점으로 보통 정도이었으나, 식생활 관심도에 따라서는 상집단이 하집단에 비해 유의적으로 높았고, 하집단은 보통 이하로 인지도가 낮아, 식생활에 대한 관심이

많을수록 음식윤리에 대해서 더 많이 알고 있는 것으로 나타났다.

3) 초등예비교사의 음식윤리에 대한 중요성 인식

초등예비교사들에게 우리의 식생활에서 음식윤리의 각 항목이 얼마나 중요하다고 생각하는지에 대해 조사한 결과는 〈표 6〉과 같다. 식품 생산과 관련한 음식윤리 항목에 대한 중요성 인식 정도는 남녀별로 볼 때 Non-GMO와 식량주권을 제외하고 4점 이상으로 지속가능한 농업, 친환경농산물, 동물복지, 로컬푸드에 대해 중요하다고 인식하고 있었고, 남학생보다 여학생들이 더 중요하다고 생각하고 있었다. 식생활 관심도에 따라서도 역시 Non-GMO와 식량주권을 제외하고 4점 이상으로 두 집단에서 모두 중요하게 생각하고 있었다. 식생활 관심도에 따라 차이를 보인 항목은 Non-GMO로 식생활 관심도가 높은 상집단이 하집단보다 더 중요하다고 인식하고 있었고 생산 영역의 평균에서도 상집단이 하집단보다 더 중요하다고 인식하고 있었다.

식품 유통 및 분배와 관련한 음식윤리 항목에 대한 중요성 인식 정도는 푸드 마일리지 감소를 제외하고 4점 이상으로 우리의 식생활에서 공정무역, 식품표시, 먹거리 접근성이 중요하다고 인식하고 있었고 남자보다 여자 초등예비교사들이 더 중요하다고 생각하고 있었다. 식생활 관심도에 따라서는 식품표시와 먹거리 접근성에 대해 상집단이 하집단보다 더 중요하다고 생각하고 있었다.

복지 및 권리와 관련한 음식윤리 항목에 대한 중요성 인식 정도는 전체적으로 3.8~4.0점 정도로 상대적으로 다른 영역보다 낮았고, 남

자보다 여자 초등예비교사가, 식생활 관심도가 낮은 하집단보다 상집단이 모든 항목에 대해 더 중요하다고 인식하고 있었다.

〈표 6〉 성별과 식생활 관심도에 따른 초등예비교사의 음식윤리 중요성 인식[1] 비교

음식윤리 항목		성별 (평균±표준편차) 남	성별 여	성별 t값	식생활 관심도 (평균±표준편차) 상	식생활 관심도 하	식생활 관심도 t값
생산	1.지속가능한 농업	4.23±0.72	4.35±0.57	1.82	4.35±0.64	4.25±0.60	1.54
	2.친환경농산물	4.16±0.80	4.37±0.58	3.10**	4.34±0.68	4.23±0.66	1.70
	3.동물복지	3.96±0.92	4.45±0.62	5.77***	4.32±0.77	4.23±0.76	1.23
	4.로컬푸드	4.04±0.80	4.15±0.67	1.41	4.13±0.72	4.08±0.71	0.67
	5.Non-GMO	3.57±1.14	3.99±0.84	3.88***	3.94±0.92	3.71±1.02	2.30*
	6.식량주권	3.94±0.83	3.96±0.75	0.25	4.00±0.80	3.87±0.74	1.57
	평균	3.98±0.59	4.21±0.47	4.29***	4.18±0.54	4.06±0.49	2.24*
유통, 분배	1.공정무역	4.17±0.74	4.39±0.62	3.16**	4.35±0.67	4.26±0.68	1.35
	2.푸드 마일리지 감소	3.51±0.84	3.95±0.77	5.15***	3.84±0.86	3.74±0.75	1.25
	3.식품표시	4.35±0.80	4.50±0.61	2.01*	4.51±0.68	4.36±0.67	2.16*
	4.먹거리 접근성	4.16±0.68	4.23±0.63	1.10	4.30±0.63	4.06±0.65	3.69***
	평균	4.05±0.53	4.27±0.47	4.32***	4.24±0.25	4.10±0.47	2.89**
복지, 권리	1.음식정의	3.72±0.79	3.91±0.74	2.44*	3.91±0.75	3.73±0.76	2.40*
	2.음식기본권	3.80±0.83	3.97±0.73	2.11*	3.99±0.77	3.79±0.76	2.61**
	3.음식격차 해소	3.82±0.93	4.21±0.67	4.39***	4.14±0.76	3.97±0.81	2.12*
	평균	3.78±0.75	4.03±0.61	3.44**	4.01±0.65	3.83±0.69	2.74**

	1.윤리적 소비	3.94±0.85	4.35±0.62	5.02***	4.26±0.74	4.13±0.70	1.78
	2.지속가능한 식사	4.09±0.76	4.34±0.61	3.62***	4.30±0.66	4.19±0.69	1.63
	3.슬로푸드	3.67±0.92	3.98±0.72	3.43**	3.94±0.80	3.77±0.81	2.04*
소비	4.채식 위주 식생활	2.97±1.16	3.58±0.90	5.50***	3.45±1.01	3.26±1.06	1.78
	5.음식 절제	3.91±0.84	4.09±0.73	2.10*	4.11±0.77	3.89±0.77	2.88**
	6.패스트푸드 절제	3.84±0.93	4.16±0.74	3.50**	4.15±0.86	3.80±0.73	3.28**
	평균	3.74±0.62	4.08±0.51	5.67***	4.04±0.57	3.86±0.55	3.13**
폐기	1.음식물쓰레기 절감	4.50±0.66	4.56±0.55	1.02	4.56±0.59	4.51±0.59	0.84
총 평균		3.92±0.52	4.17±0.42	5.06***	4.14±0.48	4.00±0.45	3.13**

1) 매우 중요하다. 5점 ~ 전혀 중요하지 않다. 1점 　　　　* $p<0.05$, ** $p<0.01$, *** $p<0.001$

식품 소비와 관련한 음식윤리 항목에 대한 초등예비교사의 중요성 인식 정도는 지속가능한 식사가 남녀 모두, 그리고 식생활 관심도 두 집단 모두에서 4점 이상으로 가장 높아 지속가능한 식사를 중요하게 생각하고 있음을 알 수 있었다. 반면에 채식 위주 식생활은 다른 항목에 비해 낮은 점수를 나타내었으며, 특히 남자 초등예비교사는 3점 이하로 상대적으로 덜 중요하게 생각하고 있었는데 이는 육식 섭취가 많은 자신들의 식습관과도 관련이 있을 것으로 여겨진다. 음식 절제나 패스트푸드 절제에 대해서도 남자보다 여자 초등예비교사가 더 중요하게 생각하고 있었다. 소비 관련 항목에 대해서는 모든 항목에서 남자보다 여자 초등예비교사가 더 중요하다고 여기고 있었다. 식생활 관심도에 따라서도 상집단이 하집단에 비해 더 중요하다고 여기고 있었는데 슬로푸드, 음식 절제, 패스트푸드 절제

는 유의적인 차이를 보였다.

식품 폐기와 관련하여 음식물쓰레기에 대해서는 남녀나 식생활 관심도에 따른 유의적인 차이 없이 4.5점 이상의 점수를 보여 매우 중요하게 생각하고 있음을 알 수 있었다.

음식윤리 항목에 대한 중요성 인식 정도는 남자 초등예비교사를 제외하고 여자 초등예비교사, 그리고 식생활 관심도 상집단과 하집단 모두 4점 이상으로 전반적으로 음식윤리에 대해 중요하다고 여기고 있음을 알 수 있으며 남자보다는 여자 초등예비교사가, 식생활 관심도 하집단보다 상집단 초등예비교사가 더 중요하다고 인식하고 있었다. 전체적으로 볼 때 음식윤리 항목 중 식품 폐기에 대한 중요도 인식이 가장 높았고, 식품 생산, 유통 및 분배, 복지와 권리, 소비 관련 인식 정도는 비슷한 수준으로 중요하게 여기고 있었다. 이는 초등예비교사들이 음식윤리 대부분을 비슷하게 중시하고 있음을 의미한다고 볼 수 있다.

4) 초등예비교사의 음식윤리에 대한 실천 태도 및 의지

초등예비교사의 음식윤리의 각 항목에 대한 실천 태도 및 의지를 조사한 결과는 〈표 7〉과 같다. 4점 이상의 긍정적 실천 태도나 높은 실천 의지를 가진 항목은 '12. 모든 사람은 신선하고 안전한 식품을 먹을 권리가 있다.'와 '17. 음식물쓰레기를 줄이려고 노력한다.', '18. 음식물쓰레기를 분리배출한다.'로 음식물쓰레기 줄이기에 대한 실천 의지가 높은 것으로 나타났으며, 특히 음식물쓰레기 분리배출 의지는 남자보다 여자 초등예비교사가 더 높았다. 반면에 '6. 비싸더

라도 친환경농산물을 이용한다.', '7. 동물복지 인증표시가 있는 축산물을 구입한다.', '8. 식품표시에서 GMO를 확인하고 Non-GMO 제품을 구입한다.'와 '13. 식물성 식품 위주의 식생활을 한다.'의 4개 항목에 대해서는 3점 이하의 낮은 실천 의지를 보였으며 특히 여자보다 남자 초등예비교사가, 식생활 관심도 상집단보다 하집단이 실천 의지가 더 낮았다.

대학생의 윤리적 소비행동을 연구한 홍은실과 신효연(2010)의 연구에서도 '제품을 구매할 때 환경친화적 제품인지 확인하고 구매한다.'의 녹색 구매, '패스트푸드나 인스턴트식품을 가능한 먹지 않는다.'와 같은 녹색 사용, '쓰레기를 버릴 때 반드시 분리수거를 한다.'의 녹색 처분에 대한 점수가 5점 만점에 각각 2.73점, 2.70점, 3.61점으로 본 연구에서와 같이 처분과 관련한 윤리적 소비행동에 비해 구매나 사용에 대한 소비행동 점수가 낮았다. 홍은실과 신효연(2010)은 녹색 구매나 사용보다 녹색 처분의 소비행동이 더 높은 것은 광고, 교육, 지자체 활동 등을 통한 쓰레기 줄이기에 대한 그동안의 노력의 결과라고 보고 있으며, 반면에 효율성과 편의성을 주로 추구하는 사회적 분위기와 저소득과 적은 용돈 등이 대학생들이 녹색 구매나 사용의 윤리적 소비를 어렵게 했을 것으로 추측하고 있었다. 본 연구에서도 친환경농산물이나 동물복지 인증제품, Non-GMO 제품 선택에서 낮은 실천 의지를 나타낸 것은 가격과 연관 있을 것으로 생각된다. 또한 식량주권이나 식량안보, 먹거리 취약계층, 푸드시스템에 대한 관심을 높이겠다는 의지가 보통 정도에 그치고 있는 것은 이러한 내용을 주제로 한 교육이 그동안 많이 이루어지지 않았기 때

문으로 여겨진다. 따라서 미래의 교육을 담당할 초등예비교사들에게 이에 대한 교육이 필요할 것으로 여겨진다.

〈표 7〉 성별과 식생활 관심도에 따른 초등예비교사의 음식윤리에 대한 실천 태도 및 의지[1] 비교

음식윤리의 실천 태도 및 의지 항목	성별 (평균±표준편차)			식생활 관심도 (평균±표준편차)		
	남	여	*t*값	상	하	*t*값
1. 푸드시스템(식품의 생산, 유통, 가공, 소비, 폐기의 전 과정)에 관심을 가진다.	3.21±0.99	3.28±0.92	0.65	3.38±0.97	3.04±0.86	3.63***
2. 지속가능한 농업, 친환경농업에 관심을 가진다.	3.45±1.00	3.46±0.89	0.05	3.61±0.90	3.21±0.93	4.40***
3. 식량주권, 식량안보에 관심을 가진다.	3.19±1.11	2.94±0.99	2.28*	3.10±1.07	2.90±0.98	1.92
4. 외식이나 식품 구매할 때 수입산보다는 국내산 농산물을 이용(구입)한다.	3.40±1.06	3.75±0.96	3.36**	3.70±0.98	3.53±1.04	1.68
5. 가능하면 지역농산물을 구입한다.	3.28±1.05	3.47±1.02	1.72	3.49±1.03	3.27±1.03	2.09*
6. 비싸더라도 친환경농산물을 이용한다.	2.91±1.09	3.18±1.03	2.47*	3.16±1.07	2.96±1.03	1.97*
7. 동물복지 인증표시가 있는 축산물을 구입한다.	2.89±1.17	3.18±1.02	2.61**	3.20±1.06	2.91±1.08	2.69**
8. 식품표시에서 GMO를 확인하고 Non-GMO제품을 구입한다.	2.81±1.25	3.03±1.11	1.77	3.07±1.17	2.77±1.14	2.60*
9. 가능하면 공정무역 제품을 구입한다.	3.24±1.08	3.23±1.05	0.14	3.32±1.05	3.09±1.06	2.17*
10. 식품에 대해 공정한 가격을 지불한다.	3.76±0.83	3.88±0.77	1.46	3.93±0.77	3.69±0.82	2.93**
11. 먹거리 취약계층(저소득층, 고령자 등)에 대해 관심을 가진다.	3.25±0.99	3.45±0.92	2.09*	3.48±0.95	3.23±0.93	2.56*
12. 모든 사람은 신선하고 안전한 식품을 먹을 권리가 있다.	4.32±0.79	4.59±0.63	3.57***	4.55±0.65	4.42±0.77	1.95

13. 식물성 식품 위주의 식생활을 한다.	2.87±1.07	3.12±0.99	2.37*	3.14±1.01	2.87±1.03	2.68**
14. 폭식이나 과식을 자제한다.	3.66±0.98	3.75±0.89	0.95	3.74±0.93	3.69±0.90	0.52
15. 패스트푸드 섭취를 자제한다.	3.20±1.09	3.52±0.97	3.03**	3.49±1.02	3.27±1.02	2.18*
16. 지속가능한 식사를 한다.	3.46±0.98	3.59±0.85	1.45	3.66±0.86	3.36±0.92	3.35**
17. 음식물쓰레기를 줄이려고 노력한다.	4.11±0.79	3.97±0.84	1.59	4.06±0.81	3.94±0.84	1.43
18. 음식물쓰레기를 분리배출한다.	4.07±0.95	4.37±0.78	3.44**	4.31±0.84	4.19±0.87	1.40
평균	3.39±0.64	3.54±0.57	2.41*	3.58±0.60	3.35±0.58	3.79***

1) 매우 그렇다. 5점 ~ 전혀 그렇지 않다. 1점

* $p<0.05$, ** $p<0.01$, *** $p<0.001$

음식윤리 실천 태도와 의지에 대한 총 평균은 남녀 각각 3.39점과 3.54점, 식생활 관심도 상집단과 하집단 각각 3.58점과 3.35점으로 보통 정도에 그치고 있어 음식윤리에 대한 실천 태도나 의지가 그리 높지 않은 편이었고, 남자 초등예비교사가 여자 초등예비교사보다, 식생활 관심도 하집단이 상집단보다 실천 태도나 의지가 낮았다. 〈표 6〉의 음식윤리 중요성에 대한 인식 정도에 비해 실천 태도나 의지가 낮게 나타났는데 이는 초등예비교사들은 우리의 식생활에서 음식윤리가 중요하다고 인식하고는 있으나 아직까지 실천하고자 하는 의지는 적은 것을 의미한다. 우리의 식생활에서 음식윤리를 중요하다고 인식하는 것에 그치지 않고 자신의 식생활에서 실천하여야 의미가 있으므로 초등예비교사들이 음식윤리에 대해 중요하다고 인식하는 만큼 실천 의지도 높일 수 있도록 초등예비교사들에게

음식윤리에 대한 실천 태도나 의지를 높일 수 있는 음식윤리에 대한 다양한 교육이 이루어져야 할 것이다. 사고에 따른 실천은 이후 교육현장에서 실천적 교육모델로 작용할 수 있기 때문이다.

5) 초등예비교사의 음식윤리에 대한 교육 필요성 인식

초등학교 식생활교육에서 식사예절 이외에 음식윤리 교육이 필요한지 대해 조사한 결과(표 8), 전체 평균이 4.55±0.61점으로 매우 높게 나타났다. 남자보다 여자 초등예비교사들이 초등학교 식생활교육에서 음식윤리 교육이 더 필요하다고 응답하였고($p<0.01$), 식생활 관심도에 따라서는 유의적인 차이는 없었으나 상집단이 하집단보다 높은 편이었다.

〈표 8〉 성별과 식생활 관심도에 따른 초등 식생활교육에서의 음식윤리 교육 필요성 인식[1] 비교

구분		음식윤리 교육 필요성 인식 정도 (평균±표준편차)	t값
성별	남	4.41±0.68	3.16**
	여	4.62±0.56	
식생활 관심도	상	4.59±0.59	1.87
	하	4.48±0.64	
평균		4.55±0.61	

1) 매우 필요하다. 5점 ~ 전혀 필요하지 않다. 1점

** $p<0.01$

초등예비교사들이 초등학교 식생활교육에서 음식윤리 각 항목들에 대해 교육이 얼마나 필요하다고 생각하는지를 조사한 결과는 〈표 9〉와 같다. 각 영역별로 볼 때 남녀별 그리고 식생활 관심도에

따른 차이 없이 모두, 식품 폐기(음식물쓰레기)가 가장 높았고, 다음이 식품 소비와 생산이었으며, 식품 유통 및 분배와 복지 및 권리가 가장 낮았다. 음식윤리 26개 항목 중 식량주권, 비만, 폭식과 과식, 음식물쓰레기 절감을 제외한 22개 항목에 대해 남자보다 여자 초등예비교사들이 교육 필요성에 대한 응답이 더 높았다. 그러나 식생활 관심도에 따라서는 공장식 축산과 육식 채식 윤리성 2개 항목을 제외하고는 두 집단 간의 유의적인 차이가 없었다.

식품 생산 관련 음식윤리 항목에서는 남녀 모두 4점 이상의 점수를 나타낸 항목은 지속가능한 농업, 친환경농산물, 로컬푸드이었고, 식생활 관심도에 따라서는 산업형 농업과 공장식 축산을 제외하고는 모두 4점 이상이었다. 반면에 식품 유통 및 분배 관련 항목에서는 남녀 모두, 식생활 관심도 두 집단 모두 공정무역에서만 4점 이상이었고, 나머지 4개 항목은 4점 이하로 보통 정도로 필요하다고 인식하고 있었다. 복지 및 권리 관련 항목에서는 남자 초등예비교사는 4점 이상을 나타낸 항목이 없었으나 여자 초등예비교사와 식생활 관심도 두 집단에서는 음식기본권과 음식격차가 4점 이상을 나타내어 교육이 많이 필요하다고 생각하고 있었다. 식품 소비 관련 항목에서는 슬로푸드, 미식의 윤리성, 육식 채식 윤리성 3개 항목을 제외한 5개 항목에 대해서 남녀 모두, 그리고 식생활 관심도 두 집단 모두 4점 이상으로 교육 필요성이 높다고 생각하고 있었다. 식품 폐기와 관련하여 남녀 모두, 식생활 관심도 두 집단 모두 약 4.5점을 나타내어 교육이 매우 필요다고 생각하고 있음을 알 수 있었다.

〈표 9〉 성별과 식생활 관심도에 따른 초등 식생활교육에서의 음식윤리 항목별 교육 필요성 인식[1] 비교

음식윤리 항목		성별 (평균±표준편차)			식생활 관심도 (평균±표준편차)		
		남	여	*t*값	상	하	*t*값
생산	1.산업형 농업	3.55±0.79	3.85±0.75	3.69***	3.80±0.77	3.66±0.79	1.85
	2.공장식 축산	3.72±0.81	4.04±0.79	3.96***	4.00±0.80	3.82±0.82	2.17*
	3.동물복지	3.95±0.84	4.39±0.61	6.16***	4.28±0.71	4.19±0.76	1.11
	4.지속가능한 농업	4.11±0.75	4.34±0.64	3.29**	4.28±0.68	4.22±0.69	0.92
	5.친환경농산물	4.01±0.76	4.29±0.65	3.82***	4.25±0.71	4.11±0.78	1.83
	6.로컬푸드	4.05±0.82	4.22±0.68	2.19*	4.15±0.77	4.18±0.68	0.50
	7.GMO	3.97±0.98	4.26±0.71	3.47**	4.20±0.79	4.11±0.86	1.00
	8.식량주권	3.94±0.84	4.09±0.73	1.75	4.03±0.77	4.06±0.79	0.46
	평균	3.91±0.59	4.19±0.49	5.03***	4.13±0.54	4.05±0.55	1.40
유통, 분배	1.공정무역	4.16±0.77	4.34±0.63	2.58*	4.28±0.70	4.27±0.66	0.13
	2.글로벌 시스템	3.64±0.80	3.93±0.75	3.64***	3.84±0.79	3.82±0.78	0.19
	3.대량유통 시스템	3.67±0.83	3.89±0.77	2.60*	3.84±0.81	3.76±0.78	1.02
	4.푸드 마일리지	3.81±0.84	4.05±0.73	2.92**	3.93±0.78	4.03±0.76	1.29
	5.식품사막	3.56±0.93	3.90±0.76	3.76***	3.82±0.78	3.73±0.91	1.04
	평균	3.77±0.64	4.02±0.60	4.03***	3.94±0.63	3.92±0.62	
복지, 권리	1.음식복지	3.76±0.85	4.04±0.73	3.38**	3.94±0.79	3.96±0.77	0.30
	2.음식정의	3.66±0.85	3.97±0.76	3.67***	3.90±0.80	3.82±0.82	0.98
	3.음식기본권	3.78±0.85	4.14±0.69	4.36***	4.02±0.74	4.01±0.80	0.14
	4.음식격차	3.85±0.87	4.13±0.75	3.23**	4.03±0.79	4.04±0.83	0.04
	평균	3.76±0.76	4.07±0.62	4.17***	3.97±0.67	3.96±0.72	0.31

소비	1.윤리적 소비	4.18±0.76	4.49±0.62	4.50***	4.38±0.68	4.40±0.69	0.30
	2.지속가능한 식사	4.18±0.72	4.37±0.64	2.77**	4.27±0.70	4.36±0.64	1.27
	3.슬로푸드	3.83±0.91	4.16±0.72	3.77***	4.08±0.80	4.01±0.81	0.87
	4.미식의 윤리성	3.57±0.92	4.09±0.74	5.78***	3.95±0.83	3.87±0.85	0.93
	5.육식 채식 윤리성	3.73±0.94	4.18±0.71	4.95***	4.09±0.78	3.92±0.88	1.99*
	6.식사장애	4.02±0.85	4.35±0.74	4.05***	4.25±0.78	4.22±0.82	0.36
	7.비만	4.44±0.76	4.49±0.71	0.73	4.52±0.70	4.41±0.77	1.48
	8.폭식, 과식	4.45±0.73	4.48±0.75	0.34	4.51±0.72	4.40±0.77	1.49
	평균	4.05±0.56	4.33±0.51	5.06***	4.25±0.53	4.20±0.56	1.04
폐기	1.음식물쓰레기 절감	4.48±0.70	4.56±0.60	1.11	4.50±0.67	4.59±0.58	1.51
총 평균		3.93±0.55	4.19±0.47	5.22***	4.12±0.50	4.08±0.52	0.84

1) 매우 필요하다. 5점 ~ 전혀 필요하지 않다. 1점

* $p<0.05$, ** $p<0.01$, *** $p<0.001$

이상을 종합해보면 식품 생산과 관련해서는 지속가능한 농업, 친환경농산물, 로컬푸드, 식품 유통 및 분배와 관련해서는 공정무역, 식품 소비와 관련해서는 윤리적 소비, 지속가능한 식사, 식사장애, 비만, 폭식과 과식, 그리고 식품 폐기의 음식물쓰레기 절감에 대한 교육이 특히 많이 필요하다고 생각하고 있음을 알 수 있었고 복지와 권리에서는 다른 영역보다 낮은 점수이기는 하였으나 음식기본권과 음식격차에 대한 교육이 많이 필요하다고 여기고 있음을 알 수 있었다.

6) 음식윤리 인지도, 중요성 인식, 실천 태도 및 의지, 교육 필요성 인식 간의 상관관계

초등예비교사의 음식윤리에 대한 인지도, 중요성 인식, 실천 태도 및 의지, 초등학교 식생활교육에서의 교육 필요성 인식 간의 상관관계를 분석한 결과는 <표 10>과 같다. 음식윤리에 대한 실천 태도 및 의지와 가장 상관관계가 높은 것은 음식윤리에 대한 중요성 인식이었고(r=0.511), 다음으로 인지도(r=484)와 교육 필요성 인식(r=446)이었다. 음식윤리 교육 필요성 인식과 가장 상관관계가 높은 것은 음식윤리에 대한 중요성 인식(r=607)으로 상관관계가 비교적 높게 나타났고, 다음으로 실천 태도 및 의지(r=446)였다. 이상에서 볼 때 음식윤리를 중요하게 여길수록 실천 태도 및 의지가 높고, 교육에 대한 필요성을 더 많이 느끼는 것을 알 수 있었다.

따라서 초등예비교사들에게 음식윤리에 대한 실천 태도와 의지를 높이고, 초등학교 식생활교육에서 음식윤리 교육이 필요하다고 인식하게 하기 위해서는 먼저 음식윤리에 대해 중요하다고 여길 수 있도록 이에 대한 교육이 이루어질 필요가 있겠다.

<표 10> 초등예비교사의 음식윤리 인지도, 중요성 인식, 실천 태도 및 의지, 교육 필요성 인식 간의 상관관계

	중요성 인식	실천 태도 및 의지	교육 필요성 인식
인지도	0.330[1]**	0.484**	0.290**
중요성 인식		0.511**	0.607**
실천 태도 및 의지			0.446**

1) Pearson Correlation Coefficient(r)

** $p<0.01$

5. 요약 및 결론

이 연구는 초등예비교사들을 대상으로 음식윤리 인지도, 중요성 인식, 실천 태도 및 의지, 그리고 초등 식생활교육에서의 음식윤리 교육 필요성 인식을 조사하여 성별과 식생활 관심도에 따라 분석하였으며 그 결과를 요약하면 다음과 같다.

첫째, 초등예비교사들의 음식윤리에 대한 인지도는 남녀 간의 차이 없이 3.09점 정도로 보통이었으나, 식생활 관심도 상집단이 하집단에 비해 유의적으로 높았고, 하집단은 보통 이하로 인지도가 낮아, 식생활에 대한 관심이 많을수록 음식윤리에 대해서 더 많이 알고 있는 것으로 나타났다. 음식윤리 항목 중 복지와 권리에 대한 인지도가 2.5점 이하로 가장 낮았고 다음으로 식품 유통 및 분배에 대한 인지도도 낮은 편이었다.

둘째, 음식윤리 항목에 대한 중요성 인식 정도는 남자 초등예비교사를 제외하고 여자 초등예비교사, 그리고 식생활 관심도 상집단과 하집단 모두 4점 이상으로 전반적으로 음식윤리에 대해 중요하다고 여기고 있음을 알 수 있었고, 남자보다는 여자 초등예비교사가, 식생활 관심도 하집단보다 상집단이 더 중요하다고 인식하고 있었다.

셋째, 초등예비교사의 음식윤리에 대한 실천 태도 및 의지는 총 평균이 3.39~3.58점 정도로 그리 높지 않은 편이었고, 특히 친환경 농산물이나 동물복지 인증제품, Non-GMO 제품 선택과 식물성 식품위주의 식생활에서 낮은 실천 의지를 나타내었으며, 남자 초등예비교사가 여자 초등예비교사보다, 식생활 관심도 하집단이 상집단

보다 실천 태도나 의지가 낮았다.

넷째, 초등예비교사의 초등학교 식생활교육에서의 음식윤리 교육 필요성 인식은 총 평균이 3.93~4.19점으로 비교적 높은 편이었고, 식생활 관심도에 따른 차이는 없었으나 남자 초등예비교사보다는 여자 초등예비교사가 더 높았다. 특히 식품 유통 및 분배, 복지 및 권리보다 식품 소비와 폐기 관련 음식윤리 교육 필요성에 대한 인식이 높은 편이었다.

다섯째, 음식윤리에 대한 중요성 인식은 음식윤리 실천 태도 및 의지, 그리고 교육 필요성 인식과 상관관계가 높게 나타나 음식윤리를 중요하게 여길수록 음식윤리의 실천 태도 및 의지가 높고, 교육에 대한 필요성을 더 많이 느끼는 것을 알 수 있었다.

결론적으로 초등예비교사들은 음식윤리에 대한 인지도는 그리 높지 않았으나 우리의 식생활에서 음식윤리는 중요하며 초등 식생활교육에서 음식윤리 교육이 필요하다고 인식하고 있었다. 음식윤리에 대한 중요성 인식 수준만큼 실천 태도 및 의지는 높지 않았지만 음식윤리를 중요하게 여길수록 실천 태도 및 의지가 높았고, 교육에 대한 필요성도 더 많이 느끼고 있어 초등예비교사들에게 음식윤리에 대한 실천 태도와 의지를 높이고, 음식윤리 교육의 필요성을 더 많이 인식하게 하기 위해서는 먼저 음식윤리를 중요하게 여길 수 있는 교육이 이루어질 필요가 있겠다. 그리고 식품 유통 및 분배, 복지 및 권리에 대한 인지도, 중요성 인식 및 교육 필요도 인식이 낮았던 만큼 초등예비교사들을 대상으로 한 이 영역의 음식윤리 교육이 더 많이 요구된다. 식생활 관심도가 높은 상집단이 하집단보다 음식

윤리 인지도, 중요성 인식, 실천 태도 및 의지가 높았으므로 초등예비교사들의 식생활에 대한 관심을 높일 수 있는 교육과 다양한 방안 모색도 필요할 것으로 여겨진다.

참고문헌

김명식(2014),「음식윤리와 산업형 농업」.『범한철학』74(3), pp. 441-462.

김명식(2016),「음식과 숙의-산업형 농업 대 유기농업」,『환경철학』21, pp. 35-61.

김석기(2017),『토종씨앗의 역습』, 경기도: 들녘.

김석신(2016),「음식윤리의 개요」,『한국과학과 산업』49(2), pp. 38-97.

김소연(2020),「먹거리 정의에 관한 탐색적 고찰: 이론적 쟁점과 실천적 함의」,『농촌사회』30(2), pp. 229-271.

김완구(2014),「음식윤리의 주요 쟁점과 그 실천의 문제」,『환경철학』18, pp. 1-34.

김종덕(2012),「산업형 농업에 의한 생태위기와 슬로푸드운동의 대응」,『한국환경정책학회 학술대회 논문집』, pp. 194-202.

김태창(2019),「학교급식에서의 음식윤리 교육의 중요성」,『환경철학』27, pp. 35-60.

김하민(2013),「음식의 윤리적 의미 연구 - 육식. 채식을 중심으로」, 서울교육대학교 교육대학원 석사학위 논문.

김현주(2015),「현대사회의 음식문화와 식생활교육의 윤리적 성찰」,『환경철학』19, pp. 171-196.

농림축산식품부(2020). 제3차('20~'24) 식생활교육 기본계획.

변순용(2009),「먹을거리의 인간학적, 윤리적 의미에 대한 연구」,『범한철학』53, pp. 339-361.

변순용(2010a),「초등 도덕과 교과서 개발에서 실천윤리 반영 방안 연구」,『한국초등

교육』 21(1), pp. 1-12.

변순용(2010b), 「윤리학의 관점에서 도덕과 교과 지식의 현황과 발전 방안」, 『윤리교육연구』 22, pp. 73-86.

변순용(2014a), 「지속가능한 식사의 윤리적 의미에 대한 연구」, 『환경철학』 17, pp. 67-86.

변순용(2014b), 「로컬푸드에 나타난 음식의 윤리적 의미에 대한 연구」, 『윤리연구』 94, pp. 135-153.

변순용(2015), 「음식윤리의 내용체계 연구」, 『초등도덕교육』 47, pp. 141-162.

보건복지부, 질병관리본부(2019), 『2018 국민건강통계』. 보건복지부

서경옥, 김기대(2015), 「공장식 가축농장의 문제점과 해결 방안 모색」, 『한국환경교육학회 학술대회 자료집』, pp. 31-35.

윤창호(2012), 「동물복지형 축산의 경제적 타당성에 관한 연구 - 전남지역을 중심으로」, 목포대학교 대학원 박사학위논문.

윤지현, 아사노가나, 이영미, 권수연, 윤소윤, 김승연, 박현주(2018), 「지속가능한 식생활·영양 정책 선진사례 및 국민 식생활 실태조사 개편방안 연구」, 『식생활교육국민네트워크 보고서』, 농림축산식품부.

이누리, 김걸(2017), 「서울시의 식품사막 사례연구」, 『한국도시지리학회지』 20(3), pp. 79-90.

이원재(2009), 「건강에서 환경, 이젠 사회로」, 『진화하는 착한 소비』, 한겨레경제연구소, HERI Review, 2009-02-27.

장승희(2015), 「초등학교 음식윤리교육 방안- 실과·도덕과의 통합적 접근을 바탕으로」, 『윤리교육연구』 36, pp. 129-151.

조희경(2007), 「농장동물복지 실태와 축산물의 안전성」, (사)한국동물복지협회, 농장

동물복지 포럼.

조효제(2013), 「먹거리 인권과 먹거리 주권의 시론적 고찰」, 『민주주의와 인권』 13(2), pp. 267-301.

홍연금(2009), 「우리나라 윤리적 소비자에 대한 사례연구」, 가톨릭대학교 대학원 박사학위논문.

홍연금, 송인숙(2010), 「윤리적 소비에 대한 개념 논의와 실천영역 연구」, 『소비자정책교육연구』 6(4), pp. 91-110.

홍은실, 신효연(2010), 「대학생 소비자의 윤리적 소비와 관련 변인」, 『한국가정관리학회지』 28(5), pp. 131-149.

산림임업농업사전. 한국임업진흥원(https://www.kofpi.or.kr/info/tech_04.do)

Pearson, T., Russell, J., Campbell, J., and Barker, E. (2005). *Do 'food deserts' influence fruit and vegetable consumption? -A cross-sectional study*, Appetite, 45(2), pp. 195-197.

USDA(2015). Scientific Report of the 2015 Dietary Guidelines Advisory Committee.

4. 비만의 사회윤리와 비만윤리 교육 방안에 대한 연구

변순용(서울교육대학교)·배소현(서울대방초등학교)

1. 서론

비만은 각종 질병을 유발하는 주범이자 나태의 상징으로서, 우리 사회에서 공공의 적이 되었다. 그런데 '공공의' 적이라는 명성에도 불구하고, 많은 사람들은 비만은 개인의 문제라는 인식을 가지고 있다. 국민건강보험공단의 '2018년 비만에 대한 인식도 조사'에 따르면 응답자 약 2천 명의 86.8%가 '비만은 본인의 책임이다. 따라서 본인

이 알아서 스스로 관리해야 한다.'라는 항목에 동의하였다.[1] 연예인의 언니로서 방송에 출연했던 한 일반인은 비만이라는 이유로 '당신은 밖에 나오면 안 되는 거 알지 않느냐', '못생긴 차원을 넘었다' 등의 도를 넘는 악성 SNS 메시지를 받기도 했다.[2]

이처럼 우리는 비만한 개인에 대한 사회적 비난을 종종 목격한다. 그러나 비만을 개인의 책임으로만 인식하고 비난하는 것이 정당하려면 비만이 오롯이 개인의 문제가 되어야 한다. 그리고 이를 위해서는 비만의 원인이 개인적 요인에 한정되어야 한다. 비만함에 대한 사회적 비난의 풍조가 형성되어있는 우리 사회에서, 비만이 과연 개인의 문제로 한정지어질 수 있는지 검토하고 비만에 관련하여 사회윤리적인 문제가 있는지 고찰해볼 필요가 있다. 이에 본 연구에서는 비만의 원인으로서 그리고 비만에 대한 비윤리적인 인식을 확대재생산하는 요인으로서의 사회를 살펴보고 비만에 대한 사회의 책임을 밝혀보고자 한다. 이후 비만윤리에 대한 사회적 측면, 즉 비만의 사회윤리의 갈래와 구체적인 내용을 살펴보고, 비만에 대한 사회의 윤리적 책임을 이행하는 하나의 방법으로 도덕과에서의 비만 윤리 교육을 제안하고자 한다.

---

1 https://www.yna.co.kr/view/AKR20181122076100017 참조. (2021.2.16. 검색)

2 https://entertain.naver.com/read?oid=311&aid=0001172072 참조. (2021.2.3. 검색)

2. 비만에 대한 책임의 문제

비만은 '체내 지방이 필요량 이상으로 과다하게 축적되어 있는 경우'를 말한다.[3] 이렇듯 비만은 하나의 신체 상태이지만 윤리와 무관하지 않다. 우선 '몸의 덕' 측면에서 건강한 몸을 유지하는 것 자체가 개인의 윤리적 책임이라고 볼 수 있다. 또한 비만으로 인하여 사회적 손실이 일어날 수 있다는 점 그리고 식탐으로 인한 비만의 경우 쾌락을 위해 필요 이상의 생명을 희생시키기에 생태적 지속가능성을 저해한다는 점에서 비만은 윤리적 문제를 갖는다(박인보·변순용, 2020: pp. 93-96). 따라서 비만한 개인은 윤리적 책임을 지게 된다. 특히 체내 지방의 과다 축적이 개인의 식습관이나 생활 습관에서 비롯할 때 그러할 것이다. 그러나 사회가 어떤 방식으로든 개인의 에너지 섭취와 소비의 불균형에 기여한다면, 사회 또한 비만에 대한 책임이 있음이 자명하다. 또한 비만 문제에 있어서, 사회는 비만의 원인으로서만 책임을 갖는 것은 아니다. 비만에 대한 사회 구성원의 인식에 대해서도 사회는 책임을 갖는다. 비만에 대한 사회의 두 책임에 대하여 살펴보고자 한다.

먼저 비만에 대한 사회의 책임으로 비만함에 대한 책임이 있다. 비만의 원인은 여러 가지로 제시된다. 개인의 생활 습관, 현대 사회의 특성, 초가공식품의 확산, 음식윤리 교육의 부재, 잘못된 정부 정책, 식문화, 유전적 요인, 식품이나 생활용품의 화학물질, 내분비계

---

3 http://www.snuh.org/health/compreDis/OT01/10.do 참조. (2021.2.3. 검색)

질환, 장내 세균 불균형이나 바이러스, 장기간의 제산제 혹은 항생제 처방이 그것이다. 이 원인들은 개인적 원인, 사회적 원인, 생리적 원인의 세 유형으로 분류될 수 있다. 개인적 원인으로는 개인의 생활 습관이 있다. 사회적 원인에는 현대 사회의 특성, 초가공식품의 확산, 음식윤리 교육의 부재, 잘못된 정부 정책, 식문화가 있다. 생리적 원인으로는 유전적 요인, 식품이나 생활용품의 화학물질, 내분비계 질환, 장내 세균 불균형이나 바이러스, 장기간의 제산제 혹은 항생제 처방을 들 수 있다(박인보·변순용, 2020: pp. 83-88). 이 분류에 근거할 때 비만의 원인에는 사회적 요인이 있음을 알 수 있다. 또한 직접적인 원인이 되지 않더라도, 사회는 개인의 생활 습관에 영향을 미치며 식품이나 생활용품의 화학물질 같은 생리적 요인에도 영향을 미친다. 구체적으로 비만의 원인으로서 사회의 책임을 살펴보면 다음과 같다.

첫째, 사회는 식품 산업의 구조와 관련하여 비만에 대한 책임을 갖는다. 우선 식품의 가격 구조를 말할 수 있다. 채소의 상대가격은 지속적으로 증가해온 반면, 칼로리 밀도가 높은 가공식품의 상대가격은 감소하다가 2004년 이후 매우 낮은 증가율로 상승해왔다. 외식 역시 칼로리 밀도가 높아 비만의 한 요인으로 인식되는데, 외식의 상대가격 역시 떨어졌다(김성용·최선우, 2012: pp. 338-339). 이러한 가격 구조는 저영양 고칼로리 식품의 섭취를 늘려 비만의 사회적 원인이 된다. 또한 가난할수록 비만의 위험에 노출되도록 하는 구조를 형성한다.

식품의 가격구조에 더하여 우리 사회의 식품 생산 구조가 재편

성되었다. 오늘날에는 더 먼 곳에서 오랫동안 판매할 수 있는 정제식품과 가공식품이 우리 식품산업의 중심이 되었다. 그러나 초가공식품은 우리의 뇌를 속여 과식을 유발하며, 유통기한을 늘리기 위해 당을 분해하는 섬유질을 없앤 정제식품은 섬유질 섭취를 줄이고 당 섭취는 증가시킨다. 또한 식품 산업이 다량영양소의 효율적 생산에만 주목하면서 미량영양소가 파괴되었다. 1940년에 사과 한 알에서 얻을 수 있었던 철분과 똑같은 양을 얻기 위해서 오늘날에는 사과 세 개를 먹어야 한다(Michael Pollan, 조윤정 역, 2009: pp. 132-153). 미량영양소의 결핍은 비만을 야기하므로(Garcia, O. K. Long, K. Rosado, J. 2009: p. 568), 오늘날 식품을 섭취하는 사람들은 미량영양소의 결핍으로 인한 비만의 위험과 다량영양소의 과다섭취로 인한 비만의 위험을 양쪽에서 떠안고 있다. 그런데 이런 음식을 사회적, 정책적 차원에서 지양하거나 조절하는 움직임은 전혀 없다.

둘째, 개인의 생활 습관 형성이라는 관점에서 책임이 있다. 사회적 요인이 비만을 유발한 그 비율만큼의 책임은 사회에 있지만, 많이 먹고 적게 움직이는 생활 습관을 갖는 것은 개인의 잘못이기에 그에 대한 책임은 개인에게 물어야 한다고 생각할 수 있다. 그러나 개인의 성향 또한 결국 사회 안에서 형성된다. OECD는 인구집단의 행동 양식(lifestyle)에 영향을 미치는 요인으로 '개인의 행태요인', '교육', '사회경제적 요인', '공급자 측 요인', '환경적 요인'을 제시하였다(김혜련, 2010: p. 43). 또한 운동실천율은 교육수준과 소득수준이 높을수록 뚜렷하게 높다(김혜련, 2009: p. 42). 즉 '운동을 하지 않는 것', '움직이지 않고 누워만 있는 것', '고지방 음식을 좋아하는 것', '습관적

으로 끼니를 거르거나 과식을 하는 것' 등은 사회적으로 형성된 개인의 취향이자 행동 습성일 수 있다. 따라서 비만에 취약한 개인의 생활 습관에 대하여, 개인과 더불어 사회가 책임을 갖는다.

사회가 형성하는 개인의 생활 습관의 구체적인 예로 청소년의 '먹방', '쿡방' 시청 행태와 식습관 사이의 관련성을 들 수 있다. '먹방'과 '쿡방'을 자주 시청하는 청소년일수록 배달 음식 섭취, 야식 섭취 등 건강하지 않은 식습관을 보인다(김수경 외, 2020: p. 41). 청소년들의 인터넷 방송 시청을 직접적으로 제한하는 것은 다른 문제이나, 식습관 통제인식[4]을 높이는 등의 적절한 대비책 없이 무분별하게 청소년들을 '먹방'과 '쿡방'에 노출시키는 것은 사회적 안전망의 부재라고 볼 수 있다.

특히 개인의 생활습관을 형성하는 사회적 요인 중 교육 요인을 구체적으로 살펴볼 필요가 있다. 초등학교 비만 교육 실태에 관한 연구를 살펴보면, 소아 비만 예방을 위한 교육이 대부분 가정통신문 배부(70.3%)를 통해 이루어지고 과학적이고 체계적인 교육 프로그램이 없이 학교 영양교사 및 영양사의 재량에 따라 이루어지고 있다(허윤영·황진아, 2009: pp. 43-54). 또한 '좋은 음식이 무엇이고 어떻게 먹어야 하는지'(변순용, 2015: p. 142)에 대한 음식윤리 교육의 경우 실과와 도덕과에서 어느 정도 다루어지고 있기는 하나 여전히 학교 현장에서 효율적이고 체계적으로 이루어지기는 어려운 형편이다(장승희,

4 식습관 통제인식이란 '건강한 식습관 실천을 방해하는 요인이 있더라도 건강한 식습관을 실천할 수 있는지에 대한 것'이다(김수경 외, 2020, 41).

2015: pp. 129-151).[5]

사회는 비만에 대한 비윤리적인 인식에 관련해서도 책임이 있다. 비만한 사람들은 윤리적 책임을 다하지 않는 것에 대한 비난을 넘어서는 편견과 낙인에 시달린다. 이들은 비만으로 인한 건강상의 문제보다 '사회적 불인정(social disapproval)'의 폐해를 더 심각하게 인지한다고 한다(Kwan S, 2009: pp. 1223-1333; 조인숙·나은경, 2013: p. 317에서 재인용). 미디어는 비만에 대한 편견과 낙인을 생산하고 확대 재생산한다. 비만을 다루는 미디어의 프레임 유형은 미용일탈, 질병낙인, 유전운명으로 나눌 수 있는데, 비만을 미용일탈로 규정하는 미디어에 많이 노출될 때 비만에 대한 비난의 태도가 높아진다(조인숙·나은경, 2013: pp. 336-337). 특히 다이어트 서바이벌 프로그램들은 몸의 일탈성을 부각시키는 자막과 구성으로 비만에 대한 낙인을 확대 재생산하고, 비만에 대한 비난을 정당화하였다(임인숙·김민주, 2012: pp. 31-33). 인간 존중이 결여된 이러한 미디어의 행태는 사회 제도적으로 규제되어야 하며, 비만에 대한 낙인을 개선하는 사회적 움직임이 있어야 한다. 한편 교과서 또한 비만에 대한 낙인을 심화하는 문제를 지적받은 바 있다. 특수 교육과정의 사회 교과서에 위험하거나 부정적인 행동과 관련하여 뚱뚱함, 주근깨 등 부정적으로 여겨질 수 있는 신체적 특성을 지닌 학생이 주로 제시되는 문제가 있었다(설규주·은지용, 2016:

---

5 해당 연구는 2009년 개정 실과 및 도덕과 교육과정을 바탕으로 이루어졌으나, 집중이수제가 실질적으로 폐지된 것을 제외하면 실과의 시간적 제약, 도덕과의 음식윤리 관련 구체적인 내용의 부재로 인해 교사의 재구성 역량에 의존하여 음식윤리교육이 이루어질 수밖에 없는 것은 동일하다.

pp. 28-29). 교과서는 어린이와 청소년이 가장 많이 접하는 미디어 중 하나인 만큼 비만에 대한 부정적 인식을 심어주지 않도록 특히 유의해야 한다.

비만에 대한 잘못된 인식의 또 다른 종류는 비만에 대한 지나친 경계심과 자신도 비만일 것이라는 불안 및 강박이다. 특히 여성 청소년 및 청년의 경우 실제 비만한 경우에 비하여 자신이 비만하다고 느끼는 경우가 많으며, 이렇게 자신을 비만으로 느끼는 경우 스트레스와 우울감이 증가한다(김정현·정인경, 2017: pp. 101-109; 김은주, 2008, : pp. 54-59). 이들의 이러한 성향에는 역시 사회적 요인이 기여한다. 미디어로부터 노출되는 이상적 신체 이미지는 자신의 실제 신체 이미지와의 비교 기준이 되어 신체 불만족을 야기한다. 그런데 한국 여대생과 미국 여대생을 비교하였을 때, 미국 여대생은 미디어에서의 이상적 신체 이미지를 보고 '자신의 신체'에 집중하고 운동을 하는 데 반하여, 한국 여대생은 '자신이 희구하는 신체 이미지'에 더욱 집중하고 다이어트를 실행한다(문희강·이현화, 2018: pp. 806-821). 즉 미디어에의 노출이 일차적으로 비만에 대한 지나친 경계와 불안의 원인이나, 사회 문화적 차이에 따라 더욱 민감하게 영향을 받기도 하는 것이다. 사회는 신체 이미지를 왜곡하는 미디어의 생산과, 그것에 대한 노출에 더욱 취약한 문화적 특성에 대하여 책임을 갖는다.

3. 비만의 사회윤리

제2장에서 비만에 대하여 사회가 갖는 책임을 비만함에 대한 것과, 비만에 대한 비윤리적 인식에 대한 것으로 나누어 살펴보았다. 사회가 지고 있는 이 책임은 비만에 관련한 사회윤리를 형성한다. 이를 사회윤리로서의 비만윤리, 혹은 비만의 사회윤리라고 할 수 있다. 이제 그것의 정당성 및 필요성을 세 가지 관점에서 살펴보고, 그것의 갈래와 구체적인 내용을 탐구하고자 한다.

먼저 사회윤리로서의 비만윤리의 정당성과 필요성이다. 우선 개인에게로의 비윤리적 책임 전가를 방지한다는 관점에서 정당성을 찾을 수 있다. 레이힐드(Reiheld)는 비만을 '많이 먹거나 적게 움직이기 같은, 개인이 선택한 라이프스타일의 결과'라고 정의하는 것은 비만의 책임을 부당하게 개인화하는 것이라고 주장한다. 무엇을 먹을 것인가의 문제와 같은 라이프스타일의 문제는 상당 부분 개인의 통제를 벗어나 있는 것이다. 예를 들어, 식품 산업 구조를 바꾸지 않는 한 소비자의 식품 선택 범위는 크게 변화하기 힘들다. 식품 산업 구조나 생산되는 식품을 바꾸지 않아놓고 식생활 교육만을 하는 것은, 비만의 책임을 '교육받았음에도 불구하고 그러한 선택을 한' 개인에게 전가하는 것이다. 레이힐드는 사회의 이러한 책임 전가는 부도덕하다고 주장한다(Reiheld, 2015: pp. 226-249).

다음으로, 인간의 기본권 보장이라는 측면에서 정당성과 필요성이 있다. 사회는 구성원의 기본적인 권리를 보장해야 할 윤리적인 책임을 갖는다. 비만을 유발하는 요인들 중에는 사회구성원이 기본

적으로 보장받아야 하는 것의 결여에서 기인하는 것들이 있다. 그러한 기본권에는 첫째, 건강권으로서 건강한 음식을 먹을 권리가 있다. 우리나라의 도심과 도시 외곽의 빈곤지역은 식품 사막[6]이 될 가능성을 보이고 있다(이누리·김걸, 2017: pp. 81-88). 또한 지역적으로 구분하지 않더라도 삶의 질 지수가 낮은 사람들이 탄수화물 섭취는 유의하게 높고, 영양소 섭취는 유의하게 낮다(정지영 외, 2010: pp. 445-459). 이를 고려할 때, 건강한 식품의 생산과 소비를 시장에만 맡겨 두는 것은 지나친 방임이다.

둘째, 건강권으로서 휴식과 여가를 누릴 권리이다. 운동 실천과 신체 활동은 사회 계층에 따라 뚜렷한 차이를 보인다. 사회경제적 위치가 높을수록 여가로서의 신체 활동을 많이 한다(김혜련, 2009: pp. 36-47). 또한 신체 활동과 건강 증진을 목적으로 하는 공원 이용에 시간적 여유와 관련되는 개인의 직업이나 소득 수준 등의 변수가 있다(김은정 외, 2014: pp. 64-75). 이처럼 사회적 요소가 건강권 보장과 침해에 영향을 미치고 있으므로 이에 대한 사회윤리가 필요하다.

셋째, 행복추구권이다. 비만은 두 가지 측면에서 사회 구성원의 행복도와 관련이 있다. 하나는 비만함이 가져오는 행복도 저하이다. 비만 여중생은 일반 여중생보다 신체상 불만족과 폭식행동 그리고 우울감이 더 높았다(이수현·현명호, 2001 : pp. 195-207). 다른 하나는 비

---

6 식품 사막(food desert)란 건강한 식품을 구입하지 못하는 지역을 의미한다. 우리나라는 인구 밀도가 높고 국토 면적이 좁아 식품 사막이 있을 수 없다고 생각하기 쉽다. 그러나 물리적 거리가 아닌 실제적 접근성의 의미로 식품 사막을 정의한다면, 우리나라 역시 일부 빈곤지역에 식품사막이 이미 형성되어 있다고 볼 수 있다(이누리·김걸, 2017: pp. 80-88).

만에 대한 낙인과 지나친 경계가 가져오는 행복도 저하이다. 많은 사람들이, 특히 젊은 여성들이 자신의 몸에 대하여 지나친 잣대를 들이대며, 본인이 비만이라고 오인한다. 이런 오해는 체중에 대한 스트레스 지수를 높이고 자아존중감을 낮추어 행복감을 저하시킨다(김정현·정인경, 2007: pp. 101-109; 김은주, 2008: pp. 54-59). 비만이 개인만의 문제라는 인식은 이런 현상을 심화한다. 사회는 비만에 대하여 올바른 정보를 제공하고 비만윤리와 몸의 덕에 대한 논의를 활발히 하여 구성원의 행복감을 증진하여야 한다.

넷째, 교육받을 권리이다. 자신의 식생활 및 몸과 건강에 대하여 윤리적 고찰을 해볼 기회를 제공하는 것은 사람을 사람답게 살도록 하기 위한 기본적인 교육에 해당한다. 이러한 기본적인 교육을 받을 권리를 보장한다는 측면에서 사회윤리로서의 비만윤리에 대한 접근이 이루어져야 한다.

마지막으로, 공익 향상의 측면에서 정당성과 필요성을 생각할 수 있다. 비만으로 인한 사회경제적 비용은 2008년 기준 약 1조 원(국민건강보험공단, 2008; 정영호 외, 2010: p. 198.에서 재인용)에서 2016년 기준 약 11조 원[7]으로 가파르게 증가하였다. 이 비용은 결국 사회구성원의 부담으로 작용하므로, 공익 향상을 위하여 비만 인구를 줄여야 할 필요가 있다. 특히 이 비용이 8년간 10배가 넘게 증가했다는 것을 생

---

7 국민건강보험공단의 '비만의 사회경제적 영향' 연구를 보면 2016년 한 해 동안 비만으로 인해 발생하는 직접비용과 간접비용은 11조 4,679원이다. http://www.hani.co.kr/arti/society/society_general/873753.html 참조.

각할 때, 비만은 단순히 '덜 움직이고 많이 먹는 성향의' 개인들의 문제로 치부되기보다는 사회적 문제로 파악되어야 한다.

다음으로 비만의 사회윤리의 갈래를 나누어보고, 갈래 안의 구체적인 내용을 당위의 형식으로 살펴보고자 한다. 갈래는 비만함에 대한 윤리와 비만 인식에 대한 윤리로 나누어진다.

우선 비만함에 대한 윤리를 살펴볼 수 있다. 첫째, 좋은 음식에 대한 접근성을 향상해야 한다. '좋은 음식'은 여러 의미를 갖는다. 건강한 음식, 윤리적인 음식, 맛있는 음식이 모두 '좋은 음식'에 포함될 것이다. 여기서의 '좋은 음식'으로는 건강한 음식과 윤리적인 음식에 초점이 맞추어져 있으며, 그 둘의 의미는 거의 동일하다. 음식의 윤리에는 다양한 이슈들이 있으나[8], 여기서는 '몸의 덕'(박인보·변순용 2020: p. 93)과 결부하여 몸의 탁월함을 유지시켜주는 음식으로 생각할 수 있다. 즉 건강한 음식이다. 이러한 음식이 사회 계층에 상관없이 모든 사회 구성원에게 접근이 용이하도록 해야 한다.

둘째, 운동과 여가에 대한 접근성이 향상되어야 한다. 여기에는 비용의 문제와 시간의 문제를 생각할 수 있다. 소득 수준이 높을수록 여가 시간이 부족하고, 소득 수준이 낮을수록 여가 비용이 부족하다(곽재현·홍경완, 2017: p. 305). 그런데 소득 수준이 높을수록 활동형, 관계형, 음주형 여가에 대한 참여도가 높고 소득 수준이 낮을수록 투입 비용이 적은 휴식형 여가에 대한 참여도가 높으며, 전체적으로

---

8 음식의 안전성, 로컬푸드, 슬로우푸드, 유전자변형 내지 재조합 식품, 음식정의, 비만과 다이어트의 문제 등이 있다(변순용, 2015: pp. 147-148).

'미디어 이용' 등 소극적인 형태의 휴식형 여가를 많이 즐긴다(한국문화관광연구원, 2016: pp. 217-222). 이를 종합하여 볼 때 공공 헬스장 제공, 문화센터 등에서의 운동 프로그램 제공 등 활동형 여가에 대한 접근성을 높이는 정책이 필요하며, 소극적이고 정적인 여가에서 건강 증진 효과가 있는 여가로 여가 형태가 바뀔 수 있도록 여가 시간 활용 교육과 여가 인식 개선이 필요하다. 특히 노인 계층의 경우 소극적인 여가 중에서도 TV 시청 비율이 압도적으로 높으므로(앞의 글: p. 203), 이들이 공공 운동 프로그램에서 소외되지 않도록 하는 정책이 필요하다.

셋째, 식생활 및 음식윤리 교육, 건강관리 교육이 체계적으로 이루어져야 한다. 영양에 대한 객관적 지식과 주관적 지식이 높을수록 식이 자기효능감이 높고[9], 식이 자기효능감이 높을수록 건강한 식습관을 가지고 건강한 메뉴 선택 행동을 한다(최정은·김영국, 2012: pp. 268-269). 즉 식생활 교육을 잘 받고, 잘 받았다고 느낄수록 건강한 식습관을 형성하고 비만하지 않게 되는 것이다. 또한 운동 습관을 형성하는 교육이 체계적으로 이루어져야 한다. 특히 어린 시절부터의 운동에 대해 개방적인 환경 조성과 교육이 필요하다. 학령기 아동의 경우 신체활동량이 낮은 아이들은 신체활동과 운동에 대한 부정적 인식과 더불어 운동 참여를 가능하게 하는 물리적·인적 환경의 부

---

9 여기서 영양에 대한 객관적 지식은 '식품영양학적인 전문지식'을, 영양에 대한 주관적 지식은 '소비자들이 그 상품에 대하여 알고 있다고 생각하는 느낌'을, 식이 자기효능감은 '건강한 식생활을 강화하기 위해 식사와 관련된 특정 상황에서 얼마나 식행동을 잘 통제하면서 수행할 수 있는가에 대한 개인의 자신감'을 의미한다. (최정은·김영국, 2012: p. 261).

재, 대중매체 사용, 부모와의 신체활동 참여 기회 부족 등 외부적인 요인이 크게 작용한다(이준석·강지훈, 2016: pp. 60-63). 또한 대학생의 경우 운동의 효과성에 대한 지식과 운동에 대한 긍정적인 태도가 실제 운동 습관으로 이어지지 못하는 것으로 파악되었다(이태구 외, 2007: pp. 37-38). 따라서 단순히 운동의 효과성이나 운동 방법에 대한 지식을 전달하는 교육보다, 운동을 지속할 수 있는 환경을 조성하는 체계적인 건강관리 교육 전 생애 주기에 걸쳐 필요하다.

다음으로 비만 인식에 대한 윤리를 살펴보자면 다음과 같다. 첫째, 비만에 대한 비윤리적 인식을 생산하고 재생산하는 미디어를 경계하고 정화하기 위해 노력해야 한다. 위에 언급한 다이어트 서바이벌 프로그램과 교과서를 예로 들 수 있다. 비만에 대한 낙인을 불러일으킬 수 있는 방송은 방송심의위원회의 규정에 따라 방송 내용이나 자막 등을 규제해야 할 필요가 있다. 심의 규정 내용 중 '① 헌법의 민주적 기본질서 유지와 인권존중에 관한 사항, ② 건전한 가정생활 보호에 관한 사항, ③ 아동 및 청소년의 보호와 건전한 인격 형성에 관한 사항, ④ 공중도덕과 사회윤리에 관한 사항'[10]에 근거하여 규제할 수 있다. 교과서의 경우 관련 연구를 통하여 비만에 대한 부정적인 인식을 생산하지 않는 삽화나 사례 구성이 필요할 것이다.

둘째, 비만에 대한 비윤리적 인식을 개선하는 교육과 미디어 리터러시 교육이 필요하다. 먹방 시청 경험에 대한 심층 면담 연구에 따

---

10 https://terms.naver.com/entry.nhn?docId=1099434&cid=40942&categoryId=31759 참조. (2021년 1월 31일 검색)

르면 먹방 시청자들은 공통적으로 비만에 대한 부정적 인식과 그로 인한 몸매 강박을 가지고 있으며, 먹방BJ를 통해 간접적으로 인식에 저항하고 일탈을 하지만, 결국 현실에서는 다시 비만에 대한 부정적 인식과 경계심을 강화하는 것으로 나타났다(문영은 외, 2017: pp. 90-93). 즉 이미 있는 비만에 대한 부정적인 인식이 먹방의 소비의 동기가 되고, 그것으로 다시 인식이 강화되는 것이다. 따라서 비만에 대한 비윤리적 인식을 직접적으로 개선하는 교육이 필요하다.

4. 도덕과의 비만윤리 교육 방안 제안

지금까지 살펴본 바와 같이, 사회는 구성원에게 비만 예방 교육과 비만윤리 교육을 해야 할 윤리적인 책임이 있다. 특히 어린이 및 청소년의 비만이 점점 심각해지고 있는 상황에서 이 책임을 이행하는 것은 시급하다. 그중 도덕과가 갖는 책임은 비만윤리를 다루는 것이라고 할 수 있다. 이에 초등 도덕과의 비만윤리 교육의 내용과 단원 구성에 관한 제안을 해보고자 한다.

먼저 비만윤리의 내용을 살펴보자면, 비만윤리는 음식윤리와 깊은 관련이 있다. 변순용(2015)은 음식윤리의 내용체계 안에 '비만과 다이어트'를 제시하였다. 그러나 비만윤리 자체가 음식윤리의 하위 개념이라고는 볼 수는 없다. 비만윤리는 음식윤리의 내용 중 '신선한 먹거리 접근권의 제한', '비만과 다이어트', '탐식, 폭식과 거식의 문제', '음식 격차', '슬로우푸드', '음식문화와 음식스타일' 등을 공유

하며, 그 외로 몸의 덕 측면에서의 신체 관리, 비만에 대한 비윤리적 인식에 관한 내용을 포괄한다.

비만윤리 교육을 하기 위해서는 위에 나열한 내용들을 체계적으로 분류할 필요가 있다. 우선 비만윤리는 개인윤리와 사회윤리로 나누어진다. 그리고 크게 보았을 때 나열된 내용 요소들은 '비만함'에 관한 것과 '비만에 대한 인식'에 관한 것으로 나누어진다. 따라서 세부적인 내용 요소를 제시하지 못하는 것은 본 연구의 한계이나, 비만윤리 내용체계의 대강의 구조와 대표적인 내용 요소는 아래 표와 같이 정리될 수 있을 것이다.

〈표 1〉 비만윤리 내용체계 구조

		개인윤리	사회윤리
비만함	음식윤리	자기 절제	좋은 음식을 먹을 권리
	몸의 덕 측면에서의 신체 관리	건강한 몸의 상태 유지	운동과 여가를 즐길 권리
비만 인식		비만에 대한 강박	비만에 대한 낙인, 편견, 차별

그런데 비만윤리는 여러 가치·덕목을 포괄한다. 따라서 하나의 가치·덕목을 중심으로 단원을 구성하는 도덕과 교육과정에 녹여내기 애매한 면이 있다. 음식윤리의 경우 도덕과와 실과의 교과 통합적 접근으로 교육할 것이 제안되기도 하였는데, 그 이유 중에는 주제 중심으로 통합이 가능하다는 것과 음식윤리 교육의 특성상 내용과 가치의 조화가 필요하다는 것이 있었다(장승희, 2015: pp. 140-142).

비만윤리 또한 이와 비슷한 특성을 가지고 있다.

그렇다면 도덕과에서 비만윤리 교육을 어떻게 시행할 수 있을까? 우선 교과통합적 접근을 시도할 수 있다. 실과, 사회, 체육 과목에서 관련 내용을 취하고 해당 내용을 도덕과의 가치·덕목과 결합하여 살펴봄으로써 심도 있는 비만윤리 교육을 할 수 있다. 이는 효율적이고 효과적인 비만윤리 수업을 할 수 있다는 장점을 갖는다. 그러나 교사의 재구성 능력에 의존하게 되어 체계적인 비만윤리 교육이 어려울 수 있다는 단점이 있다.

따라서 교과 통합의 방법에 더하여 도덕과의 '우리가 만드는 도덕 수업' 단원의 활용을 제안하고자 한다. 기존의 '우리가 만드는 도덕 수업' 단원은 해당 학기에 배운 가치·덕목들을 학생들이 실제적으로 실천하며 도덕적 역량과 기능을 함양하도록 구성되어있다. 5학년 1학기와 2학기의 '우리가 만드는 도덕 수업' 단원의 차시 전개와 관련된 가치·덕목을 정리해보면 다음과 같다(교육부, 2020: pp. 242-269; pp. 384-411).

〈표 2〉 5학년 '우리가 만드는 도덕 수업'단원 구성

5학년 1학기		
차시	차시 내용	가치·덕목
1	나를 돌아보며 자기 발전을 위한 계획 세우기 계획 실천하기	·정직한 삶 ·감정 표현 ·충동 조절 ·자아 존중 ·긍정적 태도
2	도움 주고받기	
3	목표 잊지 않고 꾸준히 더 노력하기	
4	현재와 미래의 나를 축하하고 응원하기	
5학년 2학기		
차시	차시 내용	가치·덕목
1	갈등 해결 활동 계획하기	·공감 ·존중 ·인권 존중 ·사이버 예절 ·준법
2	인권 침해 갈등을 해결하기 위한 실천하기	
3	사이버 세상에서의 갈등을 해결하기 위한 실천하기	
4	생활 속 여러 갈등을 해결하기 위한 실천하기 갈등 해결 활동 마무리하기	

위 사례로 알 수 있듯이, 기존의 '우리가 만드는 도덕 수업'에서는 단원을 관통하는 새로운 윤리적 주제를 설정하여 다루지는 않았다. 그런데 만약 '우리가 만드는 도덕 수업' 단원을 주제 중심의 실천 단원으로 구성한다면, 이 단원에서 비만윤리 교육을 시도할 수 있다. 다음과 같이 단원과 차시 내용을 구성해볼 수 있다.

〈표 3〉 '우리가 만드는 도덕 수업'의 '비만윤리' 단원 구성

<table>
<tr><th>차시</th><th>차시 내용</th><th>가치·덕목</th></tr>
<tr><td>1</td><td>◎ 내 몸을 사랑해요.
○ 비만함에 대한 개인적 책임 살펴보기
- 몸의 덕이란
- 자기 절제</td><td rowspan="4">· 절제
· 성실
· 정직
· 자아 존중
· 긍정적 태도
· 아름다움에 대한 사랑
· 인권 존중
· 윤리적 성찰</td></tr>
<tr><td>2</td><td>◎ 내 몸을 사랑해요.
○ 비만에 대한 개인 차원의 윤리적 인식
- 몸을 긍정적으로 받아들이기
- 비만에 대한 불안감 없애기</td></tr>
<tr><td>3</td><td>◎ 모두의 몸을 존중해요.
○ 비만에 대한 사회 차원의 윤리적 인식
- 비만에 대한 낙인과 편견</td></tr>
<tr><td>4</td><td>◎ 모두의 몸을 존중해요.
○ 비만함에 대한 사회적 책임 살펴보기
- 모두가 좋은 음식을 먹을 권리가 있어요.
- 모두가 운동과 여가를 즐길 권리가 있어요.</td></tr>
</table>

비만윤리에 관련한 가치·덕목은 여러 가지가 있으며, 주로 5학년 도덕과에서 다루는 가치·덕목과 상통한다. 따라서 5학년 2학기에 비만윤리를 주제로 '우리가 만드는 도덕 수업' 단원을 진행하면서 1년 동안 배운 가치·덕목을 포괄하여 심화할 수 있다. 혹은 1,2차시의 비만윤리의 개인적 차원은 주로 5학년 1학기의 가치·덕목과, 3,4차시의 비만윤리의 사회적 차원은 주로 5학년 2학기의 가치·덕목과 상통하므로 해당하는 부분을 각각의 학기에 교육하는 방안을 생각해볼 수 있다.

이렇게 '우리가 만드는 도덕 수업'을 주제 중심의 실천 단원으로 구성하여 비만윤리를 교육하면 다음과 같은 장점이 있다. 우선 체계적인 비만윤리 교육이 가능하다. 비만윤리의 내용이 하나의 단원으

로 구성되고, 지도서에서 해당 내용을 다루면 교사들에게 비만윤리 교육에 대해 실질적인 가이드라인과 안내를 제공할 수 있다. 이를 통해 교사의 역량이나 이해에만 기대지 않고 체계적인 비만윤리 교육을 보장할 수 있다. 더하여, 비만윤리와 관련되는 도덕과 가치·덕목의 심화, 확장 및 통합을 할 수 있다. '비만'이라는 주제 안에서 학습한 가치·덕목을 새롭게 탐구하고 적용해볼 수 있기 때문이다. 특히 단원별로 중점적으로 학습한 따로따로의 가치·덕목을 하나의 주제 아래에서 통합적으로 적용하고 익힐 수 있는 기회가 된다.

5. 나오는 말

비만은 흔히 개인의 문제로만 여겨지곤 한다. 그러나 비만에는 사회의 책임이 분명히 있다. 우선 비만의 원인으로서의 책임이 있다. 첫째, 사회의 식품 산업 구조가 사회 구성원의 비만을 유발한다. 정제식품, 가공식품 등의 저영양 고칼로리 식품의 범람은 비만을 유도한다. 특히 이들의 가격이 싸다는 측면에서 빈곤이 곧 비만으로 이어질 수 있는 위험이 생긴다. 둘째, 비만을 유발하는 개인의 생활습관은 사회적으로 형성된 것일 수 있다. 청소년의 경우 '먹방', '쿡방'과 같은 미디어에의 노출은 잘못된 식습관을 형성할 위험이 있다. 미디어의 부정적 영향으로부터 중심을 잡고 올바른 식습관을 견지할 수 있는 힘을 길러주는 교육이 부족한 상태에서 이 위험은 더욱 커진다. 다음으로 사회는 비만에 대한 비윤리적 인식을 확대 재생산

하는 것에 대하여 책임이 있다. 비만에 대한 비윤리적 인식에는 비만에 대한 편견과 낙인, 그리고 비만에 대한 지나친 경계심과 불안감이 있다. 이러한 인식은 주로 미디어를 통해 확대 재생산되지만, 우리나라의 사회·문화적 특성상 같은 미디어에 노출되더라도 미디어를 통해 주어진 이상적 신체 이미지에 더욱 집중하는 경향이 있어 더욱 이에 대한 주의와 개선이 요구된다.

사회에게 비만의 원인으로서의 책임과 비만에 대한 비윤리적 인식을 유발하는 요인으로서의 책임이 있기에, 비만윤리는 사회윤리적 측면을 갖는다. 비만의 사회윤리는 세 가지 관점에서 정당성과 필요성을 갖는다. 개인에게로의 비윤리적인 책임 전가를 하지 않는다는 관점, 인간의 기본권을 보장한다는 관점, 사회의 공익을 향상한다는 관점이다. 비만의 사회윤리의 갈래와 구체적인 내용은 다음과 같다. 하나의 갈래는 비만함에 대한 사회윤리이다. 사회는 구성원의 비만 예방과 관리를 위하여 좋은 음식 및 운동과 활동적인 여가에 대한 접근성을 높이고, 체계적인 식생활 및 음식윤리 교육, 건강관리 교육을 해야 한다. 다른 갈래는 비만 인식에 대한 사회윤리이다. 비만에 대한 비윤리적인 인식을 근절하기 위하여 사회는 비윤리적 인식의 생산 및 재생산자로서의 미디어를 정화하고, 비만에 대한 인식 개선 교육과 미디어 리터러시 교육을 해야 한다.

위 논의를 바탕으로 도덕과에서의 비만윤리 교육을 제안할 수 있다. 비만윤리 교육의 내용에는 크게 '비만함'과 '비만에 대한 인식'이 있으며, 여기에는 개인윤리적 차원과 사회윤리적 차원이 있어 이를 토대로 비만윤리 교육의 대강의 내용체계를 구성할 수 있다. 비만

윤리에는 여러 가지 가치·덕목이 복합적으로 관련되어 있어 단원별로 중점 가치·덕목이 있는 도덕과 교육과정 구성과 맞지 않는 측면이 있다. 따라서 다른 과목과 통합적 접근을 통하여 비만윤리 교육을 시도할 수 있겠으나, 여기에는 체계적인 교육이 어려울 수 있다는 약점이 있다. 이에 본 연구에서는 '우리가 만드는 도덕 수업' 단원을 주제 중심 실천 단원으로 구성하여 이 단원에서 비만윤리 교육을 하는 방안을 제안하였다. 단원의 1차시는 '비만함-개인윤리', 2차시는 '비만에 대한 인식-개인윤리', 3차시는 '비만에 대한 인식-사회윤리', 4차시는 '비만함-사회윤리'로 구성하여 비만윤리 전반의 내용을 다룰 수 있도록 하였다. 이러한 비만윤리 교육 방안은 체계적인 비만윤리 교육이 가능하고, 타 단원에서 배운 도덕과 가치·덕목의 심화, 확장, 통합이 가능하다는 장점이 있다.

이 연구에서는 비만의 사회윤리적 문제에 대하여 살펴보고 도덕과에서의 비만윤리 교육의 방안을 제안하였다. 사회 구성원이 점점 비만해지고 비만에 대한 비윤리적 인식이 팽배한 이때에, 비만윤리 교육을 시행하는 것은 비만에 대한 사회적 책임을 다하는 윤리적 행위 그 자체일 것이다. 본 연구는 비만윤리의 내용체계를 상세히 확립하지 못하고 세부적인 교육 절차나 모형 또한 제시하지 못하였다는 한계가 있다. 추후 연구를 통하여 이런 부분이 보완되고 비만윤리 교육을 위한 토대가 마련되기를 기대한다.

참고문헌

교육부(2020), 『도덕5 교사용 지도서』, 서울: 지학사.

문화체육관광부(2016), 『국민여가활성화 기본계획 수립을 위한 연구』

Micheal, P. (2008), *In Defense of Food, New York: Penguin Random House*, 조윤정 역(2009), 『마이클 폴란의 행복한 밥상』, 서울: 다른 세상.

김수경 외(2020), 「청소년의 먹방, 쿡방 시청 행태와 식습관 간의 관련성」, 『대한보건연구』 제46권 제3호, 대한보건협회, pp. 31-46.

김성용·최선우(2012), 「우리나라 비만인구 증가 원인의 관련요인 분석: 경제학적 고찰」,『농업경영·정책연구』 제39권 제2호, 한국농식품정책학회, pp. 320-348.

김은정·김태환·박경훈·이우성(2014), 「근린공원 환경의 만족도가 신체활동과 건강에 미치는 영향 -창원시 성산구와 의창구를 대상으로-」, 『한국조경학회지』 제42권 제3호, pp. 64-75.

김은주(2008), 「여대생의 현재 체질량과 이상적 체질량 차이에 따른 자아존중감」, 『동서간호학연구지』 제14권 제2호, 경희대학교 동서간호학연구소, pp. 54-59.

김정현·정인경(2007), 「서울 일부지역 청소년들의 성별에 따른 체형인식 및 식이장애 실태 비교」, 『Family and Environment Research』 제45권 제1호, 대한간호학회, pp. 101-109.

김혜련(2010), 「비만예방 정책의 방향과 과제」, 『보건복지포럼』 통권 제163호, 한국보건사회연구원, pp. 39-49.

김혜련(2009), 「건강형평성에서 건강행태의 함의와 정책과제」, 『보건복지포럼』 통권 제149호, 한국보건사회연구원, pp. 36-47.

문영은·심지수·박동숙(2017), 「내가 좋아하는 먹방 BJ는요……」, 『언론과 사회』 제25권 제2호, 사단법인 언론과 사회, pp. 58-101.

문희강·이현화(2018), 「신체이미지에 대한 미디어의 영향력과 자아이미지 일치성이 다이어트와 운동관리 행동에 미치는 영향 -한·미 여대생 비교-」, 『복식문화연구』, 제26권 제5호, 복식문화학회, pp. 806-821.

박인보·변순용(2020), 「비만의 개인윤리적 문제에 관한 연구」, 『초등도덕교육』 특집호, 한국초등도덕교육학회, pp. 79-100.

변순용(2015), 「음식윤리의 내용 체계 연구」, 『초등도덕교육』 제47집, 한국초등도덕교육학회, pp. 147-148.

설규주·은지용(2016), 「인권친화적 교과서 기술 방안 모색을 위한 〈사회〉 교과서 분석 연구- 2009 개정 교육과정에 따른 초등학교 〈사회〉 교과서를 중심으로 -」, 『시민교육연구』 제48권 제4호, 한국사회과교육학회, 49-86.

이누리·김걸(2017), 「서울시의 식품 사막 사례 연구」, 『한국도시지리학회지』 제20권 제3호, 한국도시지리학회, pp. 79-90.

이수현·현명호(2001), 「여중생의 비만도와 신체상 만족도 및 폭식행동이 우울에 미치는 영향」, 『한국심리학회지: 건강』 제6권 제1호, 한국심리학회, pp. 195-207.

이준석·강지훈(2016), 「학령기 아동의 신체활동 장애요인 및 증진요인 탐색과신체활동량에 따른 인식 비교」, 『한국초등체육학회지』 제22권 제2호, 한국초등체육학회, pp. 51-65.

이태구·이만석·이한주(2007), 「Decision Tree Method를 적용한 교양체육 수강 대학생들의 운동습관결정요인분석」, 『한국여성체육학회지』 제21권 제3호, 한국여성

체육학회, pp. 27-42.

임인숙·김민주(2012), 「한국 다이어트 서바이벌 프로의 비만 낙인 재생산」, 『한국여성학』 제28권 제4호, 한국여성학회, pp. 1-38.

장승희(2015), 「초등학교 음식윤리교육 방안」, 『윤리교육연구』 제36권 제0호, 한국윤리교육학회, pp. 129-151.

정영호·고숙자·임희진(2010), 「청소년 비만의 사회경제적 비용」, 『보건사회연구』 제30권 제1호, 보건사회연구원, pp. 195-219.

정지영·이미영·김미정(2010), 「한국 성인의 삶의 질에 따른 만성질환 유병율, 건강관련 생활습관 및 영양섭취 실태 조사」, 『대한지역사회영양학회지』 제15권 제4호, 대한지역사회영양학회, pp. 445-459.

조인숙·나은경(2013), 「비만, '일탈'과 '낙인' 사이」, 『한국언론학보』 제57권 제2호, 한국언론학회, pp. 316-341.

허윤영·황진아(2009), 「초등학교 비만교육의 실태 및 중요도와 수행도 분석에 관한 연구」, 『대한영양사학회지』 제14권 제1호, 대한영양사학회, pp. 43-54.

Reiheld, A. (2015), *With All Due Caution: Global Anti-Obesity Campaigns and the Individualization of Responsibility*, International Journal of Feminist Approaches to Bioethics, 8(2), pp. 226-249.

Garcia, O. K. Long, K. Rosado, J. (2009), *Impact of Micronutrient Deficiences on Obesity*, Nutrition Reviews, 67(10), pp. 559-572.

https://www.yna.co.kr/view/AKR20181122076100017(검색 : 2021. 2. 16.)

https://entertain.naver.com/read?oid=311&aid=0001172072(검색 : 2021. 2. 3.)

http://www.snuh.org/health/compreDis/OT01/10.do(검색 : 2021. 2. 3.)

http://www.hani.co.kr/arti/society/society_general/873753.html(검색 : 2021.2.3.)

https://terms.naver.com/entry.nhn?docId=1099434&cid=40942&categoryId=31759(검색 : 2021.1.13.)

5. 비만의 개인윤리적 문제에 대한 연구[1]

변순용(서울교육대학교) · 박인보(서울선유초등학교)

1. 들어가는 말

최근 들어 비만은 전 세계적으로 유행병이라 할 만큼 확산되는 모습을 보이고 있다. 세계보건기구(WHO)는 비만을 장기 치료가 필요한 질병이자 21세기 신종 감염병으로 지목하고 회원국들에게 적극적 관리를 주문하고 있으며, 경제협력개발기구(OECD)는 우리나라의 고도비만 인구가 2030년에는 현재의 2배인 9%에 이를 것으로 전망

1 이 논문은 서울교육대학교 2019년도 교내연구비의 지원을 받아 연구되었음.

하고 있다. 또한 우리나라 남자 아동·청소년의 비만율은 OECD 평균(25%)보다 높은 26%로 나타가고 있으며, 지금의 청소년이 성인이 되었을 때는 비만 관련 문제가 더 심각해질 것으로 예상되고 있다.[2] 비만은 고혈압, 당뇨병을 유발하는 요인으로 알려져 있으며 암 발병과도 깊은 관련이 있다.[3] 게다가 유년기 비만은 젊어서부터 노년기까지 암 발병에 지속적인 영향을 미치는 것으로 파악되어 이에 대한 대응 노력이 시급하다.[4] 또 2018년 12월 기준으로 비만에 의한 우리나라의 사회·경제적 비용은 한 해 11조에 이르고 있어 사회·경제적 손실이 커지고 있는 상황이다.[5] 여기에 외모적인 면을 중시하는 풍조로 인해 비만한 사람들이 사회적으로 조롱과 차별을 받으며 생기는 심리적인 문제도 커지고 있다.

이처럼 비만의 문제가 심각해지면서 비만에 대한 윤리적인 성찰이 필요한 상황이 되었다. 일반적으로 사람들은 비만의 원인을 비만한 개인이 게으르고 나태하며 식탐이 많아 발생하는 것으로 생각하고 개인에게 책임을 돌리거나 비난하는 경향이 있다. 비만한 사람들에 대한 사회적 냉대나 차별도 이러한 인식에서 기인한다고 볼 수 있다. 그런데 비만의 책임이 개인에게 있다고 말하기 위해서는 비만

---

2 http://www.ecomedia.co.kr/news/newsview.php?ncode=1065572647214650 참조.

3 인터넷 사이언스타임즈(www.sciencetimes.co.kr), 2018년 3월 26일자 기사 '비만, 담배 이어 암 발병원인 2위' 참조.

4 위 사이트, 2018년 3월 27일자 기사 '청소년기 비만, 평생 암 발병 위험 높아' 참조.

5 http://news.kbs.co.kr/news/view.do?ncd=4091679&ref=D 참조.

의 원인이 개인에게 있다는 것이 분명해야 한다. 이러한 이유로 본 연구에서는 비만의 정의와 발생 원인을 분석해보고 비만의 유형을 몇 가지로 나누어 살펴보면서 비만에 대한 개인의 책임 문제를 고찰해 보고자 한다.

한편, 비만이 개인의 건강과 행복의 측면에서 좋은 상태가 아니며 심각한 사회문제가 되어 있기 때문에 각 개인은 비만의 문제를 윤리적으로 성찰해 볼 필요가 있다. 여기서는 비만의 문제에 대한 개인 윤리적 성찰이 어떤 방향에서 이루어져야 할지도 함께 생각해 보고자 한다.

2. 비만의 정의와 원인

일반적으로 사람들은 살이 과도하게 찐 상태나 체중이 보통 사람보다 많이 나가는 것을 비만으로 보고 있지만, 의학적으로 비만의 정의는 단순히 체중이 많이 나가는 것을 의미하기보다 '체내에 과다하게 많은 양의 체지방이 쌓여 있는 상태'[6]를 의미한다(www.amc.seoul.kr 서울아산병원 질환백과 중 비만 부분 참조). 만약 체지방의 증가가 없는 상태에서 체중이 많이 나가는 경우라면 비만이라고 할 수 없

6 비만과 동의어로는 '내장지방형 비만', '복부비만', '체지방 과잉'이 있는데 전신의 체지방 축적보다는 '복부 비만'이 중요하며, 피하지방보다 복강 내 내장지방의 축적이 중요한 의미를 갖는다는 연구 결과들이 나오며 '내장지방형 비만'이라는 용어가 사용되고 있다.

으며, 따라서 비만을 규정하는데 있어 체지방의 증가가 관건임을 알 수 있다. 비만은 1996년 세계보건기구에서 장기간의 치료를 요하는 질병으로 규정되었고, 현대 사회의 대표적인 질병 중 하나로 간주되고 있다.

비만의 진단은 체중(kg)을 신장(m)의 제곱으로 나눈 값인 BMI(체질량지수, Body Mass Index)를 기준으로 신장에 비해 체중이 적당한지 파악하는 방법이 가장 일반적이다. 그러나 이는 근육과 지방량을 구분하지 못하는 단점이 있다. 따라서 BMI 상으로는 비만으로 진단되는 사람이 실제로는 근육량이 많아 비만으로 부르기 어려운 경우가 있을 수 있다.

허리둘레를 측정하여 복부 비만을 진단하기도 하는데 전신비만 이외에 복부비만을 진단하는 보조적인 수단으로 쓰인다. 동양인은 남성의 경우 90cm 이상, 여성의 경우 85cm 이상을 복부비만으로 진단한다. 그러나 80cm를 기준으로 삼아야 한다고 주장하는 학회도 있는 등 기준이 달라 어떤 기준을 적용하느냐에 따라 비만에 속할 수도 그렇지 않을 수도 있는 문제가 있다.

복부비만을 좀 더 자세히 분석하기 위해 복부 지방 CT촬영을 하기도 한다. 촬영 결과 내장지방과 피하지방의 비율이 0.4 이상인 경우 내장지방형비만으로 진단된다.[7] 또 생체전기저항측정법을 이용한 체성분 분석 결과를 사용하여 진단하기도 하는데 체지방률이 여

---

7 위 비만진단 기준은 서울 아산병원에서 제공한 비만 진단 기준을 인용하여 제시하였다. https://100.daum.net/encyclopedia/view/35XXXH002459#2395 참조.

성의 경우 30% 이상, 남성의 경우 25% 이상을 비만이라고 한다.

이처럼 비만의 진단 기준은 다양하며 어떤 기준을 적용하느냐에 따라 비만이 될 수도 그렇지 않을 수도 있다. 우리가 일반적으로 생각하는 것처럼 살이 과도하게 쪘거나 체중이 보통 사람보다 많이 나간다고 해서 비만하다고 함부로 말할 수 없으며, 이러한 비만 진단 기준에 의하면 '마른 비만'도 가능할 수 있다. 따라서 어떤 개인을 비만하다고 하려면 이러한 기준들이 충분히 고려되어야 할 것이다.

비만은 음식물로 섭취한 칼로리가 신체활동으로 소모된 칼로리보다 많아 잉여 칼로리가 체지방으로 축적되어 일어난다(권영달, 2004: p. 126). 비만하게 되는 원인에 대해 사람들은 보통 자기관리를 못해서 그렇다고 생각하거나, 과도한 식탐 때문이라고 생각하는데, 실제로 비만의 원인은 매우 다양하다.

먼저 개인의 생활 습관에 의한 원인이 있을 수 있다. 음식에 대한 욕구를 절제하지 못하고 과도하게 음식을 섭취하는 습관이나 불규칙한 식습관은 비만을 유발할 수 있다. 이와 관련하여 의미 있는 사례가 있다. 태국 승려들은 종교적인 이유로 하루에 한 끼밖에 식사할 수 없는데 이런 경우 상식적으로는 하루에 한 끼밖에 먹지 않으므로 살이 찌지 않을 것이라고 생각할 것이다. 그러나 실제로는 태국 승려들 절반 이상이 비만에 시달리고 있다. 이유는 태국 승려들이 하루에 한 끼밖에 먹을 수 없어 신자들로부터 탁발 받은 그 날의 음식을 한 번에 폭식하기 때문이다. 또한 신자들이 승려들에게 가장 맛있는 음식을 제공하기를 원하는데 이렇게 제공된 음식은 가장 기름지고 칼로리가 풍부한 음식이다. 이는 폭식과 불규칙한 식습관이

비만과 관련이 있음을 보여주고 있다.[8] 또 운동 부족으로 신체활동이 부족해지는 것, 수면 부족이나 스트레스로 인한 식욕 증가 등도 비만의 원인이 될 수 있다.

식단의 풍성함으로 인한 칼로리 섭취의 절대량 증가, 다양한 교통수단 이용, 영화나 텔레비전처럼 앉아서 즐기는 문화의 확산과 같은 현대 사회의 특성은 전반적으로 사람들의 칼로리 섭취는 높이고 신체적 활동성을 떨어뜨려 비만에 이르게 할 수 있다.

식품 산업계가 만들어내는 초가공식품의 확산이 비만의 원인으로 지목되기도 한다. 초가공식품이란 가공식품보다 한 단계 위의 개념으로 시리얼이나 파이처럼 바로 먹거나, 냉동식품처럼 전자레인지를 통해 간단히 조리할 수 있는 식품 전부를 말한다. 예를 들어 밀가루, 소금, 물, 이스트로 만든 빵은 가공식품이나 여기에 유화제나 착색제를 넣어 기계식으로 생산한 빵은 초가공식품이다. 초가공식품은 위장과 뇌 사이의 신호를 왜곡시켜 과식을 유발한다고 한다. 포만감 대신 음식에 대한 갈망을 자극하여 더 많이 먹게 만드는 것이다.[9]

비만과 관련된 음식윤리 교육의 부재도 원인 중 하나가 될 수 있

---

8 이 사례의 경우 종교적인 이유가 얽혀 있기 때문에 완전히 개인의 식습관만으로 보기 어려운 측면이 있지만 여기서는 개인이 과도하고 불규칙한 식습관을 가졌을 경우 비만하게 될 수 있음을 보여주는 사례 정도로만 이해하였으면 한다. https://news.mt.co.kr/mtview.php?no=2019110508592587619&outlink=1&ref=http%3A%2F%2Fsearch.daum.net 참조.

9 초가공식품에 대한 내용은 인터넷 사이언스타임즈, 2019년 9월 30일자 기획뉴스 '비만 인구 증가시키는 진짜 주범은?'의 기사를 인용.

다. 음식윤리는 음식과 직, 간접적으로 관련된 문제의 윤리적 성격을 다루는 것으로 좋은 음식의 생산, 유통, 소비와 관련된 문제에 대한 것이며, '무엇을 먹을 것인가'의 문제인 '음식의 윤리'와 '어떻게 먹을 것인가'의 문제인 '식사의 윤리'를 포괄하는 개념이다(변순용, 2015: pp. 147-148). 비만의 문제는 비만을 유발하는 음식을 피하는 문제와 같이 '어떤 음식을 먹을 것인가'에 대한 문제, 과식이나 폭식과 같이 '어떻게 음식을 먹을 것인가'의 문제가 얽혀 있기 때문에 음식윤리의 필요성이 강조되어야 한다. 음식의 영양학적 고려뿐만 아니라 윤리적인 고려와 더불어 음식윤리교육이 유치원이나 초등학교 단계에서부터 이루어져야 한다.

잘못된 정부 정책이 비만의 원인으로 지목될 수 있다. 마이클 폴란(Pollan, M)은 그의 저서 『잡식동물의 딜레마』에서 미국 정부의 잘못된 보조금 정책으로 인해 과도한 옥수수가 생산되고 이러한 옥수수가 가공되어 동물 사료, 각종 식품 등에 사용되면서 사실상 우리가 먹는 고기와 가공식품 중 상당수가 옥수수에서 기원한 것임을 밝혔다. 옥수수는 주로 오메가-6로 구성되어 있기 때문에, 옥수수에서 기원한 음식을 주로 섭취하면 신체 내 오메가-3(항염증성)와 오메가-6(염증성)의 불균형이 오게 되어 건강에 악영향을 끼친다. 또한 잉여의 옥수수들이 액상과당 형태로 가공되어 각종 음료수 등 많은 식품에 사용되고 있는데 이러한 액상과당은 신체 거의 모든 세포에 의해 대사가 되는 포도당과는 달리 대부분 간세포에 의해서만 대사가 된다. 그래서 이러한 과당의 일부가 지방으로 전환되어 간세포에 축적되고, 간세포가 인슐린(지방 축적을 조절하는 호르몬) 작용에 저항하기

때문에 저항을 압도하기 위해 더 많은 인슐린이 분비되게 된다. 그 결과 인슐린 수치가 높아지고, 지방 세포에는 더 많은 지방이 축적되게 되는데 이러한 과정이 누적되면 비만으로 이어지게 된다.[10]

특정 영양소를 섭취하는 문화적인 측면이 비만의 원인으로 지목될 수도 있다. 가공된 탄수화물이 그 대표적인 예인데 가공된 탄수화물의 섭취는 인슐린 생산을 부추기고 인슐린이 당분을 생산하며 그 당분이 결국 비만으로 이어지게 된다.[11] 우리나라의 경우 흰쌀처럼 정제된 곡류를 먹는 문화가 있고 식단에 많은 탄수화물이 포함되어 있는데 이러한 탄수화물의 과도한 섭취가 비만의 원인이 될 수도 있다.

유전적 요인이 비만의 원인이 될 수 있다. 유전적으로 사람의 미토콘드리아의 DNA가 N9a형인 사람은 비만에 걸릴 확률이 낮다고 한다. N9a형 DNA를 가진 미토콘드리아가 에너지 생산을 더 활발하게 하여 세포가 바로 필요로 하지 않는 영양분까지 모두 태워 에너지를 만들기 때문이다.[12] 이외에도 다양한 유전적 요인이 비만에 영향을 미칠 수 있다.

식품이나 생활용품에 사용되는 각종 화학물질들이 인체에 호르몬 이상과 비만의 문제를 일으키기도 한다. 이러한 화학물질은 소화기

---

10 Taubes, G. "비만의 주범은 열량 아닌 인슐린", 「뉴스위크 한국판」2012년 5월 9일자 기사 참조.

11 인터넷 사이언스 타임즈 2007년 9월 30일자 뉴스 '비만의 주범은 탄수화물' 참조.

12 https://100.daum.net/encyclopedia/view/73XXXXKS3232 참조.

와 뇌간 연락신호를 담당하는 호르몬에 교란을 일으키고 미토콘드리아를 손상시켜 포만감을 느끼는 신호체계를 고장 나게 하거나 약화시켜 결과적으로 더 먹게 만든다.[13]

임신부가 플라스틱 사용 시 나오는 비스페놀A(BPA)에 노출되면 식욕을 조절하는 호르몬 감수성을 떨어뜨려 태어나는 자녀의 비만 위험이 높아지는 등[14] 내분비계 교란이나 내분비계 질환도 비만의 원인이 될 수 있다.

장내 세균 불균형이나 바이러스도 비만의 원인으로 지목된다. 비만 아동은 정상 체중 아동에 비해 장내 유해균의 양이 현저히 많고, 유익균의 양이 적다. 지방대사의 일부는 장내세균이 담당하는데 유익균이 줄면 지방대사가 제대로 되지 않아 쉽게 살이 찌게 된다.[15] 사람에게 주로 감기와 눈병을 일으키는 Ad-36 아데노 바이러스의 경우 인간에게도 지방을 축적시킬 수 있다고 하는데 바이러스가 지방 생성을 촉진하는 효소를 만드는데 영향을 주거나 혈액의 포도당을 흡수해 지방으로 전환하거나 더 많은 지방 세포를 만들게 할 가능성이 있다고 한다.[16]

장기간의 제산제나 항생제 처방[17]도 비만의 원인이 될 수 있다. 항

---

13 인터넷 사이언스 타임즈 2017년 8월 14일자 기사 '식품첨가물 등 인체에도 호르몬 이상·비만 유발 사실 규명돼' 참조.

14 위 사이트 2017년 2월 8일자 기사 '임신부 플라스틱 노출, 자녀 비만 위험 커져' 참조.

15 https://100.daum.net/encyclopedia/view/41XX13200041 참조.

16 https://100.daum.net/encyclopedia/view/73XXXKSN5876 참조.

17 인터넷 사이언스 타임즈, 2018년 11월 1일자 기사 '아이들에 항생제·제산제 오래 처방하면

생제나 제산제는 장내 미생물들을 변형시킴으로써 비만을 불러오게 만들 수 있다. 이처럼 비만의 원인은 매우 다양하고, 이 원인 중에는 개인의 선택에 의해 결정되는 것도 있지만 그렇지 않은 원인도 있으므로, 비만에 대한 도덕적인 판단을 하기 위해서는 비만의 유형 내지 원인을 구분할 필요가 있다.

3. 비만의 유형과 개인의 책임

여기서는 비만에 대한 도덕적 판단을 위해 2장에서 살펴본 비만 발생의 다양한 원인들을 몇 가지 유형으로 나누고 비만에 대한 개인의 책임의 문제를 살펴보고자 한다.

첫째, 자기 절제 부족에서 오는 비만 유형이 있을 수 있다. 음식에 대한 욕구를 절제하지 못하고 과도한 음식 섭취를 하는 경우, 불규칙한 식사를 하며 한 끼에 폭식을 하는 경우, 칼로리 높은 기름진 음식을 즐기는 경우 등이 이에 해당한다. 운동 부족으로 자기 관리를 잘 하지 못하여 발생하는 비만도 일종의 자기 절제 부족으로 볼 수 있다.

둘째, 사회 구조적인 비만 유형이 있을 수 있다. 풍성한 식단과 칼로리의 공급량 증가, 주로 앉아서 일하고 여가를 즐기는 사회적 변화, 초가공식품의 확산, 식품이나 생활용품에 사용되는 각종 화학

비만 위험' 참조.

물질의 영향, 음식 윤리 교육의 부재, 잘못된 정부 정책, 탄수화물을 과다 섭취하는 음식 문화 등이 이에 해당할 수 있다.

셋째, 생리적인 비만 유형이 있을 수 있다. 유전적 요인에 의한 비만, 세균성이나 바이러스성 비만, 제산제나 항생제의 장기적 사용으로 인한 장내 미생물 환경의 변화 등이 이에 해당한다.

위에서 구분한 비만의 유형 중 사회 구조적인 비만 유형이나 생리적인 비만 유형에 대해서는 개인에게 비만의 책임이 있다고 말하기 어렵다. 이러한 원인은 개인의 선택으로 인한 것이 아니기 때문이다. 그렇다면 과도한 음식 섭취와 같이 자기 절제 부족이 비만의 원인으로 특정되는 경우는 개인에게 비만에 대한 책임이 있다고 말할 수 있는지, 그리고 그러한 개인에게 도덕적인 문제가 있다고 할 수 있는지 살펴보자.

서양의 고대 사회에서 식탐은 덕이 부족한 것으로 판단되었고, 도덕적인 고려 대상이었다. 서양의 고대 사회에서는 식욕의 문제를 영적인 실천과 덕의 문제로 보았다. 과도한 식욕은 흔들리지 않는 영혼의 평정 상태로서의 아타락시아(ataraxia)를 깨뜨리는 일이었고, 소프로시네(sophrosyne)라는 자기 절제의 덕이 부족한 것으로 생각되었다(Thomson, Paul B. 2015: pp. 81-82). 이처럼 덕을 중시하는 고대 사회의 시각에서 본다면 식탐을 억제하지 못하는 것과 같이 개인의 자기 절제 부족으로 인한 비만은 도덕적으로 문제가 있다고 할 수 있을 것이다.

중세시대에서 식탐은 신학적인 이유로 죄를 짓는 것이었다. 이는 음식을 먹는 것에 탐닉하여 신에게 집중하지 못하는 불경을 저지

르는 것이었기 때문이다. 교황 그레고리 1세(Pope Gregory Ⅰ)는 식탐이 음식을 섭취하는 만족감에서 비롯된 감각적인 즐거움을 위한 과도하고 이기적인 욕구라고 말하며 죄악시했고, 토마스 아퀴나스(St. Thomas Aquinas)는 식탐의 유형을 5가지로 요약[18]하면서, 식탐은 음식이 자양분이 되기도 전에 감각적인 쾌락을 제공하는 중대한 죄라고 보았다(Thomson, Paul B. 2015: pp. 82-84). 지금은 개인의 자유 확대로 인해 종교적인 이유로 식탐에 대한 도덕적 책임을 묻기는 어렵지만 여전히 누군가는 종교적 시각에서 식탐으로 인한 비만이 도덕적으로 문제가 있다고 판단할 수도 있을 것이다.

현대에 와서는 자기 절제의 위상이 약해지고 개인의 자유가 확대되면서 타인에게 피해를 끼치지 않는 이상 무엇을 하던지 그것은 개인의 자유라는 인식이 확대되었다. 밀(John Stuart Mill)은 『자유론』에서 인간의 행위가 다른 사람에게 부정적인 영향을 미치지 않는 한, 그러한 행위에 반대할 근거는 없다고 하였다(Thomson, Paul B. 2015: pp. 87-89). 밀은 이를 '위해(危害)의 원리'(Harm Principle)로 설명하였다. 문명화된 사회 구성원인 개인에 대한 권력행사가 그 개인의 의지에 반하여 정당하게 이루어질 수 있는 것은 그 개인의 행위가 다른 성원에게 위해를 끼치게 되는 경우에 한한다는 것이다. 이에 따르면 비만 자체가 다른 이에게 위해를 끼치는 것이 아닌 이상 비만하지 않

18 토마스 아퀴나스는 식탐의 유형을 급하게 먹는 것(praepropere), 호화롭게 먹는 것(laute), 과식하는 것(nimis), 게걸스럽게 먹는 것(ardenter), 까다롭게 먹는 것(studiose)의 5가지로 요약하였다.

도록 권력행사를 할 수는 없다. 위해의 원리가 성립하려면 자기관련(self-regarding) 행위와 타인관련(other-regarding) 행위가 구분되어야 하며 타인관련 행위인 경우에만 위해의 원리가 성립하게 되는데 비만은 자기관련 행위이므로 위해의 원리에 해당하지 않는다고 볼 수 있다(김정래, 2006: pp. 91-93). 따라서 이러한 시각에 의하면 과도한 음식 섭취 등과 같은 이유로 비만해지든 그렇지 않든 그것은 결국 개인의 자유 차원의 문제이다. 이러한 시각에 따르면 자기 절제 부족으로 비만하게 된 것은 단지 개인의 선택의 문제일 뿐 도덕적 차원의 문제는 아닌 것이다.

이상에서 살펴본 것처럼 비만의 원인이 개인의 과도한 식탐과 같이 자기 절제 부족 때문이라고 하더라도 개인의 자유가 중심이 되는 현대의 윤리적 시각에서는 스스로의 비만 원인을 제공한 책임은 있어도 타인에게 피해를 끼친 것이 아니므로 도덕적 비난을 받을 근거나 책임이 있다고 말하기는 어렵다. 술을 조금 과하게 마셨다고 도덕적으로 문제 있는 사람이라고 할 수 없는 것처럼 음식과 관련하여 자기 절제를 안 한 것이 도덕적 비난의 대상이라고 할 수는 없는 것이다.

비만의 원인이 누구에게 있는가의 문제에 있어서도 사회 구조적인 원인에 의한 비만이 증가하고, 과학의 발전으로 비만의 생리적인 원인들이 밝혀지면서 비만 발생의 책임을 개인에게만 돌리기 어려운 상황이 되었다. 다양한 비만 관련 원인 중 어떤 것들이 관련되어 비만 상태가 되었는지 알기 어렵기 때문에 비만의 원인을 전적으로 개인에게만 돌릴 수 없게 된 것이다. 그리고 관련 원인들을 분석하

고자 해도 매우 다양한 측면이 복잡하게 얽혀 있어 개인의 비만 원인을 세밀하게 검토하기가 쉽지 않다. 원인을 특정하기 어렵다는 것은 개인에게 비만에 대한 책임을 묻기 어렵다는 것을 뜻한다.

개인에게 비만의 책임을 돌리기 어렵다면 비만 문제 해결에 대한 책임은 사회적인 것으로 넘어갈 수밖에 없을 것이다. 그러면 비만한 개인은 비만에 대한 도덕적 책임이 있다고 말하기 어렵기 때문에 비만 문제와 관련하여 아무것도 하지 않아도 되는 것인가?

사회 구조적인 원인에 의한 비만의 경우 비만이 쉽게 발생하도록 하는 환경적인 요인이 개선될 수 있도록 사회, 정부 차원의 노력이 필요할 것이며, 생리적 원인에 의한 비만의 경우 이를 개선할 수 있는 과학적인 연구가 뒷받침되어야 할 것이다. 그러나 자기 절제 부족에서 오는 비만의 경우는 비만 문제 해결을 위해 개인적 차원의 노력도 필요하다. 자기 절제 부족에서 발생한 비만은 타인에게 피해를 끼치는 것은 아니지만 비만과 질병의 관계를 살펴볼 때 일종의 자기 파괴적인 자해(自害) 행동이라고 볼 수 있다. 대니얼 액스트(Akst. D)는 우리가 점점 플라톤(Platon)이 개척한 개념, 즉 자해는 자발적인 행동의 범주에 속하지 않는다는 생각에 따라 행동하고 있다고 말한다. 스스로에게 해를 끼칠 때는 무지나 질병, 또는 유전자나 환경의 부정적인 영향이 작용하고 있다고 생각한다는 것이다. 그러나 그는 이러한 사고방식이 동물과 인간을 구분 짓는 특징인 더 큰 목표를 위해 충동을 억누르는 능력 자체를 약화시키는 역설적인 결과를 가져왔다고 비판하면서, 자기 파괴적인 행동이 무모함이나 나약함 때문에 발생하는 경우가 많기 때문에 자기 절제를 중요시한 아

리스토텔레스(Aristoteles)의 견해를 따라야 한다고 말한다. 어떤 특정한 행동은(이를 테면 비만을 일으키는) 최소한 본인의 묵인 없이는 나올 수 없기 때문에 어떤 행동이 통제 불가하다거나 인간의 선택 역량을 넘어서는 것으로 간주되어서는 안 된다는 것이다(Akst, D. 2011; 구계원, 2013: pp. 24-25).

대니얼은 비만을 자기 절제의 부족으로 발생하는 문제[19] 중 하나로 보고 있다(Akst, D. 2011; 구계원, 2013: pp. 27-30). 그에 따르면 자기 절제는 일종의 자아의 확인으로서 단순히 즉각적인 즐거움이나 고통보다 많은 것을 고려하여 최대한 심사숙고하며 이의 결과에 따라 행동하는 것을 의미한다. 그는 자기 절제와 관련하여 의지보다 오히려 미래를 내다보는 비전을 중요시하며 상상력의 부재를 언급한다. 이에 따르면 자기 절제 부족에서 오는 비만은 단기적인 선택에만 매몰되어 미래의 불행을 내다보는 상상력이 없었던 것으로도 볼 수 있는 것이다(Akst, D. 2011; 구계원, 2013: pp. 30-31).

지금까지 살펴본 바에 따르면 비만의 문제는 타인에게 피해를 끼치지 않는 이상 개인에게 도덕적 책임을 묻거나 비난하기 어려우며

---

19 비만의 원인 부분에서 살펴본 것처럼 모든 비만이 자기 절제 부족에서 오는 것은 아니다. 하지만 대니얼 액스트(Askt, D)의 논의는 적어도 자기 절제 부족에서 비롯된 비만의 경우에는 의미가 있다고 할 수 있다. 대니얼은 자기 절제를 1차적 욕구보다 2차적 욕구를 고수하는데 달려 있다고 말한다. 그는 의식적 개입 없이 우리를 괴롭히는 여러 가지 욕망과 열망인 1차적 욕구가 아닌 실제로 선호하는 중요한 욕구인 2차적 욕구를 고수하는 방법을 찾아내는 과정을 통해 인간이 더 행복하고 건강해지며 자유로워진다고 말하고 있다. 이렇게 보면 자기 절제 부족에서 비롯된 비만은 먹고자 하는 1차적 욕구보다 건강하고자 하는 2차적 욕구를 존중하고 고수하지 못한 데서 비롯되는 것으로 볼 수 있다.

자기 절제 부족에서 비롯된 비만의 경우 스스로를 파괴시키지 않도록 자기 절제가 요구된다고 말할 수 있을 것이다.

비만의 원인과 개인의 책임에 대한 이상의 논의는 비만 상태의 개인에게는 자신의 비만 문제의 해결을 위해 다양한 원인을 검토해 볼 필요성을 제기한다. 자신이 비만 상태가 된 원인이 자기 절제 부족 때문인지, 사회 구조적인 것 때문인지, 생리적 문제 때문인지 혹은 이러한 것들이 복합적으로 나타난 것인지 제대로 판단해야 비만 문제에 올바르게 대처할 수 있기 때문이다. 예를 들어 비만의 원인이 자기 관리를 잘못한 자신 때문이라고 생각하고 스스로를 탓하며 우울증에 빠졌는데 실제 비만 원인은 생리적인 것 때문이었다면 불필요하게 스스로를 자책한 것일 수 있다.

한편 비만 상태의 책임이 개인에게 있다고 보고 이를 비난하는 이들에게 위 논의는 비만한 이들을 함부로 비난하지 말아야 한다는 윤리적 당위성을 제공한다. 사람들이 뚱뚱한 상태의 사람을 싫어하거나 차별하는 이유는 비만인 사람들이 정상적인 신체 형태를 벗어나기 때문에 이를 본능적으로 질병의 징후처럼 받아들이기 때문이라는 연구 결과가 있다. 비만 체형의 사람들이 건강하지 않다고 본능적으로 느끼는 것이다.[20] 그러나 위에서 살펴본 것처럼 체중이 많이 나간다고 다 비만인 것은 아니며 마른 비만도 가능함을 생각해봐야 한다. 또 비만의 유형에 따라 개인의 선택과 무관한 비만도 있으며, 개인이 선택했다고 하더라도 타인에게 피해를 끼치지 않는 이상 도

---

20 인터넷 사이언스 타임즈, 2007년 7월 31일자 기사 '비만에 대한 혐오증은 본능적 반응' 참조.

덕적으로 비난받아야 할 이유는 없기 때문에 비만에 대한 개인적인 비난은 그 윤리적 정당성을 확보하기 어렵다.

4. 비만에 대한 윤리적 성찰의 방향

위에서 살펴본 것처럼 비만은 매우 다양한 발생 원인이 있고 복합적이기 때문에 모든 비만 상태의 개인에게 도덕적 책임이 있다고 바로 말하거나 비난하기 어려운 측면이 있다. 사회 구조적인 원인이나 생리적인 원인으로 발생하는 비만의 경우 개인이 선택하지도 않은 것에 대해 책임을 묻고 도덕적으로 비난할 수는 없으며, 자기 절제 부족으로 인한 비만의 경우 개인 선택의 문제이며 타인에게 해를 끼치지 않으므로 도덕적으로 이를 비난할 수는 없다. 대신 비만으로 인해 스스로를 파괴하지 않도록 자기 절제를 권장할 수는 있을 것이다.

한편, 비만한 몸의 상태가 질병으로 이어질 가능성이 높다는 것은 확고한 사실이므로 이는 개인의 건강한 삶과 행복을 깨뜨릴 위험성이 있다. 또 비만한 사람들이 매우 많은 수로 늘어나면서 비만은 커다란 사회·경제적 손실을 가져오고 있다. 그리고 자기 절제의 부족으로 인한 식탐과 이에 따른 비만의 문제는 개인과 사회를 넘어 생태적인 차원에까지 영향을 미치고 있음을 생각해볼 필요가 있다. 따라서 비만한 개인뿐만 아니라 모든 개인에게 비만에 대한 윤리적 성찰의 방향을 제공하여 적어도 자기 절제 부족으로 인한 비만에 빠지

지는 않도록 해야 할 것이다. 개인의 건강과 행복한 삶의 측면에서 비만 상태는 좋은 것이 아니므로 비만한 개인은 비만 상태에서 벗어나도록, 비만하지 않은 개인은 비만 상태가 되지 않도록 권장하는 차원의 접근이 필요하다.

각 개인의 행위가 미치는 영향은 개인에서 끝나는 것이 아니며 사회와 생태적인 면에까지 이어지므로 비만에 대한 각 개인의 성찰 방향은 이러한 영향력의 범위를 포괄해야 한다. 여기서는 개인의 행복한 삶의 조건 중 하나인 건강이라는 '몸의 덕'의 함양과 개인이 속해 있는 공동체의 '사회적 손실'에 대한 고려, 그리고 '생태적 지속가능성'이라는 세 가지 측면에서 비만에 대한 윤리적 성찰의 방향을 제시해보고자 한다.

첫째, 행복한 삶의 조건 중 하나인 건강이라는 '몸의 덕' 차원에서 비만 상태는 지양되어야 한다. 무엇이 행복한 삶인가에 대해서는 의견이 갈리지만 대체로 신체적인 건강함이 행복의 중요한 요소라는 것은 인정할 것이다. 행복한 삶을 위해 우리의 신체는 건강한 상태로 유지되어야 할 필요가 있다. 덕은 탁월함(excellence)이며 건강한 몸의 상태라는 의미에서의 몸의 덕(탁월함)이라는 것은 몸이 좋은 상태로 병들지 않고 유지됨을 뜻하는 것이 될 것이다. 과거 고대사회에서는 비만을 식탐을 절제하지 못하는 덕의 부족 문제로 보았지만 위에서 살펴보았듯이 이제 그러한 절제의 덕이라는 측면으로만 비만 문제에 접근할 수는 없다. 절제의 덕과 더불어 몸이 결국 우리가 먹는 음식으로 이루어짐을 생각하며 어떤 음식을 어떻게 먹어야 우리의 몸이 건강의 측면에서 탁월한 상태로 유지될 수 있을지 생각하

고 실천하는 자세가 요청된다. 이러한 시각에서 보았을 때 몸을 비만한 상태가 되게 하는 것은 우리 몸을 병들게 하여 개인의 행복의 조건인 건강을 깨뜨리게 될 가능성이 높으므로 행복한 삶을 위해 자신이 먹는 음식이 몸에 주는 영향을 생각하면서 몸이 좋은 상태가 될 수 있도록 음식을 선택하고 먹어야 할 필요가 있다.

둘째, 공동체의 '사회적 손실'의 고려 차원에서 비만은 지양될 필요가 있다. 과거에 공동체의 소수가 비만이었을 때는 윤리적으로 고려할 문제가 아니었지만 비만인 사람들이 매우 많아져 집단적 결과로 사회·경제적 손실이 커지고 있다.[21] 이러한 상황에서 각 개인이 비만한 상태가 되지 않도록 노력하여 결과적으로 사회적 손실을 줄어들게 할 수 있다면 공리주의적 관점에서 이는 의미가 있다고 볼 수 있다. 과거에 환경 문제를 지구가 감당할 수 있을 정도의 수준이었을 때는 각 개인에게 환경 문제에 대한 책임이 그다지 강조되지 않았다. 그러나 환경 문제가 지구가 감당할 수 없는 수준이 되어 지구 전체에 악영향을 끼치고 있는 지금은 각 개인에게 환경 문제에 대한 책임 있는 자세가 요청되고 있다. 비만의 문제도 이와 같이 생각해 볼 수 있다. 비만 문제로 인해 사회 전체적으로 막대한 손실이 발생하고 있는 것을 알았다면 그 손실이 다른 형태로 타인에게 피해를 끼치거나 혹은 개인 자신에게 돌아올 수 있다는 것을 인식할 수

---

21 비만으로 인한 사회·경제적 비용은 GDP의 0.7% 수준으로 전체 비용 중 의료비가 51.3%(5조 8858억원), 생산성 저하액 20.5%(2조 3518억원), 결근으로 인한 생산성손실액 13.1%(1조 4976억원), 조기사망액 10%(1조 1489억원), 간병비 4.3%(4898억원)순으로 나타나고 있다(2018년 12월 기준). http://news.kbs.co.kr/news/view.do?ncd=4091679&ref=D 참조.

있을 것이다. 예를 들어 비만의 문제에 대응하느라 들어간 막대한 비용이 다른 곳에 쓰였다면 누군가의 삶의 질을 더 향상시킬 수도 있었을 것이며, 그러한 비용이 비만 문제에 쓰임으로써 다른 누군가에게 꼭 필요한 지원이 제대로 이루어지지 못했을 수도 있다. 따라서 이러한 점들을 생각할 때 개인이 사회적 손실을 줄이는 형태로 움직여주는 것은 윤리적으로 좋은 방향이라고 말할 수 있다.

셋째, '생태적 지속가능성'(변순용, 2012: p. 181)의 측면에서 식탐과 같이 개인의 자기 절제 부족으로 인한 비만은 지양되어야 한다.[22] 그동안 인간중심의 사고방식은 자연을 파괴하고 대단히 많은 생물 종에 피해를 끼쳐왔다. 이제 그 영향은 전 지구적으로 확장되어 다시 인간에게로 그 피해가 돌아오고 있다. 이러한 상황에서 생명 형태의 풍부함과 다양성은 인간의 목적과 관계없이 그 자체로 가치가 있는 것이며 '인간의 생명유지에 필요한 것을 충족시킬 때'를 제외하고는 다양한 생명 형태들의 가치를 훼손시킬 어떤 권리도 가지고 있지 않다고 주장하는 심층생태학[23]의 입장(김윤성, 2009: pp. 59-63)에 귀를 기울여볼 필요가 있다. 비만이라는 현상은 다른 생명을 먹는 문제와 깊이 관련되어 있다. 인간은 생명유지를 위해 어쩔 수 없이 먹어야

---

22 변순용은 생태적 지속가능성이 인간과 생태계라는 두 축의 관점에서 상호의존성(network), 지속성(sustainablity), 책임성(responsibility)의 3요소, 즉 인간과 자연의 상호의존, 생태적 관계의 지속, 그리고 이에 대한 인간의 책임이 중요하다고 밝히고 있다.

23 생태적 지속가능성은 그 이론적 기초로서 심층생태학적 입장을 따르고 있다. 심층생태론은 생물권 평등주의를 주장하는 대표적인 생태운동이자 철학사조이며, 핵심 개념은 '자아의 확장'으로 인간 중심주의를 버려야 생태문제를 근본적으로 해결할 수 있다고 본다.

하지만 그렇다고 해서 필요 이상으로 다른 생명의 풍부함과 다양성을 파괴시켜 가면서 음식을 먹는 행위는 생태적 지속가능성을 떨어뜨리고 결국 인간의 음식문화에도 악영향을 끼치게 될 것이다. 생태적 지속가능성을 떨어뜨려 동식물의 멸종처럼 다른 생명 형태들이 소멸된다면 우리는 그러한 생명을 더 이상 음식으로 먹을 수 없기 때문이다. 분명 음식을 먹고 비만해지는 것은 개인의 선택이며 자유일 수 있으나 이 역시 다른 '사람'에게만 해를 끼치지 않으면 된다는 인간 중심의 사고방식일 수 있음을 생각해 보아야 한다. 현대 사회는 우리가 생존하는데 필요한 이상으로 칼로리가 과잉 공급되고 있고 사람들은 이를 섭취하며 점점 비만해지고 있다. 그러나 그 칼로리의 근원은 다른 생물들이다. 대단히 많은 종류의 생물들이 인간의 생명유지에 필요한 것을 충족시키는 차원을 넘어 인간의 쾌락을 위해 소비되고 희생되고 있지는 않은지 생각해볼 필요가 있다. 자기절제를 하지 않아 비만해지는 것은 자유이지만 그 자유로운 행위의 영향이 누적되어 생태계에 악영향을 끼친다면 이는 윤리적 고려가 필요한 부분이 될 것이다. 우리 역시 지구 속 생태계에 속해 있는 존재이기 때문이다.

5. 나오는 말

비만이 확산되고 사회적 문제가 되면서 비만의 책임이 개인의 나태함이나 게으름 때문이라고 생각하고 비만한 개인을 비난하는 경

우가 있다. 그러나 체중이 많이 나간다고 다 비만인 것은 아니며 비만의 유형에 따라 개인의 선택과 무관한 비만도 있다. 또 개인이 선택했다고 하더라도 타인에게 피해를 끼치지 않는 이상 도덕적으로 비난받아야 할 이유는 없기 때문에 비만에 대한 개인적인 비난은 그 윤리적 정당성을 확보하기 어렵다. 비만의 원인에 있어서도 자기 절제가 부족하여 발생하는 비만 유형의 경우는 자기 파괴 방지의 측면에서 자기 절제를 요구할 수 있겠지만, 사회 구조적인 원인이나 생리적인 원인에 대해서는 개인에게 그 책임을 묻기 어렵다. 또 여러 요인이 복합적으로 얽혀있는 경우 무엇 때문에 개인이 비만 상태가 되었는지 밝히기가 어렵다. 따라서 이러한 경우 도덕적인 책임을 묻거나 비난하기 어려우며 개인에게 비만하지 말 것을 강요하거나 강제할 수 없다.

한편, 비만한 몸의 상태는 질병으로 이어질 가능성이 높아 개인의 건강한 삶과 행복을 깨뜨릴 위험성이 있다. 또 비만 문제로 인한 커다란 사회·경제적 손실이 나타나고 있으며, 자기 절제의 부족으로 인한 식탐과 이에 따른 비만의 문제는 개인과 사회를 넘어 생태적인 차원에까지 영향을 미치고 있다. 여기에 비만한 개인들이 사회적으로 받는 부정적인 시선과 차별을 고려할 때 비만의 문제는 더 이상 방치할 수 없는 상황이 되었다.

하지만 위에서 살펴본 것처럼 비만의 책임을 비만한 개인에게 묻기 어려우며 비난하지 말 것을 강요 내지 강제할 수 없다. 자기 절제 부족으로 비만하게 된 경우라 하더라도 그 책임이 타인에게 피해를 준 것에 대한 도덕적 책임이 아닌, 자기 절제 부족으로 인해 스스로

의 건강한 삶의 가능성을 깨뜨린 것에 대한 책임의 측면이 크다. 따라서 비만 문제 해결을 위한 개인적 차원의 접근 방향은 비만 상태의 개인에게 책임을 묻는 것에만 초점이 맞춰져서는 안 된다. 그 보다는 모든 개인이 비만과 건강한 삶과의 관계에 대해 성찰하며 자기 절제를 할 수 있도록 하는 방향으로 이루어져야 한다. 비만이라는 상태는 고정된 것이 아니라 개인과 사회의 노력에 따라 변화될 수 있는 것이기 때문에 각 개인이 적어도 자기 절제 부족으로 인해 비만 상태가 되지는 않도록 비만에 대한 윤리적 성찰을 통해 자기 절제의 근거를 스스로 확보할 수 있도록 도와야 할 것이다.

개인의 건강과 행복한 삶의 측면, 그리고 사회와 생태계에 끼치는 영향을 고려했을 때 비만이 좋은 상태라고 말하기는 어렵다. 따라서 비만한 개인은 다양한 형태의 사회적 도움과 더불어 자기 절제를 통해 비만 상태에서 벗어나 좀 더 건강하고 행복한 삶을 살아갈 수 있는 조건을 구성할 필요가 있으며, 비만하지 않은 개인은 비만 상태가 되지 않도록 자기 절제를 권장하는 차원의 접근이 필요한 것이다.

이 연구에서는 비만에 대한 개인의 윤리적 성찰의 방향으로 세 가지를 제시해 보았다. 첫째는 행복한 삶을 위한 조건인 건강이라는 '몸의 덕', 둘째는 비만으로 인해 발생하는 '사회적 손실'에 대한 고려, 셋째는 '생태적 지속가능성'이다. 이러한 연구 내용을 통해 비만 관련 윤리교육을 위한 시사점을 얻을 수 있을 것이다.

참고문헌

김윤성(2009), 『그림으로 이해하는 생태사상』, 서울: 개마고원.

변순용 외(2015), 『음식윤리』, 서울: 어문학사.

권영달(2004), 「비만과 건강관련 삶의 질」, 『대한한방비만학회지』 제4권 제1호, 대한한방비만학회, p. 126.

김정래(2006), 「자유주의 맥락에서 본 밀의 자유론과 교육론」, 『부산교육학연구』 제19권, pp. 91-93.

변순용(2012), 「생태적 지속가능성의 생태윤리적 의미에 대한 연구」, 『윤리연구』 제85호, p. 181.

변순용(2015), 「음식윤리의 내용 체계 연구」, 『초등도덕교육』 제47집, 한국초등도덕교육학회, pp. 147-148.

Taubes, G,(2012), 「비만의 주범은 열량 아닌 인슐린」, 『뉴스위크』 한국판 2012년 5월 9일자 기사.(검색: 2019.12.14.)

Akst, D.(2011), *We have met the enemy*(Self-Control in an Age of Excess), 구계원 역(2013), 『자기 절제 사회』, 서울: 민음사.

Pollan, M.(2007), *Omnivore's Dilemma*, 조윤정 역(2008), 『잡식동물의 딜레마』, 서울: 다른세상.

Thomson, Paul B. (2015), *From field to fork*(food ethics for everyone), Oxford: Oxford

Univ. Press.

인터넷 사이언스타임즈 2007년 7월 31일자 기사 '비만에 대한 혐오증은 본능적 반응'. (검색: 2019. 12. 14.)

인터넷 사이언스타임즈 2007년 9월 30일자 뉴스 '비만의 주범은 탄수화물'. (검색: 2019. 12. 14.)

인터넷 사이언스타임즈 2017년 2월 8일자 기사 '임신부 플라스틱 노출, 자녀 비만 위험 커져'. (검색: 2019. 12. 14.)

인터넷 사이언스타임즈 2017년 8월 14일자 기사 '식품첨가물 등 인체에도 호르몬 이상·비만 유발 사실 규명돼'. (검색: 2019. 12. 14.)

인터넷 사이언스타임즈 2018년 3월 26일자 기사 '비만, 담배 이어 암 발병원인 2위'. (검색: 2019. 12. 14.)

인터넷 사이언스타임즈 2018년 3월 27일자 기사 '청소년기 비만, 평생 암 발병 위험 높아'. (검색: 2019. 12. 14.)

인터넷 사이언스타임즈 2018년 11월 1일자 기사 '아이들에 항생제·제산제 오래 처방하면 비만 위험'. (검색: 2019. 12. 14.)

인터넷 사이언스타임즈 2019년 9월 30일자 기획뉴스 '비만 인구 증가시키는 진짜 주범은?'. (검색: 2019. 12. 14.)

https://news.mt.co.kr/mtview.php?no=2019110508592587619&outlink=1&ref=http%3A%2F%2Fsearch.daum.net(검색: 2019. 12. 14.)

http://www.ecomedia.co.kr/news/newsview.php?ncode=1065572647214650(검색: 2019. 12. 15.)

www.amc.seoul.kr 서울아산병원 질환백과 중 비만(Obesity) 부분. (검색: 2019. 12. 14.)

https://100.daum.net/encyclopedia/view/35XXXH002459#2395(검색: 2019. 12. 14.)

https://100.daum.net/encyclopedia/view/41XX13200041(검색: 2019.12.14.)

https://100.daum.net/encyclopedia/view/73XXXKSN5876(검색: 2019.12.14)

https://100.daum.net/encyclopedia/view/73XXXXKS3232(검색: 2019.12.14)

http://newsweekkorea.com/?p=825(검색: 2019. 12. 14)

http://news.kbs.co.kr/news/view.do?ncd=4091679&ref=D(검색: 2020.1.17)

개정증보판

음식윤리 음식에 대한 윤리적 성찰

초판 1쇄 발행일 2022년 3월 16일

엮은이 변순용
펴낸이 박영희
편집 박은지
디자인 최소영
마케팅 김유미
인쇄 · 제본 제삼인쇄
펴낸곳 도서출판 어문학사
서울특별시 도봉구 쌍문동 523-21 나너울 카운티 1층
대표전화: 02-998-0094/편집부1: 02-998-2267, 편집부2: 02-998-2269
홈페이지: www.amhbook.com
트위터: @with_amhbook
페이스북: https://www.facebook.com/amhbook
블로그: 네이버 http://blog.naver.com/amhbook
다음 http://blog.daum.net/amhbook
e-mail: am@amhbook.com
등록: 2004년 4월 6일 제7-276호

ISBN 979-11-6905-000-5 (93190)
정가 25,000원